NOTICE
SUR LES
ÉCOLES SECONDAIRES
ECCLÉSIASTIQUES
DU DIOCÈSE D'ANGOULÊME
AU XIXᵉ SIÈCLE

Récits, Anecdotes, Portraits, etc.

PAR

M. L'ABBÉ J.-P.-G. BLANCHET,

Chanoine honoraire,
Supérieur de l'École Saint-Paul.

ANGOULÊME
IMPRIMERIE ROUSSAUD
Rue Tison d'Argence, 3.

1891

NOTICE

SUR LES

ÉCOLES SECONDAIRES ECCLÉSIASTIQUES

Voir les errata à la fin du volume, page **572**.

NOTICE

SUR LES

ÉCOLES SECONDAIRES

ECCLÉSIASTIQUES

DU DIOCÈSE D'ANGOULÊME

AU XIXe SIÈCLE

Récits, Anecdotes, Portraits, etc.

PAR

M. L'ABBÉ J.-P.-G. BLANCHET,

Chanoine honoraire,
Supérieur de l'École Saint-Paul.

ANGOULÊME

IMPRIMERIE ROUSSAUD

3, Rue Tison d'Argence, 3.

—

1891

AVANT-PROPOS

Nous avons compté sur le sentiment de piété filiale, qui a fait des noces d'or de Richemont une fête si belle et si pleine d'entrain, pour concilier quelque faveur au modeste ouvrage que nous offrons au public : les nombreux amis du petit séminaire aimeront, pensons-nous, à y lire l'histoire des cinquante années qui se sont écoulées depuis sa naissance. Mais, on le sait, ce n'est qu'après bien des tentatives que nos jeunes séminaristes ont trouvé une demeure stable sur les bords de l'Antenne : pendant une période de près de vingt ans, ils avaient dû d'abord demander un asile, simultanément ou successivement, à Angoulême, à La Rochefoucauld, aux Thibaudières, à Bassac. Les établissements créés sur ces divers points ont eu leurs heures de prospérité et aussi leurs heures de persécution et de décadence. Il nous a semblé qu'il y aurait utilité et intérêt à rappeler les unes et les autres, et à montrer ce qu'il en a coûté d'efforts continus et de douloureux sacrifices à nos vénérables évêques et à leur clergé pour fonder un petit séminaire diocésain.

Une visite que nous fîmes, à la Saint-Jean de 1888, avec nos chers élèves, au logis des Thibaudières, à l'occasion d'un pèlerinage à Puypéroux, nous a inspiré la pensée de ce travail. Nous y avons depuis consacré nos moments de loisir. Souvent abandonné et souvent repris, il a été pour nous la cause de douces jouissances ; car il nous a fait vivre dans l'intimité de ces hommes de cœur, de ces bons prêtres qui, par leur zèle, leur talent et leur vertu, ont si largement contribué à relever dans notre Angoumois les ruines amoncelées par l'odieuse révolution de 1789. Citons, pour ne parler que des morts, avec Mgr Guigou et son vicaire général, M. Guitton, devenu ensuite évêque de Poitiers, avec NN. SS. Régnier et Cousseau, MM. Gratereau, Brunelière, Guigou, de la Croix, Michon, Tarrère, Berchon, Dumas, Magrangeas, Fontenaud, Duffoure, etc.

Pour écrire cette notice, nous avons fouillé les archives de l'évêché ; nous avons reçu communication de diverses pièces, manuscrites ou imprimées, restées dans les familles d'anciens maîtres ou d'anciens élèves ; nous avons interrogé les témoins encore survivants des époques dont nous avions à tracer le tableau ; enfin, pour Richemont en particulier, nous avons pu consulter aussi nos souvenirs personnels, qui remontent à 1857, et ceux de nos compagnons d'étude ou de nos collègues dans le professorat. Nous prions toutes les personnes qui ont daigné nous aider dans notre œuvre, d'agréer ici l'hommage de notre vive reconnaissance.

On trouvera, sans doute, que les diverses époques de l'existence de Richemont n'ont pas été traitées avec la même abondance de détails. Cette inégalité se justifie d'elle-même: en ce qui regarde les années voisines de la fondation, nous avons eu moins de documents que pour celles qui ont suivi, et, en ce qui regarde la période la plus rapprochée de la date où nous écrivons, on comprendra qu'une grande réserve s'imposait à nous sur des événements dont presque tous les acteurs vivent encore. Il appartiendra, dans l'avenir, à celui qui continuera notre travail, de le compléter sur ce point et de dire ce que nous n'avons ni pu ni voulu dire nous-même au public.

Ce livre n'est ni un panégyrique ni une satire, mais l'expression sincère, quoique discrète, de ce que nous croyons être la vérité. Le plus souvent, nous avons eu à louer et nous l'avons fait de bon cœur ; si quelquefois nous avons rencontré des choses qui nous ont paru blâmables, nous les avons blâmées, sans passion ni aigreur, sans manquer au respect dû aux personnes et à leurs intentions, et en ayant toujours sous les yeux ce grave conseil du Pontifical à tout homme qui juge d'autres hommes : « *Memor sit conditionis suæ.* »

Daigne Notre-Dame de Richemont, aux pieds de laquelle nous avons passé près de vingt années de notre vie, bénir ces humbles pages, destinées principalement à la gloire d'une maison dont elle est la patronne et la reine !

Angoulême, le 8 décembre 1890.

NOTICE

SUR LES

ÉCOLES SECONDAIRES ECCLÉSIASTIQUES

INTRODUCTION

Le recrutement et la formation du clergé sont peut-être les deux choses qui importent le plus au salut des âmes et à la gloire de Dieu ; aussi l'Eglise s'en est-elle toujours grandement préoccupée. Prêtres, évêques, souverains pontifes, se sont appliqués sans défaillance à cette œuvre capitale : aucun effort ne leur a semblé trop pénible, aucun sacrifice trop coûteux pour procurer à Jésus-Christ des ministres pieux et savants, et aux peuples des pasteurs fidèles et dévoués.

Tant que la famille et la société demeurèrent

chrétiennes, la tâche fut relativement facile. Suçant avec le lait de sa mère les principes de la foi et de la morale évangélique, ne voyant autour de lui que de saints exemples, l'enfant, l'adolescent appelé à l'honneur du sacerdoce se préparait, pour ainsi dire, tout naturellement au sublime ministère qu'il devait remplir un jour, et, dans les écoles publiques où il étudiait les sciences humaines, il apprenait aussi à connaître la religion et à pratiquer la vertu.

Les malheurs du schisme d'Occident et les impiétés de la prétendue réforme altérèrent, sans le détruire entièrement, cet état de choses, et c'est alors que le concile de Trente décréta l'établissement des séminaires.

Longtemps toutefois après le décret du concile, en France comme dans le reste de l'Europe, l'éducation première des clercs continua de se faire, le plus souvent, au foyer domestique, dans les collèges, presque tous alors dirigés par des prêtres, ou dans les universités. Les gouvernements n'avaient pas encore songé à inaugurer un enseignement athée, et le futur prêtre pouvait grandir, sans danger pour sa croyance ni pour ses mœurs, au milieu de jeunes gens destinés à prendre rang dans la magistrature, l'armée ou même le négoce. Jésus-Christ était toujours regardé comme le roi des nations non moins que des individus, et l'image bénie du crucifix présidait, pour les sanctifier et les féconder, à toutes les leçons.

On le sait, une révolution, que M. de Maistre a appelée *satanique,* vint en 1789 tout bouleverser et tout ruiner : le trône, la société, la religion, la famille, la prospérité publique, tout fut emporté par la furie de cet impur torrent, mêlé de sang et de boue. Durant de longues années, des monstres à figure humaine, qui se disaient philosophes et législateurs, travaillèrent par d'odieuses persécutions à déraciner la foi du cœur des Français et à y répandre des semences de corruption et de mort. Il arriva une heure cependant où la tempête se calma : les bourreaux étaient las de tuer. Un homme de génie essaya de rebâtir l'édifice social avec les débris de ce qui avait été autrefois notre glorieuse France, Napoléon comprit qu'il ne pouvait se passer de Dieu dans son œuvre de restauration ; autant par intérêt personnel que par conviction, il signa le Concordat et rendit à l'Eglise une demi-liberté. Son despotisme ne lui permit pas de concéder davantage.

Il apparut alors évident aux yeux de tous que, pour préparer les nouveaux lévites au service des autels, il fallait plus que jamais les séparer d'un monde gangrené de vices, les recueillir dans les séminaires comme dans des lieux de refuge et, par les exercices de la piété aussi bien que par de saines études, leur donner des armes offensives et défensives pour les luttes de l'avenir. Le rétablissement ou la création des grands et des petits séminaires devint donc, aussitôt après le Concordat, le principal souci des évêques, et presque dans tous les diocèses, grâce à un généreux concours, le succès fut, sinon facile, du moins prompt et décisif. Par un irréparable malheur, il en alla tout autrement dans le diocèse d'Angoulême, qui dut attendre pendant près d'un quart de siècle une restauration, accomplie sans retard dans le reste du pays. Ce malheur fut imputable, pour la plus grande part, à l'évêque qu'on vit monter alors, par la volonté du pouvoir civil bien plus que par celle du Pape, sur le siège de saint Ausone.

Mgr Dominique Lacombe, ancien constitutionnel, « n'eut jamais un grand zèle pour le rétablissement des séminaires, et, quand il se vit contraint de mettre la main à l'œuvre, le peu de confiance qu'il inspirait rendit rares et insuffisants les secours qu'il sollicita... Il est vrai que, en 1808, cédant aux instances de quelques ecclésiastiques zélés, il avait érigé un petit séminaire à Sarlat, et statué que cet établissement servirait en même temps de grand séminaire jusqu'à ce qu'il eût pu en établir un dans sa ville épiscopale d'Angoulême. Mais il n'y eut jamais dans cet établissement qu'un petit nombre d'élèves et presque aucun Angoumoisin.

« En 1810, il annonça solennellement à ses diocésains, dans un mandement pour le carême, que la bonté impériale et paternelle de Sa Majesté l'empereur et roi venait d'accorder au diocèse d'Angoulême un local pour y établir le séminaire diocésain (c'était l'ancien Carmel, devenu aujourd'hui le noviciat de Sainte-Marthe) et de créer, pour les élèves pauvres qui y seraient admis, dix-huit bourses de 400 francs et trente-six demi-bourses de 200 francs chacune, mais que ces ressources étaient insuffisantes pour une entreprise si considérable, et qu'il serait contraint de l'ajourner si la charité des fidèles ne lui fournissait pas « des fonds dont la solidité répondît à tant de dépenses (1) ».

Le local choisi étant peu convenable, Mgr Lacombe demanda l'ancien couvent des Cordeliers et l'hôpital de N.-D. des Anges, dont il proposait de transférer les services à l'hôpital général. Ce plan était fort raisonnable, puisqu'il éloignait du centre de la ville un foyer de contagion plus ou moins dangereux, et qu'il plaçait les jeunes élèves tout à côté de la cathédrale et du palais de l'évêque. Sur le refus de l'autorité, il réclama l'ancien grand séminaire, et

---

(1) *Mémoire historique sur le Séminaire d'Angoulême*, par un prêtre de la Mission (M. Edouard Rosset).

des pourparlers furent entamés entre la préfecture et le possesseur, M. Henry ; mais celui-ci manifesta, comme le font en pareille occurrence les gens peu délicats, des prétentions excessives. L'affaire, que Mgr Lacombe ne pressait du reste que mollement, se conclut enfin en 1817 : à cette époque, l'ancien grand séminaire fut racheté au nom de l'Etat et confié à la direction de M. François de Sénaillac (1) (1817-1818), et ensuite de M. Cybard Legrand, qui se démit de sa cure de Châteauneuf (1818).

(1) Le séminaire s'ouvrit le vendredi 19 décembre 1817.

M. de Sénaillac était alors octogénaire. Il avait été avant la Révolution professeur de philosophie, supérieur du séminaire de Saint-Claude, principal du collège royal de Poitiers et recteur de l'Université de cette ville. Mgr Dominique Lacombe l'avait choisi pour vicaire général sans doute sous l'influence d'une pression extérieure ; car il ne goûtait pas ses principes et ses opinions. Ce vénérable vieillard mourut en 1821.

L'évêque lui donna pour collaborateurs au séminaire MM. Pierre Peyraud, qui exerça les fonctions d'économe, et Jean-Clair Pagès, qui fut chargé de l'enseignement.

M. Pagès enseigna aussi la philosophie au collège communal d'Angoulême. Il fut nommé à la cure de Dirac le 13 mars 1823, à celle de La Couronne le 1er janvier 1830, démissionna en mars 1832 et mourut le 16 février 1835 chez son neveu, devenu son successeur. Il était né à Massac (Ariège), le 28 février 1751, et il avait été religieux cordelier.

M. Peyraud, né le 5 juillet 1757, à Marcillac-Lanville,

Ce fut parmi les collaborateurs de M. Legrand que Dieu choisit les deux hommes destinés à doter le diocèse d'Angoulême du petit séminaire qui lui manquait encore. MM. Gratereau et Brunelière méritent que nous disions ici un mot de leurs antécédents : on y verra briller quelque chose des talents et des vertus qu'ils mirent l'un et l'autre, avec tant de générosité et de constance, jusqu'à leur dernier soupir, au service de Dieu et des âmes.

Pierre-Amant Gratereau était né à Vervant, le 3 juillet 1765 ; son père s'appelait Roch-Amant et sa mère Marie Bouniceau ; tous deux appartenaient à des familles aisées et, ce qui vaut mieux, profondément chrétiennes. Nous ne pouvons dire

---

était un prêtre intelligent et instruit, qui était devenu curé d'Ecuras vers 1785. Jeté en prison, à l'époque de la persécution religieuse, après avoir rétracté son serment à la constitution civile, il avait cependant échappé à la rage des bourreaux et s'était retiré dans sa famille. Les schismatiques, dans la pensée que son talent et ses vertus réhabiliteraient un peu leur secte tombée dans le mépris, voulaient en faire un évêque constitutionnel : il repoussa noblement leurs propositions sacrilèges. Dès qu'il le put, vers la fin de 1795, il revint dans sa paroisse. Il adhéra au Concordat et Mgr Lacombe le maintint à Ecuras, puis le nomma directeur au grand séminaire. En 1819 ou 1820, M. Peyraud devint principal du collège communal d'Angoulême, en remplacement de M. Rochat, et garda cet emploi deux ou trois ans. Il mourut dans la retraite en 1824.

où le jeune Gratereau fit ses études grammaticales et littéraires ; mais nous savons qu'il suivit les cours de philosophie et de théologie de l'Université de Poitiers pendant cinq ans, depuis le mois de novembre 1783 jusqu'aux vacances de 1788 ; qu'il obtint, le 22 décembre 1784, le titre de bachelier ès arts, et celui de licencié et maître ès arts, le 21 juin 1785. Parmi les docteurs qui signèrent ce dernier diplôme nous remarquons, outre Charles Chollet, doyen de la Faculté et principal du collège des *Deux-Frères* (1), François de Sénaillac dont nous avons parlé plus haut.

M. Gratereau fut tonsuré, le 17 décembre 1785, par Mgr Jean-Baptiste Duchilleau (2), évêque de Châlon-sur-Saône, autorisé de l'évêque de Poitiers, Martial-Louis de Beaupoil de Sainte-Aulaire ; il reçut les ordres mineurs et le sous-diaconat, le 7 mai 1789, des mains de Mgr Philippe-François d'Albignac de Castelnau, évêque d'Angoulême. Ce prélat

(1) Collège de l'ancienne Université de Poitiers, fondé en 1538 par deux frères, chanoines de la cathédrale. On voit encore, à l'angle de la place Saint-Pierre et de la rue Saint-Maixent, la maison qu'occupait ce collège : elle se fait remarquer par son pignon aigu. Nous devons ces renseignements à M. le chanoine Auber, le vénérable historiographe du diocèse de Poitiers, dont la science n'a d'égale que son inépuisable obligeance.

(2) Ce prélat, devint en 1817 archevêque de Tours, siège sur lequel il est mort le 24 novembre 1824.

ayant été nommé député du clergé aux Etats généraux et se trouvant à Paris pour ce motif en 1790, c'est à Périgueux que le jeune Gratereau fut ordonné diacre, le 27 février, par Mgr Jean-Marc de Rogère, évêque de Castres, délégué par Mgr Emmanuel-Louis de Grossolles de Flamarens, évêque de Périgueux, et à La Rochelle qu'il fut fait prêtre, le 29 mai 1790, par Mgr Jean-Charles de Coucy, évêque de cette ville.

La Révolution, déjà menaçante, n'avait point déconcerté la vocation du pieux jeune homme, dont l'âme ardente et généreuse brûlait de travailler pour Jésus-Christ. Quelques jours après sa consécration sacerdotale, il fut nommé vicaire de Villejésus par M. Vigneron (1), grand vicaire de l'évêque

(1) M. Jean Vigneron avait été fort longtemps vicaire général d'Angoulême avant la Révolution. Après le Concordat, Mgr Lacombe fit mine de vouloir le conserver dans cette fonction, et lui demanda son concours pour l'organisation du diocèse. M. Vigneron, malgré son grand âge, y consentit, mais il demanda à l'évêque de signifier aux prêtres jureurs de se réconcilier avec le Saint-Siège, comme l'avait ordonné le légat Caprara. Mgr Lacombe s'y étant refusé, M. Vigneron se retira et lui écrivit, le 17 juillet 1802, une lettre énergique pour la défense des vrais principes; cette lettre devint publique. Le vénérable M. Vigneron est mort le 7 mai 1803; il a été inhumé dans le cimetière de Vars. Cfr. l'article publié par M. l'abbé Périssac, sur M. l'abbé Bourdin, dans la *Semaine religieuse*, 26e année, no 6, 10 février 1889.

d'Angoulême. Pendant le peu de temps qu'il resta dans cette paroisse, il sut s'y concilier l'affection et l'estime ; mais, ayant refusé avec horreur le serment à la constitution civile du clergé, il fut bientôt obligé de quitter la patrie et il entra en Espagne le 15 septembre 1792. Il y resta jusqu'au 3 janvier 1801, que le marquis d'Alameda, gouverneur de Vittoria, signa son passeport pour la France. En arrivant à Angoulême, il demanda des pouvoirs au vicaire général de Mgr d'Albignac et aussi aux vicaires généraux de Poitiers (1), et il se mit à exercer le ministère ecclésiastique dans plusieurs paroisses des doyennés actuels de Saint-Amant-de-Boixe, Mansle et Aigre, notamment à Vervant et à Villejésus.

Il adhéra au Concordat, le 14 juillet 1802, trois semaines environ après l'installation de Mgr Lacombe, qui lui donna de nouveaux pouvoirs pour toute l'étendue de son diocèse. Son zèle ne tarda pas à offusquer le maire de Celettes, le citoyen Brunaud, lequel se plaignit le 16 vendémiaire an XI (8 octobre 1802), que « les prêtres Gratereau, de « Vervant, Boissard (2), d'Angoulême, et La-

---

(1) Pour la partie du diocèse de Poitiers comprise dans le département de la Charente.

(2) Jean Boissard, né à Angoulême, le 17 janvier 1765, fut vicaire de Torsac, prêta le serment et devint curé constitutionnel d'Asnières ; éclairé bientôt sur la faute qu'il avait

« garde (1), ex-curé de Saint-Amant-de-Boixe », exerçaient les fonctions du culte dans l'oratoire de Mme d'Echoisy (2), sans avoir fait viser leurs pouvoirs à la mairie. Le préfet ayant transmis à Mgr Lacombe

commise, il rétracta le serment schismatique. Il desservit, après le Concordat, durant quelque temps, en qualité d'auxiliaire, la paroisse de Saint-André, sous MM. Labrue et Maygrier ; mais, après la mort de ce dernier, il dut quitter Angoulême. Mgr Lacombe lui était peu sympathique et ne l'avait pas été beaucoup non plus à MM. Labrue et Maygrier. Il rêvait, du reste, de supprimer comme inutile la paroisse Saint-André. M. Boissard se rendit à Bordeaux, où il fut accueilli à bras ouverts par l'archevêque, Mgr Daviau, qui le nomma plus tard chanoine honoraire de sa métropole.

(1) Pierre Mascureau de Lagarde, né le 27 septembre 1749, vicaire de Vars en 1777, transféré à Péreuil le 15 août 1779, à Parzac le 19 septembre 1779, à Saint-Amant-de-Boixe le 17 février 1780. Nous le trouvons sous l'Empire chanoine honoraire de Poitiers : il habite Govalet, dans la paroisse de Parzac. En 1809, il fut autorisé par l'évêque à desservir cette paroisse sous l'autorité de M. René Mazières, curé de Beaulieu, dont elle était l'annexe. Plus tard, il refusa la paroisse de Cellefrouin à cause de son âge. Les tracasseries d'un M. Margat lui firent abandonner Parzac ; il se retira, dans une borderie qui lui appartenait, à Saint-Cybard sous Angoulême. Le 1er avril 1824, il fut nommé par les vicaires capitulaires, *sede vacante*, curé de Beaulieu. Il mourut le 3 mars 1828, quelque temps après avoir donné sa démission.

(2) C'était vraisemblablement la femme de M. Jean-Jacques Lesmerie, ancien seigneur d'Echoisy.

les doléances de ce vigilant défenseur de l'autorité municipale, l'évêque lui répondit, le 20 octobre, que les prêtres inculpés avaient bien son autorisation, mais sauf à obéir aux lois. « Je ne suis pas homme, écrivait-il, à encourager ceux de mes coopérateurs qui manquent à la loi et à son organe. Je leur ai dit à tous, comme Gédéon à son armée : *Faites ce que vous me verrez faire*, et je ne puis pas oublier ces saintes règles *Obedite præpositis vestris, subditi estote omni creaturæ humanæ* (sic)... J'entends que ceux qui reconnaissent ma juridiction fassent, avec moi et comme moi, tout ce qu'exige l'ordre social. » Puis il ajoutait ces tristes paroles : « Anathème à quiconque n'admet pas ce principe que *l'Eglise est dans l'Etat* pour contribuer en tout à la paix de l'Etat ! »

Cette affaire n'empêcha pas M. Gratereau de recueillir, de la part de tous les honnêtes gens, des témoignages d'estime et d'amitié non équivoques : plusieurs paroisses, entre autres Villejésus, où il avait laissé, nous l'avons dit, d'excellents souvenirs, le demandèrent pour pasteur. C'est à cette paroisse de Villejésus qu'il fut nommé, le 25 juillet 1803 : il y exerça le saint ministère jusqu'au commencement de février 1804, qu'il fut envoyé, en qualité de vicaire, à Montbron. Il y reçut très bon accueil, comme il le constatait lui-même dans une lettre à Mgr Lacombe, en date du

27 février 1804 : « Il y eut trois semaines samedi que je suis à Montbron ; car vous savez que je n'ai rien tant à cœur que de vous obéir. Je pense que de même vous avez toujours cherché à m'obliger, et je ne puis me plaindre des procédés qu'on a ici pour moi : c'est un peuple policé. Cependant je ne puis vous dissimuler que nous avons fait bien des mécontents (à Villejésus) et que j'ai entendu des murmures. Je sais même que ceux de mon endroit (Vervant) veulent faire des démarches auprès de vous pour tâcher de me ravoir. Je n'ai rien provoqué et je ne provoquerai rien ; mais, quelque chose que vous décidiez dans votre sagesse, je serai satisfait. Depuis que je me porte mieux, je suis bien partout. »

A Montbron, M. Gratereau ne tarda pas à se concilier les esprits et les cœurs par son talent, sa prudence, son dévouement et sa bonté. Aussi, le 29 décembre 1806, une députation des habitants vint-elle à Angoulême présenter à l'évêque « avec solennité » (le mot est de Mgr Lacombe) une pétition très élogieuse, ayant pour but d'obtenir que le vicaire fut donné pour successeur à son curé, M. René-Louis Bernard (1), qui était décédé peu

---

(1) René-Louis Bernard, né le 3 novembre 1725, nommé curé de Montbron par décret du 15 avril 1803, décédé le 20 septembre 1806.

auparavant. Le 30 mai 1807, le maire, M. Durousseau-Chabrot, joignit ses instances à celles de de ses administrés : il vanta les qualités pastorales de M. Gratereau et ajouta que le ministre des cultes même verrait avec plaisir cette nomination.

Cependant ces démarches n'eurent pas de suite, soit par la volonté de l'évêque, soit peut-être par l'opposition de M. Gratereau, qui craignait toujours la lourde responsabilité attachée aux fonctions curiales. La Providence vint justement lui offrir, à cette époque, un ministère plus en rapport avec ses goûts. M. de Pradt, évêque de Poitiers, à la veille d'ouvrir dans son diocèse deux maisons d'éducation, le demanda comme professeur : « Deux ecclésiastiques de votre diocèse, Monseigneur, écrivait-il le 11 septembre 1807 à Mgr Lacombe, MM. Gratereau et Deléchelle (2), *sans fonctions,* sont disposés à se réunir aux prêtres que je place à la tête de l'établissement de Montmorillon. Leurs talents et leur piété contribueront beaucoup au succès. » Mgr Lacombe répondit immédiatement dans un sens favorable et M. Gratereau partit pour Montmorillon. Il y emmena avec lui son jeune neveu, Roch Brunelière-Lagarde, qui dut y commencer ses classes de latinité.

(2) N... Deléchelle ou de Léchelle, né à Tusson, est mort chanoine honoraire de Poitiers, vers 1822 ou 1823.

Mais Mgr Lacombe ne s'était privé que temporairement des services de M. Gratereau et, le 17 juillet 1808, il le fit agréer comme curé de Mansle en remplacement de M. Birot (1) décédé. Le professeur fut donc contraint d'abandonner ses élèves qu'il aimait et dont il était aimé ; faisant taire ses répugnances, il accepta le poste qui lui était offert, dans l'espérance d'obtenir plus facilement une bourse pour l'éducation ecclésiastique de son neveu. Après la distribution des prix de 1808, l'enfant quitta Montmorillon en même temps que son oncle, avec qui il passa deux ans ; mais, à la rentrée de 1810, il reprit le chemin de son premier collège. « Mon neveu est à sa destination, écrivait M. Gratereau à Mgr Lacombe le 10 novembre. Je désire bien qu'il répare à Montmorillon le temps qu'il a perdu dans un lieu funeste à la jeunesse. Le peu de loisir que j'avais à lui consacrer et le mauvais air que l'on respire ici, malgré la surveillance d'un maître, m'ont déterminé à faire tous les sacrifices possibles pour l'en ôter. » (2)

(1) Louis Birot, né à Gourville, le 4 novembre 1725, ancien curé de Montmoreau, nommé curé de Mansle le 15 avril 1803, décédé le 19 avril 1808.

(2) Il ajoute : « Je vous demande en grâce, s'il obtenait la bourse à laquelle vous l'avez présenté, de l'en laisser jouir où il est, jusqu'à l'établissement de votre séminaire.

Devenu curé de Mansle, M. Gratereau se dévoua généreusement à ses paroissiens. Il fit réparer son église qui était dans un lamentable état et paya la moitié des frais ; il organisa la fabrique ; il prêcha, il catéchisa, il confessa. Très instruit des règles de la discipline, il les appliquait avec une prudence admirable, ou avait grand soin d'en demander dispense à son évêque quand les circonstances n'en permettaient pas l'observation rigoureuse. Néanmoins il aspirait toujours à un autre genre de de vie. En septembre 1812, il faillit retourner à Montmorillon ; seule, « la crainte d'un décret, qui rendait douteuse dans l'avenir l'existence » de cet établissement, l'empêcha de profiter de la permission que Mgr Lacombe lui en avait donnée, quoique bien à regret ; mais, en février 1813, dégoûté plus que jamais des difficultés de son ministère, accablé par les dépenses qu'exigeaient et la tenue digne de sa maison et l'éducation de son neveu (la bourse promise depuis quatre ans n'avait pas encore été accordée), il insista pour faire accepter sa démission. Mgr Lacombe la refusa et, le 22 mai 1813, une

Il vous souvient, Monseigneur, que lorsque vous me rappelâtes dans votre diocèse, j'obéis à l'ordre que vous m'intimiez de le rappeler avec moi. Je ne le laissai à Montmorillon que les trois mois qu'il lui restait à faire pour finir son année, et encore ce fut avec votre permission. »

bourse de 400 francs fut attribuée à M. Roch Brunelière. Pendant les Cent Jours, les insultes de quelques militaires à Fontclaireau lui donnèrent lieu de solliciter encore la grâce d'être déchargé du fardeau pastoral. Enfin, le 12 août 1816, il écrivit à Mgr Lacombe : « Monseigneur, des circonstances favorables m'entraînent vers ma vocation. J'ai toujours désiré me consacrer aux missions : or un chapelain du roi, chef d'un établissement si utile pour toute la France, a daigné me le proposer en personne... Je ne puis résister à cette impulsion. » Tant d'efforts pour secouer le joug furent inutiles. « Il faut que vous renonciez à votre projet d'entrer dans la carrière des missions, lui répondit l'évêque. Etant curé de Mansle, vous avez à remplir un emploi des plus importants. Vous y avez fait un bien très louable : il faut que vous le meniez à sa perfection. C'est à vous seul qu'il appartient de le faire : vous avez pour cela le zèle, l'instruction et les talents qui sont nécessaires. Vous ne nous parlerez plus de votre projet. »

Entre temps le jeune Brunelière avait achevé à Montmorillon de brillantes études littéraires. et scientifiques. Dès 1812, à la fin de sa troisième, il avait été reçu bachelier ès lettres par la Faculté de Poitiers. Il entra en seconde après son examen, et suivit, en 1813-1814, le cours d'éloquence sacrée qui fut fait par M. l'abbé Maischain, supérieur de la maison. Il termina sa philosophie en août 1815 et fut envoyé, en novembre, au collège de Niort, comme professeur d'une classe élémentaire. Les vicaires généraux du chapitre de Poitiers, le siège vacant, essayèrent de l'incorporer à leur diocèse ; mais, soutenu par son oncle, il résista toujours à leurs offres et à leurs caresses. Il manifesta seulement un vif désir d'aller couronner son éducation cléricale au séminaire de Saint-Sulpice, ce que M. Gratereau crut ne devoir pas lui refuser. L'année suivante, Mgr Lacombe, étant enfin venu à bout d'établir un grand séminaire à Angoulême, voulut, pour y faire entrer M. Brunelière, le rappeler de Saint-Sulpice, et il fallut toute l'habileté et toute l'éloquence de M. Gratereau pour déterminer le prélat à abandonner ce dessein.

M. Brunelière fut ordonné prêtre, avec dispense d'âge, le 18 septembre 1819, dans l'église paroissiale de Saint-Etienne d'Issy, par Mgr Jean-Claude Le Blanc de Beaulieu, évêque de Soissons, archevêque élu d'Arles. Assisté de son vénérable oncle, il célébra sa première messe dans la chapelle de Lorette.

Pendant son séjour à Paris, M. Gratereau, sur la recommandation de Mgr Lacombe et de M. Luguet, son vicaire général, s'occupa de chercher des professeurs pour le grand séminaire d'Angoulême. Il s'adressa d'abord, suivant l'ordre de l'évêque, à M. l'abbé Desfarges (1), prêtre diocésain, qui se livrait à Paris au ministère de la prédication. « Je le saisis, écrivait-il à M. Luguet, comme il descendait de chaire, à l'ancienne église des Carmes, le 2 du courant. Je le pressai de toutes les manières. Il me chargea de vous répondre… qu'il ne refusait point absolument d'obéir à son évêque naturel, mais que, ayant pris, pour différentes chaires de la capitale, des engagements qu'il ne lui était pas possible de rompre tout à l'heure, il suppliait Sa Grandeur de lui accorder un répit, qui ne peut, à mon avis, vous convenir. Il ajouta que, s'étant obligé auprès de sa famille pauvre pour une somme de cent louis annuellement, il ne pouvait, sans manquer à la piété filiale, renoncer aux profits qu'il fait ici… Je n'ai point parlé à M. Labat (2); ceux qui savent apprécier le mérite m'ont dit qu'il était homme de bien, mais incapable de professer. » M. Gratereau s'adressa aussi à Lyon, à Poitiers, « où l'on aurait un bon professeur de théologie, disait-il, si on lui donnait

---

(1) M. Elie-Augustin Desfarges appartenait au Périgord. Il figure dans l'*Annuaire du Clergé* pour 1861, comme chanoine honoraire de Périgueux, en résidence à Bergerac.

(2) Joseph-Louis Labat-Lavaure, né en 1796, curé de Sarlat en 1822, et chanoine titulaire de Périgueux en 1850. Il figure encore en cette qualité dans l'*Annuaire du Clergé*, pour 1861.

un canonicat, pour qu'il opposât ce titre à ses supérieurs » ; on lui conseilla encore d'écrire « à M. de Lamennais, en Bretagne, où il y avait surabondance de prêtres et de professeurs disposés à se prêter aux besoins ».

Les négociations entamées n'ayant point réussi, Mgr Lacombe, déjà décidé à employer M. Roch Brunelière, suivant son propre désir, au grand séminaire, prit le parti d'y appeler aussi M. Gratereau. Celui-ci, qui soupirait depuis longtemps après la vie de communauté, accepta, plein de joie, la proposition de l'évêque : il se démit de sa cure de Mansle pour prendre possession de sa nouvelle charge ; il fut, en outre, nommé curé de Saint-Martial (1) le 1er novembre 1819, et installé le 1er avril 1820.

(1) Il remplaçait dans cette paroisse et au séminaire M. Alexandre-Joseph Guye, transféré à la cure de Paizay-Naudoin. M. Gratereau fut nommé chanoine honoraire le 1er novembre 1822, par Mgr Lacombe, en même temps qu'il devenait supérieur du grand séminaire. Mgr Guigou le nomma vicaire général honoraire le 26 septembre 1824, chanoine titulaire, le 30 juin 1825 (il fut agréé le 20 juillet et installé le 14 août), et enfin vicaire général titulaire, en remplacement de M. Sibilotte, le 20 décembre 1826. Il est mort le 21 novembre 1840, dans les sentiments d'une vive piété. La bonté et l'indulgence faisaient le fond du caractère de M. Gratereau. Il disait un jour que, dans bien des cas, on avait, par des traitements rigoureux, poussé à bout de grands

CHAPITRE PREMIER

Le Petit Séminaire d'Angoulême.

Quand il vit de près les éléments par trop divers qui composaient le personnel de ses élèves, M. Gratereau comprit mieux que jamais la nécessité d'établir, pour le recrutement de cette maison, un petit séminaire, où les jeunes Angoumoisins se formeraient de bonne heure à la piété et cultive-

pécheurs et même des hérétiques. Mgr Guigou, qui savait mieux que lui combien sont opiniâtres les orgueilleux et les esprits faux, lui répondit avec un fin sourire : « Vous croyez, M. Gratereau ? » Dans une autre circonstance, comme il énumérait les pouvoirs qu'il avait accordés à un prêtre du diocèse : « Je lui ai accordé ceci, Monseigneur, puis cela,... puis cela... — Eh ! M. Gratereau, s'écria le prélat en riant, autant valait lui donner vos lettres de vicaire général ! » Mgr Guigou l'avait surnommé *le père des miséricordes*, *Pater misericordiarum*.

raient leur esprit par de solides études littéraires et grammaticales. Ce fut dès lors une de ses préoccupations constantes ; il ne manqua pas de la communiquer à son neveu et tous deux se mirent à chercher les moyens de réussite. En sa qualité de curé de Saint-Martial, M. Gratereau avait la jouissance de l'ancien presbytère ; c'était un local tout trouvé, bien modeste et bien étroit, il est vrai, mais suffisant pour un début qui devait être aussi fort modeste. Il se présenta quelques enfants de bonne volonté, et M. BRUNELIÈRE se constitua leur professeur : après avoir fait son cours au grand séminaire, il leur apprenait les éléments du latin. Nous ne possédons point la liste complète de ceux qui reçurent les premières leçons de cet excellent maître, mais nous avons des raisons de penser que MM. Louis Rousseau, Philippe Dubreuil et peut-être Paul Cognet (1) furent de ce nombre. Bientôt leur exemple ayant attiré plusieurs imitateurs, il fallut songer à un

(1) M. Louis Rousseau, chanoine, secrétaire de l'évêché, décédé le 14 février 1875. — M. Philippe Dubreuil, ancien curé d'Aussac, décédé à Angoulême, sa ville natale, où il s'était retiré depuis 1864, le 5 mars 1879. Ce pieux ecclésiastique légua son modeste patrimoine à Mgr l'Evêque pour être employé en bonnes œuvres. — M. Paul Cognet, ancien curé de Jarnac, mort chanoine, le 12 janvier 1880.

local plus vaste et à une organisation moins rudimentaire.

A côté de la fontaine de Chandes et le long de la Rampe de la Marine, était une ancienne manufacture (1), appartenant à dame Jeanne Labonne, veuve de M. Jean-Pierre David, négociant, domicilié à Cachepouille : M. l'abbé Bourdin (2), aumônier de l'Ecole de marine, en occupait une partie. M. Brunelière, par bail du 6 novembre 1821, afferma le reste pour trois ans, moyennant un loyer

(1) Cette maison avait été reconstruite en grande partie et était occupée par un magasin d'ustensiles de ménage, que tenaient MM. Cheminaud et Sautereau, quand elle fut consumée par un violent incendie le 3 janvier 1889. Elle vient d'être rebâtie sur un plan nouveau par les soins de son propriétaire, M. Forgeron.

(2) François Bourdin, né le 22 octobre 1761, archiprêtre de Vars avant la Révolution, refusa le serment, partit pour l'Italie le 5 septembre 1792 et ne rentra en France qu'à la fin d'avril 1802. Ces dates, que nous devons à l'obligeance de M. l'abbé Périssac, curé de Vars, prouvent que ce n'est pas M. Bourdin qui célébrait à la Borderie de Luchet (comme nous l'avons supposé dans notre *Notice sur les Carmélites*, page 73,) le mariage de Mlle Mesturas-Lacoste, avec M. Brumauld des Allées. M. Bourdin redevint, après le Concordat, curé de Vars ; en 1818, il fut nommé aumônier de l'Ecole de marine, puis, vers 1824, aumônier du collège communal d'Angoulême, chanoine en 1826, et il mourut, doyen du chapitre, le 1er août 1847, à l'âge de 86 ans.

annuel de 450 francs. L'ouverture des cours eut lieu le 15 novembre 1821 : quatre étudiants en théologie en furent chargés. C'étaient MM. Antoine Greffier, professeur de 3e et 4e ; Georges Bezeaud, professeur de 5e et 6e ; Jean-Etienne Josse, professeur de 7e, et Joseph Duclou, professeur de 8e. M. Brunelière, sans discontinuer son enseignement au grand séminaire, donnait des leçons de géographie et d'arithmétique et faisait les instructions à la chapelle, alternativement avec les professeurs, du moins avec les trois premiers, qui furent ordonnés diacres le 2 mars 1822 (le même jour M. Duclou reçut la tonsure), et prêtres le 1er juin suivant.

Le nombre des élèves varia, à cause de quelques renvois, de 50 à 55 ; dans ce nombre il y eut dix pensionnaires et neuf demi-pensionnaires, dont la surveillance spéciale fut confiée à M. Bezeaud, qui, avec le supérieur, logeait seul dans la maison ; les autres professeurs n'y venaient du grand séminaire qu'à l'heure des classes.

L'externat était complètement gratuit ; la pension, probablement de 400 francs ; et la demi-pension, d'un peu moins de 200 francs. Les recettes s'élevèrent, en total, à 5,591 francs 45 centimes ; les dépenses « pour la nourriture des élèves et l'accomplissement des conditions énoncées dans le prospectus, pour la nourriture du supérieur et du surveillant, pour celle d'une ménagère et de deux domestiques, plus leur salaire, enfin pour les frais de la distribution des prix », allèrent au chiffre de 3,980 francs 52 centimes. Les 1,610 francs 93 centimes restants servirent, partie à compléter le mobilier, pour lequel le conseil général de la Charente avait voté 5,000 francs, et partie à payer le bois et le vin de l'année suivante. Le conseil municipal avait alloué 800 francs pour le traitement des quatre professeurs, qui se partagèrent cette somme par quart ; M. Bezeaud, ayant joint à cette charge celle de surveillant, reçut du supérieur cent francs de plus que ses collègues.

L'opinion publique se montra tout d'abord très favorable à M. Brunelière et à son œuvre ; le rapporteur du conseil général en était le fidèle interprète, quand il disait dans la session d'août 1822 : « Les bienfaits de l'école secondaire ecclésiastique d'Angoulême se sont fait sentir dès cette première année... Cet établissement, si nécessaire à la conservation et au progrès de la religion, est dirigé par un jeune ecclésiastique dont la capacité et la conduite privée offrent une grande garantie à l'administration. Il est indispensable de fonder cette école d'une manière stable. »

La maison de Mme David, dont M. l'abbé Bourdin occupait le tiers, ne pouvait suffire longtemps. Aussi M. Brunelière crut-il devoir se rendre acquéreur, par sentence d'adjudication du tribunal civil d'Angoulême, en date du 30 décembre 1822, « de plusieurs corps de bâtiments, cours et jardins, confrontant d'une part à la rue du Sauvage, d'autre part aux remparts de la ville, d'autre part au jardin de M. Dériaud et autres, et enfin, d'autre part, à une petite rue en forme de cul-de-sac communiquant à ladite rue du Sauvage ». Cet immeuble dépendait « de la succession vacante de M. Jean-Baptiste Corbin père, en son vivant instituteur (1), décédé, veuf en premières noces de Mlle Thomas-Lacroisade, en secondes noces de Mlle Froment, et mari de demoiselle Catherine Dureau, survivante ». M. Brunelière paya son acquisition 7,000 francs. Selon toute vraisemblance, la translation du petit séminaire dans ce nouveau local s'accomplit seulement en novembre 1823, peut-être même en novembre 1824, à l'époque où expirait le bail de la maison de la Fontaine de Chandes.

A la rentrée de 1822, le nombre des professeurs,

---

(1) M. Corbin fut l'introducteur à Angoulême de l'enseignement mutuel, bien abandonné aujourd'hui, que l'on regorge d'instituteurs brevetés avec garantie du gouvernement, mais alors très en vogue, excepté dans les écoles des Frères. Aussi la municipalité d'Angoulême, dont le chef était M. Thevet, repoussa-t-elle ces derniers pour prodiguer caresses et faveurs à M. Corbin, qu'elle avait installé, en 1817, dans l'ancien couvent des Capucins.

toujours pris parmi les étudiants en théologie, fut augmenté (1) : deux d'entre eux résidèrent avec le supérieur au milieu de leurs élèves, les autres continuant de prendre leur gîte et leurs repas au grand séminaire. Un élève de troisième, M. Louis Rousseau, fut chargé de donner à ses camarades des leçons d'écriture.

L'année scolaire 1823-1824 porta le chiffre des élèves à la centaine, et le cours des études s'étendit de la seconde jusqu'à la huitième, précédée elle-même d'une classe préparatoire ou classe d'épreuve. La distribution des prix eut lieu le lundi 30 août 1824 ; nous avons sous les yeux le palmarès, imprimé chez Broquisse en un placard grand raisin, qui fut tiré à 150 exemplaires. Dans toutes les classes nous voyons le concours porter sur l'excellence, le thème, la version, la diligence et la mémoire ; en quatrième et en troisième, s'y joignent les vers latins ; en seconde, les vers

(1) M. Brunelière, dans un rapport destiné au Conseil général, exprimait le dessein de le porter à sept, de façon que chaque classe eût son professeur ; il ajoutait qu'on ferait la seconde et même la rhétorique, s'il se présentait des élèves capables d'y entrer ; mais il ne s'en présenta point, et le nombre des professeurs dut être de cinq ou six, dont nous ne connaissons pas les noms, sauf peut-être celui de M. Duclou, qui aurait fait la 7e ou la 6e, et de M. Antoine Brassard. MM. Greffier, Bezeaud et Josse avaient été envoyés dans le ministère paroissial.

latins et la narration latine. La langue grecque est l'objet d'un enseignement à part, réservé à quelques élèves de choix. Il en est de même de la géométrie. On était encore loin de nos programmes encyclopédiques, qui supposent tous les élèves également capables de toutes les connaissances. Les récompenses n'étaient pas non plus trop prodiguées : dans chaque concours il y avait à gagner le prix, la couronne et l'accessit. Dans le palmarès du lundi 29 août 1825, nous trouvons le concours de version grecque en quatrième et en cinquième et, bien entendu, celui de discours français et de discours latin en rhétorique. De plus, un prix d'honneur est décerné, dans chaque division, par le suffrage des élèves, « à ceux de leurs condisciples qui se sont le plus distingués par la constante régularité de leur conduite et l'accomplissement exact de tous leurs devoirs ». Les premiers lauréats de ce prix furent, dans la division des grands, Paul-Alexandre Cognet, d'Angoulême, mais dont la famille habitait alors La Rochefoucauld, et, dans la division des petits, Dominique Fontenaud (1), de Bassac.

Cependant Mgr Lacombe était mort le 7 avril 1823 et Mgr Pierre-Joseph Guigou lui avait été donné pour successeur. Ce prélat, qui fut installé

---

(1) Mort curé-archiprêtre de Ruffec le 31 mars 1885.

le 14 septembre 1824, ne tarda pas à constater dans quel triste état se trouvait son diocèse : le nombre si réduit de ses prêtres le frappa surtout ; il lui sembla que le petit séminaire d'Angoulême était insuffisant, et c'est alors que, après des négociations entamées auprès de lui par le conseil municipal de La Rochefoucauld, presque dès son arrivée, il résolut d'en créer un second dans cette localité, plus à portée des paroisses du Limousin, où les pratiques religieuses étaient encore en honneur et où il espérait que les vocations seraient aussi plus nombreuses.

Nous parlerons plus loin avec détails de la maison de La Rochefoucauld ; nous dirons ici seulement que M. Brunelière fut choisi pour en devenir le chef. Ainsi, après quatre années d'efforts persévérants et au moment où il allait commencer à recueillir le fruit de ses peines, le jeune supérieur se vit jeté par la divine Providence dans les embarras d'une nouvelle fondation. Il avait trop de vertu pour s'en plaindre : il fit ses adieux à ses enfants d'Angoulême, à la distribution des prix du 29 août 1825, et alla s'établir dans l'ancien couvent des Carmes, que la ville de La Rochefoucauld, avait mis à la disposition de l'évêque diocésain.

En quittant sa maison d'Angoulême, il aurait été heureux d'en laisser la direction à M. l'abbé

Descordes, qui venait d'achever ses études cléricales à Saint-Sulpice et était sur le point d'être promu au sacerdoce. Il communiqua son désir au jeune ecclésiastique, dont il connaissait le talent, la fermeté et la bonté ; mais celui-ci refusa, en disant qu'il avait assez de se gouverner lui-même sans s'ingérer de gouverner les autres. M. Brunelière n'insista pas davantage et Mgr Guigou le remplaça par M. Arnaud.

Jean-Joseph-Gaspard-Alexandre Arnaud était né à Aix, le 6 janvier 1795, d'une honorable famille d'artisans. Son père s'appelait Amable Arnaud et sa mère Marie Pelautier. Suivant toute apparence, il était déjà appliqué depuis plusieurs années à l'enseignement dans son diocèse natal, quand il vint à Angoulême avec son éminent compatriote, nommé évêque de cette ville. Mgr Guigou le plaça comme professeur de rhétorique au petit séminaire, dès le début de l'année scolaire 1824 ; le 15 octobre 1825, il l'ordonna prêtre et lui confia les fonctions de supérieur.

Voici le portrait que tracent de lui ceux de ses élèves que nous avons pu interroger. Il était d'une taille moyenne, plutôt petite que grande ; sa mise toujours correcte et soignée confinait à l'élégance ; sa physionomie était douce et agréable ; son air réservé et un peu froid modifiait la première impression qu'elle produisait à l'abord. La dignité, tel est le mot qui peut le mieux caractériser toute sa personne. Il avait l'esprit délicat du Provençal, s'exprimait facilement, aimait la littérature et savait en inspirer le goût à ses élèves.

Il n'y eut pas de rhétorique au petit séminaire d'Angoulême en 1825-1826 : quelques élèves de seconde furent admis d'emblée, à cause de leur âge avancé, au grand séminaire : peut-être quelques autres suivirent-ils M. Brunelière à La Rochefoucauld ; enfin ceux qui restèrent à l'établissement de la rue du Sauvage redoublèrent leur seconde. M. Arnaud donna aux études une impulsion nouvelle. L'enseignement du grec, réservé d'abord à quelques élèves d'élite, avait, dès l'année 1824-1825, été accordé par M. Brunelière aux classes de sixième, cinquième et quatrième ; il s'étendit dès lors à toutes les classes ; mais il ne paraît pas qu'on ait fait dans cet enseignement une large place au thème ; les palmarès, du moins, ne mentionnent que le prix de version. L'histoire était assez honorablement traitée : on apprenait, dans les substantiels et intéressants résumés du P. Loriquet, l'histoire sainte, l'histoire ecclésiastique, l'histoire ancienne, l'histoire romaine, l'histoire du moyen âge et l'histoire moderne. M. Arnaud voulut que ces deux branches de l'histoire fussent l'objet d'un concours en rhétorique, seconde et troisième. Les mathématiques étaient représentées par l'*Arithmétique* de Bourdon, et encore n'est-ce qu'en troisième et en quatrième que les plus habiles dans la science des nombres étaient récompensés publiquement. On mettait entre les mains des écoliers la *Petite Géographie* de Letronne, mais on ne pensait point que savoir le nom des villes, la hauteur des montagnes ou la longueur des fleuves importât beaucoup à la formation du cœur et de l'esprit.

C'est surtout la littérature qui tenait au petit séminaire la première place et jouissait de la faveur du supérieur, des maîtres et des élèves. La création d'une académie en 1827 vint consacrer, aux yeux de tous, cette préférence : les meilleurs élèves des quatre premières classes y furent seuls admis. Nous avons sous les yeux la liste de ces privilégiés : c'étaient Jean-Marie Buzard, Michel Chalet, d'Angoulême, Jean-Baptiste Pougnaud, d'Aigre, Antoine Martin, de Montignac-Charente, élèves de rhétorique ; Jean-Baptiste-Félix Durandeau, de Montboyer, Jean Rivet, de Rochechouart, Jean-Henri Léridon, de Ruffec, Louis Tarrère, Gustave Durand, d'Angoulême, élèves de seconde ; Eugène Vigneron, Jean Seguin, Achille Robineau, d'Angoulême, élèves de troisième ; Pierre Dérivau, d'Angoulême, Pierre Cassan, d'Avignon, Eugène Maulde de la Clavière, élèves de quatrième. Un peu plus tard Jules Sarthe, de

Toulouse, Jean-Valéry Sauruc, de Saint-Privat (Dordogne), et Louis Boulanger, d'Angoulême, élèves de rhétorique, y furent aussi admis. Le bureau était composé de Buzard, président, Chalet, vice-président, Pougnaud, secrétaire, Martin et Durandeau, conseillers : c'est le bureau qui jugeait les travaux présentés et décidait s'ils devaient, oui ou non, être lus dans les séances publiques. La première réunion de l'académie eut lieu le 11 mars 1827, et il y en eut six autres avant la fin de l'année scolaire.

L'activité des jeunes académiciens était grande : narrations, critiques littéraires, discours, plaidoyers, fables, élégies, odes, ils touchaient à tout ; et, dans ces diverses compositions, l'on pouvait constater déjà la prédominance très marquée de la langue nationale sur le latin et.... des vers sur la prose. Le programme de la séance du 10 juin en offre un exemple : sur onze pièces présentées, nous comptons deux discours de Rivet et de Vigneron, un parallèle entre Rome et Carthage, de Sarthe, une narration de Maulde, une traduction des *Plaintes du noyer* d'Ovide, par Durandeau. Les autres académiciens ont tous invoqué la muse : Buzard a composé le *Monologue de Judas*, Chalet une ode sacrée, Pougnaud une idylle, *La mort d'un père*; Sauruc lit des vers intitulés *Une mère à son fils*; Boulanger chante la *Mort d'Abel* et enfin Léridon a rimé ses *Adieux au printemps*.

L'académie, nous l'avons dit, avait des séances publiques, où l'on voyait assister, non seulement les maîtres et les élèves de la maison, mais aussi des personnes de marque invitées pour la circonstance, lesquelles venaient, par leur bienveillant suffrage et leurs applaudissements non marchandés, encourager les efforts des orateurs et des poètes en herbe.

Les réunions privées étaient quelquefois orageuses : celle du 27 mai 1827 le fut plus que toute autre. Ce jour-là un des élèves de quatrième nommés plus haut apporta quatre pièces de son cru, un discours et *trois Missolonghiennes* (1) : il remplit à lui seul la moitié de la séance. Quand il eut fini, le secrétaire Durandeau demanda la parole pour blâmer, comme le règlement lui en donnait le droit, l'œuvre qui venait d'être lue ; mais Horace n'a pas vainement appelé les poètes une race irritable, *genus irritabile vatum* (2) ; le quatrième prit fort mal les critiques de son collègue de

---

(1) Missolonghi venait d'être prise en 1826, malgré l'héroïsme de Noto Botzaris, qui se fit sauter avec la garnison. Les esprits étaient très préoccupés à cette époque des souffrances des Grecs sous le joug des Turcs, et, en France surtout, on appelait à grands cris la délivrance pour la patrie de Démosthène.

(2) Épîtres, livre II, 2.

seconde. M. Arnaud, qui avait la haute présidence de la réunion, approuva l'opinion de Durandeau et représenta à l'auteur froissé que l'on n'avait point dépassé, à son égard, les limites d'une critique courtoise et mesurée. L'élève, piqué que le supérieur soutînt son adversaire, s'emporta : il jura qu'il n'aurait pas de peine à trouver, lui, simple quatrième, ample matière à censurer dans les compositions des membres du bureau, si le règlement n'exemptait pas ces messieurs du jugement des troisièmes et des quatrièmes, qui pourtant les valaient bien, et, s'indignant contre un privilège qui avait survécu à 1789, il fit appel à l'égalité en citant ces vers de Casimir Delavigne, alors dans toutes les mémoires :

Illustres héritiers du sceptre académique,
Tous égaux en pouvoir, vous dont la république
Offre aux regards, surpris de cet accord heureux,
Quarante souverains qui sont unis entre eux, etc. (1).

L'assemblée se mit à rire, et alors le fougueux académicien, hors de lui, s'écria : « Coassez, grenouilles ; je crierai plus fort que vous ! » Un pareil éclat amena sa radiation des registres de

(3) Ces vers sont le début de l'*Epître à MM. de l'Académie sur cette question* : L'étude fait-elle le bonheur dans toutes les situations de la vie ?

la société et son départ du petit séminaire. Il finit brillamment ses études au collège et devint l'un des plus spirituels avocats du barreau d'Angoulême (1).

Les principaux moyens d'émulation étaient les concours hebdomadaires, les bons points, les primes de diligence, les examens au nombre de deux, qui avaient lieu l'un vers Pâques, l'autre à la fin d'août, et la distribution des prix, qui suivait de près ce dernier examen. Les vacances duraient deux mois et finissaient d'ordinaire le lendemain de la Toussaint.

En outre des séances académiques, il y avait au petit séminaire, environ une fois par trimestre, des représentations théâtrales : c'était un usage que M. Brunelière avait apporté de Montmorillon et que les Jésuites, comme on le sait, avaient mis en honneur dans tous leurs collèges. M. Lefauconnier, qui fut professeur de seconde en 1825-1826, était un des organisateurs les plus zélés de ces exhibitions : il modifiait et arrangeait des pièces anciennes ou en composait de nouvelles de son cru. Quoiqu'il portât habituellement la soutane sans être dans les ordres, il ne craignait pas de la déposer pour jouer son rôle dans la comédie, en

---

(1) Cet avocat était M. Pierre Dérivau, mort le 14 juillet 1881.

compagnie de ses élèves ; il se fit, dit-on, particulièrement applaudir dans le personnage du *Malade imaginaire* : c'étaient, à notre avis, des applaudissements achetés bien cher. C'est surtout à la distribution des prix que les représentations avaient le plus d'éclat : pour organiser et décorer la scène, dressée dans la cour de récréation, on recourait au machiniste du théâtre municipal et on lui empruntait les costumes des acteurs. La meilleure société d'Angoulême accourait à ces fêtes, où la morale du moins n'était pas blessée, et les professeurs du collège, que la commune avait installé à Beaulieu dans l'ancienne abbaye des Bénédictines de Saint-Ausone, ne dédaignaient pas d'y assister. Bien plus, quelques-uns d'entre eux, comme M. Rochat et M. Moutardier, étaient invités et venaient aux examens. Jusqu'à 1828, il régna entre le petit séminaire et le collège une entente pleine de cordialité : un témoin oculaire nous a nettement affirmé que les élèves des deux maisons, quand ils se rencontraient dans le cours d'une promenade, confondaient leurs rangs et fraternisaient. Par malheur, les divisions politiques et religieuses ne tardèrent pas à détruire une si belle union.

M. Brunelière, dont la piété personnelle était vive et profonde, bien convaincu d'ailleurs que la piété est le seul fondement solide de la vertu, avait établi à cet égard dans sa maison de très bons usages. Aussitôt après le lever, qui avait lieu à 5 heures, on descendait à la chapelle et on y faisait un quart d'heure de prière vocale et de méditation. L'assistance à la messe était quotidienne, même pour les externes. Le soir on récitait le chapelet en entier et on entendait une lecture édifiante.

Le mercredi, jour du congé hebdomadaire, on faisait le catéchisme dans toutes les classes, et le dimanche, dans l'après-midi, le supérieur présidait la récitation de l'évangile du jour, qu'il expliquait ensuite brièvement. La messe dominicale avait plus de solennité extérieure que celles de la semaine ; cependant c'était habituellement une messe basse. Les vêpres étaient toujours chantées (1) ; puis, les élèves qui le désiraient demeuraient quelques minutes à adorer le Saint Sacrement. Avant le départ pour la promenade et encore

---

(1) Chose singulière, on se servait parfois, à défaut d'harmonium qu'on n'avait pas encore, pour soutenir les voix, d'un long tube de fer-blanc, avec embouchure de trompette, terminé par un pavillon peu développé : un ancien élève nous a attesté avoir vu M. l'abbé Coullet, alors vicaire de Saint-Martial et hôte attitré du petit séminaire, chanter dans cet étrange instrument. Nous en avons trouvé de semblables en 1868, dans la paroisse d'Oradour-Fanais, dont M. de Busserolles était alors curé.

au retour, on allait à la chapelle visiter, dans Notre-Seigneur, le vrai maître de la maison. Les élèves fréquentaient assidûment la communion ; aussi leur esprit et leur moralité étaient-ils excellents. On appelait souvent pour les confessions quelques ecclésiastiques de la ville ; car, dans le personnel enseignant du petit séminaire, il y avait peu de prêtres ; il y eut un moment même où le supérieur n'était que diacre. Une congrégation de la sainte Vierge réunissait les enfants les plus pieux, et le désir d'y être admis entretenait chez tous une heureuse émulation de sagesse et de ferveur.

Les élèves ecclésiastiques d'un certain âge portaient la soutane les dimanches et jours de fête : c'était leur uniforme (1). L'uniforme des élèves laïques était le chapeau et la redingote de couleur foncée. Les premiers se revêtaient du surplis dans les cérémonies du culte et y remplissaient l'office des ministres inférieurs ; les seconds servaient la messe à leur tour.

La discipline était douce et paternelle ; ce qui ne veut pas dire, qu'elle manquât de vigueur et,

---

(1) La prise de soutane était l'occasion d'une pieuse fête ; le supérieur ou celui qui présidait la cérémonie bénissait la soutane, puis, quand le jeune élève était revenu à la chapelle, après s'en être revêtu, il lui imposait le surplis.

au besoin, de sévérité. On se souvient qu'un interne fut exclu, la veille même de la distribution des prix, pour avoir manqué gravement à un maître. On n'obligeait pas les élèves à marcher sur un ou deux rangs pour passer d'un exercice à un autre ; il est vrai que c'était peu nécessaire à raison de l'exiguïté de la maison. Elle était si petite, en effet, qu'il n'y avait pas de locaux particuliers pour la plupart des classes ; les professeurs emmenaient leurs élèves dans leurs chambres pour leur y distribuer l'enseignement. La leçon d'écriture, qui réunissait un grand nombre d'élèves, se donnait dans le réfectoire. Mgr Guigou se proposait d'échanger, dès que ses ressources le lui permettraient, ce local insuffisant pour un local plus vaste et situé dans un quartier moins resserré : la fondation de La Rochefoucauld retarda et la révolution de juillet empêcha l'exécution de ce projet.

La distribution des prix du 23 août 1827, que le vénérable prélat présida suivant son habitude, fut très solennelle. Le professeur de rhétorique y prononça un discours que nous avons lu imprimé dans le palmarès. Cette pratique d'imprimer le discours, qui s'est beaucoup étendue depuis 1827, ne passa point en usage au petit séminaire. Toutefois l'année suivante, au lieu de revenir au placard primitif pour la liste des prix, on adopta la forme de brochure.

M. Hippolyte Besnard, dit Saint-Marc (c'est le nom de l'orateur), avait alors vingt-huit ans. Il était né le 13 décembre 1799, à Alençon, mais sa famille habitait Saint-Georges-sur-Loire. Il avait été, après de fortes études, incorporé au diocèse d'Angers, où Mgr Charles Montault lui conféra la tonsure. Comme sa vocation n'était rien moins que certaine, il avait successivement enseigné chez les Jésuites, puis au collège de Doué-La Fontaine, où il avait fait la seconde en 1821-1822 et la rhétorique en 1822-1823, et enfin dans une institution dirigée à Paris par un Anglais, M. Stadler. C'est de là qu'il était venu à Angoulême, avec des certificats qui vantaient ses succès et ses talents distingués. Il avait été, en 1825-1826, nommé professeur de rhétorique au petit séminaire de La Rochefoucauld et transféré dans celui d'Angoulême avec le même titre en 1826. Il s'était fait une réputation de lettré et d'écrivain, que son discours de 1827 accrut encore. Ce discours est l'éloge de l'éloquence sacrée, dont il établit la prééminence sur l'éloquence profane. Tandis que cette dernière ne s'occupe que des affaires de la terre, toujours petites, périssables et, par conséquent, d'un intérêt passager, la première a pour objet « Dieu et ses attributs, l'homme et ses devoirs », toutes choses d'un intérêt durable et universel.

« Que sont pour nous aujourd'hui, s'écriait le jeune professeur, ces monuments de l'antique éloquence, qui consacrent les noms des grands orateurs de Rome et d'Athènes ? des chefs-d'œuvre littéraires, admirables sans doute, où, rhéteurs profanes, nous allons étudier les secrets du langage, mais qui, dépouillés de cette vie contemporaine, de cet intérêt local qui faisait toute leur gloire, ne nous offrent plus que la perfection du style, leur seule ressource d'immortalité. Ainsi, dans les champs désolés de la Grèce, apparaissent encore quelques monuments superbes où les amis des arts vont puiser des principes de goût et de magnificence ; mais cette élégance sociale qui les avait érigés, cette vie bruyante qui les animait, ces chants de gloire et de liberté qui retentissaient sous leurs portiques, tout ce qui les recommandait à l'admiration des contemporains a disparu; on n'entend plus, à travers les ruines, que les soupirs de l'esclavage ou le silence des tombeaux. Il n'en sera pas ainsi, messieurs, des monuments de l'éloquence chrétienne : ils vivront, non pas seulement parce qu'ils sont des chefs-d'œuvre de génie, mais parce qu'ils sont encore des chefs-d'œuvre de morale, et que la morale est à l'usage de tous les hommes. Il n'y a plus de Philippe aujourd'hui qui redoute l'éloquence de Démosthène, plus de Catilina ni d'Antoine qui tremblent aux anathèmes de Cicéron ; mais, dans tous les siècles, il y aura des pécheurs qui trembleront en méditant Bourdaloue, des grands qui s'humilieront en lisant Bossuet, des rois qui apprendront l'usage de leur puissance à l'école de Massillon. »

Plus loin, il traçait ce portrait de l'éloquence sacrée :

« Pure dans sa doctrine, parce qu'elle émane du ciel, elle n'aspire qu'à la gloire de conduire les hommes au bonheur par la vertu ; inflexible dans ses principes, parce qu'elle est la vérité, elle ne sait point transiger avec les passions. Bien différente de cette éloquence incendiaire, fille des révolutions, qui se nourrit de vengeances et de haines et qui ne brille un moment au milieu des orages de la tribune que pour disparaître au milieu des ruines qu'elle a entassées, l'éloquence chrétienne est ardente dans son zèle, parce qu'elle est la foi, mais douce dans ses maximes, parce qu'elle est la charité, et consolante dans ses promesses, parce qu'elle est l'espérance. Incorruptible et sans bassesse, elle ne se laisse séduire ni par l'appât de la cupidité ni par les calculs de l'ambition ; elle ne vend point ses paroles, elle ne prostitue point sa voix au triomphe passager des partis. Indépendante et courageuse, les distinctions du rang et de la naissance s'évanouissent à ses yeux ; interprète des volontés divines, organe de cette loi éternelle qui oblige les peuples et les rois, elle parle à tous avec une égale liberté. A sa voix se sont humiliés des conquérants superbes, des despotes orgueilleux, des empereurs souillés du sang des peuples. Elle a des consolations pour toutes les douleurs, des foudres pour tous les crimes, des couronnes pour toutes les vertus. »

Nous nous bornerons à ces citations qui font

suffisamment connaître le genre de M. Saint-Marc. On peut reprocher à son style un peu de pompe et de recherche, mais il serait injuste de n'en pas louer la vigueur, la dignité et l'harmonie. Le succès qu'il obtint acheva de le détourner de l'état ecclésiastique, et ses supérieurs, à qui Mgr Montault avait communiqué sur son compte des renseignements assez défavorables, et qui n'étaient pas absolument satisfaits de sa conduite, ne firent point d'efforts pour le retenir. Désireux de paraître sur un théâtre plus brillant, il abandonna l'Eglise pour l'Université : à la rentrée de 1827, il était professeur de sixième au collège communal d'Angoulême ; en 1828, il fut nommé professeur de seconde et sous-principal : nous ne savons ce qu'il devint ensuite.

M. Arnaud quitta le petit séminaire en même temps que M. Saint-Marc ; d'après des témoignages dignes de foi, la prodigalité de son administration fut l'occasion de son départ. Doué d'un goût délicat, recherchant en toutes choses le grand et le beau, il avait le défaut de ses qualités : il achetait sans trop se demander comment il paierait et il traitait parfois avec une somptuosité excessive les hôtes qui s'asseyaient à sa table ; il eût cru indigne de lui de compter mesquinement avec la dépense ; bref, au bout de deux années, il avait grevé la maison de dettes considérables. L'évêque, dont les charges étaient lourdes, se fâcha, paraît-il, et exigea des réformes ; suivant toute vraisemblance, M. Arnaud se fâcha aussi. Comme il n'était pas incorporé au diocèse, il prit brusquement le parti de l'abandonner et fit des démarches pour entrer dans l'enseignement public. Le ministre des affaires ecclésiastiques, M. de Frayssinous, ayant voulu, avant de prendre une décision, consulter Mgr Guigou, en obtint la réponse suivante :

« 3 novembre 1827. — Monseigneur, j'ai reçu les deux lettres que Votre Excellence m'a fait l'honneur de m'écrire relativement à la demande de M. l'abbé Arnaud. Ce n'est ni par oubli ni par négligence que je n'ai pas encore eu l'honneur de vous répondre, mais à cause de l'embarras où j'étais de le faire d'une manière exacte et complète. Je crois volontiers que j'y mettais un peu trop d'attention ; car il m'est facile de dire que je n'ai aucune observation à faire contre les vœux de M. l'abbé Arnaud. Il n'est point mon diocésain, et j'espère n'avoir jamais à me reprocher d'avoir demandé à un ecclésiastique le sacrifice d'un avantage temporel sans lui en offrir le dédommagement. Quant aux autres questions, je suis convaincu que M. l'abbé Arnaud peut, aussi bien que beaucoup d'autres employés de l'Université, s'acquitter des devoirs qu'il aura à remplir. Je le crois plutôt appelé dans la carrière de l'enseignement que dans celle du saint ministère, sans que je veuille dire qu'il n'est pas propre à ce dernier. J'ai l'honneur, etc. »

On est en droit de conclure de cette lettre que M*gr* Guigou vit avec déplaisir le départ de M. Arnaud ; car la finesse de sa réponse n'en cache pas suffisamment le ton piqué. Toutefois, malgré son légitime mécontentement, il ne lui retira point entièrement sa bienveillance, puisqu'il lui accordait encore, à la date du 1er juin 1835, le titre de la paroisse de Lessac. Il est probable que M. Arnaud (qui renonça à ce titre le 15 mai 1836) resta quelques années seulement dans l'Université; nous savons que, de 1836 à 1850, il exerça les fonctions de desservant dans le diocèse de Versailles, puis se rendit à Paris, où il fut employé à Saint-Thomas d'Aquin et à Saint-Philippe du Roule comme sous-diacre d'office. Ce poste lui laissait des loisirs, qu'il utilisait en écrivant de savantes et intéressantes études sur le chant de l'Eglise et sur la liturgie (1). Il a été l'un des collaborateurs de M. d'Ortigues dans le journal *La Maîtrise* et dans le *Dictionnaire de plain-chant et de musique sacrée*, édité par Migne. Ses remarquables articles attirèrent sur lui l'attention, et deux membres de l'épiscopat, ses compatriotes, M*gr* Guibert, évêque de Viviers, et M*gr* Guitton, évêque de Poitiers, lui

---

(1) La *Semaine religieuse* du 6 janvier 1867, 3º année, nº 45, a reproduit une de ces études sur *l'Evêque des Innocents au moyen âge*.

conférèrent le titre de chanoine honoraire de leurs cathédrales (1). Il revint à Aix en 1860, après avoir passé quelques mois chez les Basiliens d'Annonay, et prit gîte chez un de ses frères. Comme il n'avait que de faibles ressources et qu'il était trop âgé et trop infirme pour gouverner une paroisse, Mgr l'archevêque d'Aix, afin de l'aider à vivre, le nomma chapelain du chapitre métropolitain. Il mourut le 14 mars 1871, laissant la réputation d'un prêtre pieux, intelligent et très instruit, qui, loin de faire parade de son érudition, parlait peu et écoutait volontiers. Parmi ses derniers travaux, on nous a signalé deux brochures, l'une contre la franc-maçonnerie et l'autre contre l'introduction dans nos églises de l'orchestre de théâtre. Mais revenons en 1827.

On s'explique le mécontentement de Mgr Guigou contre M. Arnaud, quand on songe à l'embarras où il se trouva pour le remplacer ; ayant vainement cherché autour de lui un supérieur pour son petit séminaire, il prit le parti de confier ce poste important à un prêtre qu'il avait autrefois connu à Aix et qui était alors sans emploi.

Alfred-Auguste de la FERTÉ-SÉNECTÈRE (2) était

(1) Il était aussi membre de la *Société de l'histoire de France*.

(2) Sénectère, Senneterre ou Saint-Nectaire est, d'après Moréri, le nom d'une illustre famille d'Auvergne, qui a eu

né à La Loupe (Eure-et-Loir), le 28 octobre 1784. Il avait passé plusieurs années de sa vie dans le métier des armes, au service de l'Autriche, parait-il, et conquis le grade de capitaine, quand il se crut appelé à l'état ecclésiastique. Il entra donc en mars 1818, au grand séminaire d'Aix, et c'est là qu'il eut quelques relations avec Mgr Guigou, alors vicaire général ; puis il fut incorporé dans le diocèse de Bourges et se fit admettre, étant minoré, au séminaire de Saint-Sulpice, le 18 novembre 1821. Il s'y conduisit d'une façon assez régulière pour mériter qu'on lui confiât la charge d'infirmier. Ordonné sous-diacre le 23 mars 1822, il reçut le diaconat et la prêtrise à des dates que nous ne pouvons préciser. Quoi qu'il en soit, il se trouvait depuis quelques mois, à Notre-Dame du Gard (Somme), où il vivait dans la retraite, quand il apprit que M. Maurel (il l'avait aussi connu à Aix) consentait à le recevoir dans le grand séminaire, dont cet ecclésiastique était devenu supérieur après M. Gratereau. Il s'empressa de l'en remercier par une lettre du 8 août 1827, où il lui disait, entres autre choses :

« Quoique je ne sache pas encore l'emploi que vous

de nombreux rejetons. La terre de la Ferté, en Orléanais, entra dans cette famille en 1522 par un mariage et fut érigée successivement en marquisat et en duché.

me destinez, je présume que vous ne me laisserez pas entièrement oisif : ainsi, dans le cas où vous jugerez à propos que je prêche un ou deux petits sermons pendant la retraite du séminaire, je vous prie de me désigner... les sujets sur lesquels vous désirez que j'exerce mon très faible talent oratoire. Je composerai mes sermons pendant le temps que je compte rester encore au Gard, avant de me mettre en route pour Angoulême ; ce qui sera, au plus tard, le 10 septembre prochain... Je regrette de ne m'être pas rendu à Angoulême dès l'année dernière ; mais le bon Dieu ne l'a pas permis, pour me faire connaître, plus évidemment encore que par le passé, combien je dois me défier de moi-même. *Bonum est, Domine, quoniam humiliasti me.* Ainsi attendez-vous à une grande soumission de ma part et à une obéissance aveugle à vos ordres. C'est le fruit que j'espère avoir retiré de la retraite de cinq mois que j'aurai faite en sortant d'ici pour aller vous rejoindre, et d'une confession presque générale, surtout depuis mon entrée au séminaire d'Aix. »

M. de la Ferté arriva, suivant sa promesse, à Angoulême, durant les vacances de 1827, et c'est alors que Mgr Guigou, ayant égard à la maturité de son âge, à son nom, aux excellents sentiments contenus dans sa lettre à M. Maurel, résolut de le donner pour successeur à M. Arnaud, avec recommandation spéciale d'être plus économe que lui. Hélas! dans cette circonstance, le vénérable évêque joua de malheur : il lui était difficile de plus mal choisir. M. de la Ferté était un bon prêtre, d'une foi irréprochable et de mœurs très pures ; mais il avait une imagination ardente et bizarre ; le jugement et l'esprit de conduite lui faisaient défaut ; c'était une tête exaltée et peu solide, comme les événements ne le prouvèrent que trop. En outre, la bonté chez lui dégénérait en faiblesse, et la générosité de son cœur, aussi bien que le manque de sens pratique, l'entraînait à d'incroyables prodigalités. Il avait eu une belle fortune, qui était alors très réduite par sa mauvaise gestion et aussi, il faut le dire, par les rapines des hommes de loi. Sa famille lui avait fait constituer un conseil judiciaire, ce qui ne l'avait pas empêché de contracter pour 13,000 francs de dettes, à Blois, en 1826, et ses créanciers n'avaient retiré de la vente forcée de son mobilier et de ses effets que 4,800 francs. On apprit tous ces détails à Angoulême quand on était déjà engagé avec M. de la Ferté ; il était trop tard pour reculer : il fallut le laisser entrer en charge, et l'année scolaire 1827-1828 s'ouvrit au petit séminaire sous sa direction.

Cette direction fut telle qu'on devait l'attendre de son caractère et de ses antécédents. Il consacra sa première entrevue avec les élèves à l'exposition chaleureuse de ses principes politiques et de son amour pour le roi. Il leur raconta ensuite quelques traits de sa vie et énuméra toutes les belles alliances qu'il avait refusées pour entrer dans l'état ecclésiastique ; à la fin, en manière de péroraison, il jeta sa calotte en l'air (geste qui lui était ordinaire dans ses mouvements d'éloquence) et s'écria: « Oui, mes enfants, j'ai voulu être et je me glorifie d'être *calotin !* » On peut penser si cette harangue eut du succès. Ce qui n'en eut pas moins, ce fut la largesse avec laquelle il accordait des congés ; tout lui était prétexte pour substituer la promenade à l'étude ou à la classe. Quand un visiteur, prêtre ou laïque, venait au petit séminaire, M. de la Ferté ne manquait pas de lui vanter le royalisme de ses élèves ; puis, le conduisant parmi eux : « N'est-ce pas mes enfants, leur disait-il, que vous aimez bien le roi ? » Un *oui* unanime, suivi d'un énergique *Vive le roi,* sortait de toutes les poitrines. « Bravo ! mes enfants, s'écriait M. de la Ferté dans l'enthousiasme ; de fervents royalistes comme vous méritent récompense ; je vous donne campos pour aujourd'hui. »

Ce bon supérieur ne pouvait souffrir qu'on punît ses petits royalistes ; aussi jamais à son tribunal un professeur n'avait raison contre un élève. Horace nous dit que certains maîtres donnent, de temps en temps, quelques friandises aux enfants pour les exciter à apprendre les lettres de l'alphabet.

> Pueris olim dant crustula blandi
> Doctores, elementa velint ut discere prima (1).

M. de la Ferté appliquait parfois ce système pour aider les paresseux à s'arracher aux douceurs du sommeil : il allait au dortoir et y jetait des oranges, qui devenaient le partage des plus prompts à courir après.

Il avait jugé excessifs certains usages de piété, la récitation du chapelet, par exemple, et les avait supprimés ; il avait supprimé aussi la congrégation, par cette raison que, tous les élèves devant être dévots à la sainte Vierge, la distinction résultant du titre de congréganiste était injurieuse pour ceux qui n'avaient pas ce titre. Il va sans dire que les dépenses allaient grand train : M. de la Ferté était un de ces hommes dont le poète a dit :

> Diruit, ædificat, mutat quadrata rotundis (2).

Les gens sensés s'alarmèrent de la tendance imprimée à sa maison par M. de la Ferté. Mgr Guigou, du reste, avait été mis en éveil par les révélations, malheureusement trop tardives, dont nous avons parlé plus haut. Il eût bien voulu attendre la fin de l'année scolaire pour remédier au mal

---

(1) *Horace*, Satires, liv. I, 1.
(2) *Horace*, Epîtres, liv. I, 1.

avec moins d'éclat ; mais ce retard aurait été trop funeste. Il fit donc entendre à M. de la Ferté que son maintien au petit séminaire était désormais impossible, et celui-ci donna sa démission. La veille de son départ, il appela dans sa chambre les plus âgés des élèves, leur annonça qu'il allait faire un voyage et leur recommanda d'être, pendant son absence, bien soumis et bien obéissants au directeur, M. l'abbé Guigou ; puis il alluma un grand punch, dont chacun d'eux prit joyeusement sa part.

En sortant d'Angoulême, M. de la Ferté courut s'enfermer à la Trappe ; mais il y resta peu de temps. On dit que, pendant les néfastes journées de juillet 1830, il jetait des pièces de monnaie à la populace pour faire crier *Vive le roi*. Sous le coup d'une révolution qui froissait ses plus chers sentiments et ses plus ardentes sympathies, sa raison, déjà ébranlée, acheva de se troubler complètement. Nous ne savons ni à quelle date ni en quel lieu il mourut.

L'année 1828, où arriva le départ de M. de la Ferté, est tristement célèbre par les deux ordonnances persécutrices que les prétendus libéraux arrachèrent au roi Charles X, à la date du 16 juin. La première de ces ordonnances, contresignée par le comte Portalis, statuait que les établissements ecclésiastiques d'Aix, Billom, Bordeaux, Dôle,

Forcalquier, Montmorillon, Saint-Acheul et Sainte-Anne d'Auray, sous prétexte qu'ils étaient dirigés par des religieux non autorisés, seraient privés des droits des petits séminaires et soumis au régime de l'Université ; que, de plus, nul ne pourrait, à partir du 1er octobre 1828, « être ou demeurer chargé soit de la direction, soit de l'enseignement, dans une des maisons dépendantes de l'Université ou dans une des écoles secondaires ecclésiastiques, s'il *n'affirmait* par écrit n'appartenir à aucune congrégation religieuse non légalement établie en France ».

La seconde ordonnance, contresignée par Mgr Feutrier, évêque de Beauvais, portait que le roi déterminerait le nombre des petits séminaires et désignerait les communes où ils seraient établis; qu'aucun externe n'y serait reçu ; que tous les élèves âgés de quatorze ans porteraient la soutane après deux ans d'admission ; qu'ils ne pourraient excéder le nombre de 20,000 pour toute la France; que les supérieurs ou directeurs seraient nommés par les évêques et devraient être agréés par le gouvernement (1).

Ces ordonnances, attentatoires à la liberté de l'Eglise, soulevèrent les énergiques protestations de l'épiscopat : celle de Mgr Guigou ne fut pas

---

(1) *Bulletin des lois*, tome VIII, pages 553-556.

l'une des moins fermes ; mais il fallut, malgré tout, subir le joug imposé par un pouvoir égaré et proposer à l'agrément du roi le remplaçant de M. de la Ferté, M. l'abbé Guigou, qui n'était encore que diacre. « Monseigneur, écrivait, le 31 octobre 1828, à l'évêque d'Angoulême le ministre des affaires ecclésiastiques, j'ai reçu les renseignements que vous m'avez adressés, en conformité de ma circulaire du 30 août, et la demande qui y était jointe de faire autoriser par une ordonnance royale l'école secondaire ecclésiastique établie dans votre diocèse : j'ai pensé que l'expression *diacre*, dont vous vous servez en désignant le supérieur de cet établissement et pour lequel vous demandez l'agrément du roi, indiquait suffisamment qu'il n'appartenait point à une congrégation religieuse non autorisée. Si je m'étais trompé dans cette interprétation, veuillez m'en prévenir ; mais, dans le cas où je ne recevrais pas de réponse à cette lettre, regardant votre silence comme une approbation, je m'empresserai de faire agréer par le roi sa nomination lorsque le temps nécessaire pour recevoir cette réponse sera expiré. »

Mgr Guigou n'avait point à répondre et ne répondit point à cette lettre, et, le 5 novembre 1828, le roi signa l'ordonnance qui reconnaissait M. l'abbé Guigou comme supérieur de l'école secondaire ecclésiastique du diocèse et celle qui fixait cette école dans la commune d'Angoulême. Trois jours après, l'abbé de la Chapelle, directeur des affaires ecclésiastiques, en transmettant l'ampliation de ces deux ordonnances, ajoutait : « Rien ne saurait maintenant s'opposer à l'ouverture des classes ; mais vous remarquerez, Monseigneur, que, à l'égard des sujets qui rentreront, *ce ne sera que provisoire,* attendu que Sa Majesté s'est réservé de fixer ultérieurement le nombre des élèves de ladite école secondaire. » Le gouvernement eût pu se dispenser de prendre tant de précautions contre l'Eglise et le clergé : ce n'est pas de ce côté que le danger était à craindre. *Trepidaverunt timore ubi non erat timor* (1).

André-Joseph-Xavier Guigou était né le 15 avril 1806, à Saint-Zacharie (Var), paroisse que son oncle avait gouvernée comme curé jusqu'en 1804. « Lorsque Mgr Guigou fut appelé au siège d'Angoulême, son jeune neveu terminait, au collège des Jésuites de Forcalquier, des études brillantes, pendant le cours desquelles ses maîtres avaient admiré les progrès rapides et sérieux de leur élève dans la pratique de la vertu. Aussi Mgr Guigou le fit-il venir dans notre diocèse, qui manquait de pasteurs pour la direction des âmes (2). » En

(1) Psalm. XIII, 9.
(2) *Semaine religieuse,* 12e année, no 48, 16 janvier 1876.

1825-1826 nous le trouvons, en qualité de professeur de sixième, au petit séminaire, où, l'année suivante, il fut investi des fonctions de directeur, qu'il remplit sous M. Arnaud et sous M. de la Ferté. Il reçut les ordres mineurs le 3 novembre 1827, le sous-diaconat le 22 mars 1828, le diaconat le 28 octobre de la même année ; c'est immédiatement après cette ordination qu'il fut nommé supérieur : il n'avait que vingt-deux ans et demi.

« Pour expliquer la nomination d'un ecclésiastique si jeune à un poste d'une si haute importance, il ne faut rien moins que la disette extrême de prêtres dans laquelle notre diocèse était encore, après quatre ans d'efforts de son nouvel évêque pour remédier au mal. Que de grandes paroisses attendaient un pasteur ! Et cependant l'évêque n'avait pas un pasteur de plus à donner ; et tous les prêtres de cette époque avaient à desservir, non pas une, mais deux, trois, quatre paroisses et souvent davantage. »... Du reste, M. Guigou, « s'il était jeune, était en même temps instruit, pieux, prudent ; et, d'autre part, docile aux instructions du prélat auquel le rattachaient les liens du sang et d'une profonde vénération, il offrait de solides garanties : par lui l'évêque était le véritable supérieur du petit séminaire (1) ». M. Guigou avait

(1) *Semaine religieuse*, loco citato.

une nature ardente ; le sang du Midi bouillonnait dans ses veines ; mais il savait toujours rester parfaitement maître de lui-même. Sa taille au-dessus de la moyenne, son extérieur grave et digne, commandaient le respect, tandis que la bonté empreinte dans sa physionomie inspirait l'affection et gagnait les cœurs. Il ne trompa point les espérances qu'on avait fondées sur lui : il sut se faire craindre et se faire aimer à la fois et, pendant deux ans et demi, il gouverna le petit séminaire avec la sagesse d'un vieillard. Les peuples heureux n'ont pas d'histoire ; aussi avons-nous peu de chose à dire de ces deux années.

Tous les anciens usages supprimés par M. de la Ferté furent rétablis ; il semble même qu'on ait ajouté alors quelques exercices de piété au « règlement du petit séminaire tel qu'il était suivi du temps de M. l'abbé Arnaud ». Un remaniement du texte primitif (nous avons sous les yeux les deux rédactions) marque au dimanche et au mercredi, jour de congé, de 7 heures à 7 heures 1/2 du soir, une réunion de la communauté à la chapelle, pour le chant de cantiques spirituels et l'adoration du Saint Sacrement.

Le 1er février 1829 fut un jour de grande fête au petit séminaire ; car ce jour-là le vénérable évêque d'Angoulême, après avoir obtenu de Rome les dispenses nécessaires, consacra par un titre nouveau l'autorité du jeune supérieur en l'élevant au sacerdoce. Trois de ses collaborateurs seulement étaient revêtus de la même dignité, MM. de la Croix, Dussol et Cazenave.

M. François-Joseph de la Croix remplissait les fonctions de directeur et probablement aussi, au moins par intérim, celles de professeur de littérarature. Le souvenir de ce saint prêtre, transféré de ce monde à un monde meilleur le 7 janvier 1876, est encore vivant dans le cœur de tous ceux qui ont eu le bonheur de le connaître. M. l'abbé Denise, aujourd'hui curé-doyen de Rouillac, a su, d'une façon charmante, tracer le portrait de cet homme si juste et si charitable, si instruit et si modeste, si austère et si aimable tout à la fois ; nous n'avons pas la prétention de refaire un travail très bien fait ; mais, rencontrant sous notre plume le nom de celui qui fut pour nous un bienfaiteur et un père, nous saisissons avec joie cette occasion de rendre un hommage public à sa chère mémoire.

Né au château de Flaville (1), le 26 janvier 1802, il fut ordonné prêtre le 22 mars 1828 et devint, peu après le départ de M. de la Ferté, le principal collaborateur de M. Guigou. Son humilité dut grande-

(1) Paroisse de Bonneuil, doyenné de Châteauneuf.

ment souffrir de la prééminence que lui conférait sa charge de directeur ; car c'était sa tendance habituelle de se placer au dernier rang ; de là sa déférence, sa condescendance pour autrui ; de là sa politesse exquise, qui faisait dire à un juge bien compétent, M. l'abbé Dumas, supérieur du petit séminaire de Richemont : « Je n'ai jamais vu personne de plus poli que M. de la Croix. » Cette politesse s'étendait même aux petits enfants : il n'en tutoyait aucun, il les remerciait avec empressement par un salut affectueux des marques de respect qu'ils lui donnaient, il leur parlait avec une douceur inexprimable, et quoique, par une réserve peut-être excessive, il ne se permît jamais une caresse à leur égard, la bonté de son âme rayonnait si vivement sur son visage qu'il s'en faisait tout de suite des amis. Il était si indulgent pour eux ! « Les enfants sont des enfants : n'exigeons pas d'eux plus que des hommes » était une de ses maximes favorites. Ce n'est pas lui qui eût été partisan du surmenage. « Mon cher monsieur, nous disait-il parfois, on impose trop de besogne aux enfants, et ils n'en deviennent pas plus savants pour cela. » Puis, il contait qu'un jour, alors qu'il était en pension à Châteauneuf, chez M. l'abbé Legrand, curé de cette paroisse, un ecclésiastique étranger, en visite au presbytère, voulut examiner sa force en latin et lui donna un thème : au bout d'une ou deux heures, le thème était achevé et le temps de la récréation arrivé. L'examinateur lut attentivement le thème et en loua la correction, puis il ajouta : « Mon petit ami, puisque tu as si bien fait le premier thème, tu vas en faire un second. » Joseph de la Croix était trop habitué à l'obéissance pour protester ; il se remit à l'œuvre, malgré les séductions de la cour ou du jardin, où ses camarades prenaient leurs ébats ; mais il avait conservé, jusqu'à la fin de sa vie, une innocente rancune contre cet ecclésiastique, et il concluait son histoire en disant : « Si le premier thème eût été mal fait et qu'il m'eût obligé à le refaire mieux, à la bonne heure ; mais puisque, de son aveu, il était bien fait, il fallait me laisser jouer ! »

Il n'avait jamais cependant été un grand joueur ; sa complexion délicate ne favorisait pas chez lui le goût des exercices violents. Devenu homme, sa récréation la plus douce, c'était la conversation ; conversation d'un ton toujours calme, mais dont la gravité habituelle n'excluait pas un certain enjouement ; conversation variée, touchant à la philosophie, à la théologie, à l'histoire, à la littérature, à la grammaire, voire aux mathématiques ; conversation pleine de charité, où ne se glissait jamais un mot capable de blesser qui que ce fût. C'était son bonheur de réunir à sa table hospitalière (1) de jeunes séminaristes, de jeunes professeurs en vacances, et d'écouter leurs vives causeries sur leurs études, celles de leurs élèves, les méthodes d'enseignement et de direction, etc.; et que d'utiles conseils, que de suaves encouragements il savait leur donner, sans affecter le moins du monde l'air d'un prêcheur ou d'un moraliste!

Même dans ces réunions joyeuses, se retrouvait son esprit d'humilité et de mortification. Il fut atteint dans ses dernières années d'une pénible infirmité, il devint sourd. Ses voisins de table le mettaient bien d'ordinaire au courant de la conversation; mais, si par hasard ils l'oubliaient, il se

(1) M. Denise a loué l'hospitalité de M. de la Croix, et, en vérité, elle était aussi aimable que généreuse. En voici un trait qui mérite d'être noté. Les vicaires de Saint-Pierre habitaient avec leur curé assez loin de la cathédrale, dans la rue de Beaulieu, tandis que la maison de M. de la Croix, sise rue d'Arc, en était fort rapprochée. Or, comme le dimanche, après leur messe dite, ces messieurs, qui devaient assister à la messe paroissiale, ne disposaient que de peu de temps, il les obligeait à venir prendre chez lui leur petit déjeuner et il donnait chaque samedi à sa domestique ses ordres en conséquence. Le dimanche matin, il venait s'assurer, en entr'ouvrant la porte, qu'ils avaient répondu à son invitation et, comme ils se levaient pour aller au devant de lui, « Non, non, disait-il, ne vous dérangez pas; je ne veux pas entrer; je n'ai pas encore célébré la sainte messe »; et il se retirait pour leur laisser toute liberté.

serait reproché de leur adresser une question : et, loin de témoigner de l'humeur ou de la tristesse, il se contentait de s'associer par un gracieux sourire à la gaîté qu'il lisait sur le visage de ses commensaux. Il disait parfois seulement : « Il me semble que les voix baissent. Mon cher monsieur A***, vous ne parlez plus aussi fort qu'autrefois ! » Et cependant, M. A*** possédait et possède encore une voix aussi puissante qu'agréablement timbrée.

On comprend combien, au petit séminaire, dans toute la fraîcheur de la jeunesse, l'abbé de la Croix dût se faire aimer de ses élèves. Il avait pour eux les tendresses et les soins d'une mère. Ils s'en aperçurent surtout durant le rigoureux hiver de 1829-1830 : pour leur permettre de se réchauffer à son foyer, il allait jusqu'à leur céder sa place. Aussi cet oubli de lui-même avait tellement pénétré les cœurs qu'un (1) de ceux qui en profitèrent nous en parlait, il y a trois ans, peu de temps avant de mourir, avec des larmes dans les yeux.

M. Basile Dussol ne ressemblait guère à M. de la Croix que par la bonté de son cœur ; mais cette bonté se cachait sous une rude écorce. Barbe hérissée, cheveux en broussailles, vêtements en

---

(1) M. Jacques-Guy Paponet, ancien professeur au lycée d'Angoulême, ancien proviseur du lycée d'Auch, décédé le 18 novembre 1887.

désordre, nez au vent, tel est l'aspect sous lequel il se présentait au regard. Il avait avec cela une démarche pesante, des manières vulgaires, des gestes brusques, une voix rauque, qu'il cherchait, quand il était de bonne humeur ou qu'il raillait, à rendre mielleuse. Il grasseyait avec force et trahissait vite, par l'ensemble de sa prononciation, son origine limousine. Il était né, en effet, à Treignac et il y avait étudié au collège de cette ville dirigé par un M. Dupont. Incorporé au diocèse d'Angoulême le 13 octobre 1825, il avait été, après une année passée au grand séminaire, nommé en 1826-1827 professeur de troisième au petit ; il y remplit cette fonction jusqu'au 20 février 1831.

Quoiqu'il fut d'un caractère plaisant et rieur, il n'était pas tendre aux frasques des écoliers ; les paresseux surtout ne trouvaient pas grâce devant lui et il leur infligeait des corrections passablement sévères. Il préconisait le vieux système pénitentiaire, dont il avait sans nul doute expérimenté pour sa formation personnelle les heureux effets, et il se servait parfois, dit-on, de sa lourde main comme d'une férule ; aussi était-il beaucoup plus redouté qu'aimé, et certains espiègles (on en trouve partout), quand ils étaient hors de ses atteintes, ne se gênaient pas pour railler son extérieur agreste, son parler maniéré et son teint cuivré, qui lui avait valu de leur part le sobriquet de Grise-Mine. Tout cela n'empêchait pas que ce ne fût un homme intelligent, instruit, passionné pour l'enseignement et très dévoué à ses élèves. Il obtenait d'eux, par persuasion ou par contrainte, une application soutenue et un travail énergique : bon gré mal gré, ils devaient avec lui dévorer et digérer les paradigmes les plus compliqués, les nomenclatures les plus arides, les règles les plus minutieuses de la grammaire latine et surtout de la grammaire grecque, pour laquelle il avait un spécial amour. Bref, M. Dussol était un professeur de mérite (1).

Nous pourrions en dire autant de M. Cazenave, quoique, par son caractère, sa tenue et sa méthode, il différât beaucoup de M. Dussol. La vivacité bordelaise éclatait dans ses gestes, sa démarche et sa parole. Sa physionomie maigre et austère était éclairée par l'intelligence. Il avait des aptitudes très variées ; il aimait les lettres et les sciences et

---

(1) Le plus brillant élève de M. Dussol a été M. Charles-Alexandre Lachaud, son compatriote, le célèbre avocat de Mme Lafarge et du maréchal Bazaine. M. Lachaud avait commencé ses études au petit séminaire de la rue du Sauvage, où M. Dussol s'occupait tout particulièrement de lui et l'excitait sans relâche au travail. Le grand avocat a gardé jusqu'à la fin affection et reconnaissance pour son vieux professeur, qui, de son côté, était justement fier d'avoir eu un pareil disciple.

cultivait même les arts ; il sculptait sur bois avec assez d'habileté (1). Il se passionnait pour ce qui faisait l'objet de son enseignement, mais ne communiquait à ses jeunes auditeurs qu'une partie de son enthousiasme. Jusqu'à ses dernières années, il avait conservé des goûts très littéraires, et une de ses distractions favorites, dans son presbytère de Saint-Romain, était de lire et de relire ses chers auteurs.

La révolution de juillet 1830, porta un coup terrible au petit séminaire d'Angoulême. Toutefois, elle ne le détruisit pas immédiatement de fond en comble comme l'école de La Rochefoucauld : la rentrée eut lieu en novembre à peu près à l'ordinaire ; mais le nombre des élèves qui, de cent cinquante en 1828, était, après les ordonnances, descendu à cent, se réduisit tout d'un coup à soixante. Des anciens maîtres, il resta MM. Guigou, de la Croix et Dussol ; de plus MM. Michon, Cognet et Raymond, employés l'année précédente à La Rochefoucauld et mis en disponibilité par les intelligents édiles de cette commune, vinrent, avec deux séminaristes, MM. Durandeau et Rivet, compléter le nouveau personnel.

(1) Cependant Mgr Cousseau, examinant un jour la belle chaire qu'il avait élevée dans son église de Saint-Romain, critiqua avec finesse deux anges qui n'avaient rien de céleste : « Mon bon curé, lui dit-il en souriant, vous ferez mieux de faire des saints que des anges. »

Nous aurons occasion de parler amplement de M. Michon. M. Jean Rivet, parent du curé actuel de Marcillac-Lanville, quitta, avant d'être prêtre, notre diocèse pour rentrer dans celui de Limoges, où il était né. M. Raymond, son compatriote, nous fut plus fidèle ; nommé aussitôt après son ordination, en février 1832, à la cure de Chavenat, il garda ce poste jusqu'au jour de sa mort, qui arriva le 28 mai 1860. M. Durandeau, directeur du grand séminaire, puis vicaire-régent de Villefagnan avec le titre de La Madeleine et enfin curé-doyen de La Rochefoucauld, M. Cognet, ancien curé de Jarnac, mort chanoine titulaire, le 12 janvier 1880, sont bien connus ; d'intéressantes notices ont été publiées sur chacun d'eux dans la *Semaine religieuse*, nos du 27 août 1871 et du 25 janvier 1880. Nous n'y ajouterons qu'un mot : « J'eus pour professeur de quatrième au petit séminaire d'Angoulême, en 1830-1831, nous a dit M. l'archiprêtre de Cognac, le saint abbé Cognet : sa piété était vraiment angélique et nous en étions édifiés au dernier point. Il n'était pas encore prêtre et, en attendant qu'il pût célébrer la messe chaque jour, il communiait plusieurs fois par semaine ; les jours où il avait eu la joie de recevoir le bon Maître, il était plus aimable que jamais, et la classe était pour nous un ravissement. » La vie de ce digne prêtre a été d'une admirable unité : enfant, adolescent, homme mûr, vieillard, élève du petit séminaire, élève du grand séminaire, professeur, vicaire, curé, chanoine, il s'est toujours montré l'homme du devoir, et son cœur a été sans cesse embrasé des plus pures flammes de la charité (1).

Les cours se continuèrent, plutôt tristement que tranquillement, au petit séminaire jusqu'au milieu de février, époque où le contre-coup des crimes commis dans la capitale, à l'occasion d'un service pour le duc de Berry, acheva de détruire les œuvres fondées si laborieusement par M. l'abbé Brunelière. Ce service, comme on le sait, avait été célé-

---

(1) M. Cognet a été inhumé dans le cimetière de Bardines ; on a gravé sur son modeste monument l'inscription suivante, qui est l'œuvre de M. l'abbé Marcel Sarrazin :

HIC
IN PACE DOMINI QUIESCIT
CORPUS PAULI COGNET SACERDOTIS
ANIMARUM SALUTI
SUAVI ZELO SED ARDENTI FLAGRANS,
ANNIS XLII STRENUE CUM ADLABORARIT
AC DEIN VEN. CANONICORUM ENGOL. COLLEGIO
ADSCRIPTUS
INDEFESSO ORATIONIS STUDIO ET TENERA PIETATE
CLERO POPULOQUE FIDELI ANNIS V FUERIT EXEMPLO
PRIDIE ID. JAN. A. D. MDCCCLXXX, VITÆ AUTEM SUÆ LXXIII
MERITIS MAJOR QUAM ÆTATE
DEO VOCANTE
AD CORONAM EVOLAVIT

bré le 14 février par M. Magnien, curé de Saint-Germain-l'Auxerrois. Sous le prétexte que, après la messe, un élève de Saint-Cyr avait attaché au catafalque un portrait du comte de Chambord, la foule s'ameuta, ni plus ni moins que si l'on eût proclamé roi le jeune prince ; elle se précipita dans l'église « comme un ouragan, renversa le catafalque, brisa les grilles, jeta les cierges dans les vitraux, dévalisa les autels, abattit la chaire et ne laissa absolument rien d'intact. Une partie se rejeta sur le presbytère, qu'elle réduisit au même état ;... puis des ouvriers montèrent au chevet de l'église, et la croix fut renversée aux applaudissements de ceux qui étaient présents. Toutes ces dévastations s'accomplirent sans que l'autorité eût rien fait pour les arrêter. Des langues téméraires osèrent même affirmer que le roi en avait plaisanté avec son entourage. On était en plein carnaval. Le lendemain, 15 février, on vit, mêlés aux voitures de masques qui circulaient dans les rues, des individus affublés de surplis, de chasubles et de chapes, faisant toutes les contorsions, poussant tous les cris imaginables pour faire rire les curieux. Après quelques instants livrés à cette débauche, les émeutiers de la veille se ruèrent sur l'archevêché, dévastèrent la splendide bibliothèque qu'il renfermait, brisèrent les meubles, les armoires, jetèrent dans la rue tout ce qu'ils purent enlever, et traînèrent dans la boue une foule d'objets précieux ou sacrés. Ce fut une perte irréparable, particulièrement pour les collections manuscrites, qui étaient extrêmement riches. Cet horrible brigandage s'accomplit au milieu des rires et des exclamations plus ou moins burlesques des Parisiens (1). »

Quand ces événements furent connus à Angoulême, ils firent fermenter dans la populace l'esprit d'impiété et les vieilles haines jacobines. L'émeute dressa son plan et convoqua ses bataillons sans en faire mystère. Par malheur, les magistrats d'Angoulême imitèrent l'insouciance de leurs collègues de Paris, et ne prirent aucune mesure pour empêcher un mouvement que tout le monde prévoyait ; seulement les deux adjoints (le maire était alors absent) se contentèrent, quand ce mouvement eut éclaté, de se mettre à la tête des émeutiers pour les diriger et les empêcher de se porter aux derniers excès (2). Ils parvinrent en effet à éviter l'effusion du sang ; mais l'émeute obtint ce qui lui tenait surtout à cœur, la destruction des séminaires et l'exil de deux prêtres, détestés des révolutionnaires à

---

(1) *Histoire contemporaine de la France*, par J.-A. Petit, tome x.

(2) Le maire d'Angoulême était alors M. de Lambert et il avait pour adjoints MM. Bellamy et Ganivet-Delisle.

cause de leur dévouement à Dieu et au roi détrôné (1).

Donc, le 20 février, vers midi, une bande de mauvais sujets, sous la conduite de quelques meneurs, fidèles habitués du café des Colonnes, parmi lesquels on remarquait un libraire, un horloger et le fils d'un maître de pension, professeur de dessin au collège communal, se précipita dans la rue du Sauvage, en poussant des cris furieux et menaçants contre les calotins. M. Guigou, averti dès la veille par la rumeur publique, qu'il se préparait quelque chose contre sa maison, avait recommandé aux externes de rester dans leurs familles ; en sorte que les élèves présents étaient peu nombreux.

Ces pauvres enfants, effrayés des menaces proférées par les assaillants, se pressaient autour de leur supérieur et le suppliaient de les sauver. Il fallait prendre promptement un parti : tandis que M. l'abbé Raymond, qui était doué d'une vigueur peu commune, défendait, armé d'un gourdin, la porte de la cour d'entrée, M. Guigou eut le temps de faire échapper les enfants, par les jardins contigus à celui du petit séminaire, du côté de l'église Saint-Martial ; un voisin, M. David, marchand de bois,

---

(1) Ces deux prêtres étaient MM. Chevrou, curé de la cathédrale, et Descordes, curé de Saint-André.

prêta généreusement son concours à cette évasion. Quand elle fut consommée, la populace, ayant atteint le but qu'elle se proposait et contente d'avoir cassé les vitres des fenêtres ouvrant sur la rue, se porta successivement au grand séminaire, qui fut aussi évacué ; chez M. Chevrou, curé de la cathédrale, qui s'enfuit pendant que sa vieille mère parlementait ; et, enfin, devant l'ancien hôtel de M. Chabrefy (1), où habitait alors Mgr Guigou. Les émeutiers demandèrent et obtinrent que M. Vincent Labeyrie (2) fût nommé, de nouveau, curé de

(1) Cet hôtel, remarquable par ses pavillons et sa colonnade, est situé en face de l'hôpital ; il appartient aujourd'hui à M. Mathé. Nous avons entendu dire qu'il avait été construit au xviiie siècle, par M. Thomas de Bardines.

(2) Vincent Labeyrie, né le 17 janvier 1756, à Saint-Sever, diocèse d'Aire, était barnabite à Guéret avant la Révolution ; il prêta tous les serments avec enthousiasme. Jean-Pierre Saurine, son compatriote et son ami, évêque intrus de Dax, puis d'Oloron, ayant été nommé après le Concordat au siège de Strasbourg, l'appela dans son nouveau diocèse et fit de lui son secrétaire, puis bientôt un chanoine de sa cathédrale ; mais l'empereur, à qui on avait adressé de graves plaintes contre Labeyrie, exigea, dit-on, sa démission dans les vingt-quatre heures. L'ex-chanoine cherchait fortune à Paris : il y rencontra Mgr Lacombe, qui s'y était rendu pour le prétendu concile national de 1811, et il se recommanda auprès de lui de leur commune adhésion à l'Eglise constitutionnelle. C'était un titre puissant à la faveur du prélat. M. Labeyrie fut donc nommé curé de

Saint-André, à la place de M. Descordes. Le dimanche suivant, cet ecclésiastique cher aux sans-culottes fut installé dans ladite cure en présence de toute la garde nationale, circonstance qui lui valut le surnom de *curé des baïonnettes*.

Quelque temps après cette journée peu glorieuse pour les libéraux d'Angoulême, M. Guigou essaya de rouvrir le petit séminaire ; mais la menace d'une nouvelle émeute l'empêcha de donner suite à ce projet. Les élèves du grand séminaire eux-mêmes ne purent rentrer que le 15 novembre, quand le gouvernement de Louis-Philippe eut enfin pris le parti de maintenir, au moins dans la rue, l'ordre qui n'était plus dans les institutions ni dans les esprits.

Les bâtiments de la rue du Sauvage restèrent

Saint-André et il ne tarda pas à devenir, avec M. Clément Penot, curé de Saint-Ausone, autre constitutionnel, l'intime de l'évêché. Les choses changèrent après la mort de Mgr Lacombe, et, M. Labeyrie ayant refusé de recevoir dans son église les Missionnaires de France et mécontenté les vrais fidèles par sa conduite peu ecclésiastique, Mgr Guigou le remplaça le 1er avril 1827, par M. Pierre Chevrou, qui fut remplacé lui-même, le 1er septembre 1829, par M. Descordes. L'émeute du 20 février ramena M. Labeyrie à la cure de Saint-André, où il resta jusqu'au 1er juillet 1838 et jusqu'à lasser les libéraux qui l'y avaient poussé. Alors il donna sa démission et M. Pintaud lui succéda. M. Labeyrie est mort le 29 octobre 1843, dans sa 88e année.

pendant quelque temps inoccupés, puis Mgr Guigou permit aux Sœurs de la Sagesse d'y établir une salle d'asile. Le 17 octobre 1840, M. l'abbé Brunelière, alors chanoine-archiprêtre de la cathédrale, les vendit par acte reçu Guillot, notaire, pour 18,500 francs, à M. Poullié fils, cautionné par son père, M. Pierre Poullié, et sa mère, dame Marie Brunet (1). Le prix de vente fut employé aux constructions de Richemont. Ces bâtiments existent encore en grande partie.

(1) Voici les confrontations : « Deux corps de bâtiments, cour et jardin, appelés Petit-Séminaire, situés rue du Sauvage, à Angoulême, confrontant d'une part à ladite rue, d'autre part à la grand'route de l'Est, d'autre part aux maisons et jardins de M. Grand, mur mitoyen entre deux, d'autre part à une petite rue formant cul-de-sac et aux propriétés de MM. Jauncin (?), Délerte (?) et autres ». M. Brunelière s'était réservé d'abord « une partie de terrain située rempart de l'Est »; il la céda le 27 janvier 1841 au même Poullié moyennant le prix de 1,600 francs ».

CHAPITRE II.

Le Petit Séminaire de La Rochefoucauld.

La ville de La Rochefoucauld possédait depuis 1810 un petit collège communal qui végétait péniblement ; les principaux n'y faisaient point leurs affaires ni les écoliers leurs études. Ce collège venait d'être installé en 1823, sous la direction de M. Raissac, dans l'ancien couvent des Carmes (1),

(1) Ce couvent avait été fondé en 1329 par Guy de la Rochefoucauld et agrandi par les dons de ses successeurs et les aumônes des fidèles. Lors de la Révolution, l'Etat s'en empara, comme de tous les biens de l'Eglise, et y installa les bureaux et le personnel d'un district, qui fut supprimé à la création des arrondissements ; la municipalité de La Rochefoucauld se mit alors en possession ; mais, parce qu'elle n'avait aucun titre, l'Etat, en 1815, la déposséda pour investir l'hospice, qui afferma les locaux à

dont la ville avait, l'année précédente, acheté l'usufruit de l'administration de l'hospice, moyennant une rente de 1,000 francs, lorsque Mgr Guigou devint évêque d'Angoulême. Ce prélat, ainsi que nous l'avons dit plus haut, croyant que la ville de La Rochefoucauld, dont il ignorait l'esprit révolutionnaire, convenait par sa situation à l'établissement d'une école ecclésiastique, accueillit avec faveur la proposition qui lui fut faite par la municipalité de se charger d'une maison deux fois en ruines. Il se contentait de demander que l'ancien couvent des Carmes et une somme de 6,000 francs fussent mis à sa disposition ; il offrait en retour de faire instruire gratuitement au petit séminaire vingt externes et de recevoir à moitié prix les autres externes appartenant à la commune.

Le conseil municipal se réunit, le 12 décembre 1824, en assemblée extraordinaire et, « appréciant les grands avantages qui résulteraient dans la suite pour la commune de l'établissement d'un petit séminaire dans la ville de La Rochefoucauld; considérant qu'un établissement de ce genre *devait* être regardé comme un grand bonheur pour la ville de La Rochefoucauld, attendu que les

---

divers particuliers et l'arrenta, en 1822, à la commune. Ladite commune a, paraît-il, amorti la rente en 1881 et acquis ainsi la nue propriété de l'immeuble.

pères de famille y *trouveraient* les plus grandes facilités pour faire donner à leurs enfants une éducation morale et religieuse, sans laquelle ils ne connaîtraient jamais le vrai bonheur, etc., etc. », pour tous ces motifs, le dit conseil municipal prit à l'unanimité la délibération suivante :

« 1º Qu'il soit mis à la disposition de Mgr l'évêque d'Angoulême tous les bâtiments et enclos des ci-devant Carmes, tels que la commune les a acquis de l'hospice, à l'exception cependant de la petite maison attenante à l'église, qui n'a jamais fait partie de cette église et reconnue n'être d'aucune utilité pour l'établissement ;

« 2º Qu'une somme de 3,000 francs, prise sur les revenus de l'exercice 1825, et autant sur ceux de 1826, ensemble 6,000 francs, soit également mise à la disposition de Sa Grandeur pour en faire l'usage qu'elle jugera convenable ;

« 3º Que M. le maire soit chargé de faire avec l'autorité compétente un bail emphytéotique de 29 ans, lequel sera renouvelé, si besoin est, tant que l'établissement subsistera, et, dans le cas où il ne pourrait pas se maintenir par quelque circonstance imprévue, il serait bien entendu que la commune rentrerait de plein droit dans la jouissance qui en ferait l'objet, en prenant lesdits bâtiments dans l'état où ils se trouveraient, sans être tenue à aucune indemnité envers qui que ce soit ;

« 4° Que M. le maire soit autorisé à régler, de gré à gré et de la manière la moins onéreuse pour la commune, avec les fermiers d'une partie de ces mêmes bâtiments, l'indemnité à laquelle ils ont droit pour le résiliement de leurs baux, etc., etc. »

Cette délibération fut signée par MM. Léchelle, Sibilet, Armand du Lau, Dorcau, Bourdage-Latour, Quentin, Delâge-Deluget, B. Faure, Delâge, médecin, et Pasquet de la Garde, maire. Elle fut communiquée à Mgr Guigou, qui crut devoir y faire introduire quelques amendements. Il demandait d'abord que le nombre des externes à recevoir gratuitement fut abaissé de vingt à quinze ; que, au lieu de parler de bail emphytéotique, on stipulât que les bâtiments des Carmes lui étaient abandonnés « pour tout le temps que le petit séminaire subsisterait » ; que la somme de 6,000 francs lui était allouée « pour commencer les premiers travaux, etc. »

Dans une nouvelle réunion, en date du 16 janvier 1825, le conseil prit « en grande considération les modifications proposées par Sa Grandeur et, après avoir délibéré », il fut « unanimement d'avis de restreindre à quinze le nombre des externes gratuits de la ville » ;... il adhéra également « à abandonner le local des anciens Carmes pour tout le temps que le petit séminaire *subsisterait*, se réservant toujours la faculté de rentrer en possession de sa propriété si l'établissement venait à être dissous ou transporté ailleurs, sans autre indemnité que celle de droit ».

L'accord fut conclu sur ces bases entre Mgr Guigou et la municipalité de La Rochefoucauld ; le préfet y donna son approbation ; et, les fermiers du couvent des Carmes ayant consenti à résilier leurs baux moyennant une somme de 440 francs, les travaux de réparation et d'appropriation commencèrent sans retard. Les bâtiments étaient dans un triste état de dégradation, quoique la municipalité y eût déjà dépensé deux mille francs ; on sait combien le gouvernement révolutionnaire avait montré partout d'incurie et d'ineptie pour la conservation des immeubles qu'il avait usurpés ; à La Rochefoucauld comme ailleurs, il s'était plus occupé de couper des têtes que de consolider des murs. Charpentes, couvertures, portes, fenêtres, lambris, pavés, gouttières, il fallut tout refaire à neuf ou à peu près ; il fallut aussi disposer les locaux en vue de leur nouvelle destination.

Outre la cour du cloître, qui devint la cour d'honneur, et dont les banquettes et les élégantes colonnes furent restaurées ou remplacées, on voulut avoir une seconde cour pour les jeux des élèves : elle fut placée au nord des bâtiments, dans le prolongement de l'aile orientale du cloître, et on y planta soixante-douze tilleuls, dont plusieurs prêtent encore leur ombre aux écoliers du collège actuel. La toiture du clocher tombait en lambeaux ; il fut consolidé et recouvert. Enfin une porte d'ordre toscan s'éleva sur la rue, à l'entrée du couloir par lequel on arrive à la cour du cloître en laissant à droite la loge du concierge et l'église. Toutes les dépenses montèrent à la somme de 70,000 francs.

M. Brunelière, après la distribution des prix de 1825, quitta le petit séminaire d'Angoulême et vint prendre la direction de celui de La Rochefoucauld. Voici quels furent ses premiers auxiliaires :

MM. Saint-Marc, professeur de rhétorique ;
Carles, professeur de seconde ;
Bitaudeau, professeur de troisième ;
Laroque, professeur de quatrième ;
Duval, professeur de cinquième ;
Giraud, professeur de sixième ;
Ancelin, professeur de septième ;
Lurat, professeur de huitième ;
Mallet, professeur de mathématiques.

MM. Laroque, Duval et Bitaudeau étaient venus avec lui du petit séminaire d'Angoulême, où ils avaient enseigné d'abord.

Le nombre des élèves s'éleva d'emblée à la centaine.

L'organisation des études, les moyens disciplinaires, les pratiques de piété furent à peu près à La Rochefoucauld ce qu'ils étaient à Angoulême : nous devons à un ancien élève, M. Rivet, curé de Marcillac-Lanville, quelques détails sur ces différents points.

La messe et les vêpres étaient chantées tous les jours de dimanche et de fête.

Quelques élèves des hautes classes, mais en très petit nombre, portaient la soutane.

Il ne paraît pas qu'il ait été établi de congrégation de la sainte Vierge.

Les professeurs ne prêchaient point devant les élèves. L'instruction religieuse se donnait dans les classes ; de plus, chaque dimanche, le supérieur faisait réciter l'évangile à la chapelle et y joignait un commentaire ou une glose.

La confession et la communion étaient mensuelles, sauf l'occurrence des grandes fêtes, qui les rendait plus fréquentes. L'esprit des élèves était excellent : ils aimaient surtout beaucoup leur supérieur, dont le gouvernement très paternel, mais très ferme, leur inspirait une crainte filiale. M. Brunelière cachait un grand fond de bonté sous un extérieur un peu froid ; sa haute taille, son air de dignité, mêlé cependant de bonhomie, sa droiture et sa rondeur en affaires lui conciliaient aussi l'estime et la déférence des maîtres et des parents.

Les externes étaient séparés des internes ; ils avaient un surveillant particulier, qui fut longtemps M. Valette, depuis curé de Bellon. Les professeurs surveillaient à tour de rôle l'étude des internes.

Il n'y avait qu'une promenade réglementaire, fixée au jeudi ; quelquefois cependant, dans la belle saison, M. Brunelière accordait une courte promenade de faveur après les vêpres.

L'histoire et les mathématiques n'entraient qu'à une faible dose dans le programme des classes inférieures. La grammaire et la littérature étaient les deux principales branches de l'enseignement.

Les arts d'agrément y avaient aussi leur place : un sieur Bruneau donnait à l'heure de la récréation des leçons d'escrime ; un Espagnol, du nom de Laborda, était maître d'écriture et de dessin ; enfin un M. Marc avait organisé une musique d'harmonie, où dominaient les violons, et une fanfare, qui rivalisait aux processions solennelles avec la fanfare municipale.

Un des moyens d'émulation employés à La Rochefoucauld était celui-ci : l'élève qui avait été premier trois fois de suite dînait à la table des maîtres et une promenade extraordinaire était accordée en son honneur. Nous nous souvenons que M. l'abbé Dumas, ancien élève de La Rochefoucauld, fit pratiquer à Richemont cet usage (moins la promenade) pendant quelques années.

La proclamation des notes hebdomadaires avait lieu le lundi matin, dans la cour du cloître, en présence du supérieur et de toute la communauté; chaque professeur lisait aussi alors la première moitié des places obtenues dans la composition ; il ne lisait la seconde moitié que le soir et dans l'intérieur de la classe. On ne jugeait pas les vaincus dignes d'être proclamés publiquement devant tout le monde.

Cependant Mgr Guigou avait demandé au gouvernement la reconnaissance légale du petit séminaire de La Rochefoucauld. Le ministre objecta que la convention passée entre l'évêque et le conseil, relativement à la gratuité de quinze externes, étant contraire à l'article 45 de l'ordonnance du 17 janvier 1815, il fallait que le conseil municipal renonçât à cette clause pour que la reconnaissance légale fût accordée. La lettre du ministre fut transmise au conseil municipal, qui prit, le 8 juin 1826, la délibération suivante :

« Considérant que, quelque préjudice qui puisse résulter pour la commune de la suppression de l'avantage qu'elle s'était flattée de conserver en faisant donner l'instruction gratuite à quinze élèves par le petit séminaire, il convient d'en faire l'abandon puisqu'il était contraire au règlement;

« Considérant que la commune a un grand intérêt au maintien du petit séminaire et que, sous ce rapport, elle doit s'imposer des sacrifices, par ces motifs, le conseil municipal, en se conformant au vœu exprimé par Son Excellence, renonce, au nom de la commune, à l'avantage énoncé dans les délibérations sus-mentionnées (du 12 décembre 1824 et du 16 janvier 1825) concernant les externes. »

Ajoutons que la renonciation du conseil municipal ne nuisit en rien à ses intérêts. Mgr Guigou, quoiqu'il ne fût plus lié par un texte écrit, se crut toujours lié par ses premiers engagements et par l'équité naturelle ; et, donnant à la ville de La Rochefoucauld un exemple que ses administrateurs judaïques de 1880 furent loin d'imiter, il continua de faire jouir à ses dépens quinze externes de la gratuité promise.

Le 15 octobre 1826, une ordonnance royale consacra l'existence du petit séminaire de La Rochefoucauld.

La fondation de ce petit séminaire n'était point pour le diocèse une spéculation : outre les frais de réparation et d'appropriation des bâtiments, il y eut, à la fin de l'année scolaire, un déficit de gestion s'élevant à 4,366 francs. Les dépenses avaient été de 18,885 francs et les recettes, dont l'unique source était la pension des élèves, n'avaient atteint que le chiffre de 14,519 francs (1).

Cela n'empêcha pas l'évêque de compléter, à la rentrée de 1826, le cours des études par l'établissement d'une classe de philosophie, qui fut confiée à M. Giraud. M. Jean-Pierre Giraud, né à Tarascon le 4 mai 1793, appartenait à cette nombreuse troupe de Provençaux, qui étaient venus dans notre diocèse sur les traces de Mgr Guigou ; après une année passée au grand séminaire d'Angoulême, il avait été nommé professeur de sixième à La Rochefoucauld en novembre 1825 et chargé de desservir en même temps Taponnat le 1er janvier 1826. Il était le plus âgé des maîtres, sans en excepter le supérieur ; cette circonstance put contribuer pour quelque chose à lui faire donner la

(1) Voici, d'après le compte-rendu, quelques-unes des dépenses: pain, 2,533.65 ; viande et poisson, 2,704.80 ; 55 barriques de vin et une barrique de vinaigre, 1,690.50 ; 140 barriques d'eau, 70 ; œufs, légumes, fruits, graisse, huile et chandelle, fromage, sucre, etc., 4,477.19 ; chauffage, 1,035.50 ; pharmacie, 60 ; frais de la distribution des prix : achat des livres, décorations, etc., impression des programmes, listes et billets, 600 ; frais de bureau et de correspondance, 100 ; traitement des maîtres, 2,750 ; blanchissage des maîtres, 165 ; salaire des domestiques, du portier et de sa femme faisant le service de la lingerie, 790 ; journées et services extraordinaires, 206.40 ; maison d'Angoulême, dettes acquittées, 447.

première chaire de la maison ; il ne faut pas croire cependant que son mérite fût nul ; il avait tort sans doute de se l'exagérer plus tard et de faire suivre sa signature de ces mots « bachelier à seize ans », comme si être bachelier, même à seize ans, était une merveille ; mais il ne serait pas équitable de juger le professeur de 1827 d'après les bizarreries du curé de Rouillac en 1877. Il n'enseigna pas longtemps, du reste, les règles du syllogisme et les subtilités de la métaphysique : nommé curé de Saint-Quentin le 1er juillet 1827, avec le service de Chalais, il passa successivement par diverses paroisses, entre autres Saint-Amant-de-Boixe, et fut transféré à Rouillac le 28 janvier 1849, où il mourut le 18 janvier 1879, à l'âge de 87 ans.

M. Saint-Marc envoyé au petit séminaire d'Angoulême, comme nous l'avons déjà dit, avait été remplacé en rhétorique par M. Cheminal-Delor, ordonné prêtre le 11 mars précédent. C'était un ecclésiastique très digne et très capable : il écrivait le latin avec une rare pureté ; M. l'abbé Rainguet, supérieur du petit séminaire de Montlieu, témoigna plus d'une fois son admiration pour la forme élégante des certificats de vacances, délivrés en cette langue par M. Delor, curé de Jarnac, aux élèves de sa paroisse. M. Cheminal-Delor ne resta qu'une année à La Rochefoucauld : le 1er septembre 1827 il fut nommé vicaire de Ruffec, curé de Jarnac le 1er novembre 1829, curé de Montmoreau le 1er janvier 1856 et mourut le 5 juin 1867 ; il était né à Saint-Flour et avait été incorporé au diocèse d'Angoulême le 22 octobre 1822.

Son successeur dans la chaire de rhétorique à La Rochefoucauld devait parvenir à la célébrité : ce successeur fut Jacques Crétineau-Joly, né à Fontenay-le-Comte le 23 septembre 1803. Il avait passé quelques années à Saint-Sulpice et y avait reçu les ordres mineurs, quand il en sortit, doutant de sa vocation, et se rendit à Rome, où l'ambassadeur français l'accueillit favorablement et lui fit même prêcher, avec la permission du cardinal-vicaire, le panégyrique de saint Louis, dans notre église nationale. Après diverses aventures, il témoigna le désir de rentrer dans son diocèse natal : l'évêque de Luçon, Mgr Soyer, ne le rebuta point ; mais, avant de l'ordonner, il voulut le soumettre à l'épreuve, et, sachant que M. Brunelière avait besoin d'un professeur de littérature, il le lui envoya. Crétineau avait déjà fait imprimer à Angoulême en 1823 et 1826 plusieurs volumes de poésies : citons *Les Trappistes, Chants romains*, etc. Il intéressait vivement ses élèves, et enflammait leurs enthousiasmes royalistes par des récits de ces guerres vendéennes qu'il devait étudier plus tard dans tous leurs détails et peindre dans toute leur grandeur. Il n'oubliait point non plus de cultiver la muse ; et, comme les représentations scéniques étaient en honneur au séminaire de La Rochefoucauld au moins autant qu'à celui d'Angoulême, il composa un vaudeville où il raillait les petits travers de tous ses collègues, sans épargner même le bon M. Brunelière. M. Dumas, alors son élève, nous a dit avoir refusé d'accepter dans cette pièce le rôle que lui destinait l'auteur. Cette composition satirique ne dut pas être complètement étrangère à son départ de La Rochefoucauld. Il ne tarda pas à renoncer à l'état ecclésiastique et se maria dans une famille de Confolens. Nous n'avons pas à raconter sa carrière littéraire, qui est connue de tout le monde. Crétineau-Joly est mort à Vincennes le 1er janvier 1875.

Les ordonnances du 16 juin 1828 modifièrent profondément la situation de la maison de La Rochefoucauld. Le roi ne reconnaissait plus qu'un petit séminaire dans le diocèse et fixait ce petit séminaire à Angoulême ; pour sauver une école où l'on avait tant dépensé, Mgr Guigou fut obligé de la convertir en un collège soumis à toutes les exigences universitaires et notamment à la rétribution scolaire. La rétribution scolaire était une espèce de capitation, un impôt au prix duquel tout élève qui ne voulait pas être élevé par *l'alma mater* devait se racheter à beaux deniers comptants.

Le conseil municipal de La Rochefoucauld, instruit de la nécessité de cette transformation, y donna son consentement formel, le 16 octobre 1828, et s'en félicita même, pour ce motif que l'établissement nouveau serait plus utile à la ville que l'ancien : l'enseignement y serait plus étendu et plus varié et les externes auraient toute liberté de le fréquenter. Le conseil déclara, en même temps, que la nouvelle dénomination donnée à l'établissement ne priverait point Mgr Guigou « des droits à lui concédés sur la jouissance de la maison et dépendances des ci-devant Carmes, tant qu'il lui *donnerait* une destination religieuse ». Cette délibération fut signée par MM. Léchelle, Mongin, Quentin, du Lau, Delâge, médecin, Faure-Moreau, Sibilet-Fonroche et Pasquet de la Garde, maire.

Le 28 octobre 1828, M. de Vatimesnil, ministre de l'instruction publique, adressa un diplôme de chef d'institution à M. Brunelière et la rentrée se fit dans les premiers jours de novembre. Le collège devint plus florissant encore que le petit séminaire ne l'avait été ; le nombre des internes atteignit ou dépassa la centaine et celui des externes ne fut pas au-dessous de cinquante ; les meilleures familles de La Rochefoucald et des environs tenaient à honneur de faire élever leurs enfants dans une maison où les principes religieux étaient véritablement la base de l'éducation et où de jeunes professeurs intelligents et instruits secondaient le zèle de l'excellent M. Brunelière. Il suffira de citer les noms de MM. Michon, Prévost-Dulas, Berchon, Rousseau, Cognet, Chalet, Godeau, Mallet, etc., pour montrer que le corps professoral offrait aux parents de sérieuses garanties (1).

(1) Nous parlerons plus loin de M. Michon au sujet de l'École des Thibaudières, et de M. Berchon au sujet du petit séminaire de Richemont, dont il fut le second supérieur. Nous avons déjà parlé de MM. Rousseau et Cognet (Cfr. pages 22 et 67). M. Prévost-Dulas est mort vicaire général, le 10 juillet 1869 ; M. Chalet est mort archiprêtre de Ruffec, le 22 décembre 1870 ; M. Godeau, curé de Saint-Ausone, le 24 mai 1882. On a publié dans la *Semaine* des notices sur la plupart de ces vénérables ecclésiastiques. M. Mallet est moins connu ; c'est pourquoi nous lui consacrerons ici quelques lignes.

Jean Mallet était né à Moulidars, le 12 novembre 1804. Il fit d'excellentes études à Saint-Jean d'Angély, et, après avoir passé quelque temps dans le monde, il se sentit appelé au sacerdoce. Ordonné prêtre le 21 septembre 1833, il fut successivement curé de Bécheresse et d'Alloue, puis aumônier de Chavagnes et enfin vicaire de Cognac. Voici comment les directeurs du grand séminaire d'Angoulême l'avaient noté : « bon, ardent ; piété solide ; beaucoup de facilité ». Cette piété ardente le fit aspirer à l'état religieux, et, en 1843, il entra chez les Trappistes de Melleray : il porta en religion le nom de P. Eusèbe. Qu'on nous permette de citer un fragment d'une lettre à nous écrite à son sujet par le P. Lazare, de l'abbaye de Fontgombault : « Le bon P. Eusèbe fut maître des novices à plusieurs reprises ;

Le parti révolutionnaire, largement représenté à La Rochefoucauld, prit ombrage des succès du collège, et dès lors il s'organisa contre cette institution une guerre de pamphlets et d'épigrammes, où le fiel suppléait le talent.

mais l'emploi qu'il a exercé le plus longtemps est celui de confesseur des hôtes. Il fit un voyage à la Martinique avec quelques autres Pères pour une fondation qui échoua. Il a été quelque temps aumônier des Trappistines du faubourg de Vaise, à Lyon : elles l'ont fort regretté (*)... Nous avions un peu causé de ce bon Père, s'il vous en souvient, au coin de votre feu, un soir, et je vous disais qu'il avait *parfaitement* rempli la signification de son nom de religion (*Eusèbe*, dérivé de εὐσεβής, *pieux*) : ce n'est pas un petit éloge. Il a constamment édifié sa communauté. Un jour, mon Père maître me disait : « Il a envoyé devant lui bien des bonnes œuvres au ciel ! » Les prêtres, qui venaient en grand nombre à Melleray pour y faire des retraites, le goûtaient beaucoup et l'estimaient singulièrement... Je crois que toutes les vertus avaient élu domicile dans son cœur. » Il était surtout plein de compassion, de tendresse et de miséricorde pour les pécheurs, ce qui est un des caractères distinctifs des Saints. Le P. Eusèbe est mort à l'abbaye de Melleray, le 24 décembre 1870.

(*) Les religieuses de Chavagnes l'avaient beaucoup regretté aussi ; car, bien avant d'entrer dans le cloître, c'était un homme fort intérieur, très entendu dans les choses spirituelles et un habile directeur des âmes. La Mère Aimée de Marie le tenait en haute estime et ne l'avait vu qu'avec grand peine partir pour Cognac, où M. Berchon, son ancien collègue dans le professorat à La Rochefoucauld, désira l'avoir auprès de lui, moins comme vicaire que comme fidèle ami et sage conseiller.

Les légèretés sans conséquence de quelques jeunes professeurs furent envenimées par la malignité; on leur fit un crime d'avoir accepté, avec plus de candeur que de prudence, il faut l'avouer, les prévenances et les invitations des parents de leurs élèves. M. Brunelière ou ne vit pas le danger, ou fut impuissant à l'écarter ; les supérieurs ne font pas toujours ce qu'ils veulent : ils doivent se contenter de faire ce qu'ils peuvent.

Les choses en étaient là, quand il fut nommé, le 10 mars 1830, curé de L'Houmeau, en remplacement de M. Jean-Louis Rambaud de Maillou, qui venait de mourir. Son départ fut un grand malheur pour la maison, qui, dans les circonstances critiques où elle allait se trouver placée, aurait eu plus que jamais besoin de son prestige, de son expérience et de sa fermeté. M. de Saint-Michel, qui lui succéda, se trouva inférieur à sa difficile tâche (1).

(1) M. de Saint-Michel n'étant pas bachelier ès lettres, Mgr Guigou sollicita pour lui du ministre de l'instruction publique une autorisation de gouverner le collège de La Rochefoucauld ; l'autorisation fut accordée, mais M. Brunelière resta en droit, aux yeux de l'Université, le vrai principal du collège, et, quoiqu'il eût un suppléant reconnu, il ne fut point déchargé du poids de la responsabilité. Aussi fit-il de fréquents voyages d'Angoulême à La Rochefoucauld, dans les derniers mois de l'année scolaire 1829-1830.

M. Joseph Musseau de Saint-Michel avait trente-trois ans, étant né le 11 juin 1797. Il appartenait à une excellente famille du pays, peu favorisée des biens de la fortune. Après avoir été pendant quelque temps employé dans les bureaux de la préfecture, il manifesta le désir d'entrer dans l'état ecclésiastique. Le conseil général de la Charente, en souvenir de son premier emploi, stipula que, sur l'allocation accordée au séminaire d'Angoulême, une somme de quatre cents francs serait consacrée annuellement aux frais de son éducation cléricale. M. de Saint-Michel fit une partie de ses études littéraires à Saint-Jean-d'Angély et les acheva, vers 1824, à Montmorillon, où il fut élève-maître. Il alla ensuite à Saint-Sulpice : il dut vraisemblablement être ordonné prêtre à la Trinité de 1827. Il reçut, le 16 août de cette année, le titre de Vaux-Rouillac et fut nommé vicaire de Saint-André d'Angoulême ; il devint, l'année suivante, le collaborateur de M. Brunelière à La Rochefoucauld, avec le titre d'aumônier et l'autorité de directeur. M. de Saint-Michel était d'une piété angélique et d'une grande douceur ; aussi était-il aimé et vénéré de tout le monde ; mais l'esprit de décision lui manquait et il s'effrayait facilement des obstacles. Autant sa sœur, l'auxiliaire des dernières Carmélites d'Angoulême et l'une des futures fondatrices de Puypéroux, était ardente, résolue, audacieuse même, autant il était calme et timide : ceux qui les connaissaient tous deux disaient que la nature s'était trompée, en donnant à l'un le caractère qui eût convenu au sexe de l'autre.

Les déplorables événements de juillet 1830 eurent leur contre-coup à La Rochefoucauld. Dans la journée du 2 ou du 3 août, une bande de vauriens, à la tête desquels était un séminariste défroqué, se ramassa devant la porte du collège en poussant des cris, proférant des obscénités contre la religion et les prêtres et menaçant de mettre le feu à la maison si elle n'était promptement évacuée. Une dame respectable, directrice de la poste, vint, dans d'excellentes intentions, affirmer à M. de Saint-Michel que tel était bien le dessein des agitateurs et que ce dessein serait exécuté la nuit suivante. Le maire chercha, il est vrai, à rassurer M. de Saint-Michel ; mais, se sentant frappé lui-même par la tourmente qui emportait le trône de Charles X et doutant désormais de son autorité, il n'osait garantir le maintien de l'ordre et se contentait d'exprimer des espérances qui peut-être n'étaient pas dans son cœur. « On voudra sans doute, disait-il, arborer sur le clocher de votre église le drapeau tricolore : gardez-vous de vous y opposer et je pense qu'on n'ira pas plus loin. »

Cependant les têtes commençaient à se monter à l'intérieur même du collège ; professeurs et élèves s'occupaient des événements avec inquiétude et les imaginations grossissaient à l'envi le péril. M. de Saint-Michel réunit les maîtres et leur demanda conseil. M. Michon fut d'avis qu'on repoussât par la force toute tentative d'agression ; M. Godeau soutint qu'aucune tentative de ce genre ne se produirait, et qu'il fallait rester tranquille et dédaigner les injures et les menaces d'une grossière canaille ; tous les autres opinèrent pour le départ immédiat, comme étant le parti le plus sûr, et c'est à ce dernier parti que s'arrêta M. de Saint-Michel.

Elèves et professeurs sortirent donc du collège, par petites escouades, silencieusement, au milieu de la nuit, et prirent des directions différentes ; il ne resta dans la maison avec le supérieur, que MM. Rousseau, Godeau et Raymond (ce dernier était maître d'étude) (1). Le lendemain, au lever du jour, les révolutionnaires se réjouirent et les gens de bien s'attristèrent en apprenant ce qui s'était passé ; M. de Saint-Michel se repentit lui-même, dit-on, d'avoir pris une décision trop précipitée. Quoi qu'il en soit, nous n'oserions pas le condamner ; nous nous contenterons de le plaindre : il y a des situations où les hommes les plus droits et les plus désireux de bien faire ne savent de quel côté

(1) Cfr. pages 67 et 71.

est le devoir. Que ceux-là leur jettent la pierre qui sont assurés de l'infaillibilité dans le jugement et dans la conduite.

Les vacances se passèrent tristement, comme on peut le supposer, pour le pauvre supérieur, seul gardien des vastes bâtiments du collège ; il espérait cependant voir bientôt sa solitude cesser et le désert se remplir par le retour des maîtres et des élèves. Le trône d'abord chancelant de Louis-Philippe paraissait s'affermir, et les ministres, plus énergiques que le préfet de police de Paris, Odilon Barrot, prenaient enfin des mesures pour ramener le calme dans la rue, sinon dans les esprits. C'est ce moment que la nouvelle municipalité de La Rochefoucauld choisit pour consommer la ruine définitive d'un établissement qu'elle haïssait, comme l'auxiliaire de la religion et comme l'œuvre de la municipalité précédente, dont elle se montra ainsi la jalouse et peu intelligente héritière.

Le 6 septembre 1830, le conseil, « jugeant que le local concédé par la commune pouvait suffire non seulement à un collège, mais encore à d'autres établissements d'une utilité indispensable, et prenant en considération une pétition présentée par les notables chefs de famille, au nombre de quatre-vingts signataires, manifestant le désir d'obtenir un collège légalement constitué », témoigna « le désir de rentrer en possession de l'emplacement des Carmes pour en disposer d'une manière plus avantageuse aux intérêts de la commune ». Il déclara avoir pris connaissance « d'une consultation écrite, délibérée par un de ses membres, M. Albert, avocat, de laquelle il résulterait que, aux termes des délibérations des 12 décembre 1824, 16 janvier 1825, 8 juin 1826 et 16 octobre 1828, et en exécution de l'ordonnance royale du 15 octobre 1826, la commune serait en droit de rentrer dans la propriété et jouissance des bâtiments et enclos qu'elle avait cédés à *monsieur* l'évêque pour y établir le petit séminaire ». Convaincu du bien fondé des affirmations de M. Albert et empressé d'arracher aux cléricaux, qui en avaient doublé la valeur par leurs apports, le couvent des Carmes, propriété si évidemment municipale, le conseil, composé de MM. H. Goursaud, vicomte de Lambertye, Poitevin, L. Pradignat, Clauzure-Descombes, Reynaud puîné, Garraud, Armand du Lau, Barraud, Sibilet, autre Sibilet, Thibaut, Delâge, J.-F. Faure-Saint-Romain, Albert du Gallois, Albert du Vigneau, Lapeyre et Pradeau, maire, conclut *à l'unanimité* qu'il fallait vite solliciter du préfet « l'autorisation voulue pour agir contre *monsieur* l'évêque devant les juges compétents ».

Le préfet, moins emporté que ces messieurs, leur ayant répondu que, avant de s'adresser aux tribunaux, « il serait convenable de connaître quelles seraient les intentions de *Monseigneur* l'évêque », ils se réunirent de nouveau le 11 septembre et décidèrent de suivre l'avis du préfet ; mais ils eurent soin de déclarer qu'ils n'entendaient « entrer en aucune manière en conciliation avec *monsieur* l'évêque » et qu'ils voulaient « réclamer l'avantage tout entier qui résultait pour la ville de La Rochefoucauld de la condition attachée par l'ordonnance royale du 15 octobre 1826 à la concession faite à *monsieur* l'évêque ». Ne dirait-on pas d'un fauve qui craint de voir échapper sa proie ?

Deux membres du conseil furent donc délégués auprès de Mgr Guigou, pour lui signifier que la convention passée entre lui et l'ancien conseil municipal de La Rochefoucauld avait été caduque dans son principe, parce qu'elle contenait une clause contraire à la loi, l'admission gratuite de quinze externes ; que, le petit séminaire ayant été supprimé en 1828 par les ordonnances du 16 juin, la commune était dès ce moment en droit de rentrer en possession de son immeuble ; et que le renvoi anticipé des élèves et des maîtres le 3 août dernier équivalait à un abandon de la maison, à la cessation de l'œuvre pour laquelle le local lui avait été cédé. Ils concluaient en demandant à Mgr Guigou de renoncer formellement à toute prétention sur ledit local et de le faire évacuer sans retard.

Mgr Guigou ne s'attendait pas à une pareille

attaque, où la passion antireligieuse et l'hypocrisie juridique s'unissaient pour étouffer l'équité. Il répondit que la convention, eût-elle été nulle dans son principe par suite de la clause relative à la gratuité des externes, aurait été validée en 1826 quand, cette clause ayant été supprimée sur la demande du ministre, les parties n'en persistèrent pas moins dans l'union de leurs volontés sur l'objet principal de ladite convention, que confirma l'ordonnance royale du 15 octobre. Bien plus, en 1828, le conseil municipal de La Rochefoucauld avait encore consacré les droits de l'évêque d'Angoulême, en consentant expressément que ce prélat demeurât en possession des bâtiments des anciens Carmes tant qu'il leur donnerait une destination religieuse, comme l'était l'éducation chrétienne de la jeunesse. Comment, d'autre part, pouvait-on soutenir que l'envoi en vacances des élèves quelques jours seulement avant l'époque fixée fût un abandon de l'établissement et de l'œuvre fondée à si grands frais, quand ce départ anticipé avait eu pour motif de soustraire les enfants aux dangers d'une injuste agression, et que le supérieur était toujours resté dans la maison, attendant la Toussaint, ainsi qu'à l'ordinaire, pour rouvrir les cours interrompus?

Malgré l'insistance des délégués, il refusa de renoncer à ses droits et prit le temps d'en délibérer.

Le 20 septembre 1830, il écrivait à M. de Saint-Michel la lettre suivante :

« Monsieur, c'est la nécessité qui m'oblige de vous écrire aujourd'hui. J'ai promis aux deux messieurs qui m'ont fait l'honneur de venir me parler au nom de M. le maire de La Rochefoucauld, relativement à l'établissement que nous y avons formé, de leur faire connaître au plus tôt la résolution que je prendrais en conséquence des conseils que je recevrais de messieurs les avocats que j'avais besoin de consulter ; mesure que ces messieurs me conseillèrent eux-mêmes de prendre. Je n'en trouve aucun qui soit d'avis que je me dépouille moi-même : la question de droit leur paraît sérieuse et exige qu'on y réfléchisse ; la question de justice naturelle n'a besoin d'aucun examen. Je dois encore sur les travaux faits au local des Carmes plus de 25,000 francs : les obligations que j'ai signées font mention de la destination des sommes empruntées ; il est donc facile d'en constater la nature. Personne ne comprend que je doive me condamner moi-même à payer une si lourde somme, et que ce soit à la demande et au profit de ceux qui se sont engagés, autant qu'il dépendait d'eux, à me laisser jouir du local... qu'ils me prient de vider. En conséquence, veuillez faire savoir à M. Albert du Gallois et à l'autre monsieur dont il était accompagné, lorsqu'ils m'ont fait l'honneur de venir chez moi pour m'entretenir de cette affaire, que, si le sacrifice qui m'est demandé était moins grand et s'il m'était exclusivement personnel, je le ferais pour leur donner un témoignage de ma déférence, mais que, dans l'état de la question, je ne puis vous autoriser à abandonner l'établissement qui vous est confié que sur des sommations écrites par des ayants-droit, et, si vous étiez forcé de vous retirer, vous ne le feriez qu'en protestant et en prenant vos réserves. Cependant veillez sur le mobilier ; le temps des vacances laissant la maison comme déserte, elle a besoin d'être mieux gardée. »

M. de Saint-Michel ayant communiqué cette lettre aux intéressés, le maire de La Rochefoucauld, M. Simon Pradeau, ex-commandant du génie, officier de la légion d'honneur, lui fit signifier, le 22 septembre, par exploit de Dulignon, huissier, d'avoir à vider les lieux dans trois jours. Les considérants de l'exploit reproduisaient les raisons alléguées par M. Albert du Gallois, lors de son entrevue, à l'évêque d'Angoulême, et y ajoutaient cette affirmation controuvée, que ledit évêque avait autorisé la commune à s'occuper sans retard de la composition d'un nouvel établissement d'instruction publique, lui avait même offert des professeurs s'il arrivait qu'elle en eût besoin, « et avait porté la bienveillance jusqu'à se féliciter de ce que les sacrifices qu'il avait faits profiteraient à la commune de La Rochefoucauld, pour laquelle il avait toujours montré de la prédilection. » Mgr Guigou, comme nous l'apprend sa lettre, s'était bien gardé de donner aux envoyés de M. Pradeau une réponse définitive avant d'avoir pris conseil ; mais il est possible que, au cours de la conversation, avec la bonne grâce qui lui était ordinaire, il eût tenu une partie de ces propos, toujours sous la réserve d'une décision ultérieure. Ses interlocuteurs n'avaient pas su ou n'avaient pas voulu le comprendre.

Quelque inique que fût la sommation du maire de La Rochefoucauld, il fallut céder à la force. MM. Brunelière et de Saint-Michel, agissant tous deux comme délégués de Mgr Guigou, protestèrent, le 25 septembre, par exploit de Pierre Martin, huissier, contre l'injustice dont leur vénérable commettant était victime et, en particulier, contre le délai dérisoire de trois jours accordé pour déménager tout un collège.

Il faut reconnaître que, pour simplifier le déménagement, la commune de La Rochefoucauld prétendit s'attribuer une partie du mobilier, entre autres choses, une grande chaire à deux escaliers et les tables-bancs en gradins de la salle d'étude, sous prétexte que ces objets tenaient au sol ou aux murs par quelques clous. C'est bien à ce pharisaïsme, esclave de la lettre quand elle sert ses convoitises et si peu soucieux de la vraie justice, qu'on doit appliquer l'axiôme *summum jus, summa injuria*.

Mgr Guigou, malgré son désir de pousser la conciliation jusqu'à ses dernières limites, crut devoir prendre ses précautions en vue d'un avenir meilleur, et il présenta requête au président du tribunal civil d'Angoulême, à l'effet de faire dresser procès-verbal de tous les travaux de réparation et d'amélioration exécutés par ses soins et à ses frais dans l'ancien couvent des Carmes. Le procès-verbal fut dressé, le 25 octobre 1830, par M. Sibilet, notaire, assisté de Jean-Baptiste David, marchand de bois, demeurant à Angoulême, et de François Chambeau-Larose, demeurant à La Rochefoucauld. Les experts estimèrent les travaux, dans l'état où ils se trouvaient alors, à la somme de 27,688 francs. Le maire, invité par assignation à venir assister contradictoirement à ce procès-verbal, aima mieux faire défaut.

Le 19 octobre 1830, le conseil municipal de La Rochefoucauld réorganisa son collège : pour cette fin, il fit cession d'une partie des bâtiments à M. Verrier, maître de pension à Ruffec, et s'engagea à lui fournir annuellement la somme de 1,000 francs. En retour, M. Verrier recevait dix externes gratuitement, et les autres externes de la ville ne payaient que 60 ou 80 francs suivant leur classe, plus les droits universitaires. Le principal était tenu, en outre, d'avoir au moins trois professeurs d'humanités, un professeur de mathématiques, un professeur de dessin et d'écriture et un surveillant.

Les choses ne marchèrent pas toutes seules dans ce collège régénéré, et il se produisit entre le maire et le principal, d'un côté, et les municipaux, de l'autre, des dissentiments dont nous trouvons un écho affaibli dans une délibération du 4 mai 1831 ; en voici un extrait :

« M. le maire avait fait construire, dans les cloîtres servant de lieu de récréation aux élèves (pour que le surveillant s'y retirât commodément pendant les récréations), une sorte de parloir, situé d'ailleurs dans un lieu très sombre et interceptant la promenade des cloîtres. Considérant que le surveillant doit toujours être parmi les élèves ; considérant que, dans le vaste et superbe local des ci-devant Carmes, il existe des pièces toutes prêtes et mieux situées pour servir de parloir, s'il en était besoin ; considérant que, à une époque où le collège réunissait *quatre-vingts pensionnaires et plus*, il n'a pas été jugé nécessaire de faire une pareille construction ; que le nombre de pensionnaires n'est pas allé cette année au delà de *quinze* ; qu'une grande partie du local reste inoccupée et qu'on ne pourrait conserver la nouvelle construction sans causer à l'établissement un préjudice notable, le conseil n'a pas cru devoir allouer la somme de 90 francs, qui avait été demandée pour la maçonne seule, les travaux n'ayant pas été continués plus loin. »

« Le conseil n'a pu encore allouer à M. le maire la somme de 88 francs, employée à l'acquisition d'une cloche provenant du séminaire et destinée à réunir les élèves pour leurs différents exercices. Cette cloche, qui avait déjà été enlevée par le propriétaire, ancien supérieur du séminaire, a été considérée comme un mobilier devant appartenir au chef d'institution, qui est obligé de se munir de tous les objets utiles à l'ordre de son établissement, sans qu'ils puissent être supportés par la commune. La pénurie de celle-ci, la crainte d'un déficit, la nécessité d'ajourner des dépenses plus urgentes commandent la plus stricte économie. »

Si la municipalité de La Rochefoucauld avait été véritablement soucieuse de ménager les deniers communaux, elle aurait laissé la jouissance du couvent des Carmes à Mgr Guigou, qui ne lui demandait aucune subvention, donnait l'instruction gratuite à quinze externes au lieu de dix et réunissait dans le collège, non pas seulement quinze pensionnaires, mais quatre-vingts et davantage. Ce fut avec plus de peine que de succès que l'on remplaça l'œuvre du pieux évêque ; on en peut juger par cette note de l'*Annuaire de la Charente*, année 1834 :

Collège de La Rochefoucauld.

« Cet établissement, *dont l'existence est toute nouvelle, promet* pour l'avenir d'heureux résultats. Il compte en ce moment, *malgré le retard qu'a souffert son organisation,* 24 élèves internes et 30 externes. L'enseignement y sera poussé jusqu'à la rhétorique exclusivement. »

Suit la liste du personnel : *Principal et professeur de 3e et 4e*, M. Filleau, officier d'académie ; — M. Maurice, *professeur de 5e et 6e* ; — M. Laverny, *de 7e et 8e* ; — M. Gendron, *de mathématiques, du cours spécial et d'anglais* ; — M. Gourdon, *maître d'étude* ; — M. Coulon, *professeur de musique* ; — M. Rouffignac, *d'escrime*.

En 1838, M. l'abbé Guitton fit une tentative pour rentrer en possession du couvent des Carmes, à l'effet d'y établir de nouveau le petit séminaire diocésain, qui n'existait plus depuis le 20 février 1831. Le préfet, M. Larréguy, en transmettant au maire, le 21 septembre 1838, la demande de M. Guitton, ajoutait : « Le conseil aura à peser les puissantes considérations d'intérêt moral et d'intérêt matériel qui, plus particulièrement pour la commune de La Rochefoucauld que pour toute autre, se réunissent dans cette affaire pour provoquer nécessairement une solution. Ce conseil, dans toute sa liberté et toute sa sagesse, devra donc examiner mûrement la question, telle qu'elle est si prudemment et si clairement posée par M. le vicaire général. La nécessité du rétablissement d'un petit séminaire est démontrée ; il faut que ce petit séminaire existe quelque part. Une demande de révocation de la concession faite en 1826 par la commune de La Rochefoucauld soulèverait une question de droit : il pourrait arriver alors que la commune n'eût pas l'établissement et qu'elle fût même jugée passible d'une indemnité. Peut-être aussi ne serait-ce pas le résultat final ; mais ne suffit-il pas qu'il soit possible pour que tous les grands intérêts de la localité se trouvent engagés ? J'appelle donc toute l'attention du conseil municipal sur cette importante affaire, etc. »

Le conseil en délibéra, en effet, le 30 septembre 1838, et, « tout en approuvant l'esprit de modération qui *avait* dicté la proposition faite par M. le vicaire général, il conclut à rejeter cette proposition et à « résister aux prétentions de monsieur l'évêque par tous les moyens légaux ». MM. Fouchier, maire, Sibilet, adjoint, Fouchier Joseph, Bossand, Garraud, Delorière, Marchais, Thibaud-Moulin, Massonneau, Dutartre de Boisjoli, Dulignon, Juzeaud, Chambaud, Pradignat et Grassin assistaient à cette délibération, et l'acceptèrent tous, à l'exception de MM. Marchais, Dutartre de Boisjoli et Bossand, qui s'honorèrent en refusant d'y apposer leur signature.

Mgr Guigou ne voulut point entamer un procès pour la revendication de ses droits : cette mesure n'était pas dans son caractère, et l'état de sa santé fortement ébranlée eût suffi à l'en détourner ; il renonça donc pour toujours à cette maison de La Rochefoucauld qu'il avait tant aimée. Peu de temps après et plutôt avec son consentement passif que son approbation formelle, M. Guitton et M. Descordes achetèrent le château de Richemont.

Revenons sur nos pas pour dire que l'Université ne négligea pas d'ajouter, en 1830, quelques gouttes de fiel au calice que les révolutionnaires de La Rochefoucauld firent boire à Mgr Guigou. La rétribution universitaire n'avait pas été payée pendant l'année pour quelques élèves, et l'évêque d'Angoulême, violemment spolié et accablé de dettes, demanda au ministre des cultes la remise de cet arriéré. Un rejet de cette demande par le conseil de l'Université concluant à ce que le principal, M. Brunelière, fût contraint de payer jusqu'au dernier sou, l'obligea à écrire de nouveau en ces termes, à la date du 26 juillet 1831 :

« Monsieur le ministre, en décidant rigoureusement

que M. l'abbé Brunelière serait forcé par voies légales au paiement d'un misérable arriéré sur des contributions universitaires pour la remise duquel il avait demandé grâce (ce que j'ai eu aussi l'honneur de solliciter de Votre Excellence), le conseil de l'Université n'a certainement pas considéré la ruine violente de l'établissement de La Rochefoucauld, l'impossibilité où est M. Brunelière de payer cet arriéré et l'inutilité de l'expropriation de son modeste mobilier, dont il est menacé. De pauvres ouvriers dont le travail est sans salaire, des fournisseurs qui ne sont pas encore payés de leurs avances, des créanciers qui avaient charitablement prêté des sommes considérables et qui seront remboursés, Dieu sait quand et comment, ne nous traitent pas de même. Ils ont connu nos sacrifices, ils voient notre désolation et notre impuissance : ils sont résignés, ils ont patience. Nous étions loin de trouver dans le produit de nos établissements une proportion à leurs dépenses ; même ce qu'on pouvait donner à l'Université, la charité devait le fournir; et aujourd'hui que tout a été bouleversé, que nous avons été violemment chassés, que d'autres jouissent de nos travaux et de nos sacrifices, qu'un mobilier acheté à grands frais a été injustement ravi, ou détruit, ou vendu à vil prix pour donner quelque acompte à des ouvriers et des fournisseurs, l'Université en viendrait à de honteuses poursuites ! Eh bien ! la honte sera pour elle. M. Brunelière n'a aucun moyen de payer l'arriéré qu'on lui demande ; le nombre toujours croissant des pauvres et des ouvriers sans travail qui veulent être soulagés ne me laisse aucune possibilité de venir à son secours : il en adviendra ce qu'il plaira à Dieu. Je termine pourtant en exprimant l'espoir que le conseil de l'Université et le ministre, mieux instruits, donneront une décision plus favorable.

Daignez agréer, etc. »

Nous ne savons quel fut le succès de cette requête ; ce que nous savons de science certaine c'est que M. Brunelière se priva pendant plusieurs années du nécessaire pour payer une partie des dettes du collège de La Rochefoucauld. « Je l'ai vu longtemps, nous a dit M. Descordes, vêtu de soutanes rapiécées et chaussé de misérables savates : il épargnait sur sa mise en faveur de ses créanciers. » Il n'entre pas dans notre plan de retracer la seconde moitié de la vie de ce vénérable ecclésiastique : elle fut digne de la première. Transféré de la cure de l'Houmeau, le 15 décembre 1837, à celle de Saint-Pierre avec le titre de chanoine, il s'est fait bénir dans ses deux paroisses par sa régularité parfaite, sa douceur et son inépuisable charité.

En 1850, il fut demandé pour l'évêché d'Angoulême par les députés de la Charente ; mais Mgr Régnier, qui ne se fût pas permis de rendre ce service à ses vicaires généraux titulaires, MM. Fruchaud et Vallée, s'empressa de refuser en son nom. Le bon curé éprouva quelque regret qu'on ne lui eût pas laissé l'honneur de refuser lui-même. Il est mort saintement le 4 octobre 1866.

Quant à M. de Saint-Michel, il avait été nommé, le 1er octobre 1830, curé de Pranzac. Il mourut dans cette paroisse (1) le 7 janvier 1831, entre les bras d'un de ses anciens élèves, M. Ferdinand Ledru (2), qui l'avait accompagné dans l'espoir de profiter de ses leçons ; ses funérailles furent présidées, le lendemain de sa mort, par M. Devillemandy, curé de La Rochefoucauld, assisté de M. Despert, son vicaire et de MM. Laborie, curé de Chazelles, Pré-

---

(1) Il était fils de Jean Musseau de Saint-Michel et de Renée Devars, domiciliés au hameau de Chez-Dereix, paroisse de Pérignac.

(2) Ferdinand-Pierre Ledru, né à Cognac, le 7 février 1811, tonsuré le 19 mars 1831, minoré le 16 juin 1832, sous-diacre le 1er juin 1833, diacre le 22 février 1834, prêtre le 24 mai 1834, curé de Salles de Barbezieux le 26 juin 1834, de Saint-Martial d'Angoulême le 1er janvier 1844, chanoine honoraire le 30 juin 1873, démissionnaire le 14 octobre 1880, décédé le 14 février 1889. Ce vénérable ecclésiastique a édifié pendant près de cinquante ans la paroisse de Saint-Martial par sa piété, sa bonté, son zèle, sa régularité et sa charité. C'est sous sa longue et fructueuse administration qu'a été bâtie et consacrée la belle église élevée, sur les dessins de M. Abadie, à l'Apôtre de l'Aquitaine. Devenu aveugle dans ses dernières années, M. Ledru supporta cette douloureuse infirmité avec une admirable patience et garda jusqu'à la fin la gaîté qui lui était naturelle. Il a laissé en bonnes œuvres le peu qu'il avait à sa mort.

vost-Dulas, curé de Rancogne, Rousseau, curé de Bunzac, Brethenoux, curé de Marillac. M. de Saint-Michel n'était âgé que de trente-trois ans et demi. Nature frêle et délicate, les émotions douloureuses par lesquelles il avait passé agirent fortement sur lui et abrégèrent son existence : il survécut à peine quelques mois à la ruine de la maison qui lui avait été confiée, et ses derniers moments furent attristés par ce pénible souvenir.

CHAPITRE III.

L'École des Thibaudières.

Après la confiscation du collège de La Rochefoucauld et la dispersion violente du petit séminaire d'Angoulême, Mgr Guigou éprouva un profond découragement. Que faire, en effet ? Ses tentatives auprès du gouvernement pour en obtenir justice contre les spoliateurs, ses sollicitations pour provoquer au moins quelques mesures réparatrices et quelques secours, tout avait été inutile, et le vénérable évêque se trouva tout d'un coup, après tant de sacrifices et d'efforts, sans une seule maison où recevoir les jeunes aspirants au sacerdoce et accablé, de plus, sous le poids de lourdes dettes à payer.

C'est à ce moment qu'un tout jeune homme (il avait environ vingt-cinq ans), dont nous avons déjà prononcé plusieurs fois le nom, conçut le dessein de créer, à ses risques et périls, un établissement d'instruction secondaire, en s'assujettissant aux formalités mesquines et aux exigences onéreuses de l'Université d'Etat. Avant de raconter quel fut le sort de son œuvre, nous devons donner de courts détails sur les antécédents de ce jeune homme, qui a eu son heure de célébrité.

Jean-Hippolyte Michon était né le 21 novembre 1806, chez ses grands parents paternels, à Trémouline, hameau de la commune de La Roche-sur-Feyt, près d'Eygurande (Corrèze). Son père n'avait d'autre fortune que l'humble métier de tailleur ; sa mère tenait le ménage et consacrait ensuite à la couture le temps qui lui restait. Malgré tout, grâce à leur travail assidu et à d'ingénieuses économies, ils parvinrent, après quelques années de mariage, à faire l'acquisition d'une petite maison au chef-lieu de La Roche. Déjà leur fils aîné charmait tout le monde par sa précoce intelligence, son aimable franchise et sa tendre piété ; plus d'une fois des hommes graves, étonnés de la vivacité de son esprit et de la sagesse de ses réponses, dirent de lui, sinon en propres termes, du moins équivalemment, ce qui avait été dit autrefois de son patron, le saint Précurseur : « Que pensez-vous que devienne un jour cet enfant ? » Le curé de La Roche surtout, qui devina dans son jeune paroissien la vocation ecclésiastique, l'attira auprès de lui et lui donna les premières leçons : la semence tombait dans une terre féconde qui devait rendre au centuple.

Tout heureux de consacrer la semaine à l'étude, Jean ne l'était pas moins de profiter de son jour de congé pour courir à Trémouline, son berceau, où, prétendait-il, les prés étaient plus verts, les champs plus dorés, le ciel plus bleu, le pain plus blanc et le lait plus doux. On le rencontrait souvent sur la route, portant à son cou une petite fille, sa cousine, ou encore seul, immobile d'admiration en face du spectacle imposant et varié qu'offre au regard ce coin pittoresque du pittoresque Limousin (1). Son âme d'enfant s'ouvrait déjà à la grande poésie de la nature.

La mère de M. Michon avait un oncle qui habitait la Charente et y possédait quelque bien : une maison à Angoulême et le domaine du Chiron dans la commune de Chadurie. Cet oncle, sans enfants, voulant faire de sa nièce son héritière, l'appela dans notre pays, et, en 1817, la famille tout entière vint se fixer à Angoulême. Là, pour augmenter ses ressources, M. Michon père, qui n'avait

(1) Relation de la R. Mère Anna, religieuse de N.-D. des Anges.

pas beaucoup de clients comme tailleur, se mit à faire des sabots, et la mère leva une petite auberge dans la rue Saint-Martial, en face de l'entrée de la rue du Sauvage. Le jeune Michon, suivit les cours du collège communal (1) et y termina sa rhétorique en 1822 : il avait seize ans. L'année suivante, il fit sa philosophie sous M. Valette, au grand séminaire d'Angoulême, puis, après avoir commencé son cours de théologie, il fut envoyé, en qualité de précepteur, chez M. le marquis de Touchimbert, à Londigny. Nous savons par son propre témoignage (2) qu'il passa quelque temps au séminaire de Saint-Sulpice ; c'est un fait avéré, quoique l'on ne trouve dans les archives du séminaire aucune trace de son passage et que son nom ne figure pas sur les registres (3). Suivant toute probabilité, ce fut Mlle Rose Gilbert des Héris (4) qui

(1) Un de ses professeurs fut M. Moutardier.
(2) *Circulaire aux évêques de France* du 24 mai 1841, relative à la création d'une école normale ecclésiastique à La Valette. « Le règlement est conforme à celui de Saint-Sulpice, que j'ai eu le bonheur de suivre dans mon éducation cléricale auprès des vénérables prêtres de cette maison, parmi lesquels je compte encore des amis. »
(3) Lettre de M. Jouannin, économe du séminaire de Saint-Sulpice.
(4) M. Michon a payé à Mlle Rose Gilbert un légitime tribut de reconnaissance en consignant dans une intéressante notice le souvenir de ses bonnes œuvres et de ses vertus.

pourvut aux frais de son séjour dans cette religieuse maison, où se rassemblait alors l'élite du clergé de France. Ce qui n'est pas douteux, c'est la bienveillance dont l'honora cette vénérable dame et le soin qu'elle prit de cultiver son esprit et son cœur. Elle avait remarqué en lui, dès ses jeunes années, d'heureuses dispositions pour l'art oratoire, et elle l'exerçait à débiter devant elle de petits discours appris par cœur : suivant la tradition, un cuvier à lessive servait de chaire au futur orateur de Saint-Thomas d'Aquin.

En 1828 M. Michon devint, nous l'avons vu, professeur de rhétorique au collège de La Rochefoucauld ; il passa en 1830 au petit séminaire d'Angoulême, où il demeura jusqu'au 20 février 1831.

Tonsuré le 4 avril 1825, il avait reçu les ordres mineurs, le sous-diaconat et le diaconat en 1829 et enfin il avait été fait prêtre le 17 août 1830. Dès le lendemain, il fut nommé curé de Bécheresse ; mais cette paroisse, n'ayant pas de presbytère, était desservie en binage par un curé voisin et le titulaire n'y résidait pas. Chassé du petit séminaire par l'émeute, M. Michon se retira chez ses parents, qui avaient abandonné Angoulême et cultivaient à Chadurie leur petit domaine du Chiron, mentionné plus haut. Comme il était là peu éloigné de Bécheresse, il se peut qu'il en ait pris l'administration ; ce que nous savons, c'est qu'il recevait chez lui quelques enfants du voisinage et leur faisait la classe. On voulut lui en confier un plus grand nombre ; mais, faute de titres universitaires et aussi faute d'un local suffisant, il ne pouvait les accepter. C'est alors qu'il se décida à se présenter devant la Faculté de Bordeaux, qui lui conféra, le 30 mai 1832, le grade de bachelier ès lettres. Il fut aussi, dit-on, reçu bachelier ès sciences par la Faculté de Toulouse.

 Non loin du Chiron, où il faisait sa demeure, et dans la paroisse même de Chadurie, M. Michon avait souvent remarqué et visité avec intérêt le vieux manoir des Thibaudières : c'était un corps de logis assez simple, flanqué, aux extrémités de la façade nord, ouvrant sur le jardin, de deux tourelles en poivrière et précédé d'une vaste cour s'ouvrant au midi. Au levant et au couchant se développaient deux ailes parallèles, renfermant quelques salles, des granges, des écuries, des celliers et autres servitudes. Ce logis était situé à mi-côte dans un air excellent; tout autour, des taillis et des futaies, et, à quelque distance, la lande fleurie d'ajoncs et de bruyères et embaumée de serpolet. Deux longues allées de charmes conduisaient, l'une dans un grand bois, où s'élevaient des arbres magnifiques, et l'autre à la route d'Angoulême. Du reste, solitude profonde, animée seulement par le gazouillement des oiseaux, par les aboiements de quelque chien de bergère ou par la chanson monotone d'un paysan excitant la lenteur de ses bœufs de labour.

Combien cette belle nature et ce calme majestueux devaient être plus favorables au recueillement de l'étude que l'étroite impasse de la rue du Sauvage ! Telle fut la pensée qui s'empara de l'âme poétique de M. Michon et le détermina à établir aux Thibaudières le collège qu'il rêvait.

Les Thibaudières avaient appartenu avant la Révolution à divers seigneurs, entre autres aux Cugnac de Caussade et aux la Laurencie : c'est un membre de cette famille, Charles de la Laurencie, qui en était le propriétaire au moment où la crise éclata. M. de la Laurencie ayant émigré, les honnêtes gens qui opprimaient alors la France confisquèrent tout naturellement ses biens pour les gaspiller comme tant d'autres. Le domaine des Thibaudières fut dépecé en une trentaine de lots, et le premier lot, comprenant le logis avec cour, jardin, dépendances, maison de colon, 61 journaux de terres labourables, 46 journaux de vignes, 7 journaux de prés, 36 journaux de bois taillis, 7 journaux et demi plantés de châtaigniers et 2 journaux de futaies, fut vendu le 4 ventôse an II (22 février 1794), par les soins des citoyens Alexis Lavialle et Jean Maulde, administrateurs du directoire du district d'Angoulême, à un certain Pierre-Henri

Bussac, domicilié dans ladite commune d'Angoulême, pour 89,000 francs. Cette somme paraît considérable ; mais il faut se souvenir que les acquéreurs payaient en assignats dépréciés des immeubles de grande valeur. Le même Bussac se fit adjuger aussi les huit lots suivants. Dieu seul peut savoir toutes les spéculations, tous les sales tripotages auxquels donna lieu l'inique et stupide aliénation des biens de l'Eglise et de la noblesse. Le règne de la juiverie commençait.

Le possesseur des Thibaudières en 1832 était M. Vincent Pasturaud, domicilié à La Vergne.

N'ayant point de ressources pour acheter, M. Michon se contenta de louer les bâtiments et d'y faire les aménagements les plus indispensables. Il obtint l'autorisation du conseil royal de l'Université, lança des prospectus et, au mois de novembre 1832, il ouvrit l'Ecole des Thibaudières. Le nom d'*École,* glorieux au moyen âge et resté noble encore dans notre temps, plaisait à son esprit autant qu'à son oreille, et il l'avait préféré à celui de *collège* ou d'*institution.*

C'était, nous l'avons déjà dit, à ses risques et périls que M. Michon fondait son école ; cependant Mgr Guigou lui accorda de bienveillants encouragements et fit mettre à sa disposition une partie considérable du mobilier de La Rochefoucauld et de la rue du Sauvage, literie, tables d'études, tables de classes, chaises et fauteuils, linge, batterie de cuisine, ornements et vases sacrés, etc.

En 1834 il se décida même à se charger de l'œuvre heureusement commencée. Il écrivait, le 6 novembre 1834, au ministre de la justice et des cultes :

« Depuis la trop malheureuse journée du 20 février 1831, je n'ai plus dans mon diocèse de petit séminaire et j'ignore encore si je ferais prudemment en le rétablissant dans son ancien local en ville... Cependant le besoin d'un petit séminaire se fait sentir de plus en plus... En conséquence, j'ai l'honneur de prier Votre Excellence d'agréer qu'il soit rétabli aux Thibaudières, commune de Chadurie, canton de Blanzac... C'est une vraie solitude et à portée néanmoins des approvisionnements nécessaires. L'air y est excellent, et la santé des élèves ne peut que s'y fortifier, tandis que leur âme et leur esprit seront plus à l'abri des dissipations et des distractions qui leur nuisent souvent ailleurs. »

Mgr Guigou remplit donc les formalités, imposées le 16 juin 1828, et érigea, par une ordonnance du 6 novembre 1834, l'Ecole des Thibaudières en un petit séminaire diocésain, dont il nomma M. Michon supérieur. Mais il comptait sans le ministre de l'instruction publique et les suppôts de l'*alma mater* : en devenant école ecclésiastique, l'établissement des Thibaudières ne serait plus assujetti à la rétribution universitaire ; c'était un grave péril, une perte sèche de quelques milliers de francs peut-être ; il importait d'y parer. Et, en effet, le recteur de l'Académie de Bordeaux s'opposa à l'exécution de l'ordonnance épiscopale et menaça de poursuites M. Michon, s'il ne payait pas intégralement l'impôt du vingtième sur les pensions de ses élèves. Mgr Guigou protesta, par lettres du 21 avril, auprès du recteur et auprès du ministre de l'instruction publique. Il se réclama des lois et du droit inviolable des évêques de pourvoir à l'éducation de leurs clercs ; il revint à la charge le 8 et le 27 mai ; tout fut inutile ; il fallut capituler devant les exigences d'un gouvernement qui avait inscrit la liberté d'enseignement dans la charte et qui continuait d'exercer le plus tyrannique monopole.

Le vénérable évêque, répondant, le 20 octobre 1835, au ministre des cultes, qui lui avait demandé l'état des écoles secondaires ecclésiastiques de son diocèse, épancha toute l'amertume de son âme ; après lui avoir rappelé la ruine violente des maisons de La Rochefoucauld et d'Angoulême, il ajoutait :

« Dans mes inexprimables tribulations, je n'ai reçu aucune parole d'espérance et d'encouragement, mais je me suis vu entravé de toute manière dans les projets les plus utiles. L'an dernier, j'ai eu l'honneur de demander à Votre Excellence de vouloir bien faire autoriser comme petit séminaire la maison d'éducation fondée dans la commune de Chadurie par un prêtre de mon diocèse, M. l'abbé Michon. J'étais loin de m'attendre à ce qui est arrivé ; mais, en dernier résultat, j'ai dû renoncer à une idée qui, sans pourvoir à tout, me tirait, du moins pour le moment, de l'état de peine et de confusion, où je suis en pensant que l'évêque d'Angoulême est seul en France entièrement abandonné et dans l'impossibilité de préparer de loin au sacerdoce les jeunes gens qui donnent quelques signes de vocation. »

L'Ecole des Thibaudières resta donc soumise au joug de l'Université et continua de lui payer tribut. Le seul résultat de la tentative de Mgr Guigou fut l'entrée dans cette maison de nouveaux professeurs désignés par lui ; nous citerons, entre autres, M. Dussol, que nous connaissons déjà, et M. l'abbé Romanet, jeune prêtre intelligent et pieux, qui avait été pendant quatre ou cinq ans vicaire de Brives et aumônier du collège de cette ville. M. Dussol fut professeur de troisième et montra dans cette classe le zèle et l'habileté dont il avait déjà fait preuve au petit séminaire d'Angoulême. Outre son enseignement, il fut aussi chargé de l'économat. Mgr Guigou avait remarqué que M. Michon, homme d'imagination et de cœur surtout, n'était point fait pour les mille et un détails de l'administration temporelle d'un collège, et il n'était pas fâché de lui donner comme auxiliaire, et un peu comme surveillant, M. Dussol, qu'il croyait pourvu d'une aptitude spéciale. C'était cependant un choix assez malheureux, s'il en faut croire un ecclésiastique de ce temps, qui nous dit un jour en nous contant ces détails : « Pour moi, je ne lui aurais pas confié l'administration de quatre allumettes ! » Quoi qu'il en soit, M. Michon et M. Dussol ne s'entendirent pas longtemps. Ce dernier partit (1) alors pour Barbezieux, où il devint directeur du collège communal, et il emmena avec lui M. Romanet et quelques écoliers. M. Michon rendit le matériel qui lui avait été prêté, et, à partir de ce moment, Mgr Guigou cessa de s'immiscer en rien dans le gouvernement de la maison. Ce fut un malheur pour cette maison et pour le directeur, qui, malgré d'admirables qualités, avait besoin lui-même de direction. Mais nous avons anticipé sur les événements ; il ne faut pas oublier que nous n'en sommes encore qu'à l'ouverture de l'Ecole.

Une quarantaine d'élèves répondirent à l'appel du jeune supérieur ; ils étaient répartis en quatre classes : troisième, cinquième, septième et huitième. Il n'y eut cette année ni quatrième ni

(1) M. Marchadier devint alors économe ; mais le soin du matériel demeura, comme dès l'origine des Thibaudières, remis surtout aux parents de M. Michon : le père faisait les approvisionnements, la mère voyait à la cuisine, à la lingerie et à tous les détails du ménage.

sixième. Comme on le pense bien, les premiers collaborateurs de M. Michon étaient peu nombreux : nous en connaissons deux, M. Dumas et M. Jacques Michon, le futur curé de Lesterps, frère puîné du supérieur.

Le plan des études de la nouvelle Ecole fut d'abord sensiblement le même que celui du petit séminaire d'Angoulême ; ici comme là, c'est aux belles lettres qu'appartint toujours la prééminence, et, dès la troisième, les exercices littéraires occupèrent une large place dans les programmes. L'histoire, la géographie, les mathématiques, faisaient l'objet de cours spéciaux, où le temps leur était sagement ménagé.

Il va sans dire que M. Michon voulut fonder son école sur la religion : le caractère sacré dont il était revêtu, les enseignements qui lui avaient été donnés dans son enfance, des convictions qui furent celles de toute sa vie, ne pouvaient point lui permettre de concevoir un système d'éducation où Dieu, Jésus-Christ et l'Eglise n'auraient été qu'au second rang. Il s'en expliquait ouvertement dans le discours, qu'il prononça à la distribution des prix d'août 1833, où, par le parallèle de deux jeunes hommes élevés, l'un dans l'indifférence, l'autre dans la piété, il démontrait la nécessité absolue de la religion chrétienne pour l'heureux succès de l'œuvre de l'éducation. Le ton de ce discours est parfois déclamatoire ; on y constate quelques négligences de style. M. Michon n'était pas encore en pleine possession de lui-même et n'avait pas atteint cette perfection de forme qu'on admire dans plusieurs de ses discours subséquents ; néanmoins il y avait déjà de belles parties dans celui de 1833.

Après avoir dit que l'éducation sans Dieu fait des hommes corrompus et égoïstes, qui désolent et souvent déshonorent leur famille, M. Michon ajoute :

« L'homme ainsi élevé (sans religion) est encore dangereux à son pays. Une éducation sans principes mène pour l'ordinaire à la dissipation. Quelque grande que soit la fortune, elle ne suffit pas longtemps aux dépenses du luxe le plus effréné... C'est alors qu'on voit surgir tout à coup, comme des météores formés dans un ciel brûlant, cette foule d'aventuriers sans ressources et sans espérance, qui jouent aussi facilement leur tête qu'ils ont joué leur fortune ; hommes hardis qui ont toute l'habileté du crime et tout le génie du mal ; qui se trouvent partout où il y a à détruire et à renverser... Fléaux de leur patrie, ils le sont encore du genre humain. Tout s'enchaîne dans la civilisation du monde. Le luxe européen pèse de tout son poids sur un autre hémisphère. Pour une once d'or que nous arrachons à ces malheureuses contrées, nous forgeons dix chaînes, destinées, pour toute une vie d'homme, à dix esclaves. Et nos mœurs corrompues, fruit d'une mauvaise éducation, ne sont pas moins à craindre pour le reste du monde que notre insatiable avidité. Jugez-en, messieurs, par ce seul exemple. Aux Grandes Indes et dans tous les lieux où de généreux apôtres sont allés porter la lumière bienfaisante de l'Evangile, ils ont douloureusement reconnu que l'immoralité contagieuse de leurs compatriotes avait été le plus grand obstacle de leur ministère. Le mauvais exemple de quelques aventuriers sans religion avait été plus funeste aux pauvres Indiens que des siècles entiers d'une ignorance grossière et d'une honteuse superstition.

« Tel est le résultat... d'une éducation sans principes. On peut dire hardiment qu'elle est la mère de tous les vices. Le suicide marche après elle. Quand on ne croit à rien, qu'on a éteint dans son âme le germe divin de la foi et de l'espérance, que peut-on faire de la vie ?...

« Aux yeux du jeune libertin, la tromperie n'est qu'une ruse adroite... Pareil au serpent, il se glisse sous l'herbe pour tendre des pièges à l'innocence. Comme l'ange rebelle de Milton, il a besoin de victimes auxquelles il fasse partager son abjection et sa honte. N'attendez de cet homme rien de généreux, rien de grand. Sait-il qu'il est des malheureux ? A-t-il un cœur qui puisse compatir à leur détresse ? Ne se rit-il pas de leurs haillons ? N'est-il pas importuné de leurs plaintes ? Ah ! si telle eût été l'âme de saint Vincent de Paul et de tous les bienfaiteurs de l'humanité, l'enfance abandonnée serait encore balayée avec les immondices des rues, et des milliers de vierges délicates n'auraient pas fait le sacrifice de leur jeunesse, de leur beauté et de leur fortune, pour se consacrer au service des pauvres et au soulagement des infortunés. »

La conclusion de l'orateur est que, pour prévenir des maux si terribles, il faut élever l'enfant, le jeune homme dans la crainte et l'amour de Dieu.

« Prenez cet enfant, dont le regard ouvert et serein annonce l'innocence ; confiez à la religion cette plante encore délicate, que les orages d'un monde corrompu ne manqueraient pas de flétrir ; choisissez entre mille le sage mentor qui doit l'élever dans la maison paternelle et l'attacher ainsi aux douces affections de la famille ; ou, si vous êtes forcé de l'éloigner de vous, cherchez une école publique où la piété soit en honneur et dans laquelle vous soyez assuré qu'on s'applique surtout à former le cœur de l'adolescent. Que la robe du prêtre ne vous effraie pas... Le cœur du prêtre, fermé aux amours de la terre parce qu'il s'est réservé celles du ciel, aime à prodiguer ses plus tendres soins à l'enfance,... comme le divin Maître aimait à la bénir...

Un peu plus loin, le jeune supérieur explique comment il faut entendre l'éducation chrétienne.

« Ce n'est pas seulement, dit-il, quelques prières imposées le matin et le soir par la règle d'une maison, quelques instructions religieuses faites par un homme à gages, l'accomplissement extérieur de quelques devoirs de piété ; non, ce n'est pas là l'éducation chrétienne. J'appelle de ce nom un système suivi, de chaque jour et presque de chaque instant, qui a pour but d'éclairer l'enfance et de l'entraîner à la vertu, de la lui faire aimer, de la convaincre qu'elle y trouvera le bonheur, de l'aider, de la soutenir par le double pouvoir de la leçon et de l'exemple. »

Voilà l'éducation vraiment chrétienne qui, pour garder l'innocence avant l'éveil des passions, « a toute la vigilance et toutes les craintes d'une mère ».

« Plus tard, quand les passions commencent à se développer, que le sang bouillonne, que l'œil devient à la fois ardent et timide, la religion prévoyante, sans heurter la nature, redresse avec précaution la tige flexible qui allait s'incliner vers le mal... Elle compatit aux premières souffrances et aux premières plaies du cœur ; elle indique de sages remèdes. Elle gagne la confiance ; on aime à s'épancher dans son sein et à y puiser le courage pour le combat. Que de fois ces enfants dont la Providence nous a faits les seconds pères sont venus se jeter dans nos bras et nous faire de ces aveux qui soulagent, qui ramènent le calme après la tempête !... »

L'orateur trace ensuite le portrait du jeune

homme chrétien, qui fait le bonheur de sa famille et souvent la gloire du pays où il est né ; et il laisse enfin jaillir du fond de son âme cette éloquente apostrophe :

« O France, ma douce patrie, ô terre antique de la foi, de la liberté et de l'honneur, puisse la main de la Providence fermer bientôt la plaie que t'ont faite les factions ! Puisses-tu réunir, par le lien sacré de la concorde, ces enfants nés sous le même ciel, bercés dans les bras d'une commune mère ! puisses-tu les voir déposer au foyer paternel ces longues haines qui attirent tôt ou tard sur les peuples de terribles calamités ! Tu devras surtout ce bienfait à l'éducation chrétienne. Pareille à la nourrice des champs, qui place dans le même berceau et allaite à la même mamelle l'enfant du riche confié à ses soins et celui à qui elle est fière de donner le nom de fils, la religion réunira sous sa houlette pacifique la génération nouvelle... Serrant chacun de ses enfants dans ses bras, elle leur apprendra à se regarder tous comme l'espérance de la patrie, et les convaincra qu'ils ne peuvent contribuer à son bonheur que par une sincère union et la pratique constante de la vertu. »

A la suite de ce discours, eut lieu la distribution des prix, et Mgr Guigou, qui la présidait, put espérer, en cette heure joyeuse, de voir renaître les beaux jours du collège de La Rochefoucauld. Il couronna avec bonheur les jeunes lauréats, dont le nombre (1), quoique restreint, promettait pour l'avenir la prospérité et le succès.

Le prix de sagesse avait été décerné par le suffrage des élèves à un jeune Breton, Robert Le Gonidec, dont le père, fervent chrétien et celtisant distingué, occupait un modeste emploi à Angoulême (2) dans la direction forestière pour la marine.

(1) Nous avons relevé vingt-cinq noms d'élèves couronnés dans ce palmarès, qui, avec le discours de M. Michon, a été autographié chez Châtenet à Angoulême.

(2) Jean-François-Marie-Maurice-Agathe Le Gonidec, né au Conquet (Finistère), le 4 septembre 1775, se destina d'abord à l'état ecclésiastique, échappa comme par miracle à l'échafaud en 1793, prit part à la guerre de Bretagne et se trouva à la malheureuse affaire de Quiberon. Sous l'Empire, il obtint un emploi dans l'administration forestière, devint en 1812 chef de l'administration forestière au-delà du Rhin, en résidence à Hambourg ; à l'évacuation de cette ville par les Français, à la suite de la retraite de Moscou, il perdit ses livres, ses meubles, ses manuscrits. La Restauration et le gouvernement de juillet le favorisèrent peu ; sa situation même dans l'administration forestière fut amoindrie graduellement : il passa successivement à Nantes, à Moulins, à Angoulême. Il fut mis à la retraite en 1834 et mourut à Paris en octobre 1838. Parmi les nombreux ouvrages de ce savant linguiste, on cite surtout sa *Grammaire celto-bretonne*, son *Dictionnaire celto-breton*, imprimé à Angoulême, en 1821, chez Trémeau, une traduction bretonne du *Catéchisme historique de Fleury* et le *Nouveau Tes-*

Persuadé que, après la religion, il n'est point de mobile plus puissant que l'honneur pour agir sur les enfants et les jeunes gens, M. Michon excita par diverses industries l'émulation de ses élèves. Il faut signaler entre toutes la création d'une petite revue, où devaient prendre place leurs devoirs les mieux réussis et leurs compositions les mieux inspirées. Cette revue, qui n'avait guère d'autres abonnés que les élèves eux-mêmes et leurs parents, était trimestrielle, en principe plutôt qu'en fait ; à la différence du célèbre *Mercure* (1), elle ne partait que quand elle était remplie. Le premier numéro parut en 1834, dans le format in-4º ; il était autographié. Au frontispice on voyait, les ailes étendues, un aigle et ses petits ; au-dessous étaient écrites ces paroles : *provocans ad volandum*. Sur la couverture on lisait *Echo des Thibaudières, sciences, arts, littérature, poésie, architecture, botanique, monuments du moyen âge, sites pittoresques* (2).

tament, chez le même imprimeur, etc., etc. Cfr. *Biographie universelle* de Michaud.

(1) On connaît l'épigramme, qui pourrait s'appliquer à beaucoup de journaux :

> Savez-vous d'où vient qu'au *Mercure*
> Si souvent on ne trouve rien ?
> C'est le carrosse de voiture :
> Il faut qu'il parte, vide ou plein.

(2) Vers la fin, l'*Album des Thibaudières* ou de La

Le programme, on le voit, était passablement ambitieux. Les fondateurs de la revue le comprenaient et, dans un avis au lecteur, ils allaient au devant des objections que pouvait soulever leur audace.

« Qu'allez-vous donc faire, nous dira-t-on ? petits pygmées, allez-vous manier la massue d'Hercule ? pensez-vous être des Racines ? êtes-vous prêts à chausser le cothurne ? Une illusion pareille ne nous a point séduits... Échos timides, nous cesserions notre petit murmure, si la voix forte de nos amis et de nos maîtres ne nous donnait à chaque instant la hardiesse qui nous manque encore. »

Leur apologie ne conservait pas toujours ce ton modeste et, bientôt, attaquant pour se défendre, ils raillaient avec esprit ces écoliers qui jouaient à la garde nationale sous le gouvernement de juillet, soldats pour rire et ridicules devanciers de nos ridicules bataillons scolaires.

« Dans un siècle où tant d'hommes de l'âge mûr ne valent pas des enfants, est-il étonnant que, à leur tour, des enfants veuillent agir, penser, écrire comme les hommes de l'âge mûr ? Nous avons vu naguère des soldats de douze ans, commandés par des capitaines

Valette se réduisit à quelques pages renfermant le discours de la distribution des prix et la liste des lauréats.

de quinze, manœuvrer très sérieusement sur nos places publiques avec l'uniforme et le schako de nos braves. On a applaudi ces grenadiers imberbes, qui préféraient l'exercice de la charge en quatre temps aux leçons de grec et de latin. Pour nous, qui voulons être un jour autre chose que des soldats de collège et qui ne pensons pas que des sabres de bois puissent être utiles à la défense de la patrie, nous avons cherché d'autres délassements dans nos loisirs. La poésie, les arts, les lettres, ces enchanteresses divines qui ont inspiré les belles âmes, voilà les objets chéris auxquels nous portons nos hommages, voilà la source de nos jeunes inspirations. »

Les premières livraisons de l'Echo des Thibaudières renferment de gracieux dessins, dus au crayon de M. Michon et d'un de ses élèves, Pierre Dubois. Nous signalerons particulièrement les ruines de La Couronne, de La Roche-Chandry, de Puypéroux, une vue d'Angoulême, etc. M. Michon, par ces dessins et les légendes qui les accompagnent, préludait à sa belle *Statistique monumentale de la Charente*.

Il commença dans le numéro de juin 1834 le récit d'un voyage au Mont-Dore, voyage qu'il avait fait aux vacances de 1833 avec sa mère et son frère puîné et qui, en lui donnant occasion de revoir, après seize ans d'absence, son pays natal, avait réveillé en lui toutes les émotions de son enfance. On lira peut-être avec plaisir quelques extraits de ce récit, qui peuvent aider à connaître l'homme et l'écrivain à la fois.

« La vue d'Aubusson est singulièrement pittoresque : une portion de la ville est bâtie à pic en amphithéâtre; au centre passe la Creuse, rivière peu large, mais rapide. Un beau palais de justice et la magnifique fabrique de tapis de la maison Sallandrouze ornent le bas de la ville. De belles ruines du moyen âge s'élèvent entre de vieux arbres sur le coteau opposé. L'on aime à suivre des yeux toutes ces montagnes escarpées et sombres, cette rivière qui se hâte de franchir les roches, jetées comme des digues sur son passage et dont les échos prolongent au loin le murmure. Nous prîmes à droite la nouvelle route de Felletin. Elle gravit le flanc d'une colline escarpée. Des sources formaient au-dessus de nos têtes de petites cascades, minces filets d'eau qui traversaient la route et disparaissaient avant d'atteindre le fond de la vallée. La digitale pourprée, cette gracieuse campanule des montagnes, courbait ses tiges sur le bord du chemin et dans les fentes des rochers. C'était l'automne, et, seule de tant de fleurs que j'avais cueillies dans mon enfance, elle avait refleuri à côté de ses siliques entr'ouvertes, comme pour me montrer à la fois ses fruits et ses fleurs. Nous arrivâmes enfin à Felletin, petite ville très commerçante. C'était la première ville que j'avais vue. Autrefois elle ne m'avait pas moins causé de surprise que Rome n'en causa au berger de Virgile;

je traversai avec indifférence ces rues laides et mal pavées que, à dix ans, j'avais trouvées si belles. »

Les voyageurs se rendaient à Eygurande (1) pour y assister à une fête en l'honneur de Notre-Dame. Surpris par la nuit et le mauvais temps à deux lieues environ de cette localité, ils se retirèrent dans une auberge du village de Flayat (2).

« L'on nous conduisit après le souper, continue le narrateur, dans une chambre à deux lits, assez propre. Mon frère dormait près de moi d'un sommeil profond. Je fus réveillé par des soupirs : ils partaient du lit de ma mère. Comme nos lits n'avaient pas de rideaux, à l'aide d'un faible rayon de la lune qui éclairait l'appartement, je la vis assise et cherchant à étouffer ses sanglots. Les tombeaux de ses parents étaient dans le cimetière près duquel nous avions passé le soir ; elle-même était venue toute jeune prier dans cette église avec ses frères, ses sœurs, les amies de son enfance, qu'elle ne revoyait plus ; la veille, sur le chemin, elle m'avait montré de loin la maison où elle était née, les champs où elle s'était promenée avec ses compagnes. Son récit naïf m'avait tellement ému, que moi, qui pleure si rarement, je sentis mon cœur se gonfler et des larmes tombèrent de mes yeux ; je les lui déro-

---

(1) Eygurande, chef-lieu de canton de l'arrondissement d'Ussel, Corrèze.
(2) Flayat, commune du canton de Crocq, arrondissement d'Aubusson, Creuse.

bai pour ne pas l'attendrir. Mais ce qui n'avait été chez moi qu'une émotion passagère fut pour elle une des émotions les plus fortes de sa vie. Tant on s'attache à ce lieu d'exil, qu'on appelle la patrie ! Souvenirs de l'enfance et des premières émotions du cœur, que vous avez de puissance et de charme !...

« Le jour suivant, nous allâmes à Eygurande, pour assister à la fête de Notre-Dame. La foule qui s'y portait était immense ; et, pendant plusieurs heures, du pied de l'autel près duquel je m'étais assis, je vis tour à tour entrer dans l'église les oriflammes de toutes les paroisses voisines. Les voix sonores des chantres se faisaient entendre de loin ; les hautes bannières s'inclinaient, en pénétrant dans la nef, comme pour un hommage au Dieu caché dans le tabernacle, et l'écho de toutes les voûtes répétait, avec une harmonie qui retentissait au fond de mon âme, les chants majestueux de la liturgie chrétienne. On célébra les divins mystères au milieu d'un recueillement profond. Le prédicateur eut bien de la peine à parvenir à la chaire. Dieu ! quel auditoire pour un orateur chrétien ! Qu'il m'eût été doux, dans ce moment, d'élever la voix au milieu de cette foule silencieuse et de m'écrier avec l'accent de l'enthousiasme qui m'animait alors : « Ah ! gardez-la toujours, cette foi sublime qui vous rassemble aujourd'hui ! qu'elle ait toujours pour compagne la simplicité de vos pères ! » Le sermon commença : c'était une mauvaise amplification, qui dura bien longtemps. Ce ramas de phrases sonores, débitées d'un ton affecté, avec un accent auvergnat, des gestes outrés et des inflexions bizarres, m'eût fait rire dans un autre temps ; ce jour-là j'en fus indigné. L'auditoire, qui ne comprenait pas un seul mot, montra une patience admirable et voulut bien s'édifier de cette déclamation, à laquelle il était sans doute accoutumé. L'on fit ensuite une procession générale, etc. »

La livraison précédente renferme, sous ce titre *Le solitaire de Chadurie,* le portrait physique et moral d'un pauvre vieillard que des revers de fortune avaient réduit depuis longtemps à l'indigence : il possédait pour tout bien une chaumière et un jardinet et vivait de l'aumône. Les élèves des Thibaudières le rencontraient souvent dans leurs promenades et lui donnaient leur petite offrande, qu'il recevait avec reconnaissance ; il y avait entre eux et le vieux pauvre une véritable amitié (1).

---

(1) Dans une pièce du numéro de septembre 1834, M. Michon le représente faisant ses adieux aux jeunes écoliers qui vont en vacances.

> Partez, petits enfants, aux bandes si joyeuses ;
> Au foyer paternel retournez vous asseoir.
> Demain, avant la nuit, que de mères heureuses !
> Que d'amis de votre âge accourant pour vous voir !
>
> Dix mois, c'est, mes enfants, un siècle, à qui vous aime !
> Dix mois se sont passés depuis votre départ,
> Sans qu'une mère ait pu se revoir elle-même,
> Chaque jour, dans vos traits et dans votre regard.

On peut trouver que l'auteur du portrait, M. l'abbé Dumas, n'a pas tiré de son sujet tout le parti possible; il s'est contenté de louer avec des réminiscences du *Télémaque* la simplicité de vie, les innocents plaisirs et la douce paix de son héros. On remarque dans le style une certaine recherche, et on regrette de ne pas entendre assez la note chrétienne : le solitaire de Chadurie nous apparaît comme un sage du XVIII° siècle. L'intérêt qui s'attache à l'auteur de cet article, devenu plus tard le supérieur et le vrai fondateur du petit séminaire de Richemont, nous engage à en citer quelques extraits.

« Le treizième lustre a déjà pesé sur sa tête, que les frimas de la vie ont dépouillée et, cependant, la lumière du jour est encore douce à ses yeux... Consi-

> Avant que de son poids m'accablât la misère,
> J'eus un fils, et je sais, hélas! combien ce nom
> Résonne doucement à l'oreille d'un père...
> . . . .
>
> Pourquoi, de ma douleur rappelant les images,
> De mes jeunes amis attrister le départ?
> C'est assez, pour qui doit parcourir tous les âges,
> De se couvrir de deuil quand il sera vieillard.
>
> Vous allez me quitter. Maintenant, solitaire,
> Je ne vous verrai plus me sourire en passant,
> Ou glisser dans ma main le denier qu'une mère
> Vous apprit à donner au vieillard indigent.

dérez le calme et la sérénité de son front :... son âme s'y peint tout entière ; malgré les rides qui le sillonnent, il n'est point rembruni par les sombres remords, par les soucis cruels, par les ambitieux désirs. Il peut sans effroi laisser tomber ses regards sur le passé : il n'a point à craindre d'y voir le tableau de ses crimes....

« Un admirable concert d'oiseaux nombreux, que les arbustes voisins ont protégés pendant la nuit au sein de leur feuillage, vient lui annoncer que les premiers rayons du jour se sont déjà montrés et qu'il est temps de respirer la fraîcheur du matin. Il paraît et, comme le roi de la nature, il semble présider à son réveil. »

Puis le vieillard vante la douceur de son sort.

« Le pain de la charité, l'eau claire de la fontaine et le simple fruit du petit jardin, dont les limites sont celles de mon domaine, peuvent paraître vils et grossiers à celui que la fortune compte encore au nombre de ses favoris; mais, à moi, que l'habitude autant que l'infortune a rendu simple dans mes goûts, ce repas frugal suffit. Je n'ambitionne pas plus les mets exquis d'une table somptueuse que des habits plus beaux, plus magnifiques que ceux dont vous me voyez couvert... Le seul désir qu'ose désormais former mon cœur est de conserver le petit coin de terre où nous sommes tous deux. J'y ai déjà marqué le lieu de ma sépulture et je veux y mourir. Personne, après que mes yeux se seront fermés,... n'élèvera en mon honneur un monument chargé d'une inscription fastueuse; peut-être seulement le laboureur, un jour, sentant le fer de sa charrue arrêté par la pierre qui aura couvert mes ossements, dira à son fils, lequel le répétera à son tour : « Voici la tombe du vieux solitaire ! » Heureux si mon exemple leur fait supporter avec patience les adversités de la vie ! »

En 1835, l'*Echo* devint l'*Album des Thibaudières* et, à partir de 1836, il ne fut plus autographié mais imprimé : alors, les dessins qui ornaient les premières livraisons disparurent. Quand le collège fut transféré à La Valette, la petite revue changea encore de nom et s'appela l'*Album de l'École de La Valette*. Peu à peu elle avait aussi changé de caractère : les devoirs d'élèves y devinrent très rares à la fin ; elle fut alors presque exclusivement remplie par les discours des distributions de prix, les listes des lauréats et les prospectus de l'École. Au début, une large place avait été faite dans ses pages à la poésie. Parmi les plus féconds versificateurs qui l'enrichirent de leurs œuvres, il faut citer un arrière-petit-neveu de l'illustre archevêque de Cambrai, François de Salignac-Fénelon, originaire de Brantôme, et habitant des Thibaudières de sa troisième à la fin de sa rhétorique. C'était un beau jeune homme, au cœur chaud et à l'imagination ardente. Il s'était épris d'une admiration passionnée pour les romantiques, et, plus d'une fois, il lui arriva de sacrifier sans scrupule Horace et Virgile à Lamartine ou

Victor Hugo. Tout plein de ses auteurs favoris, il s'essayait à les imiter. On ne sera pas très surpris que l'imitateur soit resté toujours bien au-dessous de ses modèles : il n'est pas rare de trouver dans ses vers des rimes insuffisantes, des épithètes banales, des pensées vagues, des phrases obscures, des descriptions usées et, enfin, un sentimentalisme rêveur et quelque peu larmoyant. Mais convient-il d'être bien sévère pour des poésies de collège, et de s'étonner qu'un adolescent n'ait pas écrit de chef-d'œuvre ?

A la fin de sa seconde, il eut la velléité, nous ne savons pourquoi ni comment (la jeunesse est parfois capricieuse et oublieuse), d'abandonner les Thibaudières, où il avait reçu tant de marques de bonté de ses professeurs, pour aller achever ses études chez un maître de pension de Ruffec. M. Michon, qui l'aimait tendrement, fut affligé de cet acte d'ingratitude ; pour épargner à son élève la honte et le remords de l'accomplir jusqu'au bout, il emprunta le langage des vers, plus propre à le toucher que la simple prose, et il lui adressa l'épître suivante où ne manquent, on en conviendra, ni l'esprit ni la grâce.

> Du doux coteau des Thibaudières
> Quand votre poétique voix
> Charmait les bosquets solitaires,
> Pensiez-vous que, dans quelques mois,

Vous choisiriez pour Hippocrène
La noire et bourbeuse fontaine (1)
Dont les eaux abreuvent Ruffec?
Poète aux fécondes images,
Pensiez-vous sitôt être à sec,
Et n'avoir plus que des fromages,
Au lieu de vers, au bout du bec ?
Ici, délicate et légère,
Mélancolique toutefois,
Votre muse, peu ménagère,
Nous arrangeait à sa manière
Ce qu'elle rêvait dans les bois ;
Et, toujours parlant la première,
Venait confier à l'*Echo*
Quelque ode gracieuse et tendre,
Qui rappelait à s'y méprendre
Lamartine ou Victor Hugo.

Il est vrai, l'Envie au teint blême,
Au regard jaloux et mordant,
S'en allait partout répétant
Que vos vers au jour du baptême
Prenaient votre nom seulement,
Et qu'une autre muse moins vive
Mettait assez complaisamment
Leur linge sale à la lessive
Et le repassait proprement.

(1) Le Lien, qui se jette dans la Charente à Condac *(le confluent).*

Je n'en crois rien ; jamais un père
(Serait-ce l'ours en sa tanière)
Ne trouva ses fils mal léchés.
Moi qui souvent, pour mes péchés,
D'une pauvre lithographie
Imprimai les traits pâlissants
A votre noble poésie,
Je puis donner aux mécréants
Ma parole la plus sincère
Que vous êtes le tendre père
De ces mélodieux enfants.
Je les ai vus, tout près d'éclore,
Agiter votre large front,
Comme un feu puissant qui dévore
De l'Etna le gouffre profond ;
Bientôt c'est une lave ardente,
Qui répand au loin l'épouvante.
Tels, dans leurs rapides élans,
Du cerveau brisant les barrières,
Vos vers s'élançaient triomphants
Jusqu'en l'*Echo des Thibaudières*.

Rendez-lui ce tribut heureux ;
Revenez embellir ses pages,
Et sachez bien qu'en fait d'ouvrages,
Ruffec entier, jeunes et vieux,
Préfère un panier de fromages
Aux vers les plus harmonieux !

François de Fénelon fut plus sensible à l'appel de son maître que ne l'eussent été certains écoliers de notre temps. Il s'empressa de répondre, pour manifester son repentir et annoncer son retour ; voici quelques passages de sa réponse :

Non, non, je n'ai point fui des bois l'ombre chérie :
Je viens chercher encore autour de Chadurie
Des sentiers isolés où je puisse rêver.
L'oiseau ne s'en va pas de ces vieilles tourelles
Où repose son nid, avant d'avoir des ailes
      Et de pouvoir voler.

Là sont mes souvenirs, mes pensées, mes chimères !
Heureux de retrouver ces songes éphémères
Que les baumes du soir, la brise du matin
M'apportaient en passant ; de revoir ce vieux temple (1),
Ces chênes balancés que souvent je contemple
      A l'horizon lointain.

Mais plus heureux encor sous le toit tutélaire
De retrouver la main, l'âme, le cœur d'un père,
Qui veuille dans mon sein épancher son amour,
Et guider quelquefois cette pensée errante !
Que ferais-je sans lui de ma muse tremblante,
      Moi, poète d'un jour ?

J'ai lu tes vers si doux, et l'ardeur qui t'enflamme,
Comme un divin nectar, a passé dans mon âme.
Tu me cachais ton nom, mais je l'ai deviné.
. . . .
. . . .
   . . . .

(1) L'église de Puypéroux.

Tu croyais m'échapper sous ton modeste voile :
Même par l'anonyme un sage se dévoile.
On n'est plus inconnu quand on parle à nos cœurs.

. . . .
. . . .
. . . .

J'allais (car aisément on s'abuse à mon âge)
Quitter, comme un ingrat, ce tranquille rivage ;
Je partais... Un génie à la touchante voix
Me dit tout bas : « Ami, revole aux Thibaudières :
Tu trouveras encor, dans ces lieux solitaires,
  La muse au fond des bois. »

François de Fénelon revint donc aux Thibaudières et il y fit sa rhétorique. Il garda précieusement le souvenir de son Ecole : dans une pièce ultérieure, il y appelle de nouveaux élèves.

L'*Echo* faisait retentir parfois d'utiles leçons aux oreilles des paresseux ; témoin cette spirituelle boutade adressée *à Emile*.

  Venez, venez, aimable enfant,
  Causons tous deux : êtes-vous sage ?
  Mon fils, quand j'étais à votre âge,
  Je travaillais : j'étais content.

  Mon petit oiseau quelquefois
  M'apprend qu'en ce temps de froidure
  L'on vous voit, tant que le jeu dure,
  Aux arrêts souffler sur vos doigts.

Les autres pensent au plaisir
Et lancent la balle légère ;
Redoutant un regard sévère,
Hélas ! vous n'osez la saisir.

Comme une image des combats,
Se mêlent leurs troupes guerrières ;
L'on joue aux barres prisonnières,
Mon fils, et vous ne courez pas !

Quelque malin retracera
Votre image en caricature.
Belle matière à la censure
Qu'arrêts, pensums *et cœtera !*

Si par hasard on vous coiffait
Du bonnet aux longues oreilles
(Midas n'en eut pas de pareilles),
Chacun de vous se moquerait.

Et si maman, sans le savoir
(Car on devrait fuir un coupable),
Croyant trouver son fils aimable,
Accourait ici pour vous voir ;

Peut-être elle entendrait tout bas,
Au milieu d'un groupe volage,
Dire ces mots sur son passage :
« Voilà la mère de Midas ! »

Cependant l'Ecole des Thibaudières avait grandi : on en peut juger par le nombre des élèves couronnés à la fin de l'année scolaire. Ce nombre, de

25 seulement en 1833, de 43 le 26 août 1834, était de 60 le 26 août 1835 : ce qui suppose, une moyenne de cent à cent vingt élèves.

La classe de cinquième n'existait pas dans l'année scolaire 1833-1834 ; ce qui n'empêcha pas la quatrième de se constituer l'année suivante par l'arrivée d'élèves préparés au dehors : citons parmi ceux-là M. Pierre Ledoux, de Juillé, qui devint prêtre et mourut curé de Mansle, le 16 décembre 1859.

C'est en 1834-1835 que le cours des études fut complété par l'établissement de la classe de philosophie. Le titulaire de cette classe fut M. l'abbé Flandrin (1), ecclésiastique originaire du diocèse de La Rochelle, qui est mort chanoine de Paris. C'était un homme instruit et intelligent, mais très épris de Laromiguière dont il savait les ouvrages

---

(1) M. Julien Flandrin était né à Saintes le 7 mai 1803 ; il fit ses études littéraires au petit séminaire de Saint-Jean d'Angély, où il se rencontra avec M. Descordes ; puis après avoir suivi le cours de théologie du grand séminaire de La Rochelle, il reçut la prêtrise dans cette ville le 14 mars 1829. Il fut professeur à Saint-Jean d'Angély, aux Thibaudières, à Bazas. En 1840 il alla à Paris et fut nommé en 1841 aumônier du lycée Saint-Louis, fonction qu'il échangea en 1852 pour celle d'aumônier de l'Ecole normale. Chanoine honoraire de Paris le 14 janvier 1849, il devint chanoine titulaire le 6 septembre 1866, et mourut peu de temps après, le 13 mars 1867.

par cœur. Il avait une parole facile et brillante, et intéressait son auditoire à un enseignement qui ne charme pas beaucoup pour l'ordinaire des jeunes gens de dix-sept à dix-huit ans. Du reste, il les traitait en hommes et leur témoignait des égards, peut-être exagérés, qui, tout en flattant leur petit amour propre, ne laissaient pas de les faire sourire. Le salon de l'Ecole était le lieu où il les réunissait, soit parce que la place eût manqué ailleurs, soit parce qu'un local vulgaire n'eût été convenable ni pour lui, ni pour eux, ni pour les grandes choses dont ils s'occupaient. Le cours de philosophie, restreint dès 1835-1836, à l'étude de la morale, fut supprimé à la fin de cette année. M. Flandrin quitta l'Ecole en même temps que M. Dussol et M. Romanet, et vraisemblablement pour le même motif : il ne s'accordait pas avec M. Michon.

Ce dernier, dans le discours qu'il prononça le 26 août 1835 à la distribution des prix, après avoir remercié les familles et déploré l'absence du vénérable Mgr Guigou, que la maladie retenait à Angoulême, rendit compte de ce qui avait été fait aux Thibaudières depuis trois ans. Il insista de nouveau sur la nécessité de l'esprit religieux dans l'éducation de la jeunesse, et vanta les avantages qu'offrait, pour cette œuvre aussi difficile qu'importante, la solitude de la campagne préférablement au tumulte des villes.

« De tout temps, messieurs, la solitude a été la nourricière des grandes âmes. Les allées silencieuses de Port-Royal donnèrent au siècle de Louis XIV Racine et d'autres grands hommes ; et, à une époque plus rapprochée de nous, quand il ne se trouva plus en France de calme pour les lettres en deuil et pour la poésie, qui montait à l'échafaud, un noble écrivain alla demander ses inspirations aux forêts vierges du Nouveau Monde. Ce ne fut pas une pensée vulgaire qui éleva les monastères, asiles à la fois de la piété et de la science, dans les vallées désertes ou au penchant des collines escarpées. La science et la piété veulent des cryptes et des sanctuaires. Ce n'est point la boue des rues qu'il faut à leurs pieds délicats, mais des sentiers rarement foulés ; non le tumulte des cités, mais le calme des champs ; non des hommes et toujours des hommes, mais la nature, mais Dieu !...

« L'air de la cité dévore. Le jeune homme y trouve trop d'objets qui le font douter de ses forces...

« Nous avons donné au jeune homme la solitude... Mais sans Dieu, sans amis, sans guides, la solitude est mortelle. Quand on compte pour rien ou pour peu de chose le sentiment chrétien dans l'éducation, on doit s'attendre à des déceptions bien amères. Et cependant vous proclamez hautement que vous avez besoin de la morale ; vous l'exigez comme le seul lien qui puisse retenir les sociétés sur le penchant de l'abîme ; vous la commandez au jeune homme, comme la seule garantie de bonheur pour lui-même et pour sa famille. Parlez, parlez de morale à qui ne rêve que plaisirs !

« Vous ne le voyez donc pas ? Il faut au cœur du jeune homme un aliment continuel. Il a des passions ardentes, parce qu'il est homme ; plus ardentes encore, parce qu'il est d'un siècle où ce qui l'a entouré jusqu'à ce jour n'a servi qu'à les réveiller et à les rendre plus insatiables... Ah ! c'est que le cœur de l'homme ne se repaît pas de quelques vaines formules de morale : intelligent et sensible, il a soif de connaissance et d'amour. Pour que cet enfant d'Adam ne s'attache pas au mal, donnez à son intelligence une nourriture qui la rassasie ; pour qu'il ne se perde pas dans des passions qui l'abrutissent, donnez à son cœur des passions nobles et saintes qui le détachent de la terre ;... alors seulement vous pourrez lui demander des regards pudiques, un cœur calme et une vie pure.

« Il ne faut pas aller bien loin pour résoudre ce grand problème. Nous nous sommes souvenus de la parole du divin Maître : *Venez à moi, vous tous qui êtes fatigués, et je vous soulagerai.* Nous avons appelé le jeune homme fatigué aussi ; nous l'avons amené au pied de la croix ; nous lui avons offert le recueillement du modeste sanctuaire que nous avons bâti de nos mains, comme le tabernacle des tribus fugitives dans le désert; nous lui avons appris à épancher son âme en présence des autels, à goûter les douces joies de la prière et les consolantes espérances de la foi. »

L'orateur déclare qu'il n'a pas souffert que les opinions de parti vinssent troubler sa retraite.

« Les destinées d'un peuple sont de trop grandes choses pour qu'elles puissent être débattues dans la poussière des écoles. La politique d'écoliers n'est qu'une amère dérision, à moins qu'on ne la regarde comme une censure piquante des travers de l'âge mûr. Nous avons eu pour maxime constante de nous tenir éloignés nous-mêmes de toutes les exagérations des partis : prêtres, toute notre politique a été celle de la croix, au pied de laquelle nous voudrions voir tous les hommes venir déposer leurs divisions et leurs haines. »

Quel dommage que telle n'ait pas été toujours la règle de conduite de M. Michon ! Comme sa vie en eût été plus féconde et sa mémoire plus glorieuse !

Il explique ensuite que ses collaborateurs et lui ont tâché d'éviter « l'obéissance aveugle aux traditions de la routine et la précipitation peu réfléchie dans les méthodes nouvelles. »

« La routine tue l'intelligence des enfants ; elle les berce de ses leçons monotones, qui endorment le génie. L'enfant élevé par elle, c'est la plante étouffée qui s'étiole et qui meurt.

« L'utopie des méthodes développe l'intelligence des enfants, mais d'une manière trop hâtive, comme ces fruits de la première saison que l'art a produits plutôt que la nature... C'est la plante qu'on fait périr par la trop grande abondance de sucs dont on l'entoure. »

Les maîtres de l'Ecole des Thibaudières se sont efforcés d'éviter ce double écueil, spécialement dans l'enseignement de la philosophie, de la littérature et de l'histoire.

« L'étude de la philosophie a été, à nos yeux, non pas un champ de stériles argumentations ou de conceptions aventureuses, si justement flétries (1), mais la solution des importants et magnifiques problèmes sur la nature, l'origine et les destinées de l'homme, la recherche des lois qui président au développement de ses nobles facultés, et les conditions qui en assurent le perfectionnement. Essentiellement religieuse et morale, elle sera pour le jeune homme le flambeau qui guidera ses pas dans le pénible sentier de la vie et assurera son avenir, en lui donnant la juste conscience de sa faiblesse et de sa force.

« Aux arides leçons des rhéteurs, nous avons substitué l'analyse animée des modèles. L'art sublime de la parole doit s'apprendre, non pas de quelques règles stériles, mais du génie lui-même... La parole de l'homme doit être étudiée, comme l'homme lui-même, dans la nature.

« Ce principe, qui nous a guidés dans l'enseignement des lettres, nous a éclairés encore dans l'étude de l'histoire. Si la philosophie considère principalement l'homme en lui-même, si l'éloquence nous le montre

(1) Il nous semble voir ici une allusion à la condamnation des doctrines de Lamennais par Grégoire XVI dans son encyclique *Mirari vos* du 15 août 1832.

exerçant sur les cœurs le magique pouvoir de la parole, l'histoire nous met sous les yeux l'humanité tout entière. Et vous savez, messieurs, ce que l'histoire doit aux travaux de notre siècle. La sèche nomenclature des faits n'a plus été regardée comme l'histoire elle-même. Des génies profonds ont fait jaillir de ces faits des vérités du plus haut intérêt, en ont coordonné les rapports et ont formulé enfin cette science que l'antiquité avait à peine entrevue. »

Une heureuse innovation, introduite à cette époque par M. Michon dans son collège, fut celle des devoirs de vacances.

Une distribution de prix spéciale eut lieu le 26 janvier 1836, pour récompenser les élèves qui s'étaient le mieux acquittés de la tâche proposée. Dans une salle, inaugurée à l'occasion de cette cérémonie (divers agrandissements et embellissements avaient été faits à l'Ecole pendant les vacances précédentes), les parents des élèves, les amis de la maison, eurent le plaisir d'assister à une pièce de Molière, arrangée pour la circonstance, et d'entendre les jeunes virtuoses du lieu exécuter leurs plus beaux morceaux. Puis, deux rhétoriciens, MM. Charles de James, de Vitrac (1), et Edouard

(1) M. Charles de James devint, plus tard, professeur aux Thibaudières et ensuite à Richemont. C'était un pieux jeune homme qui désirait entrer dans l'état ecclésiastique ; sa mort prématurée empêcha l'exécution de ce dessein.

de Sainthorand, de Montmoreau, prononcèrent des harangues dans lesquelles ils justifiaient l'innovation des devoirs de vacances et y faisaient voir à leurs camarades une marque nouvelle de l'amour éclairé de leurs bons maîtres. M. Michon parla à son tour : il avait choisi pour sujet l'éloquence de la chaire. Après avoir célébré les Pères de l'Eglise et les orateurs sacrés du XVIIe siècle, il s'afflige de ne plus trouver dans les prédicateurs modernes cette éloquence du cœur qui doit préparer et consommer le triomphe de la raison et de la foi. Cette décadence lui paraît d'autant plus regrettable que les progrès de l'éloquence judiciaire et parlementaire la font plus ressortir.

« Maury, dit-il, souvent heureux rival, à la tribune, du terrible Mirabeau, n'est plus, dans la chaire, qu'un copiste sans élan, qu'un dissertateur sans âme : manquait-il cependant de génie ? et M. de Boulogne, et Mac-Carthy, pour ne citer aucune des célébrités vivantes, avec un talent de premier ordre, ont-ils été autre chose que d'habiles imitateurs ? »

D'où vient cela, sinon de « ce système opiniâtre de tout voir dans le passé, de formuler sa vie entière sur le passé ? »

« L'éclat du grand siècle a frappé un certain nombre d'hommes et ils se sont dit : « Si nous prêchions comme au grand siècle ? » Ils ont oublié que Bossuet et Bourdaloue prêchaient pour leur siècle, et que ni leurs discours ni leurs méthodes ne se ressemblent. Ils ne voient pas que tout a changé autour d'eux et que la France de nos jours n'est plus celle de Louis XIV... Bossuet et Bourdaloue parlaient à des hommes d'une foi vive, qui avaient étudié les mystères de la religion chrétienne et dont la plupart, à l'exemple du grand Condé, auraient pu être tentés de discuter de théologie avec Bossuet lui-même. L'orateur de nos jours s'adresse à une génération ignorante des premières notions religieuses, qui n'a de foi que ce qu'il en faut pour pouvoir penser qu'elle est chrétienne, qui ne connaît nos saintes lettres que sous les travestissements grossiers dont l'impiété les a revêtus à ses yeux. »

Ces différences dans la situation respective de l'orateur et des auditeurs entraînent nécessairement une différence dans la méthode à suivre.

« Quand l'orage menace les peuples, quand tout tremble autour d'eux, ce n'est pas la voix mystique du cénobite, c'est le bruit de la trompette de l'Archange, qui doit frapper les oreilles d'une multitude inattentive et indifférente. Ce ne sont point de pâles copies de Massillon, des lambeaux décolorés de saint Augustin et de saint Chrysostôme qu'il faut à leur insouciance, mais le zèle et la foi des Augustin, des Chrysostôme, des Massillon, pour effrayer leurs cœurs blasés et les arracher à leur stupide aveuglement. »

M. Michon conclut par l'éloge de Lacordaire, qui

« seul a compris son époque » et commencé, « dans une modeste chapelle, une prédication en harmonie avec les besoins de son siècle » ; et par celui de l'archevêque de Paris, Mgr de Quélen, « prédicateur distingué lui-même, qui a ouvert au jeune orateur les portes de sa métropole ».

Après ce discours, M. l'abbé Dumas, sous-directeur de l'Ecole, proclama les noms des lauréats. Des prix de deux sortes étaient décernés : les uns à l'application (ils récompensaient des devoirs écrits) et les autres à des exercices de mémoire. On comprend quel intérêt offraient de pareilles séances et quelle vie elles entretenaient dans l'Ecole.

Une autre création, non moins heureuse, fut celle des concours publics, que M. Michon établit à peu près à la même époque. L'*Album* indiquait les sujets à traiter, philosophie, éloquence, histoire, poésie, et annonçait le prix proposé au vainqueur : c'était ordinairement un ouvrage de même nature que la pièce récompensée. Et non seulement les élèves des Thibaudières, mais ceux des collèges de la région étaient admis à concourir. M. Michon, assisté de quelques maîtres, était le juge du concours. L'*Album* publiait son verdict et quelquefois même, surtout quand il s'agissait de vers, la composition couronnée. Nous signalerons parmi les lauréats MM. François de Fénelon et Pierre Ledoux, dont nous avons déjà parlé, Grégoire Montagne, de Sainte-Croix (Dordogne), Théobald Neveux, élève du Dorat (1), dont il devint ensuite un des professeurs les plus distingués, Médéric Berguien, de Barbezieux, aujourd'hui prêtre de la Compagnie de Marie, Alphonse Aulard, alors élève du collège d'Angoulême, présentement bibliothécaire de cette ville, après y avoir été inspecteur d'académie.

L'Ecole s'était encore accrue durant l'année scolaire 1835-1836 ; le palmarès de 1836 contient le nom de 71 lauréats. Le directeur répartit alors les élèves en deux divisions, celle des grands et celle des petits; divisions qui étaient toujours séparées, sauf au réfectoire et à la chapelle. Les différentes surveillances étaient faites par les professeurs ; M. Michon pensait qu'il y a de sérieux avantages à ce que l'enseignement et les fonctions disciplinaires soient confiés aux mêmes hommes : il en résulte que le surveillant est mieux respecté des élèves et le professeur mieux renseigné sur leur caractère et leurs habitudes.

Pour tenir les écoliers en haleine, M. Michon

(1) La pièce de Théobald Neveux a pour titre : *Le Chêne et le Pêcheur* : c'est une fable assez bien rimée, mais trop diffuse. La pièce de M. Fénelon n'eut que l'accessit; malgré quelques rimes insuffisantes, elle nous semblerait supérieure à la première.

établit des examens mensuels, où il paraissait souvent lui-même.

Le programme des études comprenait alors le français, le latin, le grec, l'histoire, la géographie, l'archéologie, la physique, la chimie et l'histoire naturelle.

Les élèves qui le désiraient pouvaient apprendre aussi, moyennant une rétribution de 2 francs par mois, la musique ou le dessin.

Enfin, un cours de mathématiques était fait par M. Courtin, ancien lieutenant de vaisseau, ancien aide-major et professeur à l'Ecole de marine d'Angoulême, « excellent homme, que nous rendions bien heureux, nous écrit un de ses élèves (1) des Thibaudières, quand nous voulions écouter le récit de quelque épisode de la bataille de Trafalgar où il avait été blessé. »

On a peine à concevoir comment, dans une maison aussi complète, le prix de la pension était si modique (il l'était même trop pour ne pas compromettre à la longue la prospérité de l'établissement); le prospectus de 1836 le fixe à 440 francs (2). Il faut dire toutefois que le droit universitaire (22 francs, le vingtième du prix principal), le blan-

(1) M. Raymond Poumeyrol, de Bordeaux.
(2) Ce prix fut abaissé en 1837 : il fut fixé alors à 465 francs, y compris le droit universitaire, le blanchissage et les honoraires du médecin.

chissage, les honoraires du médecin et les leçons d'arts d'agrément se payaient en sus. On sait aussi que la vie était alors à bien meilleur marché que maintenant.

Le prospectus recommandait aux parents (et sans doute avec le même succès que de nos jours) de remettre les sommes destinées aux menus plaisirs des élèves entre les mains de l'économe pour leur être distribuées chaque semaine, vu les inconvénients de laisser trop d'argent à la fois à la disposition des jeunes gens.

Il va de soi que le trousseau et l'uniforme étaient à la charge des familles. Nous avons constaté, non sans un certain plaisir, que les couleurs de l'uniforme étaient les mêmes que nous avons adoptées pour l'Ecole Saint-Paul : l'habit était bleu foncé avec collet et parements bleu clair.

Toujours préoccupé du bien moral de ses enfants, M. Michon publia en 1836 chez Lefraise, à Angoulême, un charmant petit in-32 de 182 pages, qui avait pour titre : *Manuel du jeune élève, à l'usage de l'École des Thibaudières*.

Ce manuel renfermait d'abord le règlement général des élèves de l'Ecole. Leurs devoirs envers Dieu, envers leurs maîtres, leurs condisciples, leurs parents, les étrangers, les domestiques ; leurs devoirs dans les classes, les études, les dortoirs, les repas, les récréations, les promenades, les sorties, leur étaient exposés et expliqués avec clarté, concision et onction. Nous ne voudrions pas abuser des citations : que le lecteur nous permette cependant de placer sous ses yeux quelques extraits de ce petit livre, où M. Michon avait mis son âme et son cœur.

« L'élève se fera un honneur de servir la messe à son tour. Ce ministère n'est pas moins sublime que celui des anges devant le trône de Dieu. Des empereurs, de grands rois, d'illustres capitaines ont servi la messe à deux genoux. On se tiendra dans la posture la plus respectueuse pendant l'office divin : Dieu est sur l'autel et nous regarde...

« Le monde a été racheté une fois au prix du sang du divin Médiateur. Les mérites de cette rédemption sont appliqués chaque jour à notre âme par les sacrements de l'Eglise. Les sacrements vont chercher l'enfant au sortir du sein de sa mère, lui redonnent la robe blanche, souillée par la tache originelle, le soulagent dans son exil et le préparent, au lit de mort, à la carrière de l'immortalité. Recevoir les sacrements, c'est prouver qu'on est chrétien. L'élève qui a fait sa première communion n'oubliera jamais qu'il a fait à son Dieu la promesse solennelle de le servir et de l'aimer. Qu'il prenne garde d'être parjure ! Dans un siècle qui a encore tant de préjugés contre la piété, qu'il ne se laisse pas séduire par la contagion des mauvais exemples ! Autrefois les jeunes martyrs s'arrachaient aux larmes de leurs mères et allaient s'offrir aux tourments du cirque et au glaive des bourreaux. Souvenons-nous des jeunes martyrs et ne renions pas notre foi...

« Une science profonde de la religion nous rend plus religieux encore ; c'est l'ignorance de la religion qui fait les impies (1). L'élève ne regardera pas son instruction comme complète, s'il n'a pas donné à la science de la religion, qui est la plus sublime de toutes, une attention particulière et détaillée. Les dogmes qu'elle enseigne, la révélation qu'elle proclame, la rédemption du genre humain, dont elle développe l'immense bienfait, sa morale pure, ses hauts enseignements de dévouement et de charité : voilà ce que nul jeune homme ne peut ignorer sans s'exposer à rougir devant la génération qu'on élève dans les principes de la foi...

« La pudeur est la plus belle parure d'un jeune homme...

« Il faut avoir une affection sincère pour tous ses condisciples, prendre les plus sages pour modèles et s'en faire de vrais amis. Rien ne contribue au bonheur comme une sage et pure amitié, fondée sur la religion et la vertu...

« Eviter les amitiés dites particulières, qui n'ont pour base qu'un attachement naturel et la conformité de goûts funestes et de mauvais penchants ; amitiés criminelles qui mettent partout le désordre et condui-

(1) Bacon a dit : « Un peu de philosophie éloigne de la religion, beaucoup de philosophie y ramène. »

sent à tous les vices. Vous donner un ami libertin, c'est vous enchaîner à un léopard, qui vous dévorera.

« Eviter une basse et grossière familiarité ; ne jamais tutoyer ses condisciples. Rendus plus tard à la société, replacés dans le rang occupé par leur famille,... ils ne pourraient se tutoyer sans inconvenance et sans ridicule : pourquoi prendre dans l'Ecole une habitude qu'il faudra quitter alors ? »

Le règlement renferme les prescriptions les plus sages et les plus paternelles relativement aux lectures, aux conversations, aux nouvelles politiques, à la propreté, à l'économie, à la santé, et il se termine par ce conseil :

« *Il faut penser à son avenir*... L'élève fait l'apprentissage de la vie ; il sera un jour homme, il aura sa place dans la grande famille humaine. Quel que soit l'état auquel l'appelle la Providence, il doit travailler à acquérir toutes les connaissances nécessaires pour l'exercer dignement. Il n'oubliera pas qu'il doit joindre aux connaissances, l'amour et la pratique de la vertu, qui seule les rend honorables. La science sans la vertu est le don le plus funeste qu'on lui puisse faire. »

Après le règlement général vient le *Règlement particulier de conscience, qui servira pendant les vacances et après la sortie de l'École.* C'est admirable de prévoyance, de tendresse et de piété. Ce qu'il faut faire chaque année, chaque mois, chaque semaine, chaque jour, est expliqué d'après la doctrine des Saints. Voici comment débute la préface de cet opuscule :

« Mon enfant, j'ai demandé instamment à l'Esprit de Dieu de ne rien mettre dans ce règlement qui ne lui fût agréable et qui ne fût utile à votre avancement dans la vertu.

« Que vous serez heureux si vous le pratiquez avec persévérance et simplicité de foi !... Puissiez-vous en faire la douce expérience ! Vous vous convaincrez facilement que les sacrifices, qui d'abord paraissent pénibles, se changent bientôt en un calme, en une paix indicible...

« Je ne dois pas vous le dissimuler, plus vous avez reçu de Dieu, plus il exigera de vous. Les jeunes mondains seront un jour vos accusateurs et vos juges. Ils diront à Dieu : « Si nous avions été élevés comme lui, si nous avions respiré l'air pur d'une maison sainte, si nous avions été prémunis comme lui, pendant plusieurs années, contre les pièges et les tentations du monde, que de progrès n'eussions-nous pas faits dans la vertu ! »...

« Cette vie passe, elle n'est rien. Ce qu'il y a de plus aimable en apparence dans ce monde n'est bientôt après qu'une vanité. Je tremble à la pensée du jugement que vous aurez à subir et à la confusion dont vous serez accablé, quand Dieu vous reprochera tant de futilités dont vous vous êtes occupé, au lieu de gagner le ciel, au lieu de travailler pour l'éternité...

« Sauvez-vous donc, cher enfant ! travaillez pour le ciel ! que vos pensées soient pour le ciel ! que vos paroles soient du ciel ! que vos actions soient la monnaie qui achète le ciel ! »

Ce langage si simple, et en même temps si élevé et si touchant, nous donne une idée des allocutions que M. Michon adressait chaque dimanche à son jeune auditoire. Après avoir traduit sur le missel l'évangile du jour, il en prenait texte pour instruire, pour reprendre, pour exhorter, pour consoler, pour encourager. On l'écoutait avidement : chez lui point d'effort, point de recherche, point d'éclats, point de grands gestes, d'ordinaire du moins, mais une diction toujours correcte, limpide, imagée, remplie d'une chaleur latente. Sa parole s'insinuait doucement dans les cœurs, comme l'huile pénètre les tissus ; ce jeune prêtre était un charmeur d'âmes, suivant le mot que nous tenons d'un de ses auditeurs.

Il essaya, vers cette époque, d'exécuter une heureuse idée dont il fut longtemps préoccupé et à laquelle il revint encore en 1841 : c'était de fonder une école de prédication. Il en trouvait les premiers éléments dans les professeurs des Thibaudières : quoique ces jeunes gens ne fussent point prêtres, il leur distribuait des plans de sermons, que chacun d'eux devait traiter ; le travail, une fois fait, lui était soumis ; il indiquait les changements qu'il jugeait utiles, et les jeunes orateurs parlaient à tour de rôle devant la communauté. Le débit et le geste devenaient, après coup, matière aux observations et aux conseils du maître, qui les assaisonnait quelquefois d'une innocente raillerie. Un jour, c'était le futur curé de Lesterps qui avait porté la parole aux vêpres : déjà les deux frères étaient à genoux devant le Saint Sacrement exposé sur l'autel pour le salut, quand tout à coup le prédicateur fait un soubresaut : « Ah ! mon Dieu, s'écrie-t-il à l'oreille de son frère aîné, j'ai oublié le plus beau passage de mon sermon ! — Eh ! mon ami, répliqua le supérieur en souriant, remonte vite en chaire : ce serait grand dommage de nous priver de ce beau morceau d'éloquence ! »

Mais revenons au Manuel. Il renfermait encore des *Instructions et prières pour la confession et la communion* et la *Manière d'entendre la messe d'après Bossuet*. Les élèves des Thibaudières assistaient chaque jour au saint sacrifice et M. Michon veillait à ce qu'ils accomplissent ce grand acte avec la piété qu'il demande.

Quant à la messe du dimanche, il y eut quelques variations dans la pratique des Thibaudières et de La Valette : parfois ce fut une messe basse avec cantiques comme dans la semaine, parfois une messe solennelle. Les vêpres étaient toujours chantées et, les jours de fête, suivies de la bénédiction du Saint Sacrement.

M. Michon conseillait à ses élèves, du moins aux plus avancés, l'exercice de la méditation ou oraison mentale, et le Manuel renferme, page 44 et suivantes, une instruction courte et substantielle sur ce sujet. Chaque matin, après la prière, une pieuse lecture offrait à tous les éléments de la méditation. Le soir, la prière se faisait en commun à la chapelle. Chaque jour on récitait aussi le chapelet,

A la distribution des prix du 25 août 1836, M. Michon revint à son thème favori, la nécessité de la foi chrétienne pour les peuples et, par conséquent, de la religion dans l'éducation.

« Ce qui perd les sociétés modernes,... le ver qui les ronge, c'est le défaut de croyances, l'absence de foi... L'Europe placée à la tête de la civilisation se meurt par cette triste léthargie... Il faut que la foi fasse sortir ce Lazare du tombeau.

« Venez, apôtres de cette ère moderne, prenez le Christ et placez-le sur la poitrine de ces peuples qui ne sentent plus battre leur cœur ; réveillez-les avec le glaive de la parole! Venez, les Vincent Ferrier, les François de Paule de notre âge, la moisson jaunissante est prête (vous seuls ne craindrez pas les rayons brûlants du jour) et le monde est à vous !

« Croire que, pour la société moderne, qui a été faite tout entière par le christianisme, il y ait une vie possible hors du christianisme, c'est une absurdité choquante, que repousse déjà la raison éclairée des peuples. Il sera beau pour la religion de se trouver, à l'âge viril des sociétés, aussi aimable, aussi douce, aussi tutélaire que lorsqu'elle les allaita dans leur berceau.

La religion est donc l'institutrice des peuples à toutes les époques de leur développement. L'éducation est son domaine ; il n'appartient qu'à elle d'empêcher que les lumières de la civilisation ne deviennent un fléau. Sans doute, c'est un sophisme d'avancer que les lettres et les arts corrompent les peuples ; mais c'est une vérité prouvée par l'histoire, que les siècles lettrés sont des siècles corrompus, s'ils ne sont pas retenus par de fortes croyances.

« La plaie de notre époque, c'est une instruction sans éducation. Dans la famille, comme dans les écoles publiques, chez le père comme chez l'instituteur, il n'y a qu'un but, celui de donner des connaissances. Il est instruit, dit-on : voilà l'éloge complet d'un jeune homme qui fait son entrée dans le monde. L'on ne dira jamais : c'est un jeune homme vertueux, c'est le modèle de son âge. Des lumières, d'abord, et puis de la vertu, si cela se peut.

« Vous ne savez pas quelles sont les conséquences d'un pareil système, vous ne savez pas au profit de qui se font de semblables éducations ? Au profit du premier despote qui sera assez habile pour se frayer un chemin au pouvoir suprême, qui aura besoin d'hommes instruits mais serviles, pour en faire les instruments passifs de sa gloire, qui tiendra lié à son char de triomphe un peuple tout entier, ébloui lui-même du prestige dont il l'entoure et des hommages dont il l'enivre. Vous préparez des générations pour l'immense administration d'un vaste empire, rêvé par un ambitieux ou pour les grandes armées d'un conquérant. Tout cela dure dix années de gloire, tout cela vit l'âge d'une fleur. »

L'orateur n'était pas cependant sans quelques illusions optimistes.

« Le mal est grand sans doute, messieurs, plus grand peut-être que ne l'aperçoivent eux-mêmes ceux qui vous le signalent ;... mais l'on peut entrevoir dans le lointain l'époque où une éducation sans religion et sans principes sera un titre légitime au mépris public, où la décence, la piété, les saintes vertus qui embellissent les années de l'adolescence, seront regardées par un père comme le plus noble héritage à léguer à ses fils, avec sa dernière bénédiction et son dernier baiser. »

M. Michon demandait, en conséquence, le concours et les sympathies des honnêtes gens pour quiconque se dévouait à la régénération et au salut de la patrie par l'éducation de la jeunesse ; puis, faisant un retour assez naturel sur lui-même et sur les difficultés nouvelles que devaient lui créer le départ de M. Dussol et la perte de l'appui de M⁰ʳ Guigou, il ajoutait :

« Pour nous, messieurs, nous avons entrepris cette noble tâche à une époque où il y avait quelque courage à en concevoir même encore l'idée. Nous sommes très loin de ce que nous voudrions être pour le bien d'une contrée qui nous est chère à tant de titres ; mais nous avons été entourés de tant de bienveillance, nous avons reçu tant d'encouragements des personnes les plus honorables du pays ; en ce moment je vois tant de regards amis me porter des vœux dont je suis reconnaissant et fier, qu'il y aurait lâcheté à ne pas rentrer dans la lice avec la même persévérance et le même espoir de succès.

« Quel que soit l'avenir que la Providence prépare à notre patrie, il aura été beau pour le prêtre de n'avoir point désespéré de son pays, de s'être empressé de recueillir les débris de ce qui était bon dans l'époque passée, pour en faire les fondements de ce qui doit durer dans l'époque nouvelle : pareil à ces capitaines demeurés seuls sur le champ de bataille, qui s'improvisent généraux au moment de la détresse, rallient d'un mot les troupes qui n'avaient plus de foi dans la victoire, et les ramènent, au pas de charge, à un triomphe éclatant ou à une glorieuse défaite.

« Aujourd'hui sa mission lui est toute tracée ; il saura l'accomplir malgré les obstacles qu'il trouvera au bien, sûr de rencontrer dans toutes les âmes les sympathies les plus vraies, chaque fois qu'il n'aura épargné ni son dévouement ni ses sueurs. A l'exemple du divin Maître, il aura bu de l'eau du torrent, il se sera assis fatigué sur les bords des chemins, il aura vu souvent ses épaules chargées du bois infâme ; mais il aura porté cette croix avec la courageuse résignation du disciple chrétien, et il aura le droit de s'élever du Calvaire au Thabor, et de là à la gloire de l'Eden éternel, qui sera son héritage. »

Tout en s'appliquant à former le cœur et à développer l'intelligence de ses élèves, M. Michon n'oubliait pas de leur procurer de temps en temps d'innocents plaisirs : c'était le meilleur moyen de les détourner des plaisirs coupables et de les attacher de plus en plus à leur Ecole Cette sage conduite était, du reste, d'autant plus nécessaire et d'autant plus fructueuse en ce temps-là, bien différent du nôtre sous ce rapport, qu'on n'avait pas encore inventé, pour l'affaiblissement des études, la dissipation des mœurs et l'amollissement des caractères, les vacances du nouvel an, les vacances de Pâques et les sorties mensuelles : de la rentrée, qui avait lieu aux environs de la Toussaint, jusque vers la fin d'août, les élèves, sauf le cas de maladie grave, ne quittaient pas leur collège, qui devenait alors véritablement pour eux un second foyer paternel ; ils ne se séparaient pas de leurs maîtres ou de leurs camarades, qu'ils s'habituaient à regarder comme une nouvelle famille. Il appartenait donc au père bien-aimé de réjouir son foyer par d'aimables industries et d'y organiser de douces fêtes pour ses enfants.

Outre les grandes solennités religieuses, qui rompaient la monotonie des exercices ordinaires, outre les brillantes assises des distributions des prix, soit en août, soit en janvier pour les devoirs de vacances, il y avait une ou deux fois par an, aux Thibaudières, comme aux petits séminaires de La Rochefoucauld et d'Angoulême, des représentations scéniques : les élèves y jouaient des pièces classiques, modifiées et arrangées par le directeur.

Il paraît que certains élèves composaient eux-mêmes des pièces de théâtre, et M. Michon ne les en détournait pas absolument. C'était un de ses principes de favoriser largement en eux l'esprit d'initiative ; il voulait les habituer de bonne heure à beaucoup agir par eux-mêmes, au risque de les laisser tenter des œuvres au-dessus de leurs forces ; il comptait, pour les guérir de leur présomption, sur leur expérience personnelle et leurs insuccès plus que sur ses avertissements. Quoique cette théorie ne soit pas sans danger, si l'on voulait en généraliser l'application, elle peut, sagement appliquée, avoir de réels avantages. Dans l'espèce, peu importait à M. Michon, que ses écoliers eussent fait une mauvaise pièce ; il s'applaudissait de l'ardeur avec laquelle ils l'avaient spontanément entreprise et des efforts qu'ils avaient déployés pour la faire. La mémoire qui fournit les matérieux, la raison qui les ordonne et les combine, l'imagination qui leur donne de la couleur, la sensibilité qui les anime, toutes leurs facultés, en un mot, étaient entrées en jeu, et, si la tragédie ou la comédie ne valait pas grand chose, les jeunes auteurs en valaient mieux : c'était tout ce que prétendait le maître.

Dans les mêmes vues, il avait organisé un tribunal dont tous les membres étaient pris dans le personnel des écoliers. Il était entendu que, comme chez Perrin Dandin, les plus petits incidents fourniraient matière à procès, et, à propos d'un larcin de fromage à la cuisine, d'un bris de vitres ou d'une querelle survenue pendant la récréation entre deux latinistes belliqueux, les huissiers du tribunal instrumentaient, les procureurs prenaient des conclusions, les avocats plaidaient et les juges rendaient des sentences.

Puérilités, dira-t-on ; déclamation toute pure ! Il n'en est pas moins vrai que ces puérilités occupaient et égayaient l'esprit des élèves d'une façon récréative et innocente, et que ces déclamations les exerçaient à l'art d'écrire et de parler, aussi bien que les savantes dissertations, philosophiques ou littéraires, exigées aujourd'hui de nos malheureux aspirants au baccalauréat.

Puis, on faisait de belles promenades dans la campagne ou dans les petites villes voisines,

Blanzac, Montmoreau. On visitait Puypéroux, dont M. Michon aimait passionnément les pauvres ruines. Un jour, avant même d'en avoir commencé la restauration, il les fit décorer de guirlandes verdoyantes et de fleurs embaumées ; il y dressa un autel, avec les permissions nécessaires, et, après y avoir célébré la messe devant sa communauté et une assistance nombreuse venue des paroisses voisines, il laissa déborder ses sentiments dans un discours plein d'enthousiasme et de poésie ; c'était le point de départ de cette belle et bonne œuvre qui a donné à notre diocèse la vaillante congrégation de Notre-Dame des Anges.

On entend un écho de ce discours dans les stances que le jeune fondateur a publiées dans l'Album des Thibaudières pour solliciter les dons des fidèles.

Avant que le ciseau, réparant tes ruines,
Rende à tes murs noircis leur antique beauté
Et que l'art, prodiguant ses merveilles divines,
Décore ta sauvage et sainte nudité,
Cadavre mutilé, monument des vieux âges,
Je viens te saluer assis dans ton cercueil,
Et, d'un passé que j'aime évoquant les images,
    Je viens m'inspirer de ton deuil.

Comme ces rois bannis qu'une muse fidèle,
Sur des bords étrangers, courtise de ses chants,

Et laisse à leur grandeur sitôt qu'on les rappelle,
Sans jeter un seul vers sur leurs pas triomphants ;
Si tu n'avais offert à mon œil de poëte
Que des dômes, des murs éclatants de splendeur,
Tu n'aurais pas un son de ma lyre muette
  Et pas un soupir de mon cœur.

Mais j'ai vu sur tes flancs de larges cicatrices,
Comme au front d'un géant que la foudre a frappé.
C'est en vain que le lierre aux touffes protectrices
De ses mille réseaux te tient enveloppé ;
De tes pans qui s'en vont j'ai mesuré le faîte,
Que le printemps voila de ses riches couleurs,
Et je t'ai mieux aimé qu'en tes beaux jours de fête,
  Paré de ce manteau de fleurs.

. . . .
. . . .

Salut, temple sacré, dont je baise les pierres !
Tu n'as pas un débris qui ne parle à mon cœur ;
J'aime sur tes arceaux tes mousses et tes lierres,
Et ton chêne aux cent bras et l'aubépine en fleur.

Une autre église, plus magnifique que celle de Puypéroux, inspirait aussi au poète un vif enthousiasme, en même temps qu'elle éveillait, dans le cœur de l'archéologue et du prêtre, une indignation non moins vive contre les inintelligents spéculateurs qui l'ont démolie en plein dix-neuvième siècle : on comprend que nous voulons parler de l'abbatiale de La Couronne. Ce lieu, consacré par tant de religieux souvenirs, fut choisi une année par M. Michon comme le but d'une grande promenade et d'un pieux pèlerinage pour toute sa communauté !

C'était au mois de juillet : on partit de grand matin, suivant à pied la charrette qui emportait les provisions de bouche. On entendit la messe dans la petite église de Saint-Jean, puis on se rendit au milieu des ruines. Après qu'un substantiel déjeuner eut reposé les pèlerins, M. Michon leur raconta à grands traits l'histoire du monument qu'ils avaient sous les yeux et leur en détailla toutes les beautés. On soupa de bon appétit, et l'on repartit pour les Thibaudières quand le soleil fut devenu moins ardent. Mais la course était longue, surtout pour les petits ; plusieurs, fatigués et altérés, s'arrêtaient de temps en temps pour tromper leur lassitude et pour étancher leur soif aux ruisseaux qu'on rencontrait ; M. Michon allait d'un groupe à l'autre exciter les courages et, pour relever le pas, entonnnait une marche connue que tous reprenaient à l'unisson. On arriva enfin ; on se restaura, on se rafraîchit, on fit une courte prière et on gagna les dortoirs : quelques minutes après le coucher, maîtres et élèves dormaient du sommeil des justes.

Une autre fois (c'était en 1837 ou 1838) le voyage

fut plus long encore, mais il se fit en voiture. Mgr Guigou, depuis la crise du 20 novembre 1834 (1), était infirme, presque impotent ; il passait d'ordinaire la belle saison dans sa maison de campagne de Bardines. L'abbé Michon voulut lui procurer une agréable distraction et faire accomplir à ses élèves un acte de piété filiale envers leur évêque. Il se procura donc tous les véhicules qu'il put trouver à Angoulême ou ailleurs, y fit monter, entassés les uns sur les autres, professeurs et élèves, se munit du viatique nécessaire et dirigea sa caravane sur Bardines, non sans saluer au passage Angoulême, sa cathédrale et ses remparts. Mgr Guigou accueillit avec une bonté émue le directeur et ses enfants ; Mme Saint-Timothée (2) se montra pour eux gracieuse, obligeante et empressée ; nous croyons

(1) Le 20 novembre 1834, Mgr Guigou, à la suite d'une fatigante tournée pastorale faite à cheval, ressentit une fausse attaque de paralysie chez Mme de Viville, à Bouex ; à quelques jours de là, il fut frappé de nouveau, et, à partir de ce moment, sa vie ne fut plus qu'une continuelle souffrance.

(2) Mme Saint-Timothée était une demoiselle Arnaud, fille d'une sœur de Mgr Guigou et religieuse de la congrégation de Sainte-Marthe de Tarascon. Le prélat l'amena avec lui à Angoulême pour régir sa maison. A la mort de son oncle, Mme Saint-Timothée retourna en Provence et habita un couvent de sa Congrégation dont une de ses sœurs était supérieure.

même qu'elle ajouta quelques friandises de sa façon au dessert apporté des Thibaudières. La fanfare de l'Ecole fit entendre au prélat ses plus beaux airs et de jeunes artistes représentèrent devant lui une charmante pastorale. Les repas sur l'herbe et les jeux en plein air occupèrent le reste de la journée. Le soir, on prit congé du vénérable évêque, emportant, avec ses plus tendres bénédictions, la pensée qu'on avait adouci pendant quelques heures l'amertume de ses souffrances (1).

Parmi les innocents plaisirs auxquels M. Michon conviait ses élèves, il faut placer les bains d'eau froide dans la saison d'été. Par ses soins, un étang situé à peu de distance de l'Ecole avait été faucardé, nettoyé, aménagé. Cela ne valait pas la plage des Sables-d'Olonne ou de Royan, ni même les belles eaux

---

(1) Nous devons le récit de cette excursion à M. l'abbé Bernard, ancien curé de Bussière-Boffy, au diocèse de Limoges, aujourd'hui prêtre habitué à Saint-Barthélemy de Confolens. Ce vénérable ecclésiastique, qui fut professeur aux Thibaudières de 1836 à 1838, nous a fourni d'intéressants renseignements sur cette période de la vie de M. Michon. « C'est un véritable questionnaire que votre lettre, nous écrivait-il après notre demande de renseignements : mais je suis bien heureux de pouvoir y répondre ; car les souvenirs (et de bons souvenirs) abondent dans ma mémoire, sans parler des douces impressions que mon cœur éprouve encore à cinquante ans d'intervalle. »

de la Charente et de l'Antenne ; mais c'était incontéstablement préférable aux cailloux de la Tardoire, à La Rochefoucauld. On s'y rafraîchissait fort bien et on y apprenait à nager : double avantage, que les écoliers ne dédaignaient nullement.

Mais, quelque bon que soit un supérieur, il ne doit pas uniquement faire plaisir à ses élèves ; quelque habileté qu'il possède, il ne peut prévenir toutes leurs fautes, et ce serait chez lui une faiblesse coupable et funeste de toutes les pardonner. Aux Thibaudières, nous l'avons dit déjà, la discipline était douce et paternelle. M. Michon, quand il fallait empêcher ou corriger un désordre, usait autant qu'il le pouvait, à l'égard de ses élèves, de la grande influence morale que lui avaient conquise la beauté de son intelligence et la bonté de son cœur. Dans certains cas, cependant cela n'était pas suffisant et les punitions devenaient indispensables. Les punitions employées étaient à peu près les mêmes que dans toutes les maisons ecclésiastiques : point de corrections manuelles, le pain sec assez rarement, d'ordinaire les arrêts dans la cour, ou la privation du jeu aggravée par un travail supplémentaire. Une pratique inusitée ailleurs, du moins d'une façon aussi générale, était seule particulière au système de M. Michon : c'était le supérieur qui infligeait directement toutes les punitions. Chaque jour, dans la matinée, les maîtres lui faisaient leur rapport sur ce qui s'était passé la veille et lui exposaient leurs sujets de plainte contre tel ou tel élève. Après les avoir entendus, il décidait de la peine méritée et la proclamait lui-même au réfectoire devant la communauté réunie pour le dîner.

« Les résultats immenses obtenus par cette méthode, disait-il dans un prospectus de 1837, en démontrent tous les avantages, et pour les maîtres dont la tâche devient très facile, et pour les élèves qui trouvent ainsi, jusque dans leurs punitions, une haute garantie d'impartialité. » Nous ne contestons pas l'excellence de cette méthode, qui rendait impossibles les punitions infligées par passion, dans le premier moment de la colère, et par conséquent excessives ; mais elle devait être et serait assurément aujourd'hui peu goûtée de certains maîtres, qui ne se trouvent jamais suffisamment armés, si les supérieurs leur refusent le droit d'appliquer par eux-mêmes et d'épuiser, séance tenante, sans examen et sans délai, toutes les sévérités du règlement, et parfois contre de petites fautes.

> Pour tuer une puce ils *voudraient* obliger
> les dieux à *leur* prêter leur foudre et leur massue (1).

(1) *La Fontaine,* Fables, VII, 5.

C'est aussi au réfectoire qu'étaient lues les notes hebdomadaires et les places obtenues dans les concours.

Le départ de M. Flandrin pour Paris, et de MM. Dussol et Romanet pour Barbezieux (M. Dussol emmena même quelques écoliers avec lui) donna aux Thibaudières une secousse, dont nous constatons le contrecoup dans le palmarès du 22 août 1837 : nous n'y comptons que 47 lauréats au lieu de 71 mentionnés dans celui du 25 août 1836 ; ce qui fait supposer une diminution assez considérable dans le nombre des élèves. Le mouvement ascensionnel s'accuse de nouveau par le chiffre de 50 lauréats à la distribution des prix du 13 août 1838, de 57 lauréats à celle d'août 1839 et de 58 à celle du 12 août 1840 ; mais il n'arriva jamais au niveau de 1836 ; c'est en 1836 que l'œuvre de M. Michon avait atteint sa plus grande prospérité. Dès 1837, il n'y a pas de philosophie aux Thibaudières ; à partir d'octobre 1838, il n'y a plus à proprement parler de rhétorique. La décadence a commencé et les difficultés vont aller toujours grandissant. Le défaut d'ordre et d'économie dans les finances devait un jour les rendre inextricables. Mais n'anticipons pas sur le cours des événements.

Quoiqu'il eût perdu des professeurs d'un vrai

mérite et qu'il n'eût plus à compter sur le secours de son évêque, M. Michon, abandonné à ses propres ressources, ne se découragea point : il avait à un très haut degré confiance en lui-même et en l'avenir. Il garda une calme assurance et trouva le moyen de faire marcher de front et les affaires de son collège, et la fondation de Puypéroux, et la préparation éloignée de la *Statistique monumentale de la Charente*.

A la fin de janvier 1837, il félicitait ses élèves du soin et de l'application avec lesquels ils avaient fait leurs devoirs de vacances. Les prix, disait-il, ont été « disputés avec une ardeur qui honore les concurrents. Il a fallu quelquefois choisir entre quatre devoirs de mérite presque égal : heureux embarras de vos maîtres, qui seraient fiers de pouvoir jeter au milieu de vous chaque couronne, si elle ne devait tomber que sur des fronts qui en fussent dignes ! »

Puis, après leur avoir rappelé que, au mois d'août précédent, lors de leur départ, il leur avait donné, du pied de l'autel, d'affectueux conseils sur les dangers qui attendaient dans le monde leur inexpérience et qu'il leur avait signalé spécialement celui des mauvaises lectures, il reprit cet important sujet pour le traiter d'une façon plus complète.

« La vigilance du père de famille, disait-il, du chef

de maison d'éducation, de l'enfant lui-même qui ne veut pas se perdre, doit porter sur trois sortes d'ouvrages : livres de doctrines funestes, livres contre les mœurs, livres passionnés : les premiers implantent l'erreur dans l'intelligence, les seconds abrutissent l'âme, les autres excitent des passions qu'il faudrait plutôt étouffer. »

Il faut s'interdire absolument les livres des deux premières catégories et ne lire ceux de la troisième qu'avec de sages précautions : telle est la thèse que développe l'orateur. Nous ne citerons que quelques psssages.

« L'intelligence humaine a sa pureté, fleur délicate qu'il ne faut pas exposer au vent de toutes les doctrines. Il est des hommes qui se sont plu à torturer la raison humaine. Le paradoxe, le mensonge historique, l'arme piquante du ridicule, l'insinuation adroite qui prend le masque de la naïveté, tout leur a été bon pour harceler cette frêle faculté et mettre, à la place des saines croyances, le doute avec ses angoisses, l'impiété avec ses blasphèmes... Il n'est pas un crime qui n'ait eu son apologie, pas d'absurdités qu'on n'ait revêtues d'illusions brillantes, pas de folie humaine (et il y en a tant) à laquelle on n'ait, en quelque sorte, dressé des autels. Le dix-huitième siècle surtout fut fécond en écrivains qui s'étaient jeté le défi de mettre au jour le plus d'erreurs, d'étaler aux yeux du monde le plus d'impudence et de faire adopter au public le plus d'absurdités. Dans ce temps, cela s'appelait de la philosophie, et le plus habile ne passait pour tel qu'à la condition d'être le plus extravagant... Laissez de côté ces conceptions monstrueuses, qui ne méritent que l'exécration des siècles. Qu'avez-vous gagné à écouter ces hommes de la Babel moderne, qui ne s'entendent sur aucun point et n'ont raison que sur un seul... lorsqu'ils s'accusent mutuellement d'être les plus misérables des hommes ?...

« Au danger des livres de doctrines funestes succède le danger des livres obscènes. Le génie lascif a été plus fécond encore que le génie de l'erreur. Histoire, voyages, poésie, drame, littérature, jusqu'aux almanachs, tout a été envahi au profit des mauvaises mœurs ; et, aujourd'hui, le dernier des enfants du peuple qui sait lire ne peut ouvrir un calendrier sans y trouver une anecdote grossière ou une chanson libertine. Il est pénible de voir se prostituer ainsi le génie d'une nation placée à la tête des peuples du monde ; et l'on se surprend un sourire de pitié sur les lèvres, lorsqu'on voit les lois se montrer si sévères pour interdire la vente des produits vénéneux, dont le crime peut se servir, et, par une coupable tolérance, mettre, en quelque sorte, à la main de la jeunesse les livres obscènes, qui lui gangrènent le cœur et y déposent un germe de mort contre laquelle la science n'a pas de contrepoison. Vainement la morale naturelle parle contre de tels crimes et les réprouve à l'égal des tentatives de meurtre sur les grands chemins. »

L'orateur décrit ensuite les désastreux effets de ces lectures maudites, qui flétrissent l'innocence et détruisent la vertu chez le jeune homme et chez l'enfant lui-même. Il ne reste plus alors aux malheureuses mères « que des images de leurs fils, images pâles et décolorées, cœurs plus desséchés encore, qui n'auront pour elles aucun battement d'amour et ne trouveront pas une larme au jour d'une perte cruelle ou d'une douloureuse séparation ; cadavres vivants, égarés dans la société, comme ces jeunes coursiers, épuisés dans les batailles, que le bruit de la trompette guerrière ne réveille plus et qu'un reste de pitié laisse errer au hasard dans les pâturages abandonnés ».

« Il est, messieurs, d'autres ouvrages qui peuvent avoir aussi leurs dangers... Ce sont ces livres admirables, étincelants de génie, où le cœur de l'homme se trouve peint avec tant de vérité et de charme, mais où les passions se montrent avec une parure de décence et de vertu qui les ennoblit ; chefs-d'œuvre de talent et de goût, qui doivent faire les délices de l'homme mûr, chez qui des peintures passionnées ne soulèvent plus de tempêtes, mais dont le jeune homme ne peut se faire une lecture ordinaire sans perdre le calme du jeune âge et l'heureux empire que des habitudes de pudeur lui donnent sur ses passions. On ne met pas sans crainte des armes meurtrières entre les mains d'un enfant. »

M. Michon terminait par cette touchante péroraison ;

« Il m'est doux de pouvoir vous féliciter ici de votre éloignement pour tout ce qui corrompt le cœur. Vous n'avez pas eu besoin que la sévérité vînt vous interdire des livres obscènes ; et, si je suis fier d'être le premier maître d'écoliers constamment dociles et appliqués à tous leurs devoirs ; si je vois avec orgueil les progrès que vous faites dans vos études, je suis surtout heureux de me trouver le père d'enfants religieux et pudiques, qui gardent près de moi les habitudes et le chaste langage du foyer paternel... J'ai à m'applaudir d'avoir éloigné de vous, depuis deux ans, des condisciples indisciplinés, dont l'exemple vous eût été funeste. Vous recueillez le fruit de cette sévérité nécessaire et des pertes matérielles qu'elle a pu nous imposer ; quand il s'agit de votre bonheur, je ne sais reculer ni devant les veilles, ni devant les travaux, ni devant les sacrifices. Vous devez être ma couronne dans un âge plus avancé, et je me berce, d'avance, de la douce pensée que mon nom ne se réveillera jamais dans votre souvenir sans qu'il vous rappelle un ami vigilant, un tendre père qui vivait en vous, et trouvait ses joies ou ses peines dans les joies ou les peines de ses enfants. »

Au moment où il prononçait ces paroles, le supérieur des Thibaudières était sous le coup d'un véritable désastre, qui venait de se produire dans sa fondation de Puypéroux. Il s'était proposé, comme on sait, d'établir dans la vieille abbaye restaurée un atelier de charité, un orphelinat agricole, et, avec le produit d'une souscription et des sommes prises dans la caisse de son collège, il avait commencé des constructions importantes. Les travaux de maçonnerie étaient à peine achevés quand, au mois de décembre 1836, à la suite d'un violent ouragan, la façade principale du grand bâtiment s'écroula tout entière. Son calme et sa confiance n'en furent point ébranlés. « Remettant à une époque plus reculée la reconstruction du grand corps de logis, qui eût entraîné de suite des dépenses trop considérables (1) », il s'attacha à terminer une des ailes pour inaugurer au mois de septembre l'œuvre rêvée : l'établissement d'une communauté religieuse destinée à gouverner ses ateliers de charité. « L'on fera dès cette année, disait-il, dans une circulaire à ses souscripteurs (1), un essai de plantations de mûriers nains du Midi. Le climat du département étant très favorable à ce genre de culture, tout fait espérer que, dans trois années, l'on pourra ouvrir des ateliers de charité, qui seront une ressource pour la classe pauvre. »

Ainsi M. Michon songeait à établir à Puypéroux l'industrie de la soie et à procurer par là quelque aisance à une contrée pauvre et couverte de landes. Il eût voulu aussi faire revivre une de ces belles abbayes du moyen âge, où le travail et la prière

(1) *Album des Thibaudières.*

occupaient en les sanctifiant tous les moments de la vie.

Ces aspirations, qu'il a exprimées plusieurs fois, éclatent dans l'éloge de saint Bernard, qu'il prononça lors de la distribution des prix du 22 août 1837. Il y avait quelque hardiesse à traiter ce sujet après Fénelon ; disons bien vite que le jeune orateur n'essaya pas de lutter contre un si redoutable modèle : au lieu d'un panégyrique destiné à la chaire, il écrivit un discours académique, qu'on lit avec plaisir même après le chef-d'œuvre du cygne de Cambrai. Jamais l'imagination de M. Michon ne s'était montrée plus brillante, ni son style plus ferme. Certains passages sont pleins de mouvement, presque de lyrisme (1).

Voici d'abord le tableau des premières années du Saint : l'éducateur est heureux, on le sent, de mettre sous les regards de ses élèves l'enfance innocente et la vaillante jeunesse de son héros.

« La pieuse Alix, digne d'être la mère de cet autre Samuel,... cultiva cette plante qui devait croître à l'égal des cèdres, et, au milieu d'une famille nombreuse, veilla, pour la garder au Seigneur, sur cette âme d'ange qui avait pris dans son sein la fragile enveloppe mor-

---

(1) M. l'abbé Bernard nous a dit que M. Michon avait écrit ce panégyrique en vue de concourir aux *Jeux floraux* de Toulouse.

telle. Confié par elle, dès ses plus jeunes années, à des mains pures et habiles, le jeune Bernard se forma, dans l'école des prêtres de Châtillon, à la science et à la pudeur. Cette époque si heureuse de la vie où le cœur s'ouvre à la vertu, comme le calice des fleurs aux tièdes haleines du printemps, s'écoula pour lui dans toute l'innocence et la candeur qui en fait le plus doux charme. Cette âme ardente, qui ne s'était pas encore devinée elle-même, était ainsi lentement préparée par ce calme profond aux luttes du cœur, qui plus tard devaient s'achever dans la solitude. Bientôt, toutefois, les orages grondèrent, de vagues inquiétudes vinrent gonfler le sein du jeune homme, jusque-là bercé dans les joies paisibles de l'enfance. Les passions se soulèvent ; le monde l'appelle ; la volupté lui sourit. Pour être l'heureux de la terre, que lui manque-t-il ?... Ah ! il faut à Bernard des jouissances moins éphémères, et cette âme, qui veut demeurer vierge, va éteindre dans une eau glacée la dangereuse étincelle qu'un regard a pu enflammer. Dès ce jour la chair est domptée, le monde est vaincu, et le généreux martyr n'a plus qu'à choisir l'asile où il tressera sa couronne.

« Cet asile, messieurs, c'est un cloître. Lorsqu'un cœur d'homme ne se sent pas fait pour la terre, que nul objet créé ne peut assouvir sa soif immense d'amour et que, au-delà de ce qui frappe nos regards, un instinct secret lui montre sans cesse de saintes joies dont celles de la terre ne sont qu'une image, d'enivrants concerts qu'il n'a pu entendre dans la vallée des tribulations et des larmes ; lorsque cette intelligence voit avec dédain s'agiter autour d'elle des passions avides et brutales et qu'elle a horreur de toucher cette boue, comme la colombe, elle se hâte de prendre son vol ; elle se dirige vers la solitude où son Dieu l'appelle. L'âme dit au monde l'adieu éternel, et le seul vœu qu'elle forme en le quittant, c'est de lui arracher quelqu'une de ses victimes pour l'entraîner avec elle au pied du sanctuaire.

« Paisibles solitudes, qui fûtes le lieu de repos de tant de générations, vous n'êtes plus autour de nous ; nous ne voyons de vous que le reste de vos débris et la cendre de quelques tombeaux. Hôtelleries silencieuses, où les hommes de foi du moyen âge venaient se délasser des fatigues de la vie pour faire avec plus d'assurance le voyage de l'éternité, ah ! que d'âmes vous demanderaient encore ! Il y a tant d'amertumes et de déceptions dans la vie ! tant de liens qui se brisent ! tant de cœurs que le malheur ulcère ! Vous prêteriez votre ombrage à ces générations épuisées, et le monde, qui s'est lassé à la peine, irait reprendre dans ce mystérieux sommeil la force qu'il n'a plus pour traverser les âges.

« Avant de se manifester à la terre, le saint, le réformateur, le chef du peuple, l'orateur du christianisme, dresse sa tente dans un désert. Citeaux recueille le transfuge du monde avec les compagnons que son éloquence lui a gagnés. Mais il lui faut bientôt une solitude plus profonde : Clairvaux s'élève dans la vallée de l'Absinthe. Là, le nouveau Moïse méditera longtemps sur les misères de son siècle pour essayer de le rendre à la vie. La tâche est rude, le travail est long et amer : le Saint en acceptera toutes les angoisses, il n'en repoussera que la gloire. Les cloîtres réformés, les schismes éteints, les populations éclairées contre l'erreur et ramenées à la foi, les pontifes et les rois guidés par le dernier des Pères de l'Eglise, l'Occident remué une seconde fois et jeté sur l'Asie et sur les enfants du prophète de l'islamisme, pour conquérir à l'Europe chrétienne le droit de s'agenouiller sur le tombeau de l'Homme-Dieu : voilà les prodiges d'un demi-siècle de travaux, entrepris par un cénobite qui n'a d'autres armes que celles d'une foi vive et d'une profonde humilité, fragile roseau, dont la toute-puissance céleste se servira comme d'un levier pour remuer le monde...

« Oui, pour que le triomphe soit plus frappant, comme si la Providence jalouse s'en était réservé toute la gloire, c'est un moine d'une complexion délicate, un jeune religieux à qui les légendes donnent la beauté d'un ange et la pudeur d'une vierge, qui se trouve choisi pour être le Samuel destiné à relever la gloire du sanctuaire et à porter avec grandeur devant les rois et les peuples cette parole qu'on a nommée d'une manière sublime la parole de Dieu...

Et pourtant « il eût été bien doux pour saint Bernard de jouir au milieu de ses frères des saintes joies de la solitude, de leur rompre le pain délicieux de la parole, de s'animer de jour en jour avec eux à la pratique des plus sublimes vertus, et de se faire un Eden anticipé à l'ombre de ces chênes et de ces hêtres séculaires qu'il avait pris, disait-il, pour ses maîtres. Cette âme pure n'avait jamais rêvé d'autres délices que celles de la retraite où le Bien-Aimé se dévoilait à lui et l'enivrait de voluptés ineffables. Mystérieuses extases du divin amour, je ne chercherai point à vous dépeindre ; car je ne vous trouve point au fond de mon cœur et mes lèvres souillées ne sauraient vous faire comprendre. Oh ! que vous aviez de charmes pour le jeune solitaire de Clairvaux ! Vous lui rendiez au centuple les voluptés de la terre, dont il avait fait le généreux sacrifice pour s'attacher à la beauté toujours ancienne et toujours nouvelle, seule digne de son amour. »

Nous ne suivrons point l'orateur dans la peinture animée des œuvres si grandes et si multiples de saint Bernard, et nous arriverons d'emblée à ces dernières réflexions, bien humiliantes pour l'humanité.

« S'il y eut des triomphes dans la mission éclatante de saint Bernard pendant près de quarante ans, cette grande âme eut aussi ses douleurs et son agonie. Oh ! que de fois le calice de la vie lui fut amer !... Pour l'âme de feu de saint Bernard, ce fut sans doute chaque jour un lourd fardeau à porter que ce corps frêle et délicat, usé dans les longues mortifications des premières années de sa solitude, auquel Dieu n'avait laissé que le souffle mélodieux et la voix forte nécessaire à l'homme qui proclamerait ses oracles. Quand les prodiges naissaient sous ses pas,... que de fois ses proches parents mêmes ne lui reprochèrent-ils point de sa laisser aller à l'orgueil, en se faisant un homme de miracles, pendant que lui, le vénérable père, rougissait comme d'un crime de ces manifestations d'en-haut dont il était le ministre, courbait la tête, s'humiliait, versait des larmes devant eux, comme l'enfant grondé par le maître !...

« Le grand homme devait avoir aussi des jaloux. L'on ne dicte pas les décisions des conciles, l'on n'est pas consulté par les rois et les souverains pontifes, l'on n'est pas le thaumaturge et la bouche d'or de son siècle, sans que l'envie soit là pour rabaisser tant de mérite et tant de gloire. Les hommes de la pourpre cherchèrent souvent à perdre l'humble moine couvert de la tunique. On ne lui épargna ni les injures, ni les calomnies, ni les persécutions ; on alla même jusqu'à prévenir contre lui le pape Innocent II, qui lui était redevable de l'extinction du schisme de Pierre de Léon (1).

(1) Il y avait eu assez d'irrégularités dans l'élection d'Innocent II pour la rendre fort douteuse. « Les premiers et les plus sages de l'Eglise romaine, dit Fleury, voyant Honorius II à la mort, pour prévenir le tumulte qui pourrait arriver à l'élection de son successeur, convinrent de la faire à Saint-Marc et tous ensemble, selon la coutume. Mais les cardinaux qui avaient été les plus familiers d'Honorius et qui avaient été assidus auprès de lui pendant sa maladie, avec le chancelier Haimeri, craignant le tumulte des Romains s'ils allaient à Saint-Marc, se pressèrent de faire une élection avant que la mort du pape fût publiée. Ils élurent donc Grégoire, cardinal de Saint-Ange... Les autres, ayant su la mort du pape, s'assemblèrent le même jour, à l'heure de tierce, à Saint-Marc,

Le souverain pontife eut le malheur d'être ingrat et de donner les noms d'importun et de traître à celui qui ne lui parla jamais qu'avec l'humilité d'un saint, tout en conservant la liberté d'un apôtre. Au concile de Reims, où son génie avait été si nécessaire pour débrouiller les subtilités des novateurs, ses envieux allèrent jusqu'à dire que, étant religieux, il serait mieux dans son cloître qu'au milieu des prélats. Saint Bernard ne s'offensa point de ces plaintes injustes : quelque amertume que son cœur ressentit, il demanda humblement qu'on ne l'employât plus à ce qui n'était pas de sa charge, et qu'on laissât la grenouille dans son marais, l'oiseau dans son nid et la colombe dans les fentes de la pierre. »

comme on était convenu, et élurent Pierre de Léon, cardinal de Sainte-Marie *in Trastevere, comme les autres avaient prévu; car c'était pour l'éviter qu'ils s'étaient pressés d'élire Grégoire.* Pierre fut nommé Anaclet II par ceux qui l'élurent; et ainsi il y eut schisme dans l'Eglise romaine. » Comme on le sait, c'est S. Bernard qui, au concile d'Etampes, fit entrer la France, et, par la France, le reste de l'Europe, dans l'obédience d'Innocent II. Il se fonda dans sa décision beaucoup plus sur les qualités personnelles des élus et de leurs électeurs que sur les circonstances de chaque élection. Il fut, sans nul doute, assisté par le Saint-Esprit, et Innocent II devint le chef légitime et certain de l'Église, par l'acquiescement de toute la chrétienté. Il n'en est pas moins vrai que ce pontife, dont le titre primitif était si contestable, puisque son élection avait été surprise, et qui pouvait se dire pape *par la grâce de S. Bernard,* aurait dû être plus recon-

M. Michon avait affermé de M. Vincent Pasturaud, qui demeurait à La Vergne, commune de Chadurie, d'abord verbalement, puis, le 12 juin 1834, par un bail écrit, reçu Nadaud, notaire à Chadurie, une partie seulement du logis des Thibaudières, pour la durée de six ans (jusqu'à la Saint-Michel

naissant à l'égard de ce grand homme. Il aurait dû aussi, toujours en se souvenant de son origine, se montrer indulgent pour ses adversaires, quand ils furent vaincus ; la bonne foi chez eux avait été parfaitement possible. Il n'en fit rien, et, au concile de Latran, en 1139, il les traita avec une dureté extrême. « Il leur arracha les crosses des mains, les anneaux des doigts et les palliums des épaules, dit encore Fleury. Pierre de Pise (qui était un saint prélat) ne fut pas exempt de cette rigueur, et le pape le priva de sa dignité, *quoiqu'il la lui eût rendue* quand il quitta le schisme à la persuasion de S. Bernard. C'est de quoi le saint abbé se plaignit par une lettre très vigoureuse. » Nous n'avons pas à rappeler avec quelle violence les légats d'Innocent II agirent, en particulier dans le diocèse d'Angoulême, contre les partisans de l'évêque Girard et contre lui-même, dont ils jetèrent les malheureux restes hors de la cathédrale qu'il avait bâtie. Nous dirions volontiers, avec le bon M. Gratereau (Cfr. page 20), que, dans toutes ces affaires, Innocent II fut trop dur, et qu'un peu de miséricorde n'eût rien gâté de la part du Vicaire d'un Dieu de miséricorde et d'un homme qui, en somme, malgré ses vertus, avait lui-même besoin de miséricorde. Il oublia jusqu'à la règle célèbre de l'ancienne Rome *parcere subjectis*, qui ne convient pas moins à un sage supérieur que le *debellare superbos*.

de 1840), moyennant le prix annuel de cinq cents francs pour la première année et de six cents francs pour les années suivantes, quand le bailleur aurait fait aménager le cellier et la grange contiguë de manière à établir au rez-de-chaussée une étude et au premier un dortoir. Comme ces aménagements n'étaient pas prêts à la date fixée, M. Michon obtint sur requête la permission de faire dresser un état des lieux ; mais M. Pasturaud ayant assisté au procès-verbal et promis que les travaux allaient être poussés avec vigueur, M. Michon renonça à toute poursuite subséquente et afferma même, par un nouveau bail du 16 janvier 1835, le surplus du logis des Thibaudières réservé par le bailleur dans le premier acte. Ce nouveau bail était conclu moyennant le prix annuel de quatre cents francs pour une durée de huit années, et le précédent était prorogé de façon à finir en même temps, savoir à la Saint-Michel de 1843. Il était stipulé que, faute de paiement, l'un et l'autre bail seraient résiliés de plein droit si le bailleur le désirait.

Le paiement ne fut-il pas exactement effectué et M. Pasturaud usa-t-il de son droit d'éviction, c'est ce que nous ne savons pas pertinemment ; toujours est-il que M. Michon, malgré son chagrin d'abandonner « la douce retraite » qu'il habitait depuis six années, chercha un asile ailleurs et le trouva au château de La Valette, qui lui parut réunir les conditions les plus favorables pour l'établissement de son collège.

Nous allons nous transporter, disait-il, à la distribution des prix du 13 août 1838, « sur un sol où nous appelle la bienveillance d'une contrée tout entière et que de dures exigences (1) (celles de M. Pasturaud) ne nous disputeront pas, dans une de ces antiques demeures qui ont vu passer tant de gloire et qu'ont illustrée des noms qui ont rempli le monde. Il ne sera pas indifférent pour de jeunes écoliers de dormir à l'ombre de ces tourelles, de respirer sous ces voûtes, de vivre leurs plus belles journées dans cette enceinte, où ils ne pourront faire un pas sans toucher une poussière consacrée par la gloire des armes et sans y réveiller des souvenirs qui parleront à leur âme comme une leçon d'honneur, de courage et de vertu. »

Dès le 2 janvier 1838, M. Michon avait acheté de M. Pierre Bourrut, dit Justin, propriétaire à La Valette, par acte reçu Boussiron, notaire audit lieu, l'ancien château des Villebois, « avec les

(1) Si les exigences de M. Pasturaud se réduisaient à vouloir que le prix de ses baux lui fût exactement payé, on ne saurait dire qu'il avait tort ; peut-être y eut-il entre lui et M. Michon des démêlés que nous ne connaissons pas.

allées, cour et avant-cour qui en dépendaient. » Le prix de vente était de 17,400 francs : l'acquéreur versa 5,000 francs en passant l'acte ; quant au reliquat de 12,400 francs, il s'engageait à solder 400 francs avant le 29 septembre 1843, et le surplus en douze pactes égaux de chacun 1,000 francs, d'année en année, à commencer le premier paiement à la Saint-Michel de 1848. En attendant, il devait servir à son créancier l'intérêt à 5 0/0 par an des sommes dues.

M. Michon fit donc avec regret ses adieux aux Thibaudières, dans le discours dont nous avons déjà cité quelques lignes.

« L'homme se fait facilement illusion, messieurs, disait-il, et tous ici, maîtres et élèves, nous nous étions accoutumés à regarder comme nôtre ce petit coin de terre où nous avions grandi ensemble, les uns en y faisant le rude apprentissage de l'expérience, les autres en s'élevant sous la tutelle bienveillante de ceux qui étaient moins pour eux des maîtres que des amis. »

Il voulut ensuite exprimer publiquement sa reconnaissance à tous ceux qui, d'une façon ou d'une autre, avaient contribué jusque-là au succès de ses travaux, Mgr Guigou, M. l'abbé Guitton, vicaire général, le clergé du diocèse, les pères de famille, ses adversaires mêmes ; mais sa pensée s'arrêta surtout avec complaisance sur ses premiers élèves et il donna libre carrière, à leur égard, aux sentiments de son cœur.

« Hommage d'abord au prélat qui vint dans notre contrée relever le sanctuaire humilié, à qui j'ai dû la parole de force qui fit descendre sur ma tête la grâce du sacerdoce, et de qui j'ai reçu encore, il y a peu de jours, des vœux et des encouragements que je regarde comme une bénédiction précieuse pour notre œuvre nouvelle.

« Hommage à l'homme modeste qui le représente (M. Guitton), dont le beau talent n'a jamais cherché l'éclat que tous seraient si heureux de lui donner, qui est venu souvent porter à nos enfants des preuves de sa sollicitude et de sa bonté et qui m'honore du nom d'ami.

« Hommage à mes frères du sacerdoce qui, presque tous, ont regardé notre œuvre comme la leur, l'ont fait connaître avec avantage aux familles et sont venus chaque année déposer des couronnes sur le front de nos jeunes élèves, fiers de tenir de mains aussi respectables ce double encouragement au travail et à la sagesse.

« Hommage aux pères de famille qui ont compris que les principes de la religion sont la première sauvegarde des principes de la probité, de la délicatesse et de l'honneur; qui ont vu par leur propre expérience que leurs enfants, en apportant dans le sein de leur famille la pratique des vertus puisées chaque année dans une école religieuse, y apportaient en même temps la paix, le bonheur, et ces douces joies qui font de l'intérieur d'une maison l'asile des plus douces jouissances...

« Hommage même... aux hommes qui ne nous ont pas aimés, qui ont jeté sur notre visage des paroles de calomnie et de haine, qui eussent voulu nous ravir notre plus doux bonheur, la sainte joie de former au bien ces jeunes âmes que nous sauvons du funeste naufrage de la corruption et du vice. S'ils nous ont fait du mal, s'ils ont détourné de nous quelques hommes à qui ils ont su inspirer des préventions et de la froideur, ils nous ont fait le grand bien de nous donner à supporter l'épreuve, à laquelle un triomphe honorable est réservé tôt ou tard...

« Hommage encore à ceux de nos enfants qui ont commencé une vie plus sérieuse afin de s'assurer un avenir. Dieu nous est témoin comme notre pensée les suit, tout éloignés qu'ils sont de nous, à travers des dangers qu'on n'apprend pas à connaître sans qu'il en coûte ; comme leur nom est au fond de notre cœur, dans nos souvenirs au pied des autels ; comme nous aimons à citer ceux d'entre eux qui ont persévéré dans le bien aux plus jeunes enfants qui ont pris leurs places auprès de leurs maîtres. Dieu nous est témoin comme notre cœur tressaille lorsque nous recevons ces lettres d'une douce effusion filiale, qui nous retracent bien souvent des luttes et des combats, mais qui nous consolent plus souvent encore par l'idée d'un triomphe généreux sur le génie du mal. Ah ! pourquoi, lorsque je les ai vus dans le monde, ont-ils eu pour moi des étreintes si vives et des embrassements comme ceux d'un enfant pour sa mère ? Pourquoi ces épanchements de toute leur âme ? Pourquoi ces lettres, hommage continuel d'un attachement que le temps et la légèreté de l'âge n'ont point affaibli ? Ah ! pourquoi ? Est-ce l'homme qu'ils ont vénéré en moi ? Non sans doute, messieurs ; mais ils ont aimé, mais ils aiment encore la seconde providence qui a veillé sur les plus beaux de leurs jours ; qui les a rassemblés en quelque sorte comme des poussins sous son aile ; qui a tant de fois prié pour eux dans le silence du sanctuaire ; qui, du haut de la chaire sainte, dans l'effusion de son cœur, leur a adressé des paroles de paix, de consolation et d'amour ; qui a veillé de longues veilles, comme celles d'une mère près d'un enfant malade, afin de s'étudier à chercher tout ce qui pouvait les rendre et plus studieux, et plus chrétiens, et plus dignes d'eux-mêmes, de leur famille et de Dieu. Voilà pourquoi nous nous sommes aimés. Il y a entre eux et nous de ces liens qui sont à la vie et à la mort. »

CHAPITRE IV.

L'École de La Valette.

Le 3 novembre 1838, l'ouverture des classes se fit au château de La Valette. La partie du logis moderne non incendiée en 1820 était restaurée avec soin ; sous la terrasse une longue et large cave voûtée avait été convertie en réfectoire ; du rez-de-chaussée des tourelles, M. Michon avait fait pour les professeurs des chambrettes étroites, auprès desquelles la chartreuse de Gresset eût paru grande. Une vaste grange, située au couchant sur le mur d'enceinte, avait été percée de portes et de fenêtres et partagée dans sa hauteur en deux appartements : en bas deux études, en haut un beau dortoir. En dehors de l'enceinte, une maison composée de quatre pièces avait été bâtie pour servir de lingerie : le père et la mère de M. Michon y habitaient avec deux fidèles serviteurs, les époux Laurent. Environnant le château, des tilleuls, récemment plantés en allées, devaient offrir leur ombre bienfaisante aux élèves pendant les chaleurs de l'été.

Pour se procurer les ressources qu'exigeaient toutes ces dépenses, M. Michon eut la pensée de recourir à une association de pères de famille, qui s'intéresseraient, pensait-il, au succès de l'École dans la proportion où ils y auraient mis leur argent : c'était déjà le système qui a si bien réussi, depuis les décrets du 29 mars 1880, aux collèges des RR. PP. Jésuites.

En conséquence, le 25 février 1839, par-devant Jean Boussiron et Louis Robuste, notaires à La Valette, fut passé un « acte de société en commandite pour la fondation et l'extension de l'école universitaire de La Valette. » MM. Jean-Hippolyte Michon et son frère puîné, Jean-Jacques Michon, étaient seuls gérants responsables de la société ; les autres n'étaient que commanditaires et engagés seulement jusqu'à concurrence du montant de leurs actions. La durée de la société était de vingt ans. Le fonds social était fixé à 60,000 francs et représenté par 300 actions de 200 francs chacune, transmissibles par le transfert du titre. De ces actions, 75 devaient être attribuées à MM. Michon frères, aussitôt après la constitution de la société, pour valeur du mobilier de l'École apporté par eux dans la communauté et estimé 15,000 francs ; 135 étaient destinées à éteindre les dettes hypothéquées sur le château, que M. Michon, possesseur par achat du 2 janvier 1838, mettait aussi dans la société : elles ne seraient émises qu'au fur et à mesure des échéances et proportionnellement aux sommes exigibles. Les 90 actions restantes devaient être émises immédiatement, pour solde, avant tout, de tous travaux exécutés ou à exécuter. La société ne serait définitivement constituée que le jour où 60 de ses actions auraient été souscrites. Enfin les dites actions portaient un intérêt de 6 pour cent, exigible le 1er juillet de chaque année à partir de 1840 et garanti par les gérants.

Les gérants s'interdisaient, sauf l'agrément de l'assemblée générale des actionnaires, toutes constructions et grosses réparations (autres que celles de la recouverture des tours, du réfectoire, de la confection intérieure de la chapelle, de la clôture définitive des cours et du jardin, d'un four, d'une buanderie, d'un hangar pour le bois, d'une petite grange pour les fourrages, du parachèvement des plafonds, carrelages et crépissages), jusqu'à ce que le fonds de réserve (fixé à 4,000 francs) fût complété.

M. Michon parvint à trouver un assez grand

L'ÉCOLE DE LA VALETTE.

nombre d'actionnaires pour constituer la société le 17 avril 1839 ; ce qui, aux termes des statuts, suppose un apport de 12,000 francs au moins. Mais c'était là une somme bien insuffisante pour solder les constructions et réparations faites au vieux château. L'aménagement de la chapelle avait absorbé à lui seul une somme considérable.

L'inauguration de cette chapelle fut l'occasion d'une belle fête : l'archevêque de Bordeaux, Mgr Donnet, et l'évêque de Périgueux, Mgr Gousset, y assistèrent. M. l'abbé Guitton y représentait Mgr Guigou, alors en Provence. L'archevêque bénit la nouvelle chapelle et donna la confirmation aux élèves qui s'étaient préparés à recevoir ce sacrement : il resta jusqu'au lendemain. Pour perpétuer le souvenir de la visite du métropolitain, M. Michon avait réglé qu'un congé serait accordé dans son école le 11 juillet de chaque année, et qu'un petit monument de marbre serait élevé dans la chapelle par une souscription des maîtres et des élèves. Il rappelait avec éloquence cette visite des deux évêques, quelques semaines après, à la distribution des prix du 27 août 1839.

« Il y a peu de jours, vous avez vu les princes de cette Eglise, qui ne meurt pas, étendre leurs mains de pasteurs sur ces monuments de tant d'époques, bénir ces murailles que l'ogive avait percées autrefois de ses dentelures et que d'autres pontifes avaient aussi bénies ; s'arrêter sur le seuil de vos demeures, toujours pour bénir et les petits enfants que les mères allaitent dans la foi, et les maisons elles-mêmes où fut aussi votre berceau, etc. »

Dans ce discours, M. Michon retraçait à grands traits l'histoire de l'antique château, dont il venait de faire comme le doux nid de sa famille adoptive, et il énumérait rapidement ses devanciers en ce lieu : les Elie et les Ithier de Villebois, les Lusignan, les sires de Mareuil, les La Valette, les Navailles (1), et, après ce long regard jeté sur un

(1) M. l'abbé Tricoire, dans son beau livre *Le Château d'Ardenne*, où abondent les renseignements précieux, a énuméré, à propos de la seigneurie de Vibrac, unie, au XIV° siècle, à celle de Villebois par le mariage de Jovide, fille de Hugues de Montchaude, avec Raymond de Mareuil, seigneur de Villebois, les possesseurs du fief dont M. Michon rappelait les gloires par son discours du 27 août 1839. Après Raymond de Mareuil, c'est son fils Geoffroy ; Guy I ; Jean, fils de Guy; Guy II, mort en 1519. Du mariage de Guy II avec Catherine de Clermont, naquit Gabrielle de Mareuil, qui épousa, en 1511, « Nicolas d'Anjou, marquis de Mézières, d'une branche bâtarde des rois de Naples. Le marquis de Mézières était gouverneur d'Angoulême lors de la seconde prise de cette ville par les protestants en 1568. Renée d'Anjou, leur fille, épousa en 1566 François de Bourbon, duc de Montpensier, et mourut jeune laissant un fils unique, Henri de Bourbon, duc de Montpensier, né en 1573. Ce dernier vendit, vers 1597, les terres de Ville-

passé qui ne fut pas sans gloire, il montrait que la religion avait seule les promesses de l'avenir et que la réalisation de ces promesses dépendait surtout de l'éducation chrétienne de la jeunesse.

bois, Angeac et Vibrac, à Jean-Louis de Nogaret de La Valette, duc d'Epernon, qui les transmit à son fils, Bernard de Foix, duc d'Epernon, de La Valette et de Candale.

« En 1660, le duc d'Epernon vendit pour la somme de 540,000 livres à messire Philippe de Montault de Bénac, duc de Navailles, et à son épouse Suzanne de Baudéan, dame d'honneur de la reine, la seigneurie de La Valette, comprenant 21 paroisses, plus les châtellenies de Vibrac et Angeac.

« Le duc de Navailles, maréchal de France, mourut le 5 février 1684. Il avait trois filles pour héritières : Françoise, mariée au duc d'Elbœuf ; Gabrielle-Eléonore, au marquis de Rothelin ; Gabrielle, qui épousa Hélie-Léonard de Pompadour, marquis de Laurière, baron de Nontron, grand sénéchal du Périgord.

« Françoise de Pompadour, leur fille, baronne de Nontron, duchesse de La Valette, dame d'Angeac et Vibrac, épousa le 17 juin 1708 messire Philippe-Egon de Courcillon, marquis de Dangeau, brigadier des armées du roi, gouverneur de Touraine, dont elle devint veuve de bonne heure. Leur fille, Marie-Sophie de Courcillon, fut mariée : 1º le 20 janvier 1729 à Charles-François d'Albert d'Ailly, duc de Picquigny, pair de France, mort le 14 juin 1731 ; 2º le 2 septembre 1732, à Hercule-Mériadec de Rohan, duc de Rohan-Rohan, capitaine lieutenant des gendarmes du roi, veuf d'Anne-Geneviève de Lévis-Ventadour *(Anselme)*.

« Le marquis de Courcillon était criblé de dettes. Ses biens furent saisis et vendus en partie pour satisfaire ses

« Le flambeau de l'humanité, ce sont les croyances. Quand certaines nations disparaissent de la face du monde et que l'œil de Dieu ne voit plus sur les plages qu'elles ont habitées que les ruines de leurs palais et de leurs temples, c'est qu'il avait cessé d'y voir la foi qui gardait la chaleur au cœur de ces peuples.

« Cette sainte chaleur se maintient dans les empires par l'éducation ; c'est elle qui pétrit une seconde fois les hommes ; c'est elle qui, au coin du foyer, jette dans le cœur de l'enfant une ou deux paroles qui, répétées par une bouche de mère, s'y trouvent gravées pour jamais ; c'est elle qui, dans une maison d'éducation publique, prépare à un pays tout son avenir...

« Au sein d'une population calme et paisible, qui n'a pas désavoué toutes les doctrines conservatrices, nous entreprenons la tâche honorable d'être utiles à notre pays. Comme tout autre labeur de l'homme sur la terre, elle a ses épines et ses épreuves ; nous les acceptons avec courage en pensant qu'elle a aussi des consolations qui nous seront réservées, sinon pour cette vie, du moins pour une autre. Notre joie sera d'avoir fait un devoir et non pas un métier, d'avoir proclamé les sages principes qui font l'homme de bien, qui assurent la paix dans la société et le bonheur dans la famille. Ce sont ces principes de foi qui doivent de nouveau sauver le monde, comme ils l'ont protégé

créanciers. La Valette, Angeac et Vibrac passèrent aux héritiers de Mme de Courcillon, qui les vendirent un peu après, en 1784, à la veille de la Révolution. » *(Loco citato, pages 231-233).*

autrefois contre l'épée menaçante des barbares, et servir de flambeau aux générations prêtes à s'égarer, de même qu'ils émancipèrent toute intelligence, en commençant à lui tracer sur le front ce signe qui a été le salut du monde. »

M. Michon avait déjà publié dans le *Manuel* le directoire intime des élèves ; il crut bon de publier en 1839 ce qu'il appelait les *Statuts et règlements généraux*. Ces Statuts comprenaient 40 articles répartis sous cinq chefs : 1° Enseignement de l'Ecole ; 2° Education de l'Ecole ; 3° Discipline intérieure ; 4° Soins physiques ; 5° Dispositions particulières. Ils étaient principalement destinés aux parents.

« Un père de famille, disait le préambule, ne doit rien ignorer des règlements d'une école ; il en est même dont il est chargé de surveiller l'exécution, et c'est du concours mutuel des volontés du père et des maîtres que naît dans la pensée de l'enfant l'entière conviction qu'il n'a qu'un moyen d'être heureux pendant ses études : observer les règles qui lui sont tracées. En donnant la publicité à cet extrait, notre unique but a été d'obtenir cet accord important des idées des pères de famille avec les nôtres... Tout doit se coordonner aux vues du directeur de l'Ecole. Il remplace le père dans une tâche longue et difficile ; il a sa confiance. Ce n'est pas tout : il faut qu'il y ait entre eux un accord de persévérance, contre lequel les caprices et les défauts de l'enfant viennent se briser. On sera peut-être surpris que nous attachions de l'importance à de petites règles ; mais les petites règles, bien observées, dispensent souvent de remèdes violents, impuissants même quelquefois contre des habitudes enracinées. Il est plus habile de prévenir le mal que de le punir. »

On ne saurait mieux dire ; malheureusement il est certaines mères, même certains pères, à qui on ne peut faire goûter des idées si sages et qui, par une affection mal entendue pour leurs enfants, contrecarrent ou paralysent l'action des maîtres.

Les dispositions des Statuts généraux de l'Ecole de La Valette sont inspirées par les principes que nous avons vus exposés dans les discours de M. Michon, et se retrouvent presque toutes dans nos collèges ecclésiastiques. Nous n'indiquerons que les plus saillantes.

« Une bibliothèque à l'usage des élèves leur est ouverte à des heures réglées. Ils n'auront dans les bureaux de travail que les livres de leur classe ; les livres de lecture qu'ils auraient apportés seront numérotés, inscrits sur le registre du bibliothécaire et placés dans les rayons de la bibliothèque jusqu'au départ pour les vacances. Il est important de ne laisser aucun objet de distraction entre les mains des enfants. (Art. IV.)

« Nul élève ne passera dans une classe supérieure qu'après un examen, dont le résultat aura été assez satisfaisant pour faire espérer que l'élève pourra s'y soutenir. Que d'ennuis on lui prépare en le mettant dans un cours qu'il ne saurait suivre! Combien de parents ont eu à regretter d'avoir plutôt redouté dans de telles circonstances la perte d'une année de pension que cherché l'avancement de leurs enfants! » (Art. V.)

Plusieurs auront encore à le regretter.

« La surveillance des études sera confiée aux professeurs eux-mêmes... C'est un sacrifice que la règle impose aux professeurs de l'Ecole, mais ils en sont récompensés par le travail des élèves. (Art. VII.)

Cet article peut être discuté ; ce qui est sûr, c'est que peu de professeurs de nos jours seraient disposés à pareil sacrifice.

« Un cours spécial d'agriculture sera fait par M. le professeur de physique et de chimie, ancien élève de l'Ecole royale de Grignon... Ce cours se fera chaque dimanche, à midi précis; la salle où il aura lieu sera ouverte aux étrangers... qui auraient préalablement demandé au directeur un billet d'entrée.

« Un cours spécial de lecture aura pour but de corriger le mauvais accent et les fautes générales de prononciation : les pères de famille de la Dordogne et de la Gironde nous sauront gré de nos efforts pour donner à leurs enfants l'accent pur et gracieux de l'Angoumois (art. IX).

« Tous les prix dans chaque classe sont donnés au concours : toutes les compositions de l'année comptent pour le concours ; la première et la dernière composition comptent pour double. Il y a deux époques de concours, la première depuis la rentrée jusqu'à Pâques, la seconde depuis Pâques jusqu'à la fin de l'année scolaire. A chaque époque de concours, l'élève, avant la première composition et selon sa force, dont le professeur et le directeur auront jugé par l'examen préparatoire, se fera inscrire pour le premier ou pour le second prix, pour la couronne ou pour l'accessit ; à Pâques, en raison des progrès présumés des élèves, ils sont appelés à renouveler l'inscription pour le second concours. Cet ordre a un avantage particulier, celui d'exciter l'émulation des forts élèves, tout en encourageant ceux dont les moyens sont plus ordinaires par l'espérance d'une nomination toujours honorable. Le concours d'après Pâques renouvelle la lutte et offre à l'élève qui n'aurait pas réussi dans le premier, ou qui se serait fortifié dans sa classe, la perspective d'un prix.

« L'élève qui aura eu l'accessit d'avant Pâques devra concourir pour la couronne ou pour le prix ; celui qui aura eu la couronne devra concourir pour le second ou le premier prix ; l'élève qui aura eu le premier prix sera hors de concours (art. XII).

« Un cours spécial de français et de tenue de livres a lieu pour les enfants qui ne suivent pas les cours de latinité (art. XIV).

« L'introduction de journaux politiques est interdite (art. XIX).

« Nulle influence n'est exercée sur les idées de l'enfant par rapport à l'état qu'il doit embrasser.

« Le dimanche, un relevé général des bons points (accordés par les maîtres) est fait : les douze élèves qui en ont obtenu le plus sont invités pour le dîner à une table de distinction et vont passer la soirée dans les appartements du supérieur. Les élèves qui ont un grand nombre de mauvais points sont retenus pendant la promenade... et laissés dans une cour... sans pouvoir se parler les uns aux autres (art. XXV).

« Le mercredi est le jour de congé de l'Ecole. Le premier mercredi, une sortie est accordée aux élèves : elle dure depuis midi jusqu'à sept heures précises (art. XXVI).

« Il n'est accordé aucun congé partiel pendant l'année, soit aux grandes fêtes, soit à toute autre époque. Ces interruptions ne peuvent que nuire aux études et introduire parmi les enfants une dissipation funeste (art. XXIX).

« Le prix de la pension est fixé à 365 francs. Dans le prix de la pension ne sont pas compris la taxe universitaire, le blanchissage et les honoraires des médecins...

« L'argent que les parents destinent aux petites dépenses des élèves sera remis entre les mains de M. l'économe pour leur être distribué au besoin. Cette mesure est de rigueur ; la tolérance à ce sujet entraîne toujours des abus...

« Tout élève doit recevoir 50 centimes par semaine pour ses menus plaisirs...

« Douze tiers de bourses sont créés dans l'Ecole et laissés à la disposition du directeur en faveur des familles peu fortunées (art. XXXVIII).

A la distribution des prix du 12 août 1840, M. Michon revint à son sujet de prédilection et, au risque de se répéter, il affirma de nouveau avec énergie que la religion seule pouvait assurer l'éducation morale de l'enfant et du jeune homme, si l'éducation physique et l'éducation intellectuelle peuvent, à toute rigueur, se faire sans son concours.

Il constatait avec douleur que les parents ne s'occupent guère dans les premières années que de l'éducation physique de leurs enfants et attendent des maîtres l'éducation intellectuelle et morale. Erreur funeste !

« Il est démontré pour moi, disait-il, qu'un enfant qu'on a laissé à tous ses caprices jusqu'à sa dixième année a déjà pris le pli des habitudes qui feront sa vie morale. Lors même que, par un bonheur, rare de nos jours, il aurait évité la contagion des mauvaises mœurs, soit de la part de domestiques trop souvent dépravés, soit de la fréquentation des jeunes enfants de son âge, il n'en a pas moins été livré à lui-même, à ses instincts grossiers et sensuels, à cet égoïsme qui fait les hommes sans pitié pour le malheur, à cette habitude, devenue une nature presque invincible, de ne savoir s'imposer aucun frein et de ne connaître d'autre loi que ces caprices malheureux, que l'indulgence et la faiblesse ont rendus intraitables dans l'enceinte de la maison paternelle.

« Il y aurait encore quelque ressource pour l'enfant, si le père, tremblant devant l'avenir, se hâtait d'attaquer une à une ces dangereuses habitudes ; si, guidé par son expérience, il redoublait d'efforts pour assouplir ce caractère et dompter tant de caprices ; mais il est bien rare qu'on puisse porter remède à des maux qu'on a soi-même faits par une aveugle tendresse. Comme on désespère alors de réussir dans une éducation domestique, il ne reste plus qu'un moyen à mettre à l'essai : l'enfant est conduit dans une école publique. »

M. Michon, qui n'avait guère alors sous les yeux que les collèges de l'Université, en fait une triste, mais trop exacte peinture, et gémit sur l'absence de moralité qu'on y remarque.

« Pourrait-il en être autrement, messieurs, lorsque des enfants, très souvent mal élevés dans leur famille, mettent en commun leurs idées, leurs affections, se communiquent dans l'intimité la plus complète leurs impressions, leurs souvenirs, se dévoilent cœur à cœur ce qu'ils ont été, ce qu'ils ont vu, et lèvent avec impudeur le voile de ces mystères, qu'une réserve inhabile ne leur a cachés que pour leur apprendre à les sonder dans la turpitude qu'ils enveloppent ?

« Pourrait-il en être autrement, lorsque des livres obscènes sont la nourriture habituelle de leur intelligence ; que de jeunes et ardentes imaginations s'enflamment aux tableaux séduisants d'une littérature qui tire pour eux son charme de ses dangers mêmes ? A l'âge où l'organisme est dans sa force, où le jeune homme n'a que la vie des sens et ne connaît d'autres jouissances que celles qu'il a cherchées dans une sensualité grossière, lorsqu'il ignore de la vertu jusqu'au nom, ou qu'il s'en est représenté l'image sous des traits repoussants qui la défigurent, vouloir qu'il soit de lui-même sage, retenu, pudique, c'est lui supposer des forces plus qu'humaines, c'est prêter à l'argile la dureté de l'airain.

« Or il n'y a pas de position dans la vie où l'homme soit plus livré à lui-même que dans une école un peu nombreuse... Du moment que l'ensemble de cette masse est mauvais, qu'on n'y rougit pas du vice, et qu'il trouve, dans les secrets applaudissements de chacun, un encouragement qui semble le rendre honorable, on devra regarder comme le prodige d'une heureuse organisation ou d'une protection spéciale de la Providence, qu'un enfant sorte pur de cette Sodome...

« Oh ! qu'il y a loin, messieurs, de l'enfant tel que je l'ai vu dans l'intérieur de beaucoup de familles, avec sa noble aisance et sa douce candeur, au jeune homme pâle et vieilli avant l'âge que j'ai abordé plus tard ! Je n'ai rien reconnu de ce qui m'avait charmé en lui. Ce front pur, duquel l'âme s'échappait comme une étincelle réfléchie sur un acier brillant, s'est terni sous le souffle des pensées mauvaises et des doctrines abjectes qui l'ont touché. Ce regard n'est plus le regard de l'homme; il a quelque chose de douteux et de faux; il ne sait plus vous révéler la franchise, l'expansion, la joie, et ces affections si bienveillantes qu'on ne calcule pas et qui débordent d'un cœur que rien n'a flétri. Ces lèvres encore ont pâli ; le sourire ne peut y naître ; il est remplacé par une contraction, à laquelle l'infortuné essaie de donner l'apparence de ce gracieux mouvement de la bouche... Ce jeune homme éprouve le besoin involontaire de me fuir, et il me laisse comprendre qu'il craint que je n'aie trop lu dans son âme et que ses traits, sa démarche, jusqu'aux inflexions de sa voix, ne l'aient trahi. Intéressante victime ! ne redoute pas mon regard : il ne doit porter à ton âme que le sentiment profond de la pitié que tu m'inspires ; ce n'est pas contre toi que je m'indigne. Ange tombé dans la boue, pouvais-tu ne pas contracter de souillures ? A toi ma compassion et mes regrets. Mais je serais tenté de maudire les parents aveugles dont la confiance imprudente t'a perdu, et je flétris du nom d'empoisonneurs et d'assassins ceux qui ont vu chaque jour le mal te dévorer, comme un lion sa proie tremblante, sans pousser le cri d'alarme et sans avertir cette famille, dont l'avenir et l'espérance s'éteignent sans retour ! »

A des maux si effrayants l'orateur ne voit qu'un remède, c'est l'action purificatrice et fortifiante de la religion.

« Du moment que les principes religieux sont en honneur dans une école, qu'un enseignement grave en inculque les saintes leçons dans les jeunes âmes, que la pratique journalière des devoirs qu'elle commande est devenue une douce habitude à cette société d'enfants, qui s'animent mutuellement au bien par l'exemple qu'ils se donnent, je conçois qu'il soit facile d'y former réellement des hommes dont la société aura un jour à s'honorer ; je conçois que, sous la loi d'une sévère pudeur, dont la trangression entraîne les reproches les plus amers et souvent une expulsion honteuse, le jeune enfant devienne pudique ; je conçois que, soumis à une règle à laquelle il obéit par conscience, il cesse d'être le *servum pecus*, qui ne tremble que de la crainte des esclaves et maudit le joug que la faiblesse de l'âge lui impose, en savourant la pensée de le secouer bientôt, quand cet âge sera développé ; je conçois qu'enfin le jeune homme sorte de cette enceinte, où la religion a ses autels vénérés, avec toutes les vertus qu'elle apprend à mettre en pratique, parce que, peu à peu, par ses suaves inspirations, elle en dépose le germe fécond au fond des cœurs.

« Mais pour qu'il en soit ainsi, messieurs, il faut que cet enseignement et ces pratiques religieuses ne soient pas une forme vaine, qu'on veuille remplir pour contenter quelques familles pieuses et satisfaire en apparence à la loi. L'enfance, dont le regard est si pénétrant, n'est pas longtemps dupe de ce misérable stratagème. Elle se rit bientôt de cette religion d'apparat, comme des augures antiques consultant les poulets sacrés. Pour dire la vérité tout entière, il faut surtout que le père de famille donne la sanction la plus auguste à l'éducation religieuse de son fils, en plaçant dans son estime la pratique des devoirs envers Dieu au-dessus des obligations dont il exige le plus sévère accomplissement ; et c'est en cela que consiste surtout la grande responsabilité du père. »

Qu'il confie donc l'éducation de ses enfants à la religion, maîtresse habile et dévouée, qui, « tour à tour douce et sévère, étudie les caractères pour les connaître, les passions mauvaises pour les éteindre, les affections bienveillantes pour les diriger et pour empêcher qu'un abus funeste ne rende inutile ce don précieux du ciel. »

« Je n'ai rien vu de plus aimable dans le monde qu'une réunion d'enfants religieux et pudiques... Pour eux, sans doute, la vertu a ses luttes, mais elle a ses victoires ; les passions parlent, mais le cœur de l'enfant est attaché à son Dieu, et elles sont forcées de s'assoupir, n'ayant rien pour s'alimenter. S'ils n'ont pas le bonheur d'être protégés contre le mal par une salutaire ignorance, ils le sont par l'horreur plus salutaire encore que la religion en fait concevoir ; aussi leurs traits calmes et sereins n'offrent pas l'image d'une précoce dégradation ; tout dans leur visage peut s'épanouir à la joie. Vous pouvez plonger dans leur regard, leur front ne rougira que de pudeur. La religion sauve les grâces naïves de l'enfance, elle prolonge cet âge heureux et lui assure pendant longtemps encore de paisibles sommeils.

« L'homme trouvera donc tout dans une éducation faite sous les auspices de la religion : calme pour ses jeunes années, aussi pleines de fraîcheur qu'une matinée de printemps ; triomphe sur ses passions, étouffées avant qu'elles aient pu lui imprimer leur flétrissure ; ... piété filiale, qu'on pourrait appeler la sainte volupté du jeune âge ; amitiés d'enfance formées presque au pied des autels et consacrées aussi comme un hymen du cœur ; tendre compassion pour le pauvre ;... noblesse d'âme que rien n'a dégradée ;... intelligence restée dans sa force, dont les conceptions seront toujours sages, et qui peut-être, un jour, s'enflammant des inspirations du génie, fera un grand orateur ou un poète sublime de celui dont le vice n'eût fait qu'un histrion. »

Si M. Michon se préoccupait, avant tout, de l'éducation morale et religieuse des élèves confiés à ses soins, il ne négligeait pas non plus leur éducation intellectuelle. Voyant chez certains jeunes gens peu de goût pour les études littéraires, sans que toutefois ils fussent inintelligents, il s'assurait si les sciences exactes ou naturelles ne leur plairaient pas davantage, et souvent il constatait, en effet, chez eux de l'aptitude pour ce genre de connaissances. D'autre part, certains pères de famille, désireux de présenter leurs enfants aux écoles du gouvernement, mais effrayés de la dépense qu'entraînerait la préparation faite dans un établissement éloigné, lui avaient dit quelquefois en passant combien ce serait commode pour eux, si l'on pouvait faire cette préparation à La Valette, à la suite des classes de troisième ou de seconde. M. Michon, qui eût voulu offrir à tous le moyen le plus approprié de développer leurs diverses aptitudes et de s'ouvrir les carrières où ils se croyaient appelés, n'eût pas de peine à entrer dans ces idées et à prendre des propos vagues pour de l'argent comptant.

Du reste, son esprit ardent et plein d'initiative eût suffi à l'entraîner. Il se décida donc, en un moment où déjà la décadence de son collège commençait, et, sans doute, avec l'espoir d'arrêter ou de retarder cette décadence, à établir, au début de l'année scolaire 1840-1841, un cours de mathématiques spéciales destiné à la préparation des candidats aux écoles du gouvernement. Ce cours fut confié à un universitaire, M. Duchambon de Mésilliac, docteur ès sciences, ancien professeur aux collèges royaux de Grenoble et d'Avignon. Mais il était difficile qu'un seul homme suffit à la besogne, sans s'imposer des fatigues excessives et par conséquent sans réclamer un salaire élevé ; d'autre part, l'enseignement de la physique et de la chimie exigeait dès lors un matériel dispendieux. M. Michon devait donc, sous peine de se ruiner, augmenter d'une façon notable le chiffre de la pension pour les élèves de mathématiques. Par une générosité mal entendue ou par crainte de n'avoir pas d'adhérents, il n'en fit rien.

« Dans notre siècle, disait le prospectus de 1840,

les hommes sont trop éclairés pour s'imaginer que les succès dans l'enseignement doivent se calculer sur le taux d'un prix élevé de pension. Nous n'avons pas eu recours à ce moyen lucratif ; nous avons cru pouvoir réussir, en promettant des soins assidus, des talents aptes à développer l'intelligence des élèves, de la vigilance sur leur conduite morale ; or, ces soins, ce talent, cette vigilance, ne se vendent pas. Nous élevons la jeunesse, nous ne spéculons pas sur elle. »

C'étaient là de nobles paroles ; mais elles provenaient chez M. Michon d'une illusion optimiste, dont il devint la victime : il jugeait trop favorablement son époque. Les hommes du XIX° siècle, comme ceux de tous les temps, n'estiment les choses qu'au prix où ils les paient. Aussi le cours préparatoire aux écoles de l'Etat ne réunit que fort peu d'élèves, et la tentative du confiant directeur aboutit à peu près à un échec.

Sans se décourager, il se retourna tout aussitôt vers un autre dessein, qu'il mûrissait, du reste, depuis longtemps et dont la réalisation, il faut le reconnaître, eût rendu de grands services à l'enseignement chrétien. Mais le temps n'était pas encore venu pour le succès de l'œuvre qu'il rêvait, et la gloire d'y réussir était réservée à d'autres. C'est une gloire cependant pour M. Michon d'avoir été un des premiers à concevoir l'idée et à tenter l'établissement d'une école normale ecclésiastique.

Dans une circulaire du 24 mai 1841, destinée aux évêques de France, il montrait toute l'utilité de cette école, qui assurerait, aux petits séminaires et aux institutions mixtes, une succession de maîtres formés par des études spéciales, et permettrait à ces maisons de profiter de la loi d'enseignement qui se préparait, si elle donnait des libertés, ou d'être en mesure ne pas la redouter, si elle était restrictive. Munis de grades, les professeurs ecclésiastiques lutteraient avec plus d'avantage contre l'Université. Or, cette école, on ne pouvait l'attendre ni du gouvernement, si peu bienveillant à l'égard de l'Eglise, ni d'une congrégation religieuse : ce devait donc être forcément une association libre, placée sous le droit commun, créée et soutenue par le corps épiscopal.

Il discutait ensuite les idées qu'un vénérable prélat lui avait communiquées à cet égard et qui consistaient à créer une école normale par archevêché, à ne donner aux élèves qu'un enseignement théorique, et à leur faire suivre les cours des facultés établies dans chaque académie. Sur le premier point, il remarquait qu'une province ecclésiastique seule n'offrirait pas assez d'éléments pour le recrutement des sujets ; car c'était tout au plus si chaque diocèse pourrait en fournir et en entretenir quatre ;

puis, par cette multiplicité d'écoles, on n'opérerait pas la fusion si désirable des différents diocèses ; on s'isolerait, on se priverait des avantages qui résultent de l'unité de vues et de méthodes dans l'enseignement. N'était-ce pas cette unité, garantie à la corporation universitaire par son école normale supérieure de Paris, qui faisait sa force ? Ne pouvait-on pas en dire autant, proportion gardée, de la respectable maison de Saint-Sulpice ?

D'autre part, un enseignement purement théorique ferait des savants, mais non pas des professeurs. Il est moins difficile de s'instruire que d'instruire les autres, et un des fruits les plus précieux de l'école normale devrait être d'apprendre aux jeunes maîtres l'art si important de communiquer leurs connaissances, qui autrement ne serviraient à personne.

Enfin, les cours ne se faisant dans les facultés que deux ou trois fois la semaine, et les sujets traités se répartissant sur une longue période de temps, les jeunes professeurs n'en recueilleraient qu'un enseignement incomplet, attendu qu'ils ne pourraient les suivre que deux ou trois années au plus.

M. Michon croyait son plan plus simple et plus exécutable. Il consistait à offrir aux évêques une maison déjà légalement établie; à y réunir les éléments d'excellentes études théoriques et pratiques, préparatoires à l'enseignement ; à donner à cette maison religieuse, formée dans le sein d'une école secondaire déjà existante, un règlement tracé sur le modèle de celui des grands séminaires (1), « afin que la piété, disait M. Michon, soit le fondement de la science et que les élèves que les diocèses y enverront en rapportent, avec les connaissances acquises, cette sainte ferveur qui fait les bons prêtres et sans laquelle les talents sont toujours stériles ».

M. Michon se proposait de confier la direction religieuse de ses jeunes normaliens à ⋯ vénérable

---

(1) « Le règlement est conforme, dise ⋯ circulaire, autant que le comporte la diversité des ⋯ aux, à celui de Saint-Sulpice, que j'ai eu le bon⋯ de suivre, dans mon éducation cléricale, auprès des vénérables prêtres de cette maison, parmi lesquels je compte encore des amis. Il a pour points essentiels : l'oraison en commun le matin, la sainte messe, l'office pour les ecclésiastiques dans les ordres, l'examen avant le repas, la visite au Saint-Sacrement, la lecture spirituelle, le chapelet, le silence hors le temps des récréations. L'habit ecclésiastique, tel qu'il est porté dans chaque diocèse, est de rigueur. L'on ne sort jamais de l'école que pour la promenade générale une fois la semaine. Le règlement exige un travail sérieux et opiniâtre. L'on peut dire que les fruits de la science sont rudes au toucher : il faut de la persévérance et de la peine pour briser l'enveloppe qui la cache. Le règlement défend le tutoiement et la familiarité, etc. »

ecclésiastique originaire du diocèse de Lyon, connu sous le nom de *Père Charles* (1), qui était venu travailler aux missions dans celui d'Angoulême. L'enseignement scientifique devait être donné par M. Duchambon de Mésilliac. Le supérieur se chargeait de l'enseignement littéraire. Cet enseignement, disait-il, « est ma spécialité. Il comprend un cours raisonné sur l'enseignement grammatical, des classes modèles dans lesquelles les élèves complètent leurs études classiques, souvent imparfaites et superficielles ; l'enseignement de la méthode d'analyse littéraire et oratoire, indiquée par Rollin dans le *Traité des études,* et si négligée, dans les classes d'humanités, même par les meilleurs professeurs sortis de l'école normale.

---

(1) Maurice-Simon Charles de Barland, né dans le diocèse de Lyon (sa famille habitait Amplepuis, canton de Thizy, Rhône), le 10 juin 1780 (*alias* le 11 juin 1782), ancien novice chartreux, était un des missionnaires qui vinrent, entre 1830 et 1840, évangéliser notre diocèse ; il fut curé d'Angeac-Charente pendant quelque temps et fut transféré à Saint-Saturnin le 15 août 1837. Il a laissé dans cette paroisse la réputation d'une grande austérité. Il la quitta le 31 octobre 1841 pour aller à La Valette. Après la chute de cette maison, il fut accueilli favorablement par Mgr Villecourt, évêque de La Rochelle, son compatriote, et installé, le 17 septembre 1842, dans la cure de Saint-Hilaire-de-Saintonge, chef-lieu de canton de l'arrondissement de Saint-Jean-d'Angély. Il y est mort le 1er juin 1853.

J'ai travaillé sur cette matière depuis douze ans, et je retarde à dessein la publication d'un important ouvrage classique, afin de donner aux élèves-maîtres, que je me propose de former, mes cahiers et ma méthode, qui, livrée à la librairie, cesserait d'être la méthode exclusive des établissements ecclésiastiques. J'y joindrai des leçons pratiques sur la prédication... La parole est un des glaives confiés à l'Eglise : c'est elle qui a converti le monde par la bouche des Apôtres, c'est elle qui doit le ramener à la foi. »

Le cours aurait duré deux années. La pension était de 450 francs pour dix mois ; deux dixièmes en sus devaient être payés par ceux qui passeraient les vacances à l'école. La rentrée était fixée au 18 octobre et était suivie immédiatement d'une retraite ; la sortie, à la fin d'août, et elle était précédée d'une autre retraite.

M. Michon demanda à Mgr Guigou, par une lettre du 1er juin 1841, l'approbation de son œuvre, le concours du P. Charles et l'entrée dans la future école du jeune Pierre Beillard, de Chavenac, alors élève du grand séminaire et ancien élève des Thibaudières. M. Michon lui trouvait d'heureuses dispositions pour les sciences. « S'il était soigné, disait-il, et que Votre Grandeur nous le confiât, il pourrait faire un professeur distingué de mathématiques et de physique pour Richemont. »

Nous ne savons quel accueil le bon évêque, dont la santé allait s'affaiblissant de jour en jour, fit à ces diverses requêtes ; ce que nous savons, c'est que l'école normale ecclésiastique ne put se constituer.

Malgré ses conceptions heureuses et ses énergiques efforts, M. Michon était condamné à voir périr une œuvre à laquelle il avait consacré sa jeunesse et prodigué les trésors de son intelligence et de son cœur. Pour réussir dans ce monde, il ne suffit pas d'être riche de cœur et d'intelligence ; il faut aussi être riche d'écus. Ce dernier genre de richesse manquait au fondateur des Thibaudières ; c'est pour cela surtout que sa fondation ne fut pas durable.

On a souvent parlé de la prodigalité de M. Michon et on a voulu y voir la seule cause de sa ruine. Assurément nous ne le vanterons pas comme un administrateur hors ligne, comme un de ces hommes qui savent trouver à économiser et à entasser là où le vulgaire mourrait de faim ; mais, si l'on veut comparer les ressources dont il disposait avec tout le bien qu'il fit, peut-être sera-t-on forcé de convenir qu'il n'y a pas tellement lieu de lui jeter la pierre. Lorsqu'il ouvrit l'École des Thibaudières, il n'avait pas un sou ; il aménagea cette maison, il en paya le loyer, il la meubla de ses deniers quand le mobilier diocésain lui fut retiré, il pourvut à tous les frais d'entretien, de nourriture, de salaires, etc. Or, pour faire face à ces dépenses, il ne pouvait compter que sur des pensions à 440 francs, dont plusieurs demeurèrent impayées, sinon en entier, du moins en partie. Il accueillit, du reste, volontairement, à prix réduit, bon nombre d'enfants qu'il croyait appelés à l'état ecclésiastique : il pensait par là faire une œuvre utile et il ne reculait pas devant des sacrifices qui devaient donner des prêtres à l'Eglise. Il alla jusqu'à payer la pension de ces mêmes élèves au grand séminaire, à les recevoir dans sa maison pendant les vacances et à subvenir à tous leurs besoins.

On se tromperait grandement si l'on s'imaginait que les souscriptions pour Puypéroux couvrirent les dépenses. La pieuse communauté naquit dans la pauvreté la plus austère ; on manqua souvent de toutes choses ; mais M. Michon ne se résigna pas à voir souffrir ses filles tant qu'il put leur venir en aide, et il puisa largement dans sa caisse pour accomplir ce qu'il regardait comme un devoir.

A La Valette, il assuma de nouvelles charges. Il versa entre les mains de M. Bourrut, le jour où il signa le contrat d'acquisition, 5,000 francs ; or, ces 5,000 francs, il avait été obligé de les emprunter à M. de Gigou. La restauration du vieux château absorba une somme considérable. Des 300 actions de la société civile, 75 furent, comme nous l'avons dit, attribuées aux gérants en remboursement du mobilier fourni par eux ; des 225 restantes, il n'y en eut de souscrites que 90 au plus. Le prix de la pension fut abaissé au-dessous de ce qu'il avait été d'abord aux Thibaudières et réduit à 365 francs. Et cependant, outre les frais généraux de l'Ecole, M. Michon devait servir aux actionnaires un intérêt de 6 0/0 du montant de leurs actions et l'intérêt à 5 0/0 de la somme empruntée à M. de Gigou. C'étaient trop de fardeaux ensemble ; il en résulta que le directeur ne put en soutenir le poids. Bientôt les professeurs ne furent plus payés que d'une façon irrégulière et partielle ; les fournisseurs refusèrent de faire des avances dont ils craignaient de ne pas être soldés. Il fallut tout acheter au comptant. M. Michon fit des prodiges pour se procurer de l'argent et, malgré des difficultés inimaginables, il réussit à empêcher que les élèves souffrissent de son état de gêne. Un témoin oculaire, professeur à La Valette en 1840-1841, nous affirme que le régime alimentaire était « très confortable, pour les élèves comme pour les professeurs ». On déjeunait à 10 heures, on soupait à 6 heures ; entre ces deux repas principaux, composés chacun de trois plats, il y avait un goûter ou une collation.

Mais les embarras financiers du directeur avaient

transpiré au dehors, et cela avait suffi pour éloigner de son école un grand nombre d'écoliers dont les parents faisaient bon marché de l'instruction et de l'éducation religieuses, du moment qu'elles étaient distribuées dans une maison où ne régnait plus l'abondance. Cette diminution dans le nombre des élèves ne fit, bien entendu, qu'augmenter et accentuer la gêne de M. Michon, et surtout elle le blessa dans ses sentiments les plus délicats. Avoir tout fait pour les familles chrétiennes, ou soi-disant telles, et se voir abandonné par elles, à l'heure de la détresse, quand il avait surtout le droit de compter sur leur concours, c'était une dure épreuve pour son cœur. Il s'en plaignit à la distribution des prix du 18 août 1842; il rappela que des collèges où l'immoralité et l'impiété se donnaient la main regorgeaient d'élèves, tandis qu'on délaissait les rares maisons « où un petit nombre de maîtres cherchaient, au prix d'une application constante et d'efforts multipliés, à déposer dans le cœur de la jeunesse les principes impérissables de religion, de pudeur, de sagesse qui font l'homme de bien ». Certains pères de famille ont peur que leurs enfants ne retirent trop de vertu de l'école de ces maîtres religieux.

« Le charlatan habile, qui sait assouplir sa morale selon les exigences de ses intérêts, se garde bien d'effrayer en proclamant une austérité qui n'est plus de notre âge. Le hideux et lâche Denis avait à Corinthe une nombreuse école; Platon y aurait eu à peine quelques disciples. Mais aussi vous connaissez les destinées de Corinthe.

« Si nous avions recherché avec plus d'empressement les moyens de succès qui sont à la portée même des plus médiocres intelligences, il est probable que nous eussions donné à notre école cette vogue qui seule frappe les esprits vulgaires. Nous avons préféré entourer nos enfants d'une vraie sollicitude paternelle. C'est par le cœur que nous avons voulu les conduire à la vertu... Moins que jamais, nous nous écarterons de ce modeste plan de conduite. Nous avons vu dans le monde un grand nombre de ceux que nous avons élevés persévérer dans le bien : ils sont notre couronne et notre gloire. Puissent-ils trouver encore ici des émules et ceux-ci laisser après eux des modèles ! »

Ce dernier souhait ne devait pas être exaucé. Le palmarès ne mentionne que 37 lauréats pour les classes de 3e, 4e, 5e, 7e, 8e, la classe élémentaire et le cours spécial ; il n'y avait ni 6e, ni 2e, ni rhétorique. On voit combien l'École avait baissé, quand elle se ferma pour ne plus se rouvrir.

M. Michon espérait encore cependant, et il annonça la rentrée pour le 3 novembre 1842 : il comptait beaucoup sur le nouvel évêque qui venait de remplacer Mgr Guigou, décédé à Angoulême le

21 mai 1842. Ancien professeur de l'Université, ancien principal du collège d'Angers, ancien vicaire général de Mgr Montault, René-François Régnier avait été nommé évêque d'Angoulême le 15 juin 1842, et il avait fait son entrée dans sa ville épiscopale le 4 octobre suivant.

C'était un homme froid et positif, qui n'accordait rien à l'entraînement ni à l'enthousiasme. Quand M. Michon lui eut exposé sa situation, il lui conseilla de liquider; il refusa de s'engager en rien avec le directeur du collège de La Valette, trouvant qu'il avait assez de soutenir et de développer le petit séminaire de Richemont, à peine fondé. On ne saurait blâmer cette réserve prudente d'un évêque, nouvellement arrivé dans un pays qu'il ne connaissait pas encore. Mais il est permis de regretter que les pères de famille, à qui M. Michon avait donné sa mesure comme éducateur, ne lui soient pas alors venus en aide, pour empêcher de sombrer une maison qui avait fait tant de bien et qui en aurait fait davantage encore. Si les 135 actions non souscrites avaient trouvé preneur et que les détenteurs de titres eussent renoncé pour quelques années à leur intérêt abusif de 6 0/0; si, d'autre part, Mgr Régnier eût accordé au directeur, à défaut de secours pécuniaires, au moins un appui moral, nul doute que M. Michon ne se fût relevé : débarrassé désormais du souci de payer le loyer de son collège sous la forme d'une lourde rente, il eût consacré toutes ses facultés à lui imprimer un plus vigoureux essor ; il pouvait, avec les merveilleuses ressources de son esprit et ses aptitudes exceptionnelles pour l'éducation, l'élever au rang d'une maison de premier ordre. Hélas ! les capitalistes charentais de ce temps, quoique déjà disposés à risquer leur fortune dans des entreprises insensées d'où ils se promettaient de retirer des gains imaginaires, ne surent ou ne voulurent pas en détacher la moindre parcelle pour contribuer au succès d'une œuvre d'où dépendaient leurs plus chers intérêts. Grâce à Dieu, on comprend mieux aujourd'hui l'importance de l'éducation chrétienne.

Abandonné de tout le monde, M. Michon dut se résoudre à suivre le conseil de Mgr Régnier : il liquida, c'est-à-dire qu'il perdit le fruit d'un travail de dix années. Son mobilier fut aliéné à vil prix, et le château de La Valette fut, après une vente sur folle enchère, repris par M. Bourrut, à qui il était encore dû 12,000 francs.

M. Michon donna, le 5 novembre 1842, sa démission de curé de Magnac-La Valette et ne s'occupa plus, pendant quelques années, que de l'achèvement de la *Statistique monumentale* et du ministère de la prédication. Il fut nommé chanoine honoraire le 30 mai 1847, fut curé fictif du Tâtre du 1er juillet 1851 au 31 décembre 1853. Il cessa d'appartenir au diocèse en février 1857 et passa sous l'autorité de l'archevêque de Bordeaux, Mgr Donnet, qui lui témoigna toujours beaucoup de bienveillance.

Il n'entre pas dans notre plan de le suivre dans la seconde moitié de sa vie : il nous suffit d'en avoir retracé la première, qui fut assurément la plus édifiante, la plus belle et la plus fructueuse. Nous nous contenterons de déplorer les idées étranges, pour ne pas dire plus, auxquelles il se montra si attaché, malgré les remontrances successives de Mgr Régnier et de Mgr Cousseau. Il était de la race des doux, a-t-on dit, mais des doux entêtés. Il écoutait tout d'une façon calme, attentive et respectueuse, mais il agissait à sa guise. Ce fut son malheur, et ce défaut gâta chez lui d'éminentes qualités.

La politique l'égara : d'abord il prétendit se faire élire à la députation, puis il rêva de réformer la société et l'Eglise par des moyens hors de son pouvoir et impropres, du reste, à atteindre le but. Que ne s'est-il contenté d'y travailler d'une façon plus modeste, mais aussi plus sage et plus efficace, par la prédication de la parole de Dieu où il excellait, et par l'éducation de la jeunesse où il était passé maître !

Le douloureux écroulement de son œuvre de prédilection, de cette œuvre à laquelle il avait donné le meilleur de son être, contribua sans doute pour beaucoup à l'écarter du droit chemin : il trouva qu'il y avait bien des choses à changer dans un monde où le dévouement le plus pur et le plus absolu allait se briser contre un froid égoïsme. Ces réflexions, qu'on veuille le remarquer, tendent non pas à justifier, mais à expliquer ses erreurs.

Bon, généreux, affable, indulgent, M. Michon était aimé des maîtres et des élèves. Il joignait à une sobriété peu commune, une activité extraordinaire ; il inspirait tout dans son collège, était présent à tout, animait tout. Il fit souvent une classe, la rhétorique ou la seconde, non pas simplement comme suppléant d'un maître empêché et par intérim, mais d'une façon habituelle. Il enseignait concurremment l'archéologie, la botanique, etc. Il lisait et écrivait beaucoup. Aussi, chaque matin, il était levé le premier (1).

(1) Un prêtre, l'un des témoins de sa mort, a écrit ces lignes : « M. Michon avait des qualités précieuses. Il était désintéressé, généreux, sobre, actif, levé à quatre heures et couché à neuf. Pourquoi s'est-il écarté de la voie droite, éclairée par le flambeau lumineux de l'Eglise ? pourquoi lui, qui fut une lumière, s'est-il laissé envahir par les ténèbres ? pourquoi, ouvrier laborieux, a-t-il dissipé une partie de son temps à des bagatelles ?... C'est qu'il avait trop délaissé le côté sérieux de la vie chrétienne et sacerdotale, pour s'absorber tout entier dans des études et des occupations étrangères. Quel dommage ! avec sa nature bonne, aimante,

Il célébrait la messe où assistaient ses enfants ; il en confessait un grand nombre, car il avait peu de prêtres pour auxiliaires, et quelquefois point du tout ; il prêchait souvent, non seulement à l'Ecole, mais aussi dans les paroisses voisines. Il accomplissait les cérémonies de l'Eglise avec beaucoup d'exactitude et de dignité. Sa voix était douce et mélodieuse « et laissait les assistants tout émus du chant de la préface à la messe (1) ». On se souvient encore à LaValette d'un mois de Marie, qui se fit dans une grotte aujourd'hui fermée, et où ses touchants discours en l'honneur de la sainte Vierge attiraient toute la ville. Plusieurs de ses anciens élèves des Thibaudières nous ont vanté sa piété ; il cherchait tout ce qui pouvait embellir la modeste chapelle disposée par ses soins dans l'aile occidentale du logis ; comme il maniait également le pinceau et l'ébauchoir, il en avait orné les murailles de moulures en argile ou de peintures à la détrempe. Ce fut lui qui prépara l'érection en succursale de la paroisse de Chadurie. Il restaura de son mieux l'église, y construisit de ses propres mains un autel au vrai Dieu avec les débris de l'autel de la Raison,

patiente, maîtresse d'elle-même, irréprochable, dit-on, sous le rapport des mœurs, quel bien il eût pu faire ! »

(1) Relation de la R. Mère Anna, religieuse de N.-D. des Anges.

et peignit, pour le placer au-dessus, un grand Christ en croix. Il restait longtemps en adoration devant le Saint Sacrement après la prière du soir qui se faisait en commun, et, si nous voulons savoir quels sentiments remplissaient alors son âme, nous l'avons qu'à lire la pièce suivante, qu'il publia dans l'*Album* d'août 1838.

> Laissez-moi du saint lieu l'ombre silencieuse ;
> Du marchepied sacré, que je baise le bois ;
> Que mon âme, un instant, de la terre oublieuse,
> Cherche le Bien-Aimé, pour entendre sa voix.
>
> L'auguste tabernacle, au fond du sanctuaire,
> Est caché par vos mains sous des touffes de fleurs ;
> Votre amour a besoin des voiles du mystère
> Et vous déposez là vos parfums et vos fleurs.
>
> Pour moi, je l'aime mieux immobile victime,
> Sur le lin de l'autel comme sur une croix,
> Béni par un pécheur dont il lave le crime
> Et dont il fait un Dieu pour naître entre ses doigts.
>
> Que le prêtre s'éveille à l'aube matinale ;
> Au banquet non sanglant qu'il aille s'incliner ;
> Qu'il presse avec transport sa lèvre virginale
> Sur la coupe où l'Agneau descend pour s'immoler.
>
> Heureux quand, de son cœur pénétrant le mystère,
> Sans que l'œil trouve rien dont l'âme ait à rougir,
> Il laisse sous ses pieds, comme un peu de poussière,
> Du monde qu'il a fui le dernier souvenir.

Je volerai vers vous, mon Seigneur, dès l'aurore,
Je courberai mon front au pied de votre autel ;
Ma bouche redira le doux nom que j'implore :
Là je vais oublier que je suis un mortel.

Anges, qui nous venez des célestes portiques,
Adorez par mon cœur, murmurez par ma voix ;
Prenez tous mes soupirs, faites-en vos cantiques ;
Qu'en mille chants d'amour ils montent à la fois !

Nourri du pain des forts, que mon cœur se soutienne
Par les âpres sentiers que je dois parcourir.
Mon Dieu porta sa croix : que je porte la mienne,
De son poids tout meurtri, sans jamais défaillir.

Quand l'heure du triomphe, au couchant de ma vie,
De mes ans écoulés remplacera les jours,
Dans la terre d'exil, ici-bas, qu'on m'oublie;
Mais dans vos bras, Seigneur, prenez-moi pour tou-
[jours.

M. Michon, dont le plus jeune frère, Barthélemy, habitait Baignes, acheta près de cette localité une partie de l'emplacement de l'ancien manoir seigneurial des ducs de Montausier ; il s'y fit bâtir un petit château, dont il fut l'architecte et qu'il décora lui-même de quelques sculptures. Il y a mis ces quatre mots, qui font allusion tout à la fois à un hémistiche de Virgile (1) et au remplace-

(1) *Énéide*, liv. VI, vers 143 et 144. — La sibylle de Cumes

ment du vieux château du moyen âge par la construction moderne élevée sur ses ruines :

UNO DIRUTO SURGIT ALTER

En un autre endroit, on lit ces paroles du Psalmiste, qui expriment l'abandon entre les mains de la Providence *Jacta super Dominum curam tuam et ipse te enutriet* (1).

C'est dans cette demeure que M. Michon est mort, le 8 mai 1881, après avoir reçu tous les secours de la religion. Son vieil ami, M. l'abbé Nicolas, ancien curé de Chadurie, aujourd'hui curé de Touvérac, reçut sa confession. Puis, M. l'abbé Chassang (2), curé-doyen de Baignes, lui ayant proposé de lui apporter le saint viatique le lendemain

dit à Énée au sujet du rameau qu'il doit cueillir avant de descendre dans l'Averne :

..... Primo avulso, non deficit alter
Aureus.

(1) *Psaumes*, LIV, 23.

(2) Antoine Chassang, né à Blesle (Haute-Loire), le 6 août 1820, prêtre le 6 juin 1846, incorporé au diocèse d'Angoulême le 14 août 1847, curé de Saint-Bonnet le 24 octobre 1847, de Pillac le 1er octobre 1848, de Montboyer le 1er avril 1867, curé-doyen de Baignes le 9 décembre 1877. Se sentant affaibli par la maladie et ne voulant pas laisser sa paroisse en souffrance, il donna sa démission le 11 septembre 1884. Ce vénérable ecclésiastique a rendu son âme à Dieu le 2 juin 1885.

matin, à 7 heures : « Oui, répondit-il, cette heure me convient et je vous serai obligé. »

Après l'administration du viatique, M. Chassang, se rapprochant du lit de M. Michon, lui cita textuellement en latin les paroles de saint Jacques relatives au sacrement des mourants : « Voulez-vous, lui demanda-t-il, que je vous applique, de la part de Dieu, cette nouvelle grâce, puis celle de l'indulgence plénière, due, vous le savez, aux mérites surabondants et infinis du Rédempteur des âmes ? — Oui, je le veux, répondit le malade, et je vous remercie d'avance. » M. Chassang procéda sans retard aux pieuses cérémonies de l'extrême-onction et les termina en offrant un crucifix indulgencié à la vénération du prêtre défaillant : celui-ci baisa respectueusement la sainte image, remercia avec effusion M. le curé de Baignes et lui demanda de vouloir bien prier et faire prier pour lui. C'était le 7 mai ; le lendemain, à 4 heures du soir, il rendit le dernier soupir, gardant jusqu'à la fin toute sa lucidité. Espérons que Dieu lui aura fait miséricorde !

CHAPITRE V.

L'École de Bassac.

A peu près à l'époque où la différence de vues de M. Michon et de M. Dussol pouvait faire pressentir que ce dernier ne tarderait pas à quitter les Thibaudières (il y représentait, si l'on s'en souvient, l'autorité diocésaine), Mgr Guigou nomma curé de Bassac un ecclésiastique originaire d'Angoulême, ancien élève du petit séminaire de cette ville, qu'il venait d'ordonner tout récemment. Le 15 novembre 1835, ce jeune prêtre entra en possession de sa paroisse, que laissait vacante la translation de M. l'abbé Carles (1) à la cure de Chasseneuil. Pour tenir lieu d'un presbytère qui n'existait pas,

(1) Cfr. à la fin du volume la liste des professeurs du petit séminaire de La Rochefoucauld, année 1825-1826.

la commune de Bassac avait loué l'aile méridionale de l'ancienne abbaye : c'était un local bien plus que suffisant pour l'installation du curé. M. Tarrère, préoccupé, comme l'est tout bon prêtre, du recrutement du clergé, recrutement qu'il savait être alors particulièrement compromis, eut la pensée de grouper autour de lui, dans ses vastes appartements, quelques enfants qu'il crut appelés au sacerdoce, et de leur enseigner les éléments du latin. Ses premiers essais l'ayant encouragé et l'aile orientale de l'abbaye se trouvant à louer, il proposa aussitôt à Mgr Guigou de la prendre à ferme et de fonder, à l'ombre de la belle église où avaient prié tant de pieux cénobites, une modeste école cléricale.

Jamais M. Tarrère n'avait songé (il nous l'a dit lui-même) à créer une maison nombreuse et comme un grand collège. Aussi s'était-il borné à demander pour auxiliaires deux séminaristes dont il avait pu apprécier personnellement le talent et la vertu : c'étaient MM. Antoine Baron, aujourd'hui archiprêtre de Cognac, et Marie-Martial Magrangeas.

Mgr Guigou, malgré les trois tentatives malheureuses qu'il avait faites, depuis le début de son épiscopat, pour constituer un petit séminaire, se prêta cependant encore à celle-là. Il autorisa M. Tarrère à conclure le bail proposé, lui fit expédier une partie du mobilier des établissements supprimés en 1830 et 1831, et lui donna les collaborateurs qu'il avait demandés. Les formalités exigées pour l'ouverture du collège de La Rochefoucauld en 1828 et de l'Ecole des Thibaudières en 1832 furent exigées aussi pour l'ouverture de l'Ecole de Bassac, qui ne fut point reconnue par l'Etat comme petit séminaire (1). M. Magrangeas était muni d'un diplôme de bachelier ès lettres qu'il avait brillamment conquis devant la faculté de Bordeaux : il devint aux yeux de l'Académie le chef responsable de l'institution naissante, qui s'ouvrit le 3 novembre 1836 (2).

---

(1) C'est ce qui résulte de la lettre par laquelle M. Guitton annonçait, le 25 septembre 1839, au ministre des cultes l'ouverture de Richemont : « Votre Excellence n'apprendra pas sans quelque satisfaction que le diocèse d'Angoulême, privé depuis de longues années de petit séminaire, en aura un à partir du 30 octobre prochain. » L'ouverture du petit séminaire n'eut lieu que le 3 novembre.

(2) Nous avons retrouvé le prospectus de la *Pension de Bassac* : il est d'une grande simplicité. Le voici :

UNIVERSITÉ DE FRANCE.
Académie de Bordeaux.
PENSION DE BASSAC.

Le but que nous nous proposons en jetant les fondements de ce nouvel établissement est de donner aux enfants qui nous seront confiés une éducation chrétienne. Elle doit

Il y avait une vingtaine d'élèves, de force et d'âge très divers. M. Baron fut chargé de tous les cours de latin : c'était environ sept heures de classe par jour, sans compter la surveillance. M. Magrangeas avait dans son lot l'enseignement du français, de l'histoire, de la géographie, de l'arithmétique, etc., non seulement pour les latinistes, mais aussi pour

être la base de l'instruction ; et aujourd'hui, plus que jamais, on en reconnaît généralement le besoin.

Cependant nous ne négligerons pas, en formant le cœur de nos élèves à la pratique des vertus, d'orner leur esprit par la culture des sciences humaines.

Ainsi, nous leur développerons les principes de la morale évangélique, et nous leur enseignerons le grec, le latin, le français, l'histoire, la géographie, les mathématiques élémentaires, etc., etc.

Le local est situé dans l'ancienne abbaye des Bénédictins, à Bassac, position bien agréable et bien saine.

Le trousseau se composera de deux habillements complets, dont l'un pour les dimanches et jours de fête, deux paires de draps, six serviettes, une douzaine de chemises, autant de mouchoirs, six paires de bas ; le surplus au gré des parents.

L'ouverture des classes est fixée au 3 novembre.

Le directeur de l'établissement compte sur la bienveillante coopération de M. l'abbé Tarrère et sur celle d'un autre ecclésiastique.

Le prix de la pension sera de 400 fr. Les parents paieront, en sus, le droit universitaire, le blanchissage et la rétribution pour les arts d'agrément.

L'Abbé Magrangeas.

trois ou quatre jeunes gens de la contrée qui ne se destinaient point au grand séminaire.

Le père de M. Tarrère remplissait les fonctions d'économe ; il s'occupait de la culture du jardin, des achats et des approvisionnements. Mme Tarrère voyait à la cuisine, à la lingerie et à l'infirmerie, avec l'aide de l'unique domestique de la maison, une servante qui faisait les lits et la grosse besogne.

La discipline était toute de famille. Maîtres et élèves mangeaient à la même table. Chaque professeur faisait les surveillances à son tour, notamment celle du dortoir, et (détail charmant) endormait les enfants en les entretenant du sujet de la petite méditation du lendemain. Un témoin oculaire nous affirme qu'ils avaient un goût très vif pour ce pieux exercice, dont ils retiraient de précieux fruits.

En 1837-1838, il vint cinq ou six élèves de plus ; et deux nouveaux maîtres s'adjoignirent aux premiers, qu'ils soulagèrent un peu. L'un d'eux, lauréat du grand concours, sortait de l'école normale supérieure et cherchait sa voie dans l'état ecclésiastique : c'était M. Adrien Déroulède. Son intelligence brillante, son goût sûr et délicat, des connaissances variées, son stage à Paris, tout, en un mot, le désignait pour un emploi dans l'enseignement. L'autre était un jeune séminariste pyrénéen, qui, après avoir fait ses premières armes au séminaire de Saint-Pé, venait dévouer sa vie tout entière à l'éducation des enfants de l'Angoumois : on a reconnu sans peine à ces traits M. Simon-Gabriel Duffourc. M. Déroulède déchargea d'une partie de ses classes de français M. Magrangeas, qui devint professeur de 5º ; M. Baron n'eut plus que les classes élémentaires de latin ; M. Duffourc, avec la surveillance des études, eut pour sa part l'enseignement du dessin et de l'écriture ; peut-être donnait-il aussi quelques leçons aux élèves de 8º.

A la rentrée de 1838, M. Déroulède ne revint pas à Bassac ; il convenait qu'il passât au moins une année au grand séminaire pour s'y préparer à la réception des saints ordres. La quatrième, la plus élevée des classes existantes à ce moment-là, fut confiée à M. Blandeau, l'aumônier actuel de l'Asile Sainte-Anne de la Providence ; la cinquième, à M. Magrangeas ; la sixième, à M. Baron ; la septième, à M. Duffourc, qui conserva ses cours accessoires ; la huitième, à M. Lalanne, mort curé de Jurignac.

Le règlement était à peu près celui que nous avons trouvé en usage dans les petits séminaires d'Angoulême et de La Rochefoucauld et n'offrait guère de dispositions saillantes. Tout naturellement, c'était l'église abbatiale qui servait de chapelle à la petite communauté : les élèves y assistaient les jours ouvrables à la messe basse, le dimanche à la messe chantée et aux vêpres. Cependant, pour les exercices d'une retraite qui leur fut donnée, en 1838 ou 1839, par le P. Chartenier, un de ces pieux Maristes de Lyon qui étaient venus évangéliser notre pays, ils se réunissaient dans la chapelle septentrionale qui sert de sacristie : vu leur nombre très restreint, ils y étaient, pour ainsi dire, moins perdus que dans l'église même.

On n'avait pas encore d'harmoniums : M. Baron soutenait le chant avec une basse. Les cérémonies religieuses étaient présidées par le supérieur, M. Tarrère, en même temps curé de la paroisse ; à partir de 1838, il fut aidé dans cette partie de son ministère par M. Magrangeas, qui venait d'être ordonné prêtre. Quelquefois aussi M. Tarrère invitait à prêcher des professeurs qui n'étaient encore que diacres : citons M. Baron, qui fit le sermon du jeudi de la Fête-Dieu, en 1839. Il prêcha aussi la première communion à Saint-Simon et parut même dans la chaire de Cognac, sur l'invitation du P. Convers, autre Mariste, qui administrait cette paroisse depuis la mort de M. Coutant (1) et le départ du vicaire, M. Sarthe (2).

(1) André Coutant, né le 8 novembre 1756, curé de Cognac avant la Révolution, le redevint, après le Concordat, le 15 avril 1803, et mourut le 23 août 1838.

(2) Jean-Baptiste Sarthe, né à Parin (Haute-Garonne),

La procession du Saint Sacrement avait à Bassac un éclat extraordinaire depuis la création de l'École cléricale : les vieillards croyaient voir renaître les jours d'autrefois, où les bons Pères Bénédictins édifiaient la contrée par les imposantes cérémonies du culte, non moins que par la régularité de leurs mœurs, leur piété et leur charité. Les paroisses voisines eurent leur part de cet accroissement de pompe dans une solennité chère aux populations chrétiennes. Le dimanche dans l'octave, en 1839, toute la communauté alla rehausser, par sa présence et par ses chants, la seconde procession à Moulidars, localité peu éloignée de Bassac : l'officiant était en cette circonstance le vénérable M. Joubert (1), curé d'Hiersac et desservant dudit Moulidars.

M. Joubert, ami dévoué de la maison, était de toutes les fêtes. Nous le trouvons notamment à Bassac pour l'érection d'un chemin de croix, où le P. Charles, alors curé de Saint-Saturnin, fit en-

---

le 7 septembre 1794, incorporé au diocèse d'Angoulême le 22 juin 1819, prêtre le 16 juin 1821, vicaire de Barbezieux, puis de Cognac avec le titre de Javrezac, curé de Brie-de-La Rochefoucauld le 1er septembre 1839, curé d'Asnières le 1er juillet 1848, démissionnaire le 1er janvier 1876, décédé à Bagnères de Bigorre, le 3 décembre 1879.

(1) Jean-François Joubert, né à Riotord (Haute-Loire), le 8 juillet 1801, incorporé le 9 juillet 1828, prêtre le 16 juin 1832, curé de Juillé le 1er juillet 1832, curé-doyen d'Hiersac, le 25 août 1834, décédé le 26 juillet 1873.

tendre sa parole chaude et entraînante. Les Pères Maristes que nous avons déjà nommés fréquentaient aussi la petite École et prenaient un plaisir particulier à y prêcher aux jeunes écoliers la dévotion envers Marie.

M. Magrangeas montrait une grande facilité et un attrait particulier pour la prédication et, dès lors, à l'exemple de Bourdaloue, il prêchait les yeux fermés. La vertu de ce jeune prêtre, quoiqu'on y remarquât un peu de singularité, faisait l'édification de ses élèves et de ses confrères. D'une humilité profonde, d'une austérité peut-être excessive, d'un zèle infatigable, d'une piété ardente, il se dévouait sans marchander à l'œuvre si importante de la formation des clercs. M. Tarrère l'avait chargé du catéchisme de première communion. Avec quelle foi, avec quelle chaleur il parlait aux enfants des grandeurs et des bontés du Dieu qu'ils allaient recevoir ! Le 31 mai 1839, il eut la joie de présenter à la table sainte neuf de ces enfants, qui, par leur nombre et aussi par leur innocence, figuraient les neuf chœurs des Anges (1). Cette cérémonie fut présidée par M. l'abbé Brunelière, qu'ac-

(1) Voici quels étaient ces heureux enfants : Paul Souchet, Auguste Parenteau-Lameullière, N... Vinson, Henri Mallet, neveu de M. l'abbé Brunelière, N... Coutant, N... Marchand, N... Ordonneau, N... Pichon, N... Dumousseau.

compagnaient M. l'abbé Pahin (1), alors économe du grand séminaire, et M. l'abbé Roche (2), vicaire de Saint-André, qui ravit toute l'assistance par divers chants, entre autres, par l'antienne *Veni de Libano*.

M. Duffourc nous a parlé souvent, et toujours avec une tendre vénération, de M. Magrangeas, à qui il ressemblait par sa candeur et sa bonté, mais dont il différait par le tempérament et le caractère. Il était surtout, lui, l'homme de ressources dans les innombrables petits détails matériels qui se rencontrent au début d'une fondation. Il maniait également bien la hache, la scie, le marteau, le diamant du vitrier, et M. Tarrère eut à se louer

(1) Ce fut M. Pahin qui prêcha le soir à la rénovation des vœux du baptême. — François-Joseph Pahin, né à Sancey, diocèse de Besançon, le 15 octobre 1792, d'abord membre de la Société de la Retraite chrétienne à Marseille, prêtre le 21 mars 1818, quitta la Société de la Retraite en 1834 et devint économe du grand séminaire d'Angoulême ; il fut nommé curé de la Forêt-de-Tessé le 2 décembre 1839 ; c'est dans cette paroisse qu'il est mort le 17 mars 1879. M. Pahin avait un grand zèle pour le recrutement du clergé, mais il ne plut pas à Dieu de bénir ses efforts et ses sacrifices : il prépara pour Richemont plus d'une douzaine d'élèves, pas un seul n'arriva au sacerdoce ; plusieurs devinrent instituteurs. M. Pahin avait beaucoup bouquiné et il s'était composé une belle bibliothèque, qu'il donna au grand séminaire.

(2) Pierre Daniel Roche, décédé curé d'Ecuras le 25 août 1859. M. Roche avait une voix magnifique.

plus d'une fois de son adresse, qui n'était comparable qu'à son obligeance. Il était aussi l'âme des jeux. Doué d'une vigueur athlétique, il animait les élèves aux exercices du corps, où personne ne l'égalait. Comme la cour où l'on prenait les récréations descendait en pente douce vers la rivière, quand, dans une partie de barres, il se voyait serré de trop près, il sautait d'un bond sur la rive opposée, laissant les enfants qui le poursuivaient dans l'attitude d'une poule mère qui voit *ses canards* se jeter à l'eau. Les vieillards de Bassac se souviennent encore de l'admiration avec laquelle ils le virent plusieurs fois, dans leur jeunesse, renouveler cet exploit sous leurs yeux.

La distribution des prix en août 1839 fut présidée par M. l'abbé Guitton, vicaire général. Le vœu de ce zélé et sage administrateur, comme celui du vénérable évêque qu'il représentait, eût été de fixer là le petit séminaire depuis si longtemps désiré. L'esprit de la paroisse était chrétien : les bourgeois et les gens du peuple avaient accueilli avec faveur, avec bonheur même, la fondation de leur jeune curé, et ils souhaitaient vivement de la voir se consolider et s'étendre. On ne pouvait rien objecter contre la salubrité du pays, où l'on respire un air pur sans être trop vif. Plusieurs routes assuraient les communications avec Angoulême et les diverses contrées du diocèse, au centre duquel Bassac est à peu près situé. Toutes ces considérations avaient frappé Mgr Guigou, qui, dès le 10 octobre 1837, manifestait à M. Tarrère le parti auquel il venait de s'arrêter. « C'est le moment, mon cher curé, lui écrivait-il, de mettre les fers au feu et, en nous confiant à la Providence, de donner au diocèse un petit séminaire. Je vous ai choisi pour solliciter l'assistance de messieurs les ecclésiastiques dans l'arrondissement de Cognac. Leur assistance m'est nécessaire pour acquérir l'abbaye de Bassac, qui réunit tout ce qui est à désirer dans la destination qu'elle recevra pour l'instruction et pour l'éducation cléricale. » Le prélat demandait des prêts gratuits de 200 francs, qu'il s'engageait à rembourser par séries tirées au sort, à des époques très rapprochées.

Suivant toute vraisemblance, les fonds ne vinrent pas vite. Nous avons vu (1) que, en septembre 1838, M. Guitton tenta une nouvelle démarche pour rentrer en possession du collège de La Rochefoucauld, restauré et embelli avec les deniers du clergé. Cette démarche étant restée infructueuse par suite de l'esprit antireligieux du conseil municipal de cette ville, le projet d'acheter l'abbaye de Bassac fut définitivement arrêté, et on

---

(1) Cfr. page 106.

entra en pourparlers avec les divers détenteurs de ce bien de moines.

Tous se montrèrent assez raisonnables, excepté M. Gay, vétérinaire, qui manifesta des prétentions exorbitantes et s'y maintint avec entêtement. Sur ces entrefaites, le P. Convers apprit que M. Prouhet, pressé par ses créanciers, était disposé à vendre le château de Richemont, situé à 6 kilomètres environ de Cognac, dans une position ravissante. Il en informa M. Guitton. Celui-ci, sur qui reposait presque en entier le gouvernement du diocèse, se laissa tenter par le bon marché ; il en écrivit donc, en des termes très favorables, à Mgr Guigou, qui donna son consentement, mais sans enthousiasme : il préférait de beaucoup Bassac. M. Prévost du Las (1) avait été chargé des premières démarches, et avait obtenu une promesse verbale de vente ; M. Descordes, nommé tout nouvellement curé de Cognac, reçut mission de conclure définitivement l'affaire en son propre nom ; et, en effet, le 18 août 1839, par devant Me Imbaud, notaire à la résidence de Cognac, instrumentant au lieu de Jarnouzeau, où demeurait le vendeur, paroisse de Saint-Laurent, M. Jean-Etienne Prouhet, et dame Marie-Nancy Prévéraud, son épouse, vendirent à

---

(1) C'était le père de M. l'abbé Philippe Prévost, qui est mort en 1869 vicaire général de Mgr Cousseau.

M. Léon-Joseph Descordes, prêtre, chanoine honoraire de Poitiers, et curé de Cognac, moyennant le prix de 10,000 francs, payables aux créanciers des vendeurs, aussitôt après la purge des hypothèques, « le château de Richemont avec ses circonstances et dépendances, composé de bâtiments de toute espèce, cour, jardins, terres labourables, vignes, prés, luzernes et sapières, le tout ne formant qu'un corps de forme irrégulière, d'une contenance superficielle de 5 hectares 25 ares 25 centiares », sans excepter le passage par la chaussée dite de Richemont et le droit de pêche dans les eaux de la rivière (1).

Maîtres et écoliers dirent donc adieu à Bassac, après la distribution des prix, et il fut convenu qu'on se réunirait vers la fin d'octobre sur les bords de l'Antenne ; c'était là que le petit séminaire du diocèse d'Angoulême devait enfin trouver un asile plus durable.

(1) L'objet vendu faisait partie de ceux que M. Prouhet avait acquis, le 15 décembre 1815, par acte reçu Imbaud, notaire, de M. Jean-Léon Beaurivier, aussi notaire, demeurant à Pons, agissant au nom de Marie-Marguerite Guillet, son épouse, de Jean-Augustin Guillet-Defontenelle, son beau-frère, demeurant à Merpins, et d'autre Marie-Marguerite Guillet, également sa belle-sœur, veuve de M. Lacroix du Repaire, remariée avec M. Paul-Théodore Robin, demeurant à Cognac. Les susdits Guillet avaient hérité ces biens de dame Marie-Ursule-Louise-Madeleine Moucheteau, veuve Fé, leur grand'mère, décédée à Cognac, vers 1809.

CHAPITRE VI.

Le Petit Séminaire de Richemont.

La première fois que M. Descordes, conduit par M. Léon O'Tard, vint visiter Richemont, il fut moins frappé de la beauté du paysage que du délabrement du château : en en franchissant le seuil, il s'écria : « Nous sommes ruinés ! » Il faut le reconnaître, le spectacle qui s'offrit alors à ses yeux était peu réjouissant. D'énormes roches calcaires s'élevaient à l'entrée et au lieu où a été installée la boulangerie ; la cour d'honneur était une fondrière (1), qui rejoignait, par une pente

(1) Au milieu était un puits large et profond, protégé par une toiture quasi monumentale, qui occupait une partie n̈ble de la cour. On adapta une pompe à ce puits t peu d'élèves du temps de M. Dumas, qui ne

abrupte vers le midi, un champ assez mal cultivé, où poussaient cependant de belles asperges : le champ est devenu la cour des grands. Cette cour n'avait pas de murs de clôture, sinon au nord-est, où s'allongeait une grange en mauvais état ; mais, en revanche, on voyait de toutes parts des buissons où la ronce s'enlaçait à l'épine.

Les bâtiments consistaient en une grange et une écurie à main gauche de l'entrée (on y a depuis ménagé la porterie) ; en un corps de logis à un étage, flanqué de deux pavillons, du côté de l'Antenne (ce corps de logis subsiste toujours), et en diverses servitudes, construites du côté opposé, renfermant un rez-de-chaussée sur caves et terminées par deux pavillons embryonnaires, qui s'élevaient à quatre ou cinq mètres au-dessus du niveau de la cour. M. Prouhet avait permis à un de ses amis, M. Clément, d'occuper une partie des bâtiments ; ce fut celui-ci qui reçut le nouveau propriétaire et lui en fit les honneurs. En retour de cette politesse, M. Descordes dut l'inviter à évacuer la

---

se souviennent d'avoir mis en mouvement le volant de cette pompe. M. l'abbé Chaumet fit remplacer, vers 1877, tout le mécanisme saillant au-dessus du sol, lequel contrariait les jeux, par un manège auquel, à certaines heures, on attelait un âne. Depuis quelque temps, le manège a été transporté sur le bord de l'Antenne et l'ancien puits ne sert plus.

place. M. Clément se retira en effet au mois de septembre.

M. Descordes s'empressa de faire commencer les travaux les plus indispensables. On arracha les broussailles, on nivela le sol ; on répara les toitures, on restaura les portes et les fenêtres. Au rez-de-chaussée, dans la partie méridionale, et au premier étage dans toute son étendue, une cloison de briques parallèle à la façade sud-ouest du logis forma des corridors, qui rendirent indépendants les uns des autres les divers appartements. Des deux pièces à main gauche en entrant, la première fut le réfectoire, la seconde, la cuisine ; au-dessus étaient les dortoirs. Du côté opposé, à main droite en entrant, était l'étude, puis, à la suite, la chambre du supérieur. Au premier la lingerie, l'infirmerie, l'appartement de la famille Tarrère, furent installés du mieux possible.

Les professeurs logèrent dans les cellules des pavillons, et c'est dans ces cellules que, pour la plupart, ils faisaient leur classe.

Tout d'abord, on n'eut d'autre chapelle que l'église paroissiale ; mais, en 1840-1841, le modeste pavillon du sud-ouest fut surhaussé, en même temps que l'on construisit le dortoir des grands. Le second étage sous le toit servit de grenier et de dortoir pour les domestiques ; au premier on disposa trois chambrettes pour les maîtres, et au rez-de-chaussée on établit la chapelle. La boiserie qui encadrait le rétable de l'autel a été modifiée depuis : on en a fait une armoire pour les instruments de musique (1).

Les réparations et aménagements s'élevèrent pour cette première année à 12,000 francs, en outre du prix d'acquisition qui, avec les faux frais, dépassa 14,000 francs.

Cependant les vicaires généraux de Mgr Guigou, MM. Guitton et Gratereau, publiaient le premier prospectus de la maison.

« Depuis longues années, disaient-ils dans ce document daté du 30 août 1839, Mgr l'évêque d'Angoulême désirait réparer, par le rétablissement d'un petit séminaire, les pertes douloureuses que son diocèse avait faites et répondre ainsi aux besoins du clergé comme aux vœux d'un grand nombre de familles chrétiennes. La Providence vient enfin de pourvoir à tout. Le château de Richemont, acquis il y a peu de jours, est en pleine voie de restauration. D'importants travaux, dirigés par un architecte d'un talent incontesté, permettront de donner successivement à l'établissement projeté de grands développements et d'ouvrir aux pères de familles un asile où la foi et les mœurs seront l'objet de la plus vive sollicitude. Situé entre deux

(1) M. l'abbé Chaumet nous a dit que cette armoire avait été supprimée tout dernièrement.

grandes routes très rapprochées (celles de Saintes et de Saint-Jean-d'Angély), à une demi-lieue (!) de Cognac, sur la croupe d'une colline élevée ; séparé par la rivière d'Antenne des coteaux voisins dont les pentes boisées présentent le plus riant aspect, l'établissement de Richemont réunit toutes les garanties de salubrité aux avantages de la solitude et du recueillement si favorables aux études.

« Offrir à la jeunesse les agréments de la campagne serait peu de chose en soi sans doute, si elle restait privée des secours que réclament l'éducation et l'instruction variée, dont les villes sont ordinairement pourvues ; aussi, au précieux avantage de l'éloigner du tumulte des villes, tous les éléments désirables d'une éducation complète, tous les moyens d'instruction qu'exige notre époque, seront réunis à Richemont. Des professeurs ecclésiastiques, dont les succès dans les collèges de l'Université, à l'École normale et même au grand concours des collèges royaux de Paris (1), attestent l'aptitude et les talents et que l'expérience de plusieurs années de professorat a mûris encore, se voueront à la carrière de l'enseignement et donneront leurs soins aux élèves, sous la direction d'un supérieur aussi éclairé que modeste.

« L'enseignement comprendra le français, le latin, le grec, l'histoire, la géographie, les mathématiques, l'écriture et le dessin. Il sera ouvert un cours préparatoire de grammaire pour les enfants. Un professeur

---

(1) C'est à M. Déroulède qu'il est ici fait allusion.

donnera, aux jours de congé, et plus souvent s'il est nécessaire, des leçons d'histoire naturelle et spécialement de botanique. Il y aura dans l'établissement, selon que le comporteront ses développements, un cours facultatif de langues étrangères et un cours spécial d'histoire. On exercera les enfants au chant et à la lecture à haute voix. »

Les autres dispositions concernaient les soins de santé et de propreté. Le prix de la pension (on n'admettait pas d'externes) était fixé, « y compris le blanchissage, l'entretien du linge, les fournitures de papier, plumes, encre, l'abonnement au médecin et à la bibliothèque, à 500 francs payables par tiers et d'avance. »

Le 25 septembre 1839, M. Guitton écrivit au ministre des cultes pour lui annoncer que le diocèse d'Angoulême, privé depuis longtemps de petit séminaire, allait en avoir un, qu'on espérait ouvrir le 30 octobre.

Après avoir rappelé les paroles d'encouragement dont ses prédécesseurs avaient plusieurs fois payé Mgr Guigou, sans qu'aucun acte eût suivi ces paroles, M. Guitton ajoutait : « Il serait plus facile aujourd'hui à Votre Excellence de venir à notre secours, en daignant nous accorder quelques fonds qui seraient utilement employés aux réparations les plus urgentes du local dont j'ai dernièrement fait l'acquisition dans la commune de Richemont.

Ce secours produirait un bon effet sur l'esprit de la population. »

Le ministre approuva, le 10 octobre 1839, la fondation de Richemont et fixa le nombre des élèves qui pourraient y être admis à cent (1) ; mais il refusa tout secours. Il fit aussi remarquer à M. Guitton que le choix du supérieur du petit séminaire devait être soumis à l'agrément du roi. Par une lettre du 12 octobre, le vicaire général s'excusa de cette omission (attentatoire aux fameuses ordonnances du 16 juin 1828) et, le 16 novembre suivant, Sa Majesté daigna consentir que M. l'abbé Jean-Louis TARRÈRE gouvernât, sous l'autorité de l'évêque diocésain, une poignée de jeunes enfants.

L'ouverture du petit séminaire, annoncée d'abord pour le 30 octobre 1839, fut différée jusqu'au 3 novembre, vraisemblablement sur le désir et à la convenance de Mgr Villecourt, évêque de La Rochelle, qui avait été invité à présider cette cérémonie. Le bon évêque vint en effet avec son vicaire général, M. Gaboreau, à Cognac d'abord, où il reçut l'hospitalité chez M. Descordes, et de là à Richemont. Il

(1) Par ordonnance du 19 avril 1841, ce nombre fut porté à 150. Le 10 février 1845, Mgr Régnier demanda qu'il fût fixé à 200, le chiffre de 150 devant être bientôt atteint.

célébra la messe et prononça un discours analogue à la circonstance dans l'église paroissiale ; puis il se forma une procession des élèves et des maîtres, des amis et des curieux, et l'on se dirigea vers la maison, que le prélat bénit, avec les rites usités.

Les élèves étaient au nombre d'environ quarante, et les maîtres au nombre de sept. M. Tarrère, nous l'avons dit déjà, remplissait les fonctions de supérieur ; M. Magrangeas était professeur de 3e ; M. Déroulède de 4e ; M. Fontenaud de 5e ; M. Decour de 6e ; M. Duffoure de 7e ; M. Hameau de 8e. Ces messieurs se partageaient les diverses surveillances.

Les parents de M. Tarrère, aux appointements de 450 francs par an, s'occupaient des mêmes soins qu'à Bassac ; mais ce qui avait été possible avec une vingtaine d'élèves et trois professeurs ne l'était plus quand le nombre des uns et des autres eut doublé. La gestion économique du vieux M. Tarrère souleva des récriminations de la part de plusieurs maîtres : tiraillé en sens contraire par ses parents et ses collaborateurs ecclésiastiques, le jeune supérieur, qui n'avait jamais rêvé, du reste, qu'une modeste école cléricale, s'empressa, dès la fin de l'année, de démissionner. Il fut nommé tout d'abord desservant de Saint-Martin de Cognac, le 4 octobre 1840 ; mais la cure de Châteauneuf étant venue à vaquer sur ces entrefaites par le départ plus ou moins volontaire de M. l'abbé Marcellin (1), Mgr Guigou la donna à M. Tarrère, qui fut agréé par ordonnance royale du 18 décembre 1840.

(1) Jean-Etienne-Victor Marcellin, né à Givors (?), près de Lyon, le 15 juillet 1804, nommé curé de Montboyer le 10 juin 1832, curé-doyen de Châteauneuf le 1er avril 1835. C'était un prêtre d'un grand talent et d'un grand zèle, qui tenta la fondation d'une communauté religieuse à l'instar des Sœurs de Saint-Joseph de Lyon et sous ce même vocable de Saint-Joseph. Il avait acheté le château d'Anqueville, dans la paroisse de Saint-Même, pour y établir le noviciat. Quinze religieuses avaient répondu à son appel et étaient réparties entre quatre maisons, Barbezieux, où elles desservaient l'hospice, Roullet, Blanzac et Châteauneuf, où elles avaient des écoles. La maison de Châteauneuf, acquise aussi par M. Marcellin d'un M. Hubert, était fort belle. La supérieure générale, mademoiselle Marie d'Angély du Las, mourut, dit-on, du vif chagrin que lui causa la suppression de sa communauté. Cette suppression fut la suite du départ de M. Marcellin, départ amené par les embarras financiers dans lesquels l'avaient jeté ses acquisitions simultanées et trop hâtives : il y avait dépensé une notable partie de son patrimoine et avait, en outre, contracté des dettes qui rendaient difficile son maintien à Châteauneuf. Mgr Guigou lui conseilla de revendre ses immeubles, même avec perte, et lui laissa voir qu'il songeait à le transférer à Cognac. Dans l'espoir que ce dessein s'exécuterait, M. Marcellin se démit de sa cure de Châteauneuf en octobre 1838. Sa démission ne fut pas acceptée, et cependant M. Guitton refusa de la lui rendre. M. Marcellin demeura donc à Châteauneuf jusqu'en octobre 1840. Aigri par les difficultés, il ne resta pas tou-

Le successeur de M. Tarrère fut M. l'abbé Jacques-Léon BERCHON, né à Cognac, le 25 août 1807. M. Berchon avait puisé dans les enseignements et les exemples d'une famille profondément chrétienne les principes de foi et de piété qui dirigèrent toute sa vie. Après de brillantes études littéraires à Saint-Jean d'Angély, il alla se préparer au sacerdoce dans le séminaire de Saint-Sulpice de Paris. A son retour, il devint à La Rochefoucauld, nous l'avons déjà dit, le collaborateur de M. Brunelière et fut chargé de la classe de quatrième. Chassé de sa modeste chaire par la révolution de 1830, il se réfugia à Angoulême, où il établit, avec quelques confrères, les exercices du mois de Marie dans la chapelle d'Obesine : M. Descordes, alors curé de Saint-André, le demanda pour vicaire. Il resta dans ce poste jusqu'en 1837, date où, la cure de Saint-Maxime de Confolens ayant vaqué par la translation de M. Moquet à un canonicat, Mgr Gui-

---

jours assez calme, et il finit par quitter le diocèse d'Angoulême pour rentrer dans son diocèse natal. La fuite du pasteur devait entraîner la dispersion des brebis. Mgr Régnier eut le pénible devoir de prononcer la dissolution de la petite congrégation de Saint-Joseph et fit par là couler bien des larmes. Quelques-unes des Sœurs entrèrent dans d'autres communautés, une dans la *Sainte-Famille* de Bordeaux, deux chez les *Dames de Saint-Paul* au Doyenné d'Angoulême, deux à *Notre-Dame des Anges* de Puypéroux, etc.

gou « l'envoya vers ce peuple difficile (1) » (29 mars 1837).

Devenu supérieur de Richemont en octobre 1840, « il fut dans ce nouveau poste d'honneur ce qu'il avait toujours été, ami de la règle et du devoir, plein d'entrain et d'indulgence : ce qu'il faut être avec la jeunesse quand on veut gagner son cœur et lui faire du bien (1) ». Mais, chose singulière et qui semble accuser une grande pénurie d'hommes, M. Berchon dut cumuler l'administration de sa paroisse et le gouvernement du petit séminaire. Cela l'obligeait, pour aller de l'une à l'autre, à des voyages de vingt-cinq lieues, qui, à cette époque, où les moyens de transport étaient peu perfectionnés, demandaient deux journées. Somme toute, il était plus souvent à Confolens qu'à Richemont et il préférait le ministère paroissial à celui de l'éducation. Aussi avait-il délégué son autorité à un ecclésiastique du diocèse de La Rochelle, son ancien condisciple de Saint-Jean d'Angély, M. l'abbé Duret, qui remplissait les fonctions d'économe. C'était un très digne prêtre, plus zélé qu'entendu, nous a-t-on dit, et d'autant plus aimable à l'égard des maîtres et des élèves qu'il espérait (toujours d'après le même

---

(1) Ces lignes sont textuellement extraites de l'intéressante notice publiée par M. l'abbé Maratu dans la *Semaine religieuse* du 16 octobre 1870, 7e année, n° 34.

témoignage) remplacer M. Berchon quand celui-ci serait las (ce qui ne pouvait tarder) de réunir sur ses épaules deux charges incompatibles. En effet, après avoir, à l'exemple de M. Tarrère, achevé son année, M. Berchon n'en commença pas une seconde. Entre temps, du reste, les passions antireligieuses avaient soulevé contre lui, à Confolens, à propos d'un misérable incident, une furieuse tempête, et le curé de Saint-Maxime avait dû fuir sa paroisse. « L'évêque d'Angoulême ne crut pas devoir faire tête à l'orage et, confiant en sa tendre affection, M. Berchon résigna sa cure de Confolens. » Il fut alors nommé, sur les instances de M. l'abbé Descordes, à la cure de Cognac. Quoique cette translation le rapprochât grandement du petit séminaire, il n'en renonça pas moins dès lors à le régir pour se donner tout entier à sa nouvelle paroisse (1).

(1) Il la gouverna pendant douze ans et y fit bénir son nom par sa charité, sa piété et sa douceur. Il consacra des sommes importantes à l'embellissement de son église ; il ramena dans le sein de Dieu nombre de pécheurs égarés, qui ne purent résister à son zèle et à sa vertu. Mgr Cousseau pensa qu'un si bon pasteur ne pouvait manquer de réussir à préparer des pasteurs ; il lui demanda la démission de sa cure, la plus importante du diocèse, et le nomma, le 21 octobre 1853, supérieur du grand séminaire d'Angoulême et vicaire général honoraire. M. Berchon, qui fut toujours l'homme de l'abnégation et de l'obéissance, accepta sans difficulté. « Nous avions l'honneur de parta-

C'est sous son gouvernement de droit, sinon de fait, en l'année scolaire 1840-1841, qu'a été construite l'aile où est le dortoir des grands : cette aile fut habilement raccordée avec le pavillon du sud-est et avec celui du sud-ouest, qui, à cette occasion, reçut, comme nous l'avons déjà dit, un surhaussement de deux étages. Avant de commencer à bâtir, M. Guitton et M. Descordes avaient eu la

ger la sollicitude de ce cher supérieur, écrit M. l'abbé Maratu, et nous pouvons dire maintenant ... combien de fois nous avons admiré cette vertu qui, brisant tout à coup avec de vieilles habitudes d'indépendance et de liberté, sut se captiver sous une règle austère et mener cette vie commune que les Saints eux-mêmes ne craignaient pas de déclarer *leur plus grande pénitence.* Las du monde et de ses perpétuelles agitations, il avait rêvé le repos et la mort dans cette solitude. Vos autels, ô Dieu des vertus, *Altaria tua, Domine virtutum !* Mais vous ne l'avez pas voulu ! »

M$^\text{gr}$ Cousseau étant allé en 1856 *ad limina Apostolorum*, le Pape lui demanda qui dirigeait son grand séminaire. « Des prêtres de mon diocèse, très saint Père, répondit l'évêque. — Eh bien ! reprit le Pape, il faut le confier aux Lazaristes. M. Étienne, le supérieur général, est justement ici : voyez-le et concluez l'affaire avant de partir. » M$^\text{gr}$ Cousseau aurait pu alléguer que, quels que soient le mérite éminent et la vocation spéciale des vénérables enfants de saint Vincent de Paul, un séminaire est quelquefois sagement gouverné par des prêtres diocésains : il le savait bien, lui, qui avait été si longtemps directeur et supérieur de celui de Poitiers. Il aurait pu dire que, en tout cas, conclure l'affaire avant de quitter Rome, c'était aller vite en besogne et

sagesse de faire dresser par M. Covillion, leur architecte, un plan d'ensemble, qui devait être exécuté au fur et à mesure des ressources dont on disposerait. Ce plan a été abandonné en ce qui regarde la chapelle. Si on l'eût suivi, elle aurait été jetée, pour ainsi dire, dans l'espace à travers le pré, à distance égale des deux pavillons du couchant, avec lesquels sa façade se fût enlignée. Elle eût été, bien entendu,

s'exposer à faire railler par les Italiens la *furia francese.* Le saint évêque ne fit ni ces objections ni aucune autre. Il vit M. Etienne, s'engagea avec lui, et, à son retour, il demanda un second sacrifice à M. Berchon. Celui-ci le fit, non sans regret, mais sans murmure, et il accueillit, avec la gracieuseté et l'amabilité qui lui étaient naturelles, le bon M. Fabre et ses confrères : c'est le témoignage que M. Rosset, notre vénéré maître, l'un des nouveaux directeurs, s'est plu à lui rendre dans son *Mémoire historique sur le Séminaire d'Angoulême.* Le sacrifice de M. Berchon était d'autant plus méritoire, que Mgr Cousseau ne put lui offrir aucun poste en éc' ge de celui qu'il lui enlevait : ce fut seulement dix ans p.us tard, le 5 août 1866, que, une vacance s'étant produite dans le chapitre, par le décès de M. Watteau, M. Berchon fut nommé chanoine. Il s'adonna en attendant à la prédication ; il fit le pèlerinage de Jérusalem et celui de Rome ; il développa dans notre diocèse l'*Œuvre des Ecoles d'Orient.* Les années de sa vieillesse ne furent pas exemptes de pénibles épreuves et il ne garda point jusqu'à la fin son titre de vicaire général honoraire. Il disait à ce sujet : « On pourra mettre sur ma tombe *Qui fuit... qui fuit... qui fuit... qui tandem fuit nihil.* »

« Nous ne parlerons pas de ses dernières douleurs et phy-

au niveau de la cour des petits, et on aurait pu établir dans les soubassements une salle immense. A droite et à gauche, d'étroites galeries couvertes auraient offert un abri pour les récréations pluvieuses. Ce plan était plus régulier et plus grandiose que celui auquel on s'est arrêté ; mais il eût été beaucoup plus dispendieux. Les deux pavillons supposés construits, M. Covillion plaçait dans celui du sud-ouest, au rez-de-chaussée, la salle de dessin, et au premier la salle de musique ; dans celui du nord-ouest, au rez-de-chaussée, la salle d'écriture et au premier le cabinet de physique ; au second devaient être des greniers ou des chambres.

La construction de l'aile du dortoir des grands

siques et morales, dit encore M. l'abbé Maratu ; imitant sa patience et sa résignation, nous ne savons qu'adorer les desseins de Dieu, qui de la vie de ses élus fait toujours un mélange de tristesses et de joies. » M. Berchon mourut le 2 octobre 1870, dans d'admirables sentiments de piété, entre les bras de son ancien collaborateur, M. Saivet, alors curé de la cathédrale. Il avait, entre autres dispositions dignes d'un saint prêtre, légué sa bibliothèque à Richemont, à la condition que les ecclésiastiques du canton pourraient la consulter suivant leur besoin ; mais Mgr Cousseau ayant craint que cette clause ne devînt peut-être une source d'embarras pour le petit séminaire, M. l'archiprêtre de Cognac offrit de l'accepter, et la recueillit, en effet, dans son presbytère de Saint-Léger, où elle est devenue le noyau d'une bibliothèque cantonale.

fut l'œuvre de l'entrepreneur Péronneau. Pour assurer plus de force aux murs, trop peu épais eu égard à leur hauteur, M. Descordes exigea que l'on y plaçât de distance en distance des clefs de fer ; mais ces précautions ne suffirent pas à empêcher des lézardes de s'ouvrir, d'abord au coin où est l'étude des grands, puis au coin opposé. Divers travaux de consolidation durent être exécutés et, vers 1861, il fallut suspendre en l'air le mur du dortoir des grands qui regarde le nord-ouest et en reprendre les fondements (1).

Malgré son défaut de solidité, cette bâtisse revint à plus de 37,000 francs. Pour subvenir aux dépenses d'acquisition, d'aménagement, de construction, on employa le prix de vente du petit séminaire d'Angoulême ; on organisa une souscription dans le clergé et parmi quelques riches laïques ; on joignit à cela les quêtes du carême de 1840 et de 1841, et l'on parvint à réunir ainsi près de 70,000 francs.

La démission de M. Berchon obligeait à lui chercher un remplaçant. Ce ne fut point M. Duret. L'opinion d'un grand nombre de personnes, ecclésiastiques et laïques, désignait M. Déroulède.

---

(1) Ce travail fut fait, sous la direction de M. Covillion, par M. Gougnon, habile entrepreneur de Cognac, qui a construit aussi l'aile du dortoir Saint-Joseph et la chapelle.

M. Guitton se prononça en faveur de M. l'abbé Dumas, malgré le peu de sympathies que témoignaient pour ce dernier M. Boué '(il venait de remplacer comme vicaire général M. Gratereau, décédé) et M. Valette (1). Dans l'état d'affaissement physique et moral où était tombé notre vénérable évêque, la décision de M. Guitton était prépondérante : M. l'abbé Dumas devint donc supérieur du petit séminaire à la rentrée de 1841.

Jean-Marie-Aristide Dumas était né à Champagne-Mouton, le 29 septembre 1809. Après avoir commencé ses études dans une modeste institution de Poitiers, où il avait été placé par sa pieuse tante, religieuse hospitalière de cette ville, il vint les achever au petit séminaire de La Rochefoucauld, où il eut, comme nous l'avons déjà dit, Crétineau-Joly pour professeur en 1827-1828. Il paraît probable que, l'année suivante, il entra au grand séminaire, puisqu'il fut tonsuré le 15 février 1829. Il

(1) Laurent Valette, né à Saint-Affrique (Aveyron), le 2 juin 1797, professeur au grand séminaire d'Angoulême à partir de 1821, chanoine honoraire en 1825, supérieur du grand séminaire en 1831, vicaire général honoraire en 1832, chanoine titulaire en 1843, renonce à la direction du séminaire en 1853, décédé le 6 janvier 1867. M. Valette posséda la confiance de NN. SS. Guigou, Régnier et Cousseau, et jouit auprès d'eux d'une constante influence. Cfr. la notice que M. Saivet lui a consacrée dans la *Semaine religieuse* du 20 janvier 1867, 3e année, n° 47.

suivit les cours de philosophie et de théologie jusqu'en mars 1832.

Après avoir été précepteur pendant quelque temps, il fut aux Thibaudières un des plus actifs collaborateurs de M. Michon : il devint sous-directeur de l'Ecole et professeur de seconde. Sur la présentation de son supérieur, il fut admis aux ordres moindres en 1833, au sous-diaconat en 1834, au diaconat en 1837, et, quand l'Ecole des Thibaudières fut transférée à La Valette, il alla se préparer au sacerdoce à Saint-Sulpice ; il reçut l'onction sainte le 25 mai 1839, et fut presque immédiatement nommé curé de Javrezac et vicaire de Cognac sous M. Descordes (1).

(1) M. Descordes ne resta que deux ans curé de Cognac. Le gouvernement avait, pendant plusieurs mois, tenu sa nomination en suspens et les libéraux de la paroisse avaient menacé, par un calembour sinistre, de lui faire un mauvais parti. Ce n'était pas là chose capable d'effrayer un homme plus ami de la lutte que de l'immobilité. « J'irai à Cognac, disait-il, et je les obligerai à me regretter. » Les choses se passèrent comme il l'avait prédit. Au bout de deux ans, non seulement toute opposition avait disparu, mais Cognac était fier de son curé ; c'est le moment que choisit celui-ci pour donner sa démission et se faire substituer M. Berchon, son ami, plus jeune que lui de quelques années. Le 1er novembre 1841, M. Guitton installa solennellement le nouveau curé en présence de l'ancien, qui avait voulu assister à la cérémonie.

Agé de trente-un ans à peine, M. l'abbé Dumas brillait alors de tout l'éclat d'une virile beauté. Sa taille était élancée, sa démarche gracieuse, ses manières pleines de distinction ; ses traits frappaient autant par leur délicatesse que par leur parfaite régularité. Ajoutez à tout cela une gravité imposante, une réserve qui commandait le respect, une parole soignée, et vous aurez une faible idée de ce que Cognac admirait dans son jeune vicaire.

Sa nomination au poste de supérieur de Richemont y fut accueillie avec beaucoup de faveur et attira quelques élèves de plus à l'institution naissante.

A la rentrée de 1841-1842 le personnel était composé de la façon que voici : MM. Dumas, supérieur ; Déroulède, sous-supérieur et préfet des études ; Azens, pendant quelques semaines, puis Magrangeas, professeur de rhétorique ; Fontenaud, professeur de seconde ; Magrangeas, pendant quelques semaines, puis Reynier (1), professeur de

---

(1) Léon Reynier, né à Béziers le 23 juin 1819, ordonné prêtre à Rome le 23 décembre 1843, vicaire de Cazouls-lès-Béziers le 1er octobre 1845, vicaire de N.-D.-des-Tables, à Montpellier, le 17 février 1846, aumônier du lycée de cette ville le 1er avril 1849, chanoine-archiprêtre de la cathédrale le 14 juin 1862, s'est démis de son titre d'archiprêtre en mai 1878 (sa démission n'a été acceptée par le gouvernement qu'en 1882). C'eût été une bonne fortune pour notre

troisième ; Hourie, de quatrième ; Hameau, de cinquième ; Gardette, de sixième ; N..., puis Rolland, professeur de septième ; Desmiers, professeur de huitième ; de James, pendant quelques semaines, puis Azens, professeur de mathématiques ; Marchadier, puis Jobit, économe ; le même Jobit, professeur d'anglais ; Duffourc, maître d'étude des grands ; frère Vincent de Paul, maître d'étude des petits ; Charles, musique. C'étaient quinze maîtres pour quatre-vingt-trois élèves.

Dans le cours de cette année mourut Mgr Guigou : le vénérable prélat s'éteignit à Angoulême, après de longues souffrances patiemment supportées, le 21 mai 1842, à l'âge de 74 ans et demi. Le même jour le chapitre déléguait ses pouvoirs aux anciens vicaires généraux du défunt, MM. Guitton et Boué, et à MM. Brunelière et Bourdin, chanoines.

---

diocèse de s'attacher ce prêtre éminent, chez qui le talent égale la vertu et que le clergé de Montpellier regarde comme une de ses gloires. M. Reynier est un savant de grand mérite, doublé d'un écrivain et d'un orateur. Il était venu chez nous avec M. Boué (*) ; quand M. Boué partit, il partit lui-même et se rendit à Rome pour y recevoir les saints ordres et puiser, à sa source la plus abondante et la plus pure, la doctrine de vérité. M. Reynier a publié, il y a peu d'années, une remarquable étude sur saint Justin.

(*) Cfr. page 276.

M. Guitton, étant déjà désigné pour le siège de Poitiers, n'eut guère le loisir de s'occuper des affaires de notre diocèse, qui retombèrent principalement sur M. Boué. La vacance du siège ne fut pas longue. Nommé par décret du 15 juin 1842, préconisé le 22 juillet, Mgr René-François Régnier fut sacré à Paris le 25 septembre et prit possession dès le lendemain par M. Brunelière, son procureur. Il fit son entrée dans sa ville épiscopale le 4 octobre.

M. Boué, nous l'avons déjà dit, n'était pas favorable à M. Dumas et il prévint contre lui le nouvel évêque ; mais cela eut peu d'effet. M. Boué (1) ne demeura point grand vicaire et,

(1) François-Georges Boué était un prêtre pieux et zélé, originaire du Midi, qui avait une grande réputation d'éloquence. C'est à la suite d'une retraite pastorale prêchée par lui à Angoulême, que Mgr Guigou le nomma son vicaire général. M. Boué est l'auteur d'un choix de lectures pieuses, tirées des Saintes Ecritures, auquel il donna le nom de *Manuel sacré*. Il avait fondé à Castelnaudary une maison de retraite pour les prêtres âgés ou infirmes : un vénérable chanoine d'Angoulême, M. Jean Jolly, contribua, lui aussi, à la fondation, en donnant sa petite fortune à la nouvelle maison, où il mourut le 19 décembre 1840, à l'âge de 87 ans. On a gardé le souvenir d'une Passion prêchée par M. Boué dans l'église Saint-André. Il avait annoncé d'avance que la prédication durerait trois heures, comme c'est l'usage général dans le Midi, et que, cependant, les auditeurs ne seraient pas fatigués. Et, de

quoique son remplaçant, M. Fruchaud, partageât ses préventions, Mgr Régnier ne tarda pas à honorer le supérieur de son petit séminaire d'une confiance bien méritée. Il l'éprouva toutefois pendant quelque temps et il attendit jusqu'en 1844 à faire sanctionner sa nomination par le roi. « Avant de lui donner définitivement ce titre (de supérieur), écrivait-il au ministre des cultes le 29 janvier, j'avais voulu m'assurer de son aptitude pour les importantes fonctions qui y sont attachées. Il les remplit depuis deux ans d'une manière très satisfaisante et qui me donne entière sécurité pour l'avenir. » L'ordonnance royale fut rendue le 28 mai 1844.

Ce fut pendant ce temps que M. Dumas travailla le plus activement à l'organisation de sa maison. Il en écrivit le règlement, assez concis d'abord, qu'il développa par la suite. C'était en substance le règlement des petits séminaires d'Angoulême et de La Rochefoucauld, avec quelques dispositions renouvelées de l'Ecole des Thibaudières. Quant au plan d'études, il était le même que dans l'Université. Pour l'instruction religieuse, les élèves étaient répartis en quatre

---

fait, nous disait un témoin *de auditu*, l'orateur fut si intéressant et si pathétique, que, si quelqu'un se trouva fatigué, personne n'osa s'en plaindre, ni même le dire.

cours : le premier comprenait la rhétorique, la seconde et la troisième (1) ; le second, la quatrième et la cinquième ; le troisième, tous les élèves des classes inférieures qui avaient fait leur première communion ; et le quatrième, ceux qui se préparaient à ce grand acte. Tous les dimanches, ou à peu près, à 11 h. 1/4, la communauté se réunissait à la chapelle : deux élèves de chaque classe, souvent les premiers en diligence, récitaient l'évangile du jour, en latin, de la rhétorique à la cinquième, en français, à partir de la sixième. La récitation terminée, le supérieur, revêtu du surplis et simplement assis sur une chaise, au même niveau que les bancs des élèves, ayant devant lui le missel ouvert, commentait le texte sacré et donnait à ses jeunes auditeurs les enseignements et les conseils qu'il croyait leur être utiles. Les homélies de

---

(1) Ce cours, confié d'ordinaire au professeur de rhétorique, était un catéchisme de persévérance, très nourri d'une forte et saine théologie ; les élèves rédigeaient l'enseignement oralement donné ou *les conférences*. Le premier prix de *conférences* était de tous le plus estimé : aussi se le disputait-on avec acharnement : bien des élèves, trouvant les journées trop courtes, préparaient pendant la nuit la composition qui devait décider de la victoire. Cette composition se faisait à la chapelle, et durait de 8 heures à midi ; on écrivait sur ses genoux, ou on se mettait à genoux pour écrire sur le banc. O douces luttes de l'émulation, que vous aviez de charme !

M. Dumas n'avaient pas le brillant et le charme de celles de M. Michon. Si la phrase y était toujours d'une correction irréprochable, elle manquait parfois de souplesse et d'élan ; elle sentait le travail et l'effort ; on y eût désiré plus de couleur, plus d'animation, plus de vie. C'est pour cela que l'exercice de la récitation et de l'explication de l'évangile, exercice si pieux cependant et d'une si haute importance, plaisait assez peu aux élèves. Ils aimaient mieux les lectures spirituelles dans lesquelles leur supérieur, au commencement de l'année scolaire, interprétait le règlement, et développait les préceptes de la politesse, de la bienséance et du bon ton, qu'il connaissait et pratiquait si bien lui-même.

Une prédication plus solennelle, faite par les prêtres du petit séminaire, à tour de rôle, aux grandes fêtes de l'année, complétait l'enseignement religieux. Il va sans dire qu'il y avait chaque dimanche messe chantée, vêpres et salut du Saint Sacrement. Le bon M. Duffourc soutint longtemps le chant, par son ophicléide ; en 1857, on put acheter un harmonium, et le premier qui eut la charge d'en toucher fut M. Jules Baron, alors professeur de quatrième, aujourd'hui doyen de Jarnac. Pendant la semaine sainte, on faisait tous les offices, sans en excepter ceux de Ténèbres. Le vendredi saint, d'après un touchant usage, importé du grand séminaire de Saint-Sulpice, les maîtres servaient les élèves à table pendant le dîner.

Une des premières pensées de Mgr Régnier, en arrivant à Angoulême, avait été pour son petit séminaire ; il en désirait vivement l'accroissement comme la condition indispensable du recrutement des prêtres de son diocèse. D'autre part, ses ressources étant très limitées, une stricte économie s'imposait à lui. Il crut donc devoir réduire autant que possible le nombre des maîtres ; lors de la rentrée de 1842, il était de quatorze (y compris le professeur de musique), dont six étaient prêtres. A leurs fonctions dans la maison, plusieurs des prêtres joignaient le service d'une paroisse. M. Dumas était curé de Javrezac, M. Magrangeas, curé d'Ars, M. Fontenaud, curé de Gensac, M. Azens, curé de Genté ; M. Duffourc avait le titre de Bréville, mais il ne pouvait desservir une paroisse aussi éloignée. Pendant quelques années, il n'y eut plus de maîtres d'étude, et toutes les surveillances retombèrent sur les professeurs. Il faut avoir un souvenir de pieuse reconnaissance pour ces ouvriers de la première heure, qui ont porté si généreusement et si courageusement le poids du jour et de la chaleur (1).

(1) Voici ce que nous lisons dans une lettre de M. Dumas,

Le travail n'empêchait point la gaîté ; on vivait heureux, sur les bords riants de l'Antenne, et la joie éclatait en compositions de toute espèce, que maîtres et élèves produisaient à l'envi pour toute espèce de circonstances. Visites épiscopales, fête du supérieur, fête des professeurs, nouvel an, mois de Marie, faveurs à demander, actions de grâces à rendre, tout était matière à poésie. A la tête de la pléiade richemontaise, brillaient MM. Magrangeas, Fontenaud, Palisse, Desmiers ; puis, marchaient sur les traces de leurs doctes maîtres, MM. André Coutant, Célestin Maurin, Louis Coussot, Alexis Lacroix et beaucoup d'autres.

écrite peu avant la rentrée d'octobre 1843 : « Je me suis occupé, Monseigneur, de déterminer la tâche que chaque maître aura à remplir d'après la nouvelle composition du personnel. En dispensant de toute autre occupation ceux qui seront chargés des mathématiques, de l'écriture, du dessin, de l'économat, chaque professeur aurait, indépendamment des 4 heures de classe, plus de 7 heures de surveillance par jour. Ce travail me paraît bien fort : avant de le proposer, j'ai voulu vous demander, Monseigneur, s'il vous serait possible de nous donner un professeur de plus. M. Azens serait seul chargé de l'enseignement des mathématiques (ce qui vaudrait peut-être mieux), et il y aurait ainsi trois maîtres de plus qui prendraient part à la surveillance. Quatre heures pour chacun, d'après cette nouvelle combinaison, ce serait encore assez. »

La nomination de M. Guitton au siège de Poitiers (nomination dont il reçut l'avis officiel à Richemont même) fut accueillie par des chants de tristesse ; le départ de ce digne prélat, le fondateur du petit séminaire, y causa de vifs regrets à tout le monde et surtout à M. Dumas, qui avait trouvé en lui bienveillance et affection. Un jeune professeur, M. Desmiers, se fit l'interprète de l'affliction commune par la pièce suivante :

Rivage de l'Antenne,
Dépouille-toi de fleurs ;
Aurore, en notre plaine
Ne verse plus tes pleurs.
Fermez vos blancs calices,
Pâquerettes des prés.
Et toi, zéphyr qui glisses,
Refuse les délices
Et les douces prémices
De leurs fronts diaprés.
Fuis ; car de ce rivage
Fuit aussi le Pasteur.
Toi que l'on dit volage, —
Comme une tendre image,
Suis-le sur cette plage
Où le suit notre cœur !

Que ta suave haleine
L'entoure, toute pleine

De l'air de nos forêts ;
Qu'elle suive, embaumée,
Sa route parsemée
De fleurs et de ramée...
Et de nos vifs regrets.
Comme la voix lointaine,
De tous ceux qu'il va fuir,
Que ta plaintive haleine
S'exhale en un soupir !
Rappelle-lui sans cesse
Les enfants qu'il délaisse,
Leur douleur, leur détresse
En le voyant partir.

Rappelle-lui l'Antenne,
Pure en sa molle arène,
Sous notre ciel serein ;
Son aimable rivage,
Son verdoyant ombrage,
Des oiseaux le ramage
Le soir et le matin.
Rappelle-lui Marie,
Notre Mère chérie,
Nos bois, notre prairie,
Notre riant séjour ;
Et, si sa course agile
Le fatiguait un jour,
Montre-lui cet asile,
Encor frais et tranquille,
Où vivra son amour
  Toujours !

Mais le français ne pouvait suffire en cette circonstance ; un élève exprima en vers latins les mêmes sentiments et les mêmes regrets ; et, chose remarquable, M. Guitton lui répondit également en latin par quelques vers habilement improvisés (1).

(1) Voici ce qu'on lit à ce sujet dans l'*Ami de la Religion*, n° du 8 mars 1842 :

« On nous écrit de Cognac, le 2 mars :

« M. l'abbé Guitton a reçu hier du gouvernement sa nomination au siège de Poitiers. C'est au petit séminaire de N.-D. de Richemont, qu'il a fondé il y a deux ans et qui, sous ses auspices, a prospéré d'une manière étonnante, qu'on est venu d'Angoulême lui présenter ses titres avec des félicitations mêlées de regrets.

« Une députation de son diocèse, qui l'attendait dans notre ville épiscopale, l'a forcé d'abandonner plus tôt qu'il ne l'aurait voulu une maison dont il est le père et où il laisse de bien précieux souvenirs. La séparation a été bien triste ; les adieux ont été bien tendres et bien touchants. Quelques élèves, au nom de leurs frères, lui ont adressé leurs regrets et leurs vœux. Il a répondu avec une vive émotion à cette allocution ; il a même remercié en vers latins, improvisés avec une facilité et une délicatesse remarquables, le jeune homme (*) qui venait de lui lire une pièce heureusement inspirée. Cette évocation soudaine du poétique langage de Fortunat allait à merveille sur les lèvres de son savant et pieux successeur. »

(*) Ce jeune homme était M. Olivier Piquand, aujourd'hui prêtre auxiliaire dans la paroisse de N.-D. à Versailles.

Quelques mois plus tard, des accents joyeux saluaient l'arrivée de Mᵍʳ Régnier.

Que ton deuil fasse place aux hymnes d'allégresse,
Asile qu'en partant un Pontife bénit.
Qu'aux pleurs amers succède un élan de tendresse :
Voilà qu'un autre Saint aujourd'hui te sourit !

Puisqu'en ce jour Dieu rend au navire sa voile,
Qu'il veut guider nos pas par une habile main,
Qu'il fait briller pour nous une nouvelle étoile,
Nous ne redoutons plus de périr en chemin (1).

A la distribution des prix de 1843, les deux évêques se trouvèrent réunis à Richemont pour couronner leurs chers enfants. M. Fontenaud commençait une pièce en leur honneur par ces quatre vers d'une heureuse et gracieuse inspiration :

Après les longs jours de l'absence,
Qu'il est doux de voir revenir,
Avec l'Ange de l'Espérance,
Le bon Ange du Souvenir !

Le poète moralisait quelquefois et recourait à l'allégorie pour rendre sa morale plus aimable : citons en exemple cette pièce de M. Palisse (2) *à son serin.*

---

(1) M. Alexis Lacroix, aujourd'hui archiprêtre de Ruffec.
(2) M. Paul Palisse, né à Gez-ès-Angles (Hautes-Pyrénées) était le neveu de M. Azens. Il fit ses classes, jusqu'à la

Mon petit serin, dans ta cage,
Je t'entends pousser des soupirs.
Où donc se portent tes désirs ?
Plein d'horreur pour ton esclavage,
Tu voudrais, libre de tes fers,
A ton gré parcourir les airs
Et gazouiller sous le feuillage !

« Ah ! la liberté, c'est la vie !
« Je demande la liberté :
« Elle fait la félicité ! »
As-tu pensé dans ta folie.
Eh bien ! soit, mon joli serin,
Finis-en avec le chagrin ;
Je vais contenter ton envie.

rhétorique exclusivement, dans le collège que gouvernait à Soucs ce digne ecclésiastique ; il eut pour professeur de rhétorique, à Layrac (Lot-et-Garonne), M. l'abbé Lalanne, devenu plus tard le directeur du collège Stanislas à Paris. A Soucs comme à Layrac, M. Palisse, très heureusement doué de la nature, obtint le premier rang parmi ses camarades. Il entra au grand séminaire d'Angoulême en même temps que son oncle entrait à Richemont et il alla l'y rejoindre en octobre 1842. Il y resta trois ans et y fut chargé successivement de la 8e et de la 5e. Musicien et poète, il créa, de concert avec M. Duffourc, parmi les élèves et les maîtres du petit séminaire, un orphéon qui exécutait les morceaux des *quarante chanteurs montagnards*. C'est à cette occasion qu'il composa la belle cantate nommée par M. l'abbé Chaumet(*) *le chant des anciens:*

(*) Dans le compte-rendu de la fête des noces d'or, page 13.

Puisque mes soins et ma tendresse,
Loin de satisfaire tes vœux,
Loin de te rendre plus heureux,
Ne font qu'accroître ta tristesse,
Va, quitte ton étroit réduit ;
J'en ouvre la porte sans bruit.
Pars ; que ta captivité cesse.

Vois-tu cette agile hirondelle,
Libre dans son vol gracieux ?
Comme elle perds-toi dans les cieux,

  O Richemont, ô fortuné séjour,
   Séjour de paix et d'allégresse,
 Riant coteau, combien, de jour en jour,
   Pour toi s'accroît notre tendresse !
    O Richemont, (bis)
    Aimable mont, (bis)
 Toujours, toujours nos chants te rediront.
    Charmant asile,
    Séjour tranquille,
Pour te chanter (bis) nos concerts s'uniront (*).

En quittant Richemont, M. Palisse devint professeur de troisième dans un pensionnat laïque de Bayonne. Plus tard il fonda un établissement d'instruction secondaire à Soues et, en 1858, il le transféra dans la ville de Tarbes, où les élèves affluèrent. Désireux de se reposer des fatigues de quarante années d'enseignement, M. Palisse abandonna la direction de son collège en 1880 : il s'est retiré à Soues, petite localité voisine de Tarbes.

(*) On trouvera cette cantate en entier à l'*Appendice*, à la fin du volume.

Puis, rase la terre comme elle ;
Ou, dans la fraîcheur de ces bois,
Mêle, pour la première fois,
Tes chants aux chants de Philomèle.

Mais quoi ? quelle crainte soudaine
Te trouble, petit inconstant,
Que vers moi tu reviens tremblant
Et ne voles plus qu'avec peine ?...
Tu fuis la serre du vautour...
Et tu reconnais en ce jour
Que ton bonheur est dans ta chaîne !

Un des sujets le plus souvent traités, ce fut l'éloge de M. le supérieur, dans les compliments qu'on lui adressait au jour de l'an et au jour de sa fête, le 6 mai, au commencement du plus beau mois (1)

---

(1) Voici en quels termes Louis Coussot (*) célébrait le mois de mai :

> Salut, ô mois que la nature
> Enrichit des dons les plus beaux !
> Sous tes pas renaît la verdure ;
> Le ruisseau coule avec murmure ;
> L'agneau bondit sur les coteaux.
>
> Fais, ô plaintive Philomèle,
> Fais entendre ta douce voix,
> Et, loin du ramier infidèle,
> Seule, innocente tourterelle,
> Ne gémis plus au fond des bois.

(*) M. le chanoine Hameau, qui avait été le professeur de M. Coussot, nous a dit qu'il était mort jeune encore à Charroux, où il s'était établi comme médecin.

de l'année (le mois de mai méritait alors cette réputation aujourd'hui bien compromise). Des nombreuses pièces composées pour ces circonstances, à l'aurore de Richemont, qu'on nous permette d'en citer deux. La première est un rondeau.

De vous chanter comment remplir l'office ?
Comment en vers exalter vos vertus ?
Mérite haut demande haut service ;
A grands héros grands poètes sont dus.
Bien est besoin que Muse soit propice

    Zéphyr, viens caresser ma lyre.
    Dans ce bosquet délicieux,
    Viens et seconde mon délire :
    Je veux, dans l'ardeur qui m'inspire,
    Célébrer la Reine des cieux.

    J'aime, ô mai, ton ciel sans nuage,
    J'aime ton horizon d'azur ;
    J'aime l'oiseau sous le feuillage,
    Et la fleur, à son doux ramage
    Mêlant le parfum le plus pur.

    De ce mois, ô tendre Marie,
    De ce beau mois reçois l'encens ;
    Charmantes fleurs, dans la prairie
    Croissez pour ma Mère chérie ;
    Oiseaux, redoublez vos accents.

    Demain, quand la brillante aurore
    Conduira son char triomphal,
    Oui, je viendrai joyeux encore,
    De la fleur que mai fait éclore
    Couronner ton front virginal.

A moi, qui suis aux lettres si novice,
Moi qui ne rends que des accents confus,
Tâché-je pas sous un funeste auspice
  De vous chanter ?

Au jour de l'an toutefois, c'est justice
Que d'essayer ; mais efforts superflus !
Car du rondeau l'impérieux caprice
Et le tour bref ne me permettent plus
  De vous chanter (1) !

Voici la seconde, d'un tour vif et d'un rythme rapide :

Le vent a chassé les nuages :
Un soleil pur et radieux,
Brillant dans un ciel sans orages,
Promet un jour délicieux.
De l'Antenne aujourd'hui plus pure
Les eaux coulent plus mollement ;
Le vallon reprend sa verdure,
L'oiseau des bois son joyeux chant.
Plus douce, la brise légère
Caresse le rosier fleuri.
On voit bien que la Vierge Mère
Et que saint Jean nous ont souri !

  Vierge Marie,
  Priez pour lui !
  Mère chérie,
  C'est aujourd'hui

(1) M. Alexis Lacroix.

Que la prière
De vos enfants
Devra vous plaire !
Leurs vœux ardents
Pour le bon Père,
De ces beaux lieux,
Vont vers les cieux !
O saint Prophète
De mon Sauveur,
Dans cette fête
Du bon Pasteur,
Daignez répandre
Sur le séjour
D'un père tendre
Tout votre amour ! (1)

M. Magrangeas a été assurément un des plus féconds versificateurs qu'aient inspirés les eaux de l'Antenne. Sa verve facile s'exerçait sur tous les sujets ; il préférait cependant les sujets religieux, où il pouvait à son aise épancher les sentiments de foi et d'ardente piété dont son âme était remplie. Plusieurs de ses cantiques spirituels nous ont été conservés ; les anciens élèves de ce prêtre vénérable en reliront quelques passages avec plaisir :

(1) Nous n'avons pu trouver le nom de l'auteur de cette pièce.

Asile de mon innocence,
Richemont, paisible séjour,
De Jésus la douce présence
Remplit mon cœur de ton amour.

Dans les palais de Babylone,
J'ai vu le néant des désirs ;
J'ai vu s'effeuiller la couronne
Qui brillait au front des plaisirs.

Pour séduire et perdre mon âme,
Tu m'offrais ta coupe de miel,
Volupté ; mais ta main infâme
A grands flots y mêlait le fiel.

Le bon Pasteur, de sa houlette,
Vers ces lieux daigna me guider.
J'y jouis d'une paix parfaite ;
Je n'ai plus rien à demander.

Ma jeunesse eût été flétrie
Dans les beaux jours de mon printemps.
Ici, sous l'aile de Marie,
Je brave la fureur des vents.

Au milieu d'un gras pâturage,
Le troupeau goûte la fraîcheur.
Moi, j'ai mon Dieu pour mon partage,
Il est le repos de mon cœur.

Naguère aux tempêtes du monde,
Sans son secours j'allais périr ;
Ici, dans une paix profonde,
Le pain du ciel vient me nourrir.

Du plaisir impures images,
A jamais fuyez de mes yeux ;
La vertu des mâles courages
Doit seule habiter ces beaux lieux.

O doux Cœur de ma tendre Mère,
Pour moi vous ne saignerez plus :
A jamais vous me serez chère ;
A jamais je suis à Jésus.

Quand je quitterai cette enceinte,
J'y laisserai toujours mon cœur.
Je dirai : « Ma vie y fut sainte ;
Aussi j'y trouvai le bonheur ! »

On ne cultivait pas seulement la poésie au petit séminaire ; l'éloquence, surtout l'éloquence judiciaire, y était aussi en grand honneur. M. Dumas, en effet, avait introduit dans sa maison, avec l'approbation et le concours de M. Fruchaud, un usage des Thibaudières ; il avait organisé au milieu des élèves de la division des grands un tribunal. M. Gervais Robin, dans le spirituel discours qu'il a prononcé à la fête des noces d'or de Richemont, a très agréablement évoqué ce souvenir : « Un tribunal ! Oui, messieurs, ne riez pas, un véritable tribunal, où l'on plaidait, où l'on jugeait ; un tribunal qui faisait les délices des magistrats de Cognac, qui assistaient gravement à nos audiences et ne nous ménageaient pas leurs compliments. » M. Gervais Robin a rappelé ensuite que le susdit tribunal avait en M. Augereau (aujourd'hui archiprêtre de Barbezieux) « un président accompli ; en M. Frédéric Pellisson un juge d'instruction qui « apportait dans l'exercice de ses fonctions une perspicacité, un tact et un esprit... à rendre jaloux tous les juges d'instruction de France. » Il n'a, par modestie, voulu rien dire du procureur du roi ; mais c'est un fait avéré que les accusés tremblaient à la seule pensée de ses véhéments réquisitoires.

On peut supposer qu'il fut plaidé par-devant ce tribunal bien des causes dignes de la cause de Citron, le chien de Perrin Dandin. Telle était celle qui fournit l'occasion d'un bel acte de vertu à Jacques Tirado, l'un des plus pieux et des plus intelligents élèves de Richemont. Nous citons l'intéressante notice que M. l'abbé Chaumet a consacrée, dans le *Bulletin de l'Apostolat* (1), à la mémoire de ce jeune saint, son condisciple et son ami :

« Notre cher Tirado était bien l'avocat le mieux réussi. Il obtenait tous les applaudissements et gagnait toutes ses causes. Il avait pourtant un émule de talent, lui aussi très en faveur, qui joignait à une grande ardeur dans la lutte un orgueil

(1) 2e année, n° 7, juin 1880.

qui ne se cachait guère et se froissait de tous les applaudissements qui n'étaient pas pour lui. Que de fois notre jeune Tirado retint sur ses lèvres des traits d'esprit bien innocents, qui l'eussent choqué! que de fois il diminua volontairement la valeur des discours qu'il faisait, pour laisser briller son adversaire! Il avait, à ce prix, gardé une amitié que personne n'ambitionnait, tant il fallait la payer cher. Un jour, nos zélés gendarmes firent un procès à tous les musiciens : ces prévenus d'un nouveau genre étaient accusés de causer du dommage à la communauté. Faisant, en effet, leurs répétitions dans le voisinage de la cuisine (pardon de ce détail), ils étaient responsables de toutes les distractions qui nuisaient à la délicatesse bien connue de la table du séminaire. Il devait sortir de cet intéressant sujet un éloge pompeux de la musique et une fine raillerie des mauvais musiciens. Le jeune Tirado et son émule Joseph B... prirent chacun leur sujet. Or, c'était l'époque des compositions générales et nos deux amis étaient en grande concurrence pour obtenir les prix. Quatre ou cinq jours avant l'appel de la cause des musiciens, le jeune B... déclara à son ami qu'il renonçait à son rôle de défenseur, parce qu'il ne pouvait mener de front les compositions générales et le travail de son plaidoyer. Notre ami encouragea d'abord le jeune B... « Toute la maison s'attendait à une

« séance. Impossible d'offrir cette cause à un autre
« au dernier moment. Ce serait une honte de reculer
« ainsi. » Rien ne pouvant décider notre jeune avocat, Tirado offrit alors sa collaboration,... Elle fut acceptée. Il fit donc les deux plaidoyers et se surpassa. Toute son application, tout son talent, tout son esprit, furent pour son adversaire, qui remporta une facile victoire. C'était la première cause perdue par notre ami. »

Les audiences du tribunal étaient, on le comprend, pour tous les habitants du petit séminaire, d'agréables distractions qui rompaient la monotonie de la vie scolaire. M. Dumas y ajoutait quelquefois, comme il l'avait vu pratiquer à La Rochefoucauld et aux Thibaudières, des représentations scéniques. Il s'occupait assez souvent lui-même d'exercer les acteurs. Il était très sévère en matière de diction. La sienne, toujours grave et digne, manquait un peu de variété. M. l'abbé Olivier Piquand [1] fut, dans les premières années de Richemont, le professeur qui seconda le plus activement et le plus heureusement M. Dumas dans la préparation des pièces de théâtre. Une année il eut la hardiesse de faire jouer *Athalie*. Les plus grandes dames de Cognac prêtèrent, pour la circonstance, leurs bijoux et

---

(1 Cfr. page 284.

autres atours, et rehaussèrent par leur présence l'éclat de la représentation, qui réussit mieux qu'on n'eût pu l'attendre d'acteurs inexpérimentés.

C'est ainsi qu'une direction intelligente et dévouée adoucissait, de temps en temps, pour les jeunes séminaristes, l'austérité de la règle et reposait du travail par d'innocents plaisirs. Ils revenaient ensuite avec plus d'ardeur à leurs occupations ordinaires, et l'amour des études florissait à l'égal de la piété envers Dieu et envers Marie.

Le nom de la très sainte Vierge, le souvenir de sa bonté et de sa puissance revenaient souvent (nous l'avons vu plus haut) dans les vers de M. Magrangeas et de ses jeunes émules. Ce n'était pas sans motif, du reste, que Marie était aimée et honorée sur la colline de Richemont. N'était-elle pas la dame et la maîtresse du petit séminaire ? et n'était-ce pas sous sa protection spéciale qu'il avait été placé par les pieux fondateurs (1) ? Marie fut la gardienne attentive de la maison remise à sa foi, et plusieurs traits signalés de sa vigilance maternelle accrurent encore la confiance et l'amour de ses enfants.

Un jour, un chien enragé pénétra dans la cour

(1) De très bonne heure, fut placée dans la cour des grands la statue de la sainte Vierge qu'on y voit encore.

des petits au moment de la récréation. Le danger était terrible. M. Azens, qui présidait, ne se troubla pas ; il se recommanda à la sainte Vierge, et, sans autre arme que son camail qu'il avait enlevé de ses épaules, il fit face à l'animal, l'effraya et parvint à le faire sortir de la cour.

Un des enfants de chœur que le maître des cérémonies avait emmenés au lieu où ils prenaient d'ordinaire leurs soutanes rouges et leurs surplis, profita d'une distraction de celui-ci pour se mettre à cheval sur la rampe de l'escalier qui descend du dortoir des grands à l'ancienne salle de récréation : par malheur, il manqua d'équilibre et tomba d'une hauteur de deux étages sur un pavé de bitume ; il se fit grand mal, mais on regarda comme un effet de la protection de la sainte Vierge, qu'il n'eût pas été broyé, et qu'il ne fût pas mort sur le coup.

On avait hâté les travaux d'un dortoir situé où sont aujourd'hui les deux chambres contiguës à la bibliothèque, et, comme les plâtres n'étaient pas entièrement secs, on y entretenait le jour un réchaud qu'on éteignait le soir. Une nuit, ce réchaud, mal éteint, se ralluma et il allait amener l'asphyxie de tous ceux qui dormaient dans l'appartement : un élève fut providentiellement réveillé ; malgré l'engourdissement qu'il éprouvait déjà, il eut la force de se traîner jusqu'à une fenêtre, de l'ouvrir, et d'aller demander du secours. C'est ainsi que tous échappèrent à une mort horrible, et que Richemont fut préservé d'une catastrophe dont on ne peut considérer les conséquences sans épouvante (1).

(1) Voici en quels termes M. l'abbé Chambaud, curé-doyen de Saint-Amant-de-Boixe, nous a raconté cet événement, dans une lettre où il a eu la bonté de nous communiquer ses souvenirs : « L'ouverture de la maison ayant eu lieu avant que les travaux d'appropriation fussent terminés, les élèves et les maîtres étaient obligés de se caser un peu partout, même dans les pièces en réparation, ou bien d'aller, comme je le fis moi-même pendant quelque temps, avec un autre élève et M. Tarrère, le supérieur, chercher chaque soir un gîte dans une maison non habitée, appartenant à la famille Merceron, de Cognac. Cet état de choses aussi nuisible au bon ordre qu'il était incommode et gênant, détermina les directeurs à faire occuper le nouveau dortoir, avant que les briquetages, construits pour le clore, fussent entièrement secs. Dans le but de hâter la dessiccation des plâtres, on eut la malencontreuse idée de faire allumer un poêle à charbon dans ce dortoir. La première nuit, comme on avait pris la précaution de l'éteindre avant le coucher et d'ouvrir les fenêtres pour aérer, il ne se passa rien d'extraordinaire ; mais, le lendemain, ces précautions n'ayant été prises que d'une manière imparfaite, au milieu de la nuit, vers 11 heures 1/2 environ, un commencement d'asphyxie avait frappé les élèves et le surveillant, qui était M. Magrangeas. Un seul élève, moins atteint que les autres, put sortir du dortoir et vint frapper à la porte de la chambre de M. Tarrère en criant : « Mon-

Ajoutons enfin à la gloire de Notre Dame de Richemont que le petit séminaire n'a jamais souffert d'un incendie ; car c'est à peine s'il faut donner ce nom à la destruction par le feu de quelques fagots, empilés sous un modeste hangar dans la cour d'entrée, à côté de l'endroit où est aujourd'hui le four ; cet événement, qui n'eût pas d'autres suites fâcheuses, arriva la nuit d'avant la distribution des prix en 1857.

La protection de la sainte Vierge se manifesta aussi par la rapidité relative avec laquelle le nombre des élèves augmenta : il était déjà de plus

sieur le supérieur, tous les élèves sont morts ! » A ce cri d'alarme, M. le supérieur, un autre élève et moi, qui partagions sa chambre, nous accourûmes, à moitié vêtus, au dortoir, où nous attendait un spectacle navrant. Grâce à Dieu toutefois, il n'y avait pas de morts, mais des malades fortement atteints ; les uns râlaient, d'autres semblaient avoir perdu l'usage de la raison et parlaient à tort et à travers, d'autres étaient plongés dans une morne stupeur. En un instant, tout le personnel de la maison est sur pied ; le médecin (c'était le docteur Boulay), mandé en toute hâte, accourt et prodigue aux malades des soins dévoués et intelligents : à 6 heures du matin, tous étaient hors de danger. Le repos de la journée acheva de les remettre entièrement, et, le lendemain, une messe d'action de grâces fut célébrée : élèves, maîtres, supérieur, remercièrent avec une ardente reconnaissance Dieu et la sainte Vierge, qui les avaient arrachés à un si grand péril. »

de 80 en 1841-1842 ; à la fin de 1843-1844, il dépassait de beaucoup la centaine et la maison devenait trop étroite : il fallut songer à l'agrandir. Le 24 août 1844, M₉ʳ Régnier écrivait à M. Covillion : « La construction de l'aile ouest (1) du petit séminaire est définitivement arrêtée, et j'ai l'honneur de vous inviter à vous occuper sans délai de ce travail. » Il fut commencé au printemps de 1845. On avait pensé d'abord à conserver tel quel le réfectoire primitif, à laisser la cuisine où elle était, dans le pavillon, et à faire un second réfectoire dans le nouveau bâtiment ; il eût compris la cuisine actuelle et ses dépendances, l'ancienne classe de huitième et le parloir. On finit par s'arrêter à une idée qui nous semble meilleure : ce fut de couper, en la forme d'une immense arcade, le mur du pavillon qui séparait le réfectoire de la cuisine et de reporter la cuisine plus loin : on obtint de cette manière au rez-de-chaussée un réfectoire unique, de bonne grandeur, et, au premier étage, un assez vaste dortoir qui fut consacré aux moyens. M. Covillion conseillait de surhausser immédiatement, en même temps qu'on construisait le dortoir des petits, le modeste pavillon où habitait le portier et où est installé aujourd'hui l'économat. M₉ʳ Régnier s'étant refusé à ce surcroît de dépense, ce n'est

---

(1) Plus exactement nord-ouest.

qu'aux vacances de 1863, que ce pavillon fut mis à peu près dans l'état où il est maintenant. Les travaux, du reste, ne marchèrent que lentement ; ils n'étaient pas encore achevés le 18 octobre 1845 ; et Mgr Régnier dut s'en plaindre à l'architecte. Ils coûtèrent plus de 22,000 francs, qu'on paya en divers termes répartis sur trois années ; le solde final fut versé à l'entrepreneur Péronneau, le 24 mai 1848.

Pendant que le nombre des élèves et l'étendue des bâtiments augmentaient, les études prospéraient et le bon esprit s'affermissait. Au retour d'un voyage à Champagne-Mouton, M. Dumas écrivait, le 5 mai 1845 (1), à Mgr Régnier : « Pendant mon

---

(1) Quelques mois auparavant, le 10 janvier 1845, M. Dumas écrivait déjà : « Nos chers enfants, sauf quelques exceptions, vont toujours assez bien et un excellent esprit règne parmi tous les maîtres. Je les fatigue peut-être un peu par de fréquentes observations sur la surveillance ; mais j'agis dans leur intérêt comme dans celui des élèves, et je crois qu'ils me rendent pleine justice. » M. Dumas rappelait souvent, en effet, et avec grande raison, aux maîtres leur important devoir de veiller sans relâche sur les enfants confiés à leurs soins. Une de ses maximes favorites était que *ce sont les maîtres qui manquent aux élèves, et non pas les élèves aux maîtres...* Cette maxime a du vrai, mais toutefois il ne faut pas la généraliser ; il nous semble que M. Dumas l'appliquait parfois

absence de trois jours, l'ordre de la maison n'a pas été troublé. Nos chers enfants sont généralement studieux et sages. Leur piété semble prendre un nouvel essor pendant ce mois consacré à notre sainte patronne. Le dimanche et le jeudi de chaque semaine, nous faisons en commun et avec solennité les exercices du mois de Marie. Les autres jours chacun paie librement son tribut, et je n'en connais pas un seul qui y ait encore manqué. C'est une grande satisfaction pour nous, Monseigneur, de voir souvent les enfants les plus légers et les plus dissipés se rendre volontairement à la chapelle et y prier avec une ferveur toute naïve. »

Les progrès des élèves dépendant dans une large mesure du zèle, du savoir, et surtout de la piété des maîtres, Mgr Régnier, pour entretenir et accroître parmi les professeurs de Richemont l'estime de ces précieuses qualités, crut devoir leur adresser, à la rentrée de 1845-1846 (1), de sages conseils, où se révèlent l'esprit apostolique de l'évêque et la longue expérience de l'ancien proviseur du collège royal d'Angers.

« L'avenir du diocèse est, en grande partie, dans le petit séminaire. Aussi cet établissement est-il l'objet de

d'une façon trop absolue et d'un ton tranchant qui blessait plus qu'il ne convainquait.

(1) Cette lettre est datée du 24 octobre 1845.

ma sollicitude la plus vive et la plus tendre; appeler un ecclésiastique à y remplir une fonction quelconque, c'est de ma part une preuve d'estime particulière et de haute confiance. Mais, pour que le petit séminaire rende à l'Eglise les services qu'elle a droit d'en attendre, il faut que chacun de ceux qui sont chargés de concourir à sa direction mette, dans l'accomplissement des fonctions qui lui sont confiées, beaucoup d'abnégation personnelle, de zèle et de dévouement. Il faut qu'il évite avec soin tout ce qui pourrait nuire au succès de l'œuvre commune.

« C'est pour assurer ce succès, autant que possible, que je vous adresse à tous, messieurs, au commencement d'une année qui doit avoir une importance particulière, les recommandations suivantes; l'expérience m'en a fait connaître la nécessité.

« Tous les professeurs feront de leurs cours respectifs leur affaire principale, je dirai presque exclusive; c'est pour eux, ils le comprennent, une obligation de conscience. Qu'ils préparent soigneusement chacune de leurs leçons, même dans les plus basses classes; ce n'est qu'à cette condition que leur enseignement sera intéressant et utile.

« Qu'ils veillent avec une attention suivie à ce que les enfants parlent et écrivent correctement la langue française.

« Qu'ils suivent, pour l'explication des auteurs grecs et latins, la méthode indiquée par Rollin et Jouvency.

« Leurs récréations ne doivent pas se prolonger plus

que celles des élèves. Ils doivent aux enfants l'exemple du bon emploi du temps et ne peuvent espérer leur inspirer de l'ardeur pour le travail qu'autant qu'ils en auront eux-mêmes. Il y aurait de leur part imprudence et désordre à prolonger, pendant les heures de travail, des conversations et des jeux qu'on pût entendre des salles d'étude (1).

« Dans leurs rapports avec les personnes du dehors, ils doivent éviter tout ce qui pourrait compromettre l'établissement. S'ils ont des observations ou des plaintes à faire, ce n'est pas à des étrangers, qui ne peuvent rien à l'ordre de la maison, mais à leurs supérieurs qu'ils doivent s'adresser.

« Que tout se passe donc en famille, et qu'il n'y ait jamais au dehors de ces confidences indiscrètes, de ces

(1) L'évêque ne recommandait ici que ce qu'il avait fidèlement pratiqué lui-même quand il était professeur à Beaupréau. Voici ce que dit à cet égard l'auteur de sa *Vie*, M. l'abbé Destombes, tome I, page 39 : « Si les récréations à Beaupréau avaient leur temps, leur charme et leurs amusements de tout genre, elles ne faisaient que préparer à des études plus sérieuses et plus suivies. Le coup de cloche qui appelait les élèves dans leurs salles d'étude faisait se diriger à l'instant même vers leurs cellules les différents professeurs. L'oubli de cette règle ne se renouvelait pas deux fois avec l'abbé Régnier. Un confrère le suit un jour jusqu'à sa chambre pour continuer une conversation ou entamer quelque nouveau sujet. Aussitôt un livre lui passe dans les mains avec cette formule brève, mais aussitôt comprise : « Occupez-vous de faire une lecture ; je vais aussi travailler. »

critiques ou de ces murmures que la prudence, la charité et la religion interdisent également.

« Tous les maîtres éviteront les marques de prédilection et de préférence à l'égard de quelque élève que ce soit, excepté celles qui sont de règle comme récompense de la bonne conduite et du travail. On défend aux enfants les amitiés particulières entre eux : que serait-ce, si ceux qui doivent s'opposer à ce qu'ils en forment leur en donnaient l'exemple ? Quelle autorité morale conserverait un maître, si son affection, ses attentions plus empressées, une sorte de déférence que lui interdit sa position, pouvaient être attribuées aux qualités physiques ou à la fortune des enfants qui en seraient l'objet ?

« Je rappelle la défense que le règlement fait aux maîtres de recevoir les enfants dans leurs chambres pour qu'ils y passent le temps des récréations ou des études. Sauf les exceptions qui seront dûment autorisées, chacun d'eux ne s'occupera que des élèves de sa classe, et il s'occupera de tous également.

« Les maîtres éviteront toute familiarité, tout ce qui aurait un air de *camaraderie* avec les élèves. Ils éviteront avec autant et plus de soin encore tout emportement contre eux. Ils s'interdiront absolument, à leur égard, lors même qu'ils auront de justes et graves sujets de mécontentement, toute parole injurieuse, toute ironie blessante, toute correction corporelle, tout ce qui aurait la moindre apparence de violence ou de défaut de délicatesse. »

La lettre se terminait par des encouragements.

« Je suis heureux d'ajouter que, à part quelques imperfections isolées et sans grande conséquence, le zèle unanime des maîtres, la sage et pieuse direction de la maison, les progrès des élèves, leur excellent esprit, ont été pour moi le sujet d'une grande satisfaction et m'ont fait concevoir de bien consolantes espérances.

« Vous travaillerez avec une nouvelle ardeur à maintenir Richemont à la place honorable qu'il a déjà prise dans l'opinion publique. Vous vous tiendrez étroitement unis ; vous rivaliserez de déférence affectueuse envers l'autorité, de dévouement à votre belle et sainte mission, de charité pour les enfants que la religion vous confie. Ce sont, mes chers messieurs, les vœux que je forme avec le grand Apôtre, en bénissant de tout mon cœur vos personnes et vos travaux. *Vos autem Dominus multiplicet et abundare faciat caritatem vestram in invicem et in omnes, quemadmodum et nos in vobis* (1).

L'année 1845-1846 fut prospère et le nombre des élèves dépassa 130. A la fin de février 1846, M. Dumas écrivait :

« Je suis heureux, Monseigneur, de répondre aux questions que Votre Grandeur veut bien m'adresser au sujet de la direction générale de la maison, parce que j'ai de bons renseignements à donner sur presque tous les points. Il règne dans les études une étonnante

---

(1) *I Thess.* III, 12.

activité, soutenue par le zèle persévérant des maîtres. Nous avons la consolation de voir plusieurs enfants qui avaient résisté longtemps à nos efforts y répondre aujourd'hui par une application exemplaire. Nous obtenons même quelque chose des deux ou trois qui sont encore notés sévèrement. La piété se développe d'une manière aussi satisfaisante. La division des grands semble ne laisser rien à désirer sous ce rapport; la plupart de ces bons jeunes gens ont une ferveur digne du grand séminaire. Il n'en est pas tout à fait ainsi de la division des petits; cependant leurs pieuses dispositions et leur bon esprit méritent d'être signalés à la bienveillance de Votre Grandeur.

« Il y a une amélioration notable dans l'enseignement des mathématiques. En multipliant les cours, je veux dire en établissant autant de divisions qu'il y a de classes de latin, nous avons rendu la surveillance plus facile et l'application des élèves plus sérieuse. Afin d'y ajouter de l'intérêt, j'ai exigé que chaque professeur tînt compte du travail de ses élèves dans cette spécialité en fixant l'ordre des places de *diligence* sur le bulletin hebdomadaire. J'ai voulu aussi qu'une composition de mathématiques entrât dans le cercle des autres facultés et revînt à son tour comme elles. »

C'étaient là de sages mesures. Pour soutenir et encourager la bonne volonté des élèves, M. Dumas, avait établi un concours qui portait sur les devoirs, les leçons et la conduite. Il passait, le samedi soir, dans les classes, et le professeur proclamait devant lui, après les places d'excellence, les places de diligence (c'était le nom de ce concours) et les notes méritées par chaque élève. M. Dumas y ajoutait parfois un bref commentaire, que redoutaient fort les paresseux et les dissipés. Il envoyait ensuite à l'évêché le bulletin qui renfermait les notes et les places. Il y joignit, du temps de Mgr Cousseau, les copies de composition des deux premiers ; et le bon évêque, au milieu de ses multiples sollicitudes, trouvait un instant chaque semaine pour examiner le tout et se tenir au courant des travaux de ses chers enfants. Il n'était pas rare que, à un voyage subséquent, il fît allusion à quelque copie qui l'avait particulièrement frappé et en félicitât l'auteur. Il ne dédaignait pas d'indiquer lui-même parfois des sujets à traiter en seconde ou en rhétorique.

La correspondance de M. Dumas nous fait connaître une épidémie de grippe dont le petit séminaire fut atteint en janvier 1847 ; plus de soixante élèves tombèrent malades à la fois. Cette affection n'eut, grâce à Dieu, rien de grave pour aucun d'entre eux, et avant la mi-février les études avaient repris leur cours régulier. Une autre épreuve succéda à la première, ce fut l'excessive cherté du pain (1) : pour éviter de faire des dettes, l'adminis-

(1) Pendant les années précédentes, la prospérité matérielle du pays avait procuré au petit séminaire une demi-

tration du petit séminaire dut demander un supplément de pension aux familles des élèves, qui s'y prêtèrent presque toutes de bonne grâce.

La révolution de février 1848, qui ailleurs échauffa tant de têtes, n'eut aucune fâcheuse conséquence pour le petit séminaire. Toute la contrée demeura parfaitement tranquille. Le chef de la commission provisoire de Cognac, M. Jobit, déclara, dans les premiers jours de mars, à un ecclésiastique qu'il croyait employé à Richemont, sa volonté bien arrêtée de réprimer sévèrement même les injures verbales. Son frère, nommé sous-commissaire du gouvernement, témoigna des mêmes dispositions; aussi le petit séminaire ne fut-il nullement inquiété. Les maîtres, quand ils se rendirent à Cognac au mois d'avril pour les élections de la Constituante, furent accueillis, comme tous les membres du clergé, avec un respect extraordinaire.

Quelques jours auparavant, le 14 avril, une portion considérable de la petite église paroissiale s'écroula; la façade, le clocher, presque toute la

aisance : les vivres alors n'étaient pas chers et l'économe de ces temps heureux, M. l'abbé Moreau, aujourd'hui chanoine, faisait servir si souvent des dindes rôties sur la table des élèves, que quelques uns avaient le front de s'en plaindre. Il n'est pas toujours facile de contenter les écoliers.

nef, ne formaient plus qu'un monceau de ruines. Ce n'est qu'au prix de bien des efforts et de bien des sacrifices personnels, que M. Dumas parvint à réparer ce désastre.

L'année scolaire 1848-1849 vit partir de Richemont M. Azens : une petite attaque de paralysie, qui heureusement n'eut pas de suites graves, fut la cause de ce départ. M. Jean-Louis Azens était né à Gez-ès-Angles, près Lourdes, le 25 août 1800. Il fit ses études au collège de Tarbes d'une façon brillante et donna de bonne heure des preuves non équivoques de sa vocation à l'état ecclésiastique. Au sortir du grand séminaire, il fut envoyé, comme professeur de troisième, dans l'excellente maison de Saint-Pé. Ordonné prêtre, il fut nommé vicaire de Saint-Jean de Tarbes ; ses sermons pleins de feu, animés encore par une action puissante, le firent placer au premier rang parmi les prédicateurs de son diocèse. Il fut ensuite curé de Bonnefont (1). Mais un goût déterminé l'entraînait vers l'enseignement : il quitta sa paroisse, en 1830, pour diriger à Soues un pensionnat, qui fut très florissant pendant une dizaine d'années, malgré les embarras de toute sorte que lui suscitait l'Université. Après dix ans de luttes incessantes, M. Azens

(1) Bonnefont, commune du canton de Tric (Hautes-Pyrénées).

démissionna et se livra tout entier à la prédication ; grâce aux éloquentes instructions qu'il prêcha pendant un carême à Argelès, les dons affluèrent pour la reconstruction de l'église paroissiale, et le curé, M. l'abbé Lauga, son ami, put remplacer cette église étroite et croulante par un monument plus digne de Dieu et de la piété des fidèles. C'est peu après, en octobre 1841, que M. Azens, toujours passionné pour l'enseignement, vint à Richemont. Il fut placé d'abord en rhétorique ; mais, le professeur de mathématiques, M. de James, ayant dû quitter le séminaire au bout de trois semaines, à cause de sa santé ébranlée, M. Azens le remplaça. Il avait cultivé avec un égal succès les lettres et les sciences. Son poète favori était Horace, dont il savait par cœur nombre de vers qu'il citait à propos. C'était un bon professeur de mathématiques, et, pourvu que quelque élève espiègle ne le fît pas causer de choses étrangères, il enseignait avec clarté et intérêt. Il ne portait jamais de livre en classe. Il faisait souvent figurer dans ses problèmes élémentaires les fourrures et les animaux qui les donnent, surtout la martre et la zibeline.

Il faut dire que M. Azens aimait beaucoup l'histoire naturelle : il avait des connaissances étendues en botanique et en zoologie. On se souvient de ses goûts pour la chasse au renard et au blaireau. Il tendait ses pièges dans le bosquet de Richemont, malgré les représentations de l'économe qui feignait d'y voir un danger pour les gens de la maison. Une fois, le jovial économe, ayant fait habiller de vieux haillons un homme de paille, le mit dans le piège. M. Azens, à la première vue, fut épouvanté : « Monsieur, monsieur, s'écria-t-il, avez-vous bien du mal? » Quand il s'aperçut qu'il avait été joué, il voulut prendre sa revanche : il fit porter l'homme de paille à la rivière, en amont du lavoir, et revint faire le guet dans la cour des grands, accoudé sur le petit mur qui regardait l'Antenne avant la construction de la chapelle. Quand le mannequin arriva en face du séminaire : « Ah! mon Dieu, s'écria-t-il; un homme qui se noie ! Allez bien vite avertir M. l'économe de descendre le secourir. — Qui vous envoie ? dit l'économe au messager. — M. Azens. — Bien, bien! dites à M. Azens qu'il est aussi apte que moi à tirer de l'eau son homme de paille : j'ai autre chose à faire. » Notre qualité d'historien consciencieux nous fait un devoir de rapporter une seconde version, d'après laquelle l'économe, déjà habillé pour célébrer la messe, aurait déposé précipitamment les vêtements sacrés et aurait couru à l'Antenne ; mais nous ne croyons pas la chose probable. Ce ne fut pas là, du reste, le seul tour que l'on fit au vaillant chasseur (1) ; assez souvent on

---

(1) Une nuit que la lune en son plein était cachée der-

détendait ses pièges et on y mettait quelques poils de blaireau. « Ah ! disait M. Azens, il s'en est fallu de peu que l'animal ne fût pris ! » M. Azens était de petite taille, mais rond et replet ; il avait la vivacité, l'entrain et la belle humeur du Midi. Il taquinait les élèves au nez pointu, prétendant que les gens de cette sorte sont marqués aux trois *g*, *gueux, glorieux, gourmand*. L'économe lui fit une malice à cet égard en lui disant : « Si l'on met une goutte d'eau au nez d'une personne et que cette goutte en tombant atteigne son ventre, voilà le signe infaillible que cette personne est gourmande. »

Le bon M. Azens fut très regretté ; car il était chéri de tout le monde. Il rentra dans son pays natal, où il se livra tout entier à l'astronomie, à la botanique et à la chasse au blaireau. Il n'y avait pas aux environs de Lourdes un endroit qu'il n'eût maintes fois exploré dans ses excursions.

rière les nuages, dont elle éclairait les formes bizarres, on alla réveiller M. Azens. « M. Azens, levez-vous vite : il y a dans le ciel un phénomène extraordinaire dont nous ne nous rendons pas compte. Vous qui avez étudié l'astronomie, vous devez savoir ce que c'est. » M. Azens s'habilla en toute hâte et descendit dans la cour ; il regarda la partie du ciel qu'on lui indiquait et, après être resté un instant silencieux, comme s'il eût été embarrassé, il s'écria vivement et avec un accent gascon très prononcé : « Eh ! messieurs, c'est la lune ! »

Aussi, quand jaillit la source miraculeuse, M. Peyramale, voulant se convaincre par un témoignage de plus, lui dit : « Connaissez-vous la grotte de Massabielle ? — Parfaitement, monsieur le curé : je m'y suis souvent mis à l'abri. — Bah ! comment pouviez-vous vous mettre à l'abri dans une grotte toute pleine d'eau ! — Pleine d'eau, monsieur le curé ? Je vous atteste qu'il n'y a pas une goutte d'eau dans la grotte de Massabielle. » Il y en avait alors, mais M. Azens ne l'avait pas encore vue (1).

Quand la guerre éclata entre la France et l'Allemagne, M. Azens prévit nos désastres et il répétait : « J'ai vécu trop longtemps ! » Il n'avait jamais eu de sympathie pour les Bonaparte, et comme, un jour, on vantait en sa présence, vers 1853 ou 1854, les belles actions de Napoléon III, il dit : « Souvenez-vous du proverbe arabe : Avant de dire que la journée a été belle, attends le coucher du soleil. » M. Azens est mort saintement, comme il avait vécu, à Gez, en octobre 1870. A l'inscription modeste gravée sur sa tombe, un prêtre respectable a fait ajouter ces mots : « Il fut l'honneur du clergé. » (2)

Nous n'avons guère de faits saillants à noter à cette époque dans la vie paisible du petit séminaire.

(1) Nous tenons cette particularité de M. l'abbé Descordes, qui la tenait lui-même de M. Peyramale.
(2) Beaucoup des détails qui précèdent nous ont été communiqués par M. Palisse, neveu du vénérable M. Azens

L'érection de l'archiconfrérie de Notre-Dame des Victoires en 1848 par les soins du pieux abbé Magrangeas ; un séjour de Mgr Régnier parmi ses enfants pendant toute la première semaine de mai ; cette même année, la bénédiction d'un chemin de croix, un service funèbre pour le repos de l'âme de Mgr Guitton, ce sont de bien petits détails peu capables d'intéresser l'histoire. La mention de ce chemin de croix, dont les images étaient de papier collé sur toile, nous amène à dire un mot de la pauvreté de la chapelle, où pendant plus de trente ans, ont prié tant de générations d'écoliers. Beaucoup d'entre eux doivent se rappeler encore ces murailles nues ; ce lambris formé simplement par le plancher des appartements supérieurs et que ne dissimulait même pas un plafond de plâtre(1) ; cet autel à un seul degré, qui, avec un modeste tableau, masquait une porte de l'étude des grands ; ces deux armoires dont il était flanqué et qui servaient de sacristie ; des bancs sans dossier et des agenouilloirs où s'emmagasinait la poussière ; au fond deux banquettes pour les maîtres, quelques prie-Dieu et enfin un grand confessionnal

et ancien professeur de Richemont ; nous lui en offrons ici nos respectueux remerciements (Cfr. page 285, note 2).

(1) Vers 1864, M. Dumas, grâce aux aumônes d'une pieuse bienfaitrice, éleva l'autel sur trois degrés, marqua le sanctuaire par une balustrade et fit faire un plafond au-dessus.

double. Que tout cela était loin de ressembler à la belle chapelle d'aujourd'hui avec son élégante arcature, ses vitraux, sa chaire, ses stalles, ses bancs de chêne, et son gracieux autel, sous lequel reposent les reliques de saint Fauste, l'enfant martyr ! Les jours de fête on enveloppait de quelques lambeaux de calicot blanc les colonnes de fonte et on les entourait de lierres, arrachés du tronc des grands arbres de La Billarderie ; on mettait de vieux rideaux aux fenêtres, dont on dessinait les contours avec des guirlandes de mousse ou de buis ; à l'entrée du sanctuaire, on étalait une tenture de coton rouge ou blanche, sur laquelle se lisait une inscription en papier doré, taillée délicatement en caractères gothiques par les ciseaux obligeants du bon M. Duffourc ou d'un de ses disciples. Puis on plaçait sur l'autel les plus belles fleurs, les plus beaux chandeliers (on n'avait guère à choisir) ; et, enfin, on couvrait le pavé d'un tapis à grandes raies rouges, dont on disposait savamment les plis pour en cacher les trous. Il aurait fallu voir quelle ardeur et quel entrain apportaient à ces préparatifs les heureux élèves que le maître des cérémonies avait daigné y admettre ! Plus d'une fois on y passa la moitié de la nuit ! (1) Et, le lendemain, quelle

(1) La veille d'une première communion, entre autres, le bon Ulysse Hugon, alors professeur de septième, passa

joie quand le célébrant, entre ses assistants revêtus de vieilles dalmatiques de soie jaune, consacrait, pour ainsi dire, tout ce pompeux appareil en faisant l'aspersion de l'eau bénite !

Mgr Régnier gémissait que le bon Dieu fût si mal logé au petit séminaire et désirait vivement y construire une chapelle moins indigne de sa destination. Il en avait demandé le plan à l'architecte de la maison et, le 13 novembre 1849, M. Dumas lui écrivait à ce sujet : « L'entrepreneur m'a remis il y a déjà quelques jours le plan de la chapelle projetée. Je compte vous l'envoyer prochainement ; mais il y a des modifications assez importantes à y apporter par suite de remarques qui viennent d'être faites. Si Votre Grandeur veut donner suite à ce projet et avoir recours à la générosité des personnes qui comprennent la nécessité de cette construction, le moment actuel serait bien choisi ; car, dans notre contrée particulièrement, les affaires commerciales n'ont jamais été aussi prospères, aussi brillantes. Pour avoir un succès complet, il faudrait qu'un de messieurs les

---

toute la nuit pour revêtir la muraille sans fenêtres d'une bande losangée, à triple rang, dont le dessin était formé de petites branches de lierre. Rien ne paraissait difficile ni fatigant, quand il s'agissait d'honorer Dieu, à ce saint prêtre, déjà assuré du désir de donner son sang pour le salut des infidèles.

vicaires généraux voulût bien se présenter avec moi dans les maisons qui nous sont le plus dévouées et sur lesquelles nous comptons le plus. »

L'évêque d'Angoulême se disposait à entrer dans les idées de M. Dumas, quand sa subite translation au siège de Cambrai vint tout suspendre. Appelé à ce siège important par une lettre de M. de Parieu, en date du 3 mai, Mgr Régnier, après avoir refusé d'abord, céda aux instances qui lui furent faites de divers côtés et accepta, le 14 mai, par une lettre écrite à Richemont même, en cours de tournée pastorale, la succession du cardinal Giraud. Ce fut une vive douleur pour tout notre diocèse, mais surtout pour M. Dumas, qui avait à l'égard de Mgr Régnier la confiance, l'ouverture et la tendresse d'un fils respectueux. Ces sentiments éclatent dans une lettre qu'il lui écrivait le 20 juin, après avoir passé quelques jours à l'évêché.

« Monseigneur, je suis revenu d'Angoulême bien touché de votre généreuse hospitalité et presque chagrin de m'être privé, par une discrétion peut-être trop scrupuleuse, du bonheur de vous entretenir plus longuement. J'aurais, à la veille de votre départ, tant de conseils à demander à votre expérience et à votre cœur, pour rendre utiles à la religion les forces qui me restent et pour assurer le succès d'une œuvre qui était plus entre vos mains qu'entre les miennes !

« Le nouveau prélat que la Providence nous envoie est déjà connu par d'éminentes qualités ; mais y a-t-il un mérite capable comme le vôtre d'inspirer une confiance sans limites ? Toutefois, Monseigneur, il nous sera doux de vous voir revivre parmi nous dans un évêque de votre choix, puisque c'est à vos lumières et à votre tendre sollicitude pour le diocèse d'Angoulême que nous devons la nomination de M. Cousseau. Je viens de recevoir à ce sujet une lettre de M. l'abbé Baudry (1), professeur de dogme au séminaire de Poitiers, qui m'engage, à titre d'ami, à l'aller visiter et à rendre mes devoirs au digne supérieur qu'il est si affligé de perdre. Je voudrais bien savoir, Monseigneur, si vous jugez cette démarche opportune.

« Nos chers enfants étaient, mardi dernier, sous l'impression d'un souvenir à la fois doux et pénible : ils jouissaient du congé extraordinaire que Votre Grandeur leur avait accordé en les quittant. Une heureuse circonstance avait amené M. le sous-préfet à cette fête de famille. On a dîné dans la grande allée où avaient été transportées les tables du réfectoire. Le coup d'œil était ravissant ; mais nous n'avions plus notre père !

« J'ai lu, Monseigneur, la lettre de Mgr d'Orléans aux directeurs de son petit séminaire : m'est-il permis de

---

(1) M. Baudry devint l'un des Oblats de Saint-Hilaire ; il fut supérieur de Montmorillon, puis du grand séminaire de Poitiers, et finit par se faire Bénédictin à Solesmes, où il est mort. C'était un homme de mérite et un saint prêtre.

dire que ce travail, peut-être trop étendu déjà, est pourtant incomplet sur certains points essentiels, et qu'il aurait besoin d'une autre physionomie pour atteindre l'excellent but que son auteur s'est proposé ? C'est un sujet important, Monseigneur, que vous traiteriez avec la supériorité de talent et de goût qui vous distingue et d'une manière vraiment utile pour l'instruction secondaire dans tous les établissements ecclésiastiques de France ! Je désire vivement pour mon propre compte, que la pensée vous en soit venue. »

Nous ne savons si Mgr Régnier avait eu la pensée de refaire la lettre par laquelle Mgr Dupanloup intervint dans la question des classiques ; mais il n'en avait pas le loisir. M. Dumas sollicita aussi le vénéré prélat de revenir encore à Richemont pour y présider la distribution des prix fixée au 20 août ; il finit par obtenir pour le petit séminaire cette dernière faveur. Il en avait, quelques jours auparavant, sollicité une autre, non moins chère à son cœur et qu'il avait eu le bonheur d'obtenir aussi, c'était le titre de chanoine honoraire pour deux de ses plus anciens et plus dévoués collaborateurs, MM. Magrangeas et Fontenaud. Les termes dans lesquels est conçue sa demande sont si honorables pour lui et pour ceux qui en étaient l'objet, qu'on nous permettra de les citer textuellement. Cette lettre est datée du 8 juillet 1850.

« Monseigneur, en songeant que, pendant les huit

années de votre épiscopat, le petit séminaire a été pour Votre Grandeur une œuvre de prédilection, j'oublie facilement les peines que j'y ai rencontrées, pour ne me rappeler que les bienfaits de la haute et généreuse influence sous laquelle ma tâche s'est accomplie. Mais, Monseigneur, après ce tribut de bien doux souvenirs, je pense aussi aux droits qu'ont à ma reconnaissance les hommes qui ont le mieux compris cette œuvre sainte et qui s'y sont dévoués avec un zèle si pur, une piété si éclairée et des talents qu'il est si rare de rencontrer. Permettez-moi donc, Monseigneur, à la veille d'une séparation qui brise des liens si chers, de désigner à votre estime et à votre bienveillance particulières deux prêtres d'élite, MM. Magrangeas et Fontenaud, qui, dès l'origine de l'établissement, n'ont cherché d'autre avantage que celui de faire le bien, en se vouant tout entiers aux fonctions si fatigantes de l'instruction et de l'éducation de la jeunesse. A Dieu ne plaise, Monseigneur, que je me place à un point de vue trop humain en vous faisant l'éloge de deux de mes collègues, dont les pensées s'élèvent bien au-dessus des satisfactions de ce monde ! mais il est dans le cœur des plus saints prélats des faveurs que le ciel semble inspirer et auxquelles la piété la plus modeste peut attacher un très grand prix. »

Mgr Régnier ne pouvait rester insensible à ce noble langage, et, en agrégeant au vénérable chapitre d'Angoulême deux hommes aussi justement considérés que MM. Magrangeas et Fontenaud, il s'acquit un nouveau titre à l'affection et aux regrets des maîtres et des élèves du petit séminaire. On y était bien heureux de ses visites, que l'on trouvait toujours trop rares et trop courtes ; il faut avouer qu'elles apportaient aux écoliers non moins de grâces temporelles que de bénédictions spirituelles, et les braves enfants appréciaient les unes et les autres. Le bon évêque accordait une promenade, allongeait les récréations et quelquefois, pour en augmenter le charme, il allait lui-même y prendre part : on l'a vu, en soutane violette, jouer aux billes avec autant d'entrain qu'il le faisait autrefois simple professeur à Beaupréau. M. Fruchaud, son vicaire général, était heureux d'imiter cet exemple.

Le successeur de Mgr Régnier, Mgr Antoine-Charles Cousseau, s'empressa, presque aussitôt après son installation, de reprendre l'affaire de la chapelle ; il en fixa l'emplacement à main droite dans la cour d'entrée, et il profita de l'occasion du concile de La Rochelle, qui allait s'ouvrir le 24 juillet 1853, pour en faire poser la première pierre avec une grande solennité. Plusieurs des prélats qui se rendaient au concile rehaussèrent de leur présence cette pieuse cérémonie : c'étaient, avec le cardinal Donnet, archevêque de Bordeaux, et l'évêque d'Angoulême, les évêques de Périgueux (1), de Poitiers (2), de Fort-de-France (3), et d'Agen (4). On avait compté aussi tout d'abord sur l'évêque de la Basse-Terre (5) ; mais il manqua au dernier moment (6).

Le vendredi, 22 juillet 1853, les prélats, venant d'Angoulême, où ils avaient consacré, la veille, l'église Saint-Martial, arrivèrent à Cognac vers 10 h. 1/2 du matin ; ils furent reçus et complimentés à Saint-Léger par l'archiprêtre, M. Berchon, puis

(1) Jean-Baptiste-Amédée George.
(2) Louis-François-Désiré-Edouard Pie.
(3) Jean-François-Etienne Lcherpeur.
(4) Jean-Aimé de Levezou de Vesins.
(5) Augustin Forcade, évêque de Samos *in partibus* et vicaire apostolique du Japon, qui venait d'être nommé évêque de la Basse-Terre (Guadeloupe).
(6) Les armoiries de ces prélats avaient été peintes sur les murs du réfectoire, dans la partie, aujourd'hui réservée aux grands, où était dressée la table d'honneur. Sur le mur du fond, contigu au grand escalier, on voyait, à droite et à gauche de la chaire du lecteur, celles des évêques de Fort-de-France et de la Basse-Terre ; sur la muraille du côté de l'Antenne, celles du cardinal, s'étalant sur son manteau de sénateur, et, où est maintenant la chaire du lecteur, celles de l'évêque d'Agen ; sur la muraille opposée, celles des évêques d'Angoulême, de Poitiers et de Périgueux. Ces peintures ont subsisté jusqu'en 1874 : à cette époque on voulut les restaurer, mais la restauration, entreprise par un élève malhabile, les enlaidit tellement qu'il fallut prendre le parti de les effacer.

ils se rendirent au petit séminaire. L'archevêque présida avec son aisance habituelle (1).

Cette première pierre posée avec tant d'apparat ne fut pas suivie d'une seconde ; on n'avait pu réunir toute la somme nécessaire pour la construction de l'édifice ; bientôt, de mauvaises années étant survenues, il fallut prendre sur cette modeste réserve pour l'entretien ordinaire de la maison et, comme le disait spirituellement Mgr Cousseau, convertir les pierres en pain.

La proclamation du dogme de l'Immaculée Conception fut pour le petit séminaire, comme pour tout l'univers catholique, la cause d'une immense joie ; maîtres et élèves rivalisèrent pour célébrer Notre Dame de Richemont et exalter par tous les moyens en leur pouvoir son glorieux privilège. Nous nous souvenons que, quand nous entrâmes au petit séminaire en 1857, on parlait encore avec enthousiasme de la belle fête du 8 décembre 1854.

En cette même année 1854, eut lieu un important

---

(1) Le valet de chambre ayant oublié à Cognac la mozette rouge du cardinal, celui-ci y suppléa sans peine par une mozette de chanoine mise à l'envers.

A 3 heures il revint à Cognac avec son noble cortège et procéda de nouveau à une cérémonie toute semblable, la bénédiction de la première pierre de l'église Saint-Jacques.

changement dans le personnel : M. Magrangeas, qui était professeur de rhétorique depuis 1841, céda sa classe à M. Fontenaud, titulaire de la seconde depuis 1845, et devint *préfet des études*. Ce titre était à peu près honorifique, et ce fut en remplaçant les surveillants, en prêchant et en confessant, plutôt qu'en dirigeant les études, que M. Magrangeas continua de se rendre utile pendant les deux ans qu'il passa encore au petit séminaire. Il en sortit au mois d'août 1856 pour devenir curé de La Faye. « Il dut dire adieu à ses tendres amis et à ses chers enfants de Richemont. Elles furent amères et abondantes, les larmes qu'il fit verser et qu'il versa lui-même en quittant ce séjour de paix, où il avait coulé dans le labeur ses jours les plus heureux. Quelqu'un l'avait bien dit avant lui : « Peut-on goûter ailleurs des joies pures et sereines quand on a connu Richemont et qu'il faut s'en séparer ? »

Ainsi parle M. l'abbé Guitard, curé-doyen d'Aubeterre, dans la notice qu'il a consacrée à la mémoire de M. Magrangeas (1). On nous permettra d'emprunter à cette notice quelques lignes où l'auteur, qui a été élève de cet excellent prêtre, trace de lui un portrait, à notre avis, très ressemblant.

(1) *Semaine religieuse*, 16 et 23 juillet 1876.

M. Magrangeas, après avoir donné à Bassac les prémices de son zèle, « est transféré à Richemont (1839). Richemont, douce et riante solitude, séjour enchanteur qu'il a tant aimé, où il a fait tant de bien et où sa mémoire vit toujours en vénération ; Richemont, dont le souvenir, après bien des années, viendra encore illuminer d'un éclair de bonheur les jours de sa paisible vieillesse et remuer doucement son cœur si tendre et si aimant (1) ! C'est là que, pendant dix-sept ans, il consacre ses soins les plus dévoués à cette intéressante jeunesse qui le bénit comme un père. Sous la sage administration de M. l'abbé Dumas, qu'il seconde puissamment, il contribue dans une large part à inculquer aux enfants cet esprit d'obéissance simple et modeste, de confiance naïve et de filial attachement envers les maîtres, qui distingue toujours les élèves du petit séminaire de Richemont. Les professeurs, sans exception, sont pour lui des amis qui le

---

(1) Quel que fût son amour pour Richemont, il n'y revint pourtant qu'une seule fois depuis sa sortie : ce fut au printemps de 1874, sur les instances de M. l'abbé Chaumet, nommé supérieur aux vacances précédentes. La visite du vénérable vieillard fut accueillie avec grande joie par tout le monde ; on lui fit fête ; il y eut illumination dans le bosquet. De son côté, il parut tout heureux et sa jeunesse se renouvela, pour ainsi dire, à l'aspect des beaux lieux où il l'avait coulée.

bénissent et le vénèrent, heureux de recourir fréquemment aux conseils de son expérience. Les enfants l'entourent des égards les plus respectueux et les plus tendres. D'ailleurs sa bonté pour eux est sans bornes. Il est pour tous un ami, un père, un directeur sûr et éclairé dans les voies de Dieu.

« Que de vocations douteuses ou chancelantes il a fixées et affermies ! Que d'âmes égarées il a doucement ramenées à Dieu et établies pour toujours dans le chemin de la vertu !

« La méditation et la prière, la chaire du professeur et le confessionnal (1), la compagnie des enfants qu'il ne quitte presque jamais et dont son humeur douce et enjouée égaie les récréations (2), voilà ses occupations constantes les plus douces.

(1) Il était le confesseur de presque tous les élèves : quand quelqu'un de ses jeunes clients laissait passer trop de temps sans se présenter au saint tribunal, le bon pasteur courait après lui, et, l'appréhendant par un bouton de l'habit, « Venez, petit, venez, lui disait-il, que je vous confesse, » et il l'emmenait à la chapelle.

(2) Toujours sur pied de grand matin, il allait, quelque temps qu'il fît, se promener aux environs des cabinets, pendant le lever des élèves, afin de maintenir le bon ordre ; il faisait de même le soir, avant le souper, pendant les *dix minutes* (c'était le terme consacré). C'est durant une de ces promenades du soir qu'un élève, nommé Joseph Bonneau (*), s'étant affublé de la soutane que prenait le diman-

(*) Cfr. page 205.

« C'était le saint de la maison ! Chose étonnante ! sa vertu n'a jamais fait d'envieux et son mérite bien connu n'a jamais porté ombrage : tellement il fut attentif à chercher toujours la dernière place, heureux de se dévouer à tous, fuyant par-dessus

che le maître des cérémonies, vint se promener à côté de lui, comme le faisait souvent le jeune professeur chargé de la surveillance, M. Augereau, retenu précisément ce soir-là chez M. Dumas (Bonneau connaissait ce détail). M. Magrangeas crut donc avoir affaire à M. Augereau, et se mit à lui parler des nouvelles du jour (on était alors, croyons-nous, en pleine guerre de Crimée) ; mais, au bout de quelques instants, surpris du silence absolu de son compagnon de promenade, il l'examina plus attentivement, le reconnut et le saisit par le bras pour le conduire devant M. le supérieur. Joseph Bonneau feignit de se laisser conduire sans résistance, puis tout d'un coup il se dégagea adroitement de sa soutane d'emprunt et s'enfuit, la laissant entre les mains de M. Magrangeas. M. Magrangeas, hors de lui, se transporta, nanti de la pièce de conviction, chez M. Dumas, qui eut bien de la peine à tirer la chose au clair et à garder son sérieux quand il l'eut comprise. Il gronda néanmoins fortement Joseph Bonneau (comme c'était le devoir) pour avoir manqué à un de ses maîtres et lui infligea une sévère punition.

M. Magrangeas éprouva une autre mésaventure, dont on peut rire sans porter atteinte aux principes du respect et de la discipline. Au cœur de l'hiver, il remontait vers cinq heures du soir de la cour des grands, où il avait présidé la récréation, quand il aperçut au fond du cloître, à côté de l'oratoire de la sainte Vierge, quelque chose qu'il sup-

tout la louange et ce qui eût pu lui attirer quelque éloge (1).

posa être un enfant en retard ; il avait, il faut le dire, la vue très basse, et on sait qu'il ne fait guère clair sous notre climat, à 5 heures du soir, au mois de décembre. Il ordonna doucement d'abord, puis avec vivacité, à l'élève retardataire de rentrer à l'étude ; enfin, voyant que le prétendu élève ne bougeait pas, il se précipita vers lui pour lui demander raison de sa désobéissance ; mais il s'arrêta brusquement et, se mettant à sourire : « Ah, dit-il, c'est un homme de neige ! » C'était en effet *un homme de neige* que les petits avaient fabriqué pendant la récréation de 4 h. 1/2 et qu'ils avaient revêtu de vieux haillons.

(1) Il évitait avec grand soin les fréquentations extérieures et n'avait rien de l'homme du monde ; M. Dumas lui en fit reproche quelquefois. Il était pourtant gracieux, aimable, et savait tourner avec facilité un compliment délicat. Un jour, M. Dumas l'avait emmené dîner, avec quelques autres professeurs, chez une bienfaitrice du séminaire, Mme Lehoux ; M. l'abbé Dumoulin, curé de Louzac, qui était plutôt laid que beau, assistait au dîner. Au cours de la conversation, il pria M. Magrangeas de lui improviser un quatrain ; sans hésiter, le poète écrivit le quatrain demandé ; c'était un éloge de la *beauté sans pareille* de M. Dumoulin. Celui-ci entendit *bonté* pour *beauté* et remercia M. Magrangeas avec effusion, disant que, s'il se connaissait quelque vertu, c'était bien assurément la bonté. Les convives rectifièrent l'erreur et soutinrent que ce n'était pas sa bonté, mais sa beauté qui avait été louée. M. Dumoulin insista et en appela au témoignage de M. Magrangeas lui-même, qui, mis ainsi en demeure de s'expliquer, répondit par ce nouveau quatrain :

« Patience à toute épreuve, bonté sans mesure,

La beauté sans pareille était une hyperbole,
Faite pour exciter l'innocente gaîté ;
Mais, s'il faut corriger la maligne parole,
Je dirai : « Son bon cœur vaut mieux que sa beauté. »

M. Magrangeas était obligé souvent d'improviser des requêtes à M. le supérieur pour obtenir une prolongation de récréation, voire une promenade. Un élève s'approchait de lui et voici le dialogue qui s'établissait d'ordinaire.

— M. Magrangeas, ayez donc la complaisance de nous faire une petite pièce de vers pour demander un congé à M. le supérieur.

— Ah ! petit, vous m'ennuyez : je ne puis pas !

— Oh ! monsieur Magrangeas, voyez-donc comme il fait beau ! écoutez comme les oiseaux chantent ! ça nous fera tant de bien d'aller nous promener. Faites-nous une petite pièce.

— Ah ! petit, *je vous le dis*, vous êtes bien tourmentant. Combien faut-il qu'elle ait de vers, cette pièce ?

— Mais, monsieur, ce que vous voudrez, une vingtaine au moins.

— Une vingtaine ! mais c'est trop long : je vais vous en faire dix.

— Oh ! monsieur, ce serait trop court ; M. le supérieur ne donnerait pas la promenade pour si peu.

— Petit, petit, je vous le dis, vous êtes un ennuyeux. Donnez-moi un morceau de papier. »

Et alors, avec le bout de crayon qu'il avait constamment à la main, il écrivait, en chantonnant, le placet demandé.

— Allez, petit, allez, je vous le dis, et ne revenez plus, ou je vous punirai !

On ne revenait plus... avant une nouvelle occasion.

douceur inaltérable, abnégation constante, telles sont les vertus (1) qu'il fait fleurir autour de lui et dont il répand lui-même les plus suaves parfums....

« Il ne savait rien refuser quand il s'agissait de se rendre utile. On recourait fréquemment à lui, soit pour les instructions du carême ou du mois de Marie, soit pour tout autre ministère... Son

---

(1) Très patient dans la souffrance, M. Magrangeas ne l'était peut-être pas assez dans ses relations avec certains élèves dont la piété lui était, à bon droit, suspecte, et à qui il reprochait d'avoir *un esprit collégien*. Il s'emportait en mercuriales trop véhémentes pour ne pas ulcérer, en quelques cas, les plaies qu'il voulait guérir. Il prophétisait même parfois un avenir funeste à tel ou tel enfant ; ce qu'il faut éviter avec soin, sous peine de froisser, non seulement l'enfant, mais ses parents eux-mêmes. Par contre, il avait une confiance absolue dans les bons élèves et acquiesçait à toutes leurs requêtes, sans même écouter quel en était l'objet. L'un d'eux paria un jour avec un camarade de demander à M. Magrangeas la permission d'aller se jeter dans l'Antenne et de l'obtenir : il gagna son pari. A peine eut-il formulé sa pétition que M. Magrangeas, sans en avoir entendu un seul mot, lui dit avec empressement : « Oui, oui, allez, monsieur A***, allez, allez, je vous permets. »

Nous constatons de petites imperfections dans ce saint homme, non pour diminuer la vénération qu'il mérite, mais pour rendre hommage à la vérité : la perfection absolue n'est pas de la terre.

recueillement continuel, son union parfaite avec Dieu faisaient qu'il était toujours prêt (1).

« La sainteté, telle est la grande chose que l'on admirait en lui, qu'il faisait aimer et dont il répandait autour de lui la douce influence ; on ne l'approchait point sans devenir meilleur...

« Dirons-nous son respect pour l'autorité ? Jamais, affirmons-le sans crainte, personne ne porta plus loin la déférence et la soumission envers ses supérieurs. Il s'effaçait devant le moindre d'entre eux et devenait comme un tout petit enfant... Belle leçon pour un siècle égalitaire, qui ne veut plus reconnaître d'autorité.

« On sourit parfois de sa naïveté (2) ; que l'on

(1) M. Guitard conte ensuite et nous avons entendu conter par d'autres que M. Magrangeas perdit le fil de son discours, dans une circonstance où il avait eu fort peu de temps pour se préparer. Alors il s'écria : « Je suis un misérable, un présomptueux, un orgueilleux ; oh ! que je mérite bien ce qui m'arrive.... Merci, mon Dieu, de m'avoir humilié. *Bonum est mihi quia humiliasti me !* » Une partie de l'auditoire fondit en larmes ; cette éloquence était bien l'éloquence des Saints ! (Cfr. page 250.)

(2) M. Magrangeas paraissait souvent étranger à la vie réelle : il se laissait absorber tout entier par une pensée dont il était préoccupé et oubliait tout le reste. Il jetait, sans préparation, *in medias res* les personnes de sa connaissance qu'il abordait et, avant de leur avoir dit bonjour ou bonsoir, il poursuivait devant elles, à haute voix, des réflexions commencées mentalement, plutôt qu'il n'entrait

trouva excessive. Oui, il fut naïf, mais il le fut à la manière des Saints, ne connaissant que la vérité, mais la vérité simple, avec ses charmes, que notre époque ne semble plus comprendre... Sachant que le plus sûr en toutes choses est d'agir avec une conscience simple et droite, *Qui ambulat simpliciter, ambulat confidenter* (1), il fut simple... quoique avec un esprit naturellement très fin.

« *Ama nesciri*, vivre inconnu, telle fut l'ambition de sa vie. »

Un an après le départ de M. Magrangeas, M. Fontenaud, à son tour, quitta le petit séminaire.

Dominique Fontenaud était né à Bassac le 22 juillet 1814. Il commença ses études au petit séminaire d'Angoulême et fut le plus brillant lauréat de la huitième en août 1825. Il suivit M. Brunelière à La Rochefoucauld et y resta jusqu'à la dispersion des élèves. Nous ne savons comment il acheva ses humanités. En 1831-1832, nous le trouvons au grand séminaire. Il ne dut pas y demeurer

en matière. Il avait grande confiance aux quatrains de Nostradamus et aux prophéties plus ou moins modernes colportées dans notre temps, surtout à la prophétie d'Orval. Il les savait par cœur et en faisait de doctes commentaires. Il espérait contre toute espérance le retour du comte de Chambord.

(1) Prov. x, 24.

longtemps ; il devint bientôt l'un des collaborateurs de M. Michon aux Thibaudières.

Il fut, comme nous l'avons déjà dit, un des fondateurs de Richemont. M. Fontenaud était heureusement doué ; physionomie agréable et spirituelle, geste animé, parole vive et facile, imagination brillante, sensibilité exquise (excessive peut-être et dégénérant parfois en susceptibilité jalouse), goût délicat, dévouement absolu à ses amis et surtout à ses élèves, tels sont les traits sous lesquels nous l'ont dépeint ceux qui l'ont pratiqué ! Comme l'abeille, il avait butiné sur mille fleurs ; il avait étudié, en outre des langues classiques, l'italien, l'espagnol, l'anglais et l'allemand. Ce n'était pas toutefois un linguiste, mais un littérateur, cherchant dans les livres la jouissance esthétique plutôt que les arcanes de la grammaire. Inférieur en ce point à M. Magrangeas, qui possédait véritablement le latin et le grec, M. Fontenaud le surpassait, comme professeur, par l'art de l'exposition. On a dit du premier que c'était un puits de science, mais un puits scellé ; car, dans sa modestie, il gardait le silence sur ce qu'il savait le mieux. M. Fontenaud, au contraire, mettait habilement en œuvre ses connaissances, et parvenait à les communiquer à son jeune auditoire en l'y intéressant. Il excellait à exciter dans l'âme de ses disciples l'admiration et l'enthousiasme, choses que semble ne plus connaître la génération présente. Ce qui faisait, du reste, sa puissance incontestable, c'était sa passion pour l'enseignement, cette passion qui a été celle de toute sa vie : dans son presbytère de Ruffec comme dans celui d'Aigre, il a toujours eu des élèves et leur a consacré tout le temps que lui laissait le ministère paroissial. Il était né et il est mort professeur.

Ce ne fut point sans douleur qu'il abandonna le petit séminaire où il avait passé dix-huit années et où plusieurs de ses disciples lui avaient donné la joie de profiter de ses leçons. Il s'éloignait, en même temps, de cette gracieuse église Saint-Jacques (1), rebâtie par ses soins, et des fidèles de Cognac, qui avaient appris à l'estimer et à l'aimer, pendant les longues années où il joignit à sa charge de professeur le titre et les fonctions de vicaire de Saint-Léger. Nommé curé-doyen d'Aigre, le 22 juillet 1857, il trouva là aussi une église en ruines et il parvint à en faire construire une nouvelle, sur les dessins de M. Tessier, qui fut l'architecte de la chapelle de Richemont. En 1871, Dieu lui demanda un second sacrifice : il dut s'arracher à l'affection de ses paroissiens d'Aigre : le 15 septembre 1871,

---

(1) Nous avons dit déjà que la première pierre de cette église fut posée en grande pompe par le cardinal Donnet, le 22 juillet 1853 ; Mgr Cousseau la consacra le 6 août 1855.

Mgr Cousseau le nomma archiprêtre de Ruffec. C'est dans cette ville qu'il est mort, le 31 mars 1885.

Le 16 mars 1856, il était né à l'empereur Napoléon III un fils, appelé par la constitution d'alors à hériter de son trône. Cet événement fut un sujet de joie pour une partie de la France ; à cette occasion, le ministre de l'instruction publique ayant donné aux institutions universitaires de petites vacances à la fête de Pâques, qui tombait huit jours plus tard (23 mars), Mgr Cousseau voulut associer les élèves de Richemont à l'allégresse commune, et il fut décidé qu'ils auraient congé du lundi de Pâques au lundi de Quasimodo.

L'année suivante, le bon évêque étant venu au petit séminaire pendant le carême, et ayant conféré d'abord avec le supérieur et les professeurs, réunit tous les élèves dans le grand salon et le vestibule qui le précède, et leur adressa ces paroles : « Mes chers enfants, c'était l'usage chez les Romains, dans les circonstances solennelles, d'interroger le peuple après la délibération du Sénat et de faire consacrer, en quelque sorte, le sénatus-consulte par le plébiscite. Aujourd'hui, une question grave se pose : devez-vous avoir, cette année comme l'an passé, des vacances à Pâques ? Le sénatus-consulte est favorable et conclut à l'affirmative : que sera le plébiscite ? Qu'en semble au peuple ? Est-il expédient d'avoir des vacances ? — Oui, oui, s'écria-t-on de toutes parts avec un ensemble qui ne surprendra personne. — Eh bien, reprit en souriant le vénérable prélat, vous irez en vacances encore cette année. Cependant il est bien entendu que la chose ne tirera pas à conséquence et qu'on ne pourra pas se prévaloir du précédent. » Cette réserve prudente n'empêcha point le précédent de prévaloir : en 1858, les vacances furent accordées de nouveau et passèrent en règle ; elles n'ont été supprimées qu'en 1879, l'année même où est mort, chez les Zoulous (1er juin), le jeune prince avec qui elles étaient nées.

Si la France s'était réjouie en 1856 de la naissance du prince impérial, elle eut à s'attrister bientôt des terribles désastres que causèrent les inondations.

La charité publique chercha tous les moyens propres à conjurer tant de misères : les écoliers de Richemont, comme presque tous les écoliers français, renoncèrent à leurs prix en faveur des inondés, et l'argent destiné à payer des livres dont on pouvait se passer fut converti en aliments et en vêtements pour les malheureuses victimes du sinistre.

Un deuil de famille vint assombrir le commencement de l'année scolaire 1856-1857 : un élève de seconde, le jeune Edouard Héraud, originaire de

Bussière-Badil, mourut le 19 novembre 1856, après une maladie relativement assez courte, une dyssenterie opiniâtre. Il rendit le dernier soupir dans une chambre contiguë au dortoir des petits, du côté de l'Antenne, chambre qui fut habitée longtemps par M. Lacout, le maître de musique.

Cette mort fut une grande perte pour Richemont et pour l'Eglise. D'une intelligence au-dessus de l'ordinaire, Edouard possédait au même degré les qualités du cœur. Respectueux et affectueux pour ses maîtres, bon et joyeux camarade, aussi ardent au jeu pendant les récréations qu'aux travaux de l'esprit pendant l'étude, il couronnait tout cela par une piété franche, décidée, et solidement fondée sur un généreux amour de Dieu. Durant les vacances de 1856, un riche bourgeois de Bussière, ami de sa famille, qui avait perdu un fils unique, étudiant en médecine, lui dit un jour : « Edouard, si tu veux renoncer à l'état ecclésiastique et continuer tes classes dans un lycée pour devenir médecin, je te ferai mon héritier : tu auras toute ma fortune. — Monsieur, lui répondit le noble enfant, je vous remercie : quand je serai prêtre, je serai assez riche. » Son dessein bien arrêté était de se consacrer aux missions, une fois ses études achevées.

Un service funèbre fut célébré dans la modeste chapelle du séminaire, et le corps du défunt fut transporté dans le cimetière de Bussière-Badil, sa paroisse natale (1). Cette cérémonie produisit une profonde impression sur les enfants ; c'était la première fois que plusieurs d'entre eux voyaient la mort de si près ; c'était aussi le premier élève qui mourait à Richemont même.

Ajoutons que, la veille de la distribution des prix, éclata l'incendie dont nous avons parlé plus haut (2), et on conviendra que, malgré le maintien des vacances de Pâques, les années 1856 et 1857 apportèrent plus de tristesses que de joies.

(1) Edouard Héraud était né à Bussière-Badil (Dordogne), le 3 juin 1839, mais ses grands parents habitaient Vitrac : c'est là que la Providence lui fit rencontrer M. Alexis Laporte, aujourd'hui curé de Saint-Fraigne, alors curé de Saint-Adjutory et vicaire de Vitrac. Ce digne prêtre fut charmé des heureuses dispositions de l'enfant et se mit à les cultiver avec grand soin. Nommé curé de Saint-Gervais en 1850, il l'emmena dans son presbytère, lui enseigna les premiers éléments du latin et, en octobre 1853, il le conduisit au petit séminaire. Héraud entra dans la classe de cinquième, dont M. l'abbé Ernest Mesnard, aujourd'hui chanoine, était le titulaire : il y conquit dès l'abord un bon rang et remporta, à la fin de l'année, outre le premier prix d'excellence, le premier prix de version latine, de version grecque, le second prix de diligence, de géographie et d'arithmétique, avec des accessits en thème latin et en histoire. Ses succès ne furent pas moindres les années suivantes.

(2) Cfr. page 300.

C'est au début de l'année scolaire 1857-1858 que M. Pierre Aumaître, le futur martyr de Corée, entré depuis quelques semaines seulement au grand séminaire, adressa à ses condisciples de Richemont la fameuse lettre qui portait pour suscription *A tous ceux qui m'ont écrit ou ont voulu m'écrire*. Cette lettre fut lue, au milieu des joyeux éclats de rire des écoutants, par le réglementaire, qui, pour se faire mieux entendre, s'était installé sur la première volée de l'escalier de la cour des grands, comme dans une tribune.

Le lundi 25 janvier 1858, Mgr Cousseau amenait à Richemont un évêque missionnaire (1), qui avait

---

(1) Mgr Cousseau aimait à conduire les hôtes de distinction à son petit séminaire ; il y allait souvent lui-même et sa visite y apportait la joie. On la désirait vivement, on en parlait longtemps d'avance, on la trouvait toujours trop courte. Le saint évêque était si bon pour ses enfants ! Tant que l'état de sa santé le lui permit, il parcourait le cercle que formaient les élèves dans la cour des petits : il s'enquérait du prénom, du nom et de la résidence des nouveaux (il n'avait pas besoin qu'on lui donnât ces renseignements pour les anciens) et il disait un mot aimable à chacun. Il parlait à l'un de ses *excellents* parents, à l'autre de son *vénérable* curé, à celui-ci d'un bienfaiteur, à celui-là d'un personnage notable de la localité. Il trouvait là, comme partout, l'occasion de donner quelques leçons de politesse ou de bienséance à ses chers enfants. A l'un

officié la veille à la cathédrale. C'était Mgr Guillemin, évêque de Cybistra, vicaire apostolique du Kouang-Tong, du Kouang-Si et du Haïnan (1). On

d'entre eux qui, interrogé sur son nom, avait répondu : « Je m'appelle *monsieur un tel* », il répliqua : « Vous êtes, mon enfant, *monsieur* un tel pour les autres ; mais pour vous vous êtes un tel *tout court*. » C'est dans le même sens qu'il dit à un élève du grand séminaire qui se dénommait l'*abbé un tel* : « *Abbé ?* mon cher ami, et de quelle abbaye ? » Ces réflexions un peu caustiques n'empêchaient pas l'immense majorité des élèves de l'accueillir avec enthousiasme et de crier de tous leurs poumons : « Vive Monseigneur ! » Ce cri, poussé un jour à sa descente de voiture, vers midi, lui donna lieu de dire en souriant : « Merci, mes chers enfants, de votre filial souhait ; mais pour que Monseigneur vive, il faut qu'il mange : rendons-nous donc au dîner. »

Au début de son épiscopat, l'accueil était moins chaleureux, parce que le laborieux prélat, habitué à un travail presque continuel pour lui-même, traitait les autres d'après lui et donnait peu de congés supplémentaires. On raconte que, un jour, comme il partait, après avoir accordé un quart d'heure ou une demi-heure de récréation seulement, un petit élève de sixième, parodiant irrespectueusement le compliment qui venait d'être lu, disait :

> Oui, ce bon père si chéri
> Eût mieux fait de rester chez lui.

Cette parcimonie cessa et, dès lors, les compliments ne furent pas parodiés ; mais on s'affligea quand la maladie ne permit plus au *bon père* de se laisser voir comme autrefois à ses enfants.

(1) Mgr Guillemin était né dans le diocèse de Besançon.

plaça le fauteuil du prélat sur la table des maîtres, au fond du réfectoire, et c'est de là qu'il captiva, pendant près d'une heure, son jeune auditoire par ses intéressants récits. Il dit les peines et les souffrances, mais aussi les consolations du missionnaire ; il donna sur les mœurs chinoises de piquants détails. Il conta, entre autres choses, qu'il avait été invité, vers les débuts de son ministère, à dîner chez un chrétien qui, pour le régaler, lui servit une pleine assiette de vers à soie fricassés. « Mon estomac se soulevait ; mais j'aurais blessé et contristé mon hôte en montrant ma répugnance, je m'armai donc de courage et, en m'efforçant de dompter mon dégoût, j'avalai le plus vite possible ce mets désagréable. Hélas ! mon hôte prit pour de l'appétit ce qui en était juste le contraire. « Ah ! dit-il, le Père trouve le plat bon : tant « mieux ! » et, avant que j'eusse le temps de protester, il remplit de nouveau mon assiette. Il était sage

---

Nommé, aussitôt après son ordination de prêtrise, secrétaire de l'archevêché, il n'occupa pas longtemps ce poste : il se sentait appelé par un attrait puissant vers les missions étrangères. Malgré les obstacles qui lui vinrent de la faiblesse de sa constitution et de l'opposition de sa famille, il put partir pour la Chine, où il travailla dix ans. Le Pape l'appela ensuite en Europe, le nomma vicaire apostolique et le consacra lui-même. C'est à l'occasion de ce voyage que Mgr Guillemin traversa la France, où il quêta pour sa lointaine mission.

de manger cette fois moins prestement. » Mgr Guillemin parla aussi des nids d'hirondelle et des jambons de chien. Il promit même d'envoyer de cette dernière friandise à Mgr Cousseau, et il tint parole dès son retour en Chine. Les jambons de chien furent servis, à Angoulême, sur la table épiscopale, et les convives déclarèrent qu'ils ne s'étaient jamais mis sous la dent rien de si coriace ni de si dur. Mgr Cousseau trouva dans cette circonstance une occasion favorable pour appliquer un de ses adages favoris : « Vraiment, messieurs, ce sont là de ces choses dont on ne mange que pour son instruction ! »

Un jeune Chinois qui se préparait au sacerdoce accompagnait Mgr Guillemin. Il avait une vingtaine d'années ; on le désignait par le nom de Benoît. Très intelligent, il parlait le latin avec élégance et comprenait bien le français. Il récita, sur l'invitation de son évêque, à la grande joie des petits, le *Pater*, l'*Ave* et le *Credo* en chinois. On applaudit à tout rompre, quoiqu'on n'eût compris que le mot *Amin*, Amen.

M. Lacout avait composé des couplets pour l'auguste visiteur et son acolyte ; nous citerons les deux derniers, qui sont les meilleurs :

> Ce fils de la terre étrangère
> Qui devint docile à ta voix,

Nous le saluons comme un frère,
Puisqu'il connaît nos saintes lois.
La même foi qui nous inspire
Nous donne à tous le même espoir,
Et c'est celui de nous revoir
Aux portes du Céleste Empire.

Prélat, dont s'honore la France,
Prélat, dont s'honore Canton,
Quel souvenir votre présence
Va nous laisser à Richemont !
Pendant qu'ici bas l'on admire
L'éclat de vos grandes vertus,
Dieu vous choisit pour ses élus
Des hauteurs du Céleste Empire !

Le tirage des parrains des futurs néophytes chinois porta l'allégresse à son comble. Un gros et grand élève du cours de français, entré depuis quelques mois seulement au petit séminaire et dont les parents avaient dit à M. le supérieur en le lui présentant : « Si vous pouvez lui apprendre à lire votre prospectus, nous serons satisfaits », se trouva parmi ceux qu'avait favorisés la chance. Transporté de joie, il allait criant à qui voulait l'entendre : « *C'est moi qui ai de la veine : j'ai tiré un gros-t-haricot blanc ; mon nom va-t-en Chine !* »

C'est cette même année scolaire que l'improvisateur Colin vint à Richemont : il enthousiasma tout le monde (on s'enthousiasmait jadis facilement en France, surtout quand on avait quinze ou seize ans). Le bon M. Lacout, qui en avait bien soixante, lui adressa ce compliment, qui alors ne parut pas exagéré ; on en jugera aujourd'hui d'une autre façon.

> A la puissance de la *rime*
> Depuis longtemps je suis *soumis*,
> Et c'est par elle que *j'exprime*
> Et mes plaisirs et mes *ennuis*.
> Je cherche aujourd'hui la plus *belle* :
> Que je voudrais donc la *trouver*
> Pour dire à Colin qu'il *excelle*,
> Et par mes refrains lui *prouver*
> Qu'il aura la palme *immortelle* !
> Mais que reste-t-il à *glaner*
> Dans le vaste champ *poétique*,
> Quand il sait d'une faux *magique*,
> En nous charmant, tout *moissonner* ?
> Sois généreux, roi de la *rime*,
> Et, dans ton royaume *sublime*,
> Donne-nous un léger *butin*,
> Un mot,... par exemple, *divin*,
> Rime qui n'est pas riche autant que ton *génie* ;
> Mais ma muse l'accepte et même te *défie*
> De trouver rien de mieux pour rimer à *Colin*.

M. Colin répondit aussitôt sur les mêmes rimes :

Le cœur chez toi conduit la *rime :*
J'accepte en esclave *soumis.*
Pourtant ce que ta muse *exprime*
Aujourd'hui cause mes *ennuis.*
Ma voix sera toujours moins *belle*
Que les chants que tu sais *trouver ;*
En compliments ta muse *excelle*
Et tu viens de me le *prouver.*
A toi donc la palme *immortelle !*
Tu n'as pas besoin de *glaner ;*
Car de ta lyre *poétique,*
Lacout, chaque son est *magique :*
Va, c'est à toi de *moissonner.*
Ne parle donc plus de ma *rime ;*
Crois-moi, je n'ai rien de *sublime,*
Il est bien petit, mon *butin.*
J'admire ton talent *divin.*
M'inclinant devant ton *génie,*
Je t'aime... et même te *défie*
D'aimer davantage *Colin.*

On applaudit de toutes parts à ce mutuel encensement, et l'enthousiasme de l'assistance n'eut plus de bornes quand l'improvisateur, prenant par la main un petit élève de cinquième, M. Charles D***, aujourd'hui curé-doyen de M***, alors le Benjamin du séminaire, se mit à danser avec lui et à chanter l'histoire du renard de La Fontaine, faisant fi des raisins qu'il ne peut atteindre, malgré ses efforts, *Un renard bon compère, Tout habillé de gris,* etc. (1).

(1) Richemont reçut aussi, à des dates que nous ne pouvons préciser, Eugène de Pradel (*) et Henri Mondeux (**).

(*) Pierre-Marie-Michel-Eugène Courtray de Pradel, né à Toulouse en 1784, mort à Wiesbaden, le 11 septembre 1857. La *Biographie universelle* dit de lui : « Ce talent (d'improvisation) qui jusqu'alors avait semblé dévolu aux Italiens seuls, Pradel le posséda à un suprême degré. Ce ne furent pas seulement des bouts-rimés, des couplets, des chansons, qu'il improvisa à l'instant sur des sujets, des mots ou des refrains donnés, ce furent des tragédies ou des comédies entières.... Dans chacun de ses nombreux ouvrages, on rencontre des traits heureux, des scènes habilement conduites et une facilité de versification parfois surprenante.... Après 1849, il se rendit en Allemagne,.... Mais il avait survécu à lui-même et il mourut dans un état voisin de l'indigence. »

(**) Henri Mondeux, né à Neuvy-le-Roi, près de Tours, en 1812. C'était le fils d'un paysan ; ses aptitudes pour le calcul frappèrent un professeur de Tours, qui lui donna quelques leçons d'arithmétique. Mondeux fut présenté, le 16 novembre 1840, à l'Académie des sciences ; Cauchy disait dans un rapport rédigé à cette occasion : « Non seulement le jeune calculateur exécute de tête les diverses opérations de l'arithmétique, mais encore, dans beaucoup de cas, la résolution numérique des équations. Il imagine des procédés quelquefois remarquables pour résoudre une multitude de questions diverses que l'on traite ordinairement à l'aide de l'algèbre, et il détermine à sa manière les valeurs exactes ou approchées des nombres entiers ou fractionnaires qui doivent remplir les conditions indiquées dans les questions même d'analyse indéterminée. » Mondeux parcourut toute la France. « En quelques minutes il donnait la solution de problèmes qui avaient coûté à ceux qui les lui posaient de longues heures de calcul, et il lui arrivait fréquemment de rectifier les résultats trouvés par ces derniers. Mais, en dehors des mathématiques, Mondeux ne montrait qu'une intelligence des plus médiocres. C'était une machine à calcul merveilleusement organisée et rien de plus ; il retomba dans l'obscurité et il était à peu près oublié quand il mourut vers 1862. » (Larousse.)

Dans le cours de l'année 1857-1858 la petite église paroissiale de Richemont avait été restaurée par les soins de M. Dumas, et l'on y put faire, avant qu'elle fût rendue au culte, la distribution des prix du 3 août 1858. Une séance littéraire y réunit encore la communauté à l'occasion de la fête de sainte Cécile ; il y fut chanté, en l'honneur de la patronne des musiciens, une hymne grecque que le professeur de rhétorique avait imitée de saint Grégoire de Nazianze. Plus tard, Mgr Cousseau en consacra l'autel. Mais, avant le voyage que motiva cette pieuse fonction, il en fit un autre pour donner à ses enfants une marque particulière d'affection.

Le 29 décembre 1858, il voulut bien accorder à Richemont une faveur depuis longtemps désirée et qu'il avait jusqu'alors réservée au grand séminaire : il vint y célébrer l'anniversaire de son sacre ; ce qui permit à l'excellent maître des cérémonies (1) du temps de déployer toute son habileté et tout son zèle dans les rites compliqués d'un office pontifical.

Quelques mois après, le saint prélat fit jouir d'une faveur nouvelle et tout à fait inattendue les élèves de rhétorique : M. le supérieur et leur pro-

1) M. Eugène H**, aujourd'hui curé d'E**, près Confolens. Nous n'avons point connu de maître des cérémonies plus zélé, plus entendu et plus strict que lui.

fesseur les emmenèrent à Angoulême pour assister à la consécration de la chapelle du Carmel, qui eut lieu le 24 mars 1859. Ils revinrent à Richemont tout ravis, racontant avec feu ce qu'ils avaient vu et entendu, analysant à leur manière les discours de l'évêque d'Angoulême, de l'évêque de Poitiers, de l'évêque de La Rochelle, et vantant à l'envi les charmes du grand séminaire (ils y avaient logé deux jours). Pendant plusieurs semaines, ces aimables souvenirs défrayèrent toutes les conversations (1).

Les rhétoriciens de l'année suivante se flattaient d'obtenir une grâce semblable, à l'occasion du

(1) C'est aussi pendant l'année scolaire 1858-1859 que deux artistes ambulants, MM. David et Palma, égayèrent, pendant une longue soirée, maîtres et élèves par d'habiles déclamations et de spirituelles chansonnettes. Aucun des témoins de cette soirée n'a oublié *le petit Rémouleur* et *les Adieux du Martyr*.

Ce fut l'une des années 1859 ou 1860 que vint se présenter à Richemont un exécutant d'un autre genre : celui-là imitait à la perfection le chant des oiseaux, de l'alouette, du pinson, de la fauvette, *du rossignol le soir, du rossignol le matin*, etc., et jusqu'au cri *du petit cochon de lait*. C'était plus bizarre qu'intéressant, et l'on souffrait même d'entendre le virtuose articuler péniblement, entre ses exercices de vocalises, quelques mots qui, à la rigueur, pouvaient être du français ; à force d'étudier la langue des bêtes, le pauvre artiste avait désappris la langue des hommes.

sacre de Mgr Félix Fruchaud. Sa nomination au siège de Limoges avait été annoncée publiquement par Mgr Cousseau à la distribution des prix de 1859 ; le sacre se fit le 30 novembre suivant ; mais les rhétoriciens de Richemont, moins heureux que leurs aînés, n'en furent point témoins. Ils furent un peu dédommagés de cette déception par la visite que firent au petit séminaire, quelques jours après la cérémonie, Mgr Régnier et Mgr Cousseau.

Le printemps de 1860 fut pluvieux et malsain ; la température très variable, passant brusquement d'une chaleur tiède à un froid intense, eut peut-être une certaine influence sur un douloureux événement qui frappa le petit séminaire vers le commencement du mois de mars. Un élève de seconde, Edouard Richardeau, dont les parents habitaient Javrezac fut enlevé à leur affection dans l'espace de peu de jours par une fièvre cérébrale : il avait à peine dix-sept ans et sa piété et son intelligence promettaient au diocèse un bon prêtre de plus. Quelques élèves allèrent à Javrezac pour la levée du corps, que l'on apporta dans l'église de Richemont (celle de Javrezac était alors, à ce qu'il nous semble, en reconstruction), et M. le professeur de rhétorique chanta la messe de *Requiem*, au milieu des sanglots du père et de la mère et des larmes de toute l'assistance. La dépouille mortelle de ce fils unique et si tendrement aimé fut de nouveau transportée à Javrezac et inhumée dans l'ancien cimetière, en face de l'église.

C'est peu de temps après la mort d'Edouard Richardeau que le mur de clôture de la cour des grands, du côté du sud-ouest, s'écroula d'une manière soudaine, entraînant avec lui les terres qu'il soutenait et l'une des belles rangées de tilleuls qui offraient un abri contre les ardeurs du soleil. Tout fâcheux qu'était cet accident, la bonté vigilante de la sainte Vierge à l'égard de ses enfants s'y manifesta d'une façon éclatante : en effet, quand il se produisit, la cloche avait sonné depuis vingt minutes environ la fin de la récréation de dix heures et la rentrée à l'étude. Or, pendant toute la récréation, nombre d'élèves avaient longé le mur et même y étaient restés accoudés en contemplation devant les bois de Puyrémont et de La Montée, qui commençaient à reverdir. La brèche qui résulta de cet écroulement fut provisoirement et imparfaitement fermée avec des planches; on ne releva la muraille dans l'état où elle est maintenant que l'année suivante.

Cette année (1860-1861) fut marquée par le passage de deux dominicains, le P. Mathieu et le P. Marie-Augustin ; l'un prêcha la retraite du commencement de l'année, l'autre celle de la première communion. Ils remuèrent profondément les âmes des enfants de Richemont, candides et enthousiastes, et firent croire à plusieurs d'entre eux qu'ils étaient appelés dans l'ordre de Saint-Dominique. Le P. Mathieu disait, du reste, que tout le monde a la vocation religieuse et que, pour entrer, en sûreté de conscience, dans la voie des conseils, il n'est pas même nécessaire d'en sentir le désir ; non, ajoutait-il, « le désir du désir suffit ». M. Dumas, qui n'était pas enthousiaste et qui n'aimait pas les mouvements violents, éprouva une vive peine de voir l'agitation soulevée dans sa maison par ces bons Frères Prêcheurs (1) et il se reprochait presque d'avoir introduit le loup dans la bergerie...

Un peu plus tôt ou un peu plus tard, on vit partir pour le noviciat de Lyon M. Pierre Petit, de Saint-Saturnin, qui prit en religion le nom de frère Régi-

---

(1) Il n'en fit plus venir un seul pendant tout le temps qu'il demeura encore supérieur. Il eut recours de préférence, à partir de cette époque, aux prêtres de la Compagnie de Marie, aux Lazaristes, aux Oblats de Marie et aux Jésuites. Le P. de Liniers, le P. Guillo, le P. Bouchet, le P. Bonnin, de la Compagnie de Marie, le P. Delpeuch, le P. Nicolas, le P. Duclaud, Oblats de Marie, le P. Claverie de Paule, de la Congrégation de la Mission, le P. Nampon, le P. Rabeau (ancien professeur du grand séminaire d'Angoulême), le P. Xavier Pouplard, le P. Musse, le P. Lalanne, le P. Fulgence Boué, le P. Morin, Jésuites, etc., et quelques prêtres séculiers, entre autres M. Berchon, évangélisèrent tour à tour, soit avant soit après 1861, les élèves de Richemont, avec des talents et des succès fort inégaux.

nald (1), et M. Paul Boisdron, de Montmoreau, connu dans l'ordre sous le nom de frère Marie-Ange (2). D'autres voulurent marcher sur leurs pas ; mais l'intervention de Mgr Cousseau les arrêta et, quand les premières ferveurs furent passées, ils reconnurent que notre pauvre Charente offrait à leur zèle un champ assez vaste et que le mérite

(1) Pierre Petit, né à Saint-Saturnin en 1841, fit son noviciat à Lyon et ses études théologiques à Carpentras. C'est aussi à Carpentras qu'il mourut prématurément, le 16 mai 1883. C'était, à Richemont, un bon élève, pieux, appliqué, doux et conciliant, contentant tous ses maîtres, sauf M. Lacout, le professeur de musique : il n'avait aucune aptitude pour cet art. On se souvient que, le jour de l'Ascension, étant chargé, en qualité de choriste, de préentonner la seconde antienne des vêpres, c'est-à-dire d'appliquer trois notes aux deux syllabes *Cumque*, il s'y exerça pendant plus d'une heure et, le moment venu, n'y réussit nullement.

(2) Paul Boisdron, né à Montmoreau, le 11 janvier 1815. Il est devenu un brillant religieux de l'ordre de Saint-Dominique ; il est en ce moment professeur à l'Université de Fribourg. On devinait en lui, dès le petit séminaire, une nature d'élite, dans laquelle les grâces du corps n'étaient qu'un symbole imparfait des grâces supérieures de l'intelligence et du cœur. On a choisi avec une rare justesse les noms qu'on lui a donnés à son entrée en religion : il y avait, en effet, dans celui que nous appelions *le petit Boisdron* et que ses frères ont appelé Marie-Ange, un reflet de la pureté virginale de Marie et comme une angélique beauté.

d'un saint curé peut balancer celui d'un religieux.

Nos lecteurs savent que la fête de M. Dumas, dont le patron était saint Jean l'Evangéliste, se célébrait le 6 mai, à l'anniversaire du martyre de l'Apôtre devant la Porte Latine : cette époque, une des plus riantes de l'année, convenait mieux pour une solennité joyeuse que les jours sombres et froids de décembre. Il était d'usage à Richemont, en cette circonstance, comme il est d'usage partout, dans des circonstances analogues, de présenter au bon père des bouquets à foison et de lui débiter force compliments. La chose se passa donc à l'ordinaire le soir du 5 mai 1863. M. Dumas était allé reconduire quelques visiteurs jusque sur les chaumes : quand il rentra dans la cour des petits, il y trouva réunis les maîtres et les élèves. La fanfare le salua de ses accents les plus joyeux ; deux élèves, l'un de rhétorique, l'autre de seconde, lui lurent des harangues en français et en latin ; enfin un jeune enfant lui chanta des couplets (1) dont l'air et

---

(1) On trouvera ces couplets à l'*Appendice*. — M. Guillaume Lacout était né à Bordeaux et y avait fait d'excellentes études, puis il avait pris l'habit ecclésiastique et reçu les ordres mineurs. Arrivé là, il douta de sa vocation, rentra dans le monde et se maria. Excellent musicien, jouant du piano, du violon, du violoncelle, de la flûte, etc., il avait donné à sa fille unique les premières leçons d'un art qui lui était cher. L'élève ne tarda pas à

les paroles étaient l'œuvre de M. Lacout. Le poète

surpasser le maître : Mlle Lacout devint une très habile pianiste dont les succès inspiraient à l'heureux père une légitime fierté. Mais un grand talent demande un grand théâtre et la province lui offre peu de ressources : il lui faut la capitale. Privé, par suite de cette exigence, de la société de sa fille, M. Lacout, du consentement de sa femme, chercha dans l'enseignement de la musique une distraction et une consolation. Il apparaît à Richemont en 1851, époque à laquelle il succède à M. l'abbé Rideau ; mais il réside alors à Cognac et c'est seulement quelques années après qu'il s'installe définitivement au petit séminaire.

Non seulement M. Lacout était un virtuose remarquable, mais il composait avec facilité ; ses connaissances en harmonie, quoique assez étendues, n'égalaient pas toutefois ses aptitudes mélodiques. Il a laissé des ariettes charmantes et de fort beaux cantiques, dont la publication devrait tenter quelque amateur. Chez lui le musicien était doublé d'un poète, ou tout au moins d'un versificateur expérimenté, qui excellait à écrire une chansonnette, à tourner un compliment..... et à aiguiser une épigramme. Dans ce genre, il alla quelquefois un peu loin contre les personnes qu'il n'aimait pas et assaisonna ses plaisanteries d'un sel trop concentré ; mais, d'ordinaire, sa muse resta gracieuse et délicate, spirituelle et enjouée, aimable enfin ; elle fut, pendant de longues années, l'embellissement de toutes les fêtes du petit séminaire et particulièrement des distributions de prix. M. l'abbé Poitou a parlé, dans sa belle *Vie de M. Aumaître*, de ce *Stabat* que M. Lacout faisait exécuter par les musiciens de Richemont, à Javrezac d'abord, puis à Saint-Laurent, dans la soirée du jeudi saint. Il les conduisait aussi quelquefois à Javrezac

avait pris pour thème *la lune rousse*, et ce mot, revenant en manière de refrain au dernier vers de

pour le mois de Marie, et alors tous les membres du jeune orphéon trouvaient une hospitalité charmante et de délicieux rafraîchissements chez le bon M. Fournier.

M. Lacout, qui a écrit des airs et des couplets si gais, n'était pas gai lui-même : il y avait dans son caractère une certaine dose de misanthropie, qui s'épanchait de temps en temps en des boutades de mauvaise humeur. Rude à l'abord, brusque de manières, ayant son franc parler sur tout et sur tous, souvent pointilleux et frondeur, c'était au fond un digne homme et un chrétien convaincu, que le respect humain n'arrêtait pas ; bon pour les pauvres, dévoué à ses amis, serviable pour tout le monde, il était, malgré des travers, aimé de ses collègues et de ses élèves. Nous croyons cependant qu'il eût mieux valu pour lui et pour les autres qu'il eût eu son habitation séparée et ne fût venu au séminaire que pour y donner ses leçons ; la cohabitation de professeurs ecclésiastiques et de professeurs laïques nous a toujours semblé avoir plus d'inconvénients que d'avantages.

Comme professeur, il possédait, outre la science, la clarté d'exposition. Il s'ingéniait à rendre sa classe intéressante par le choix des exercices, dont plusieurs étaient son œuvre ; aussi était-il très goûté des élèves que leurs dispositions pour la musique ou la beauté de leur voix lui faisaient classer dans le cours *des chanteurs*. Quant au second cours, qui renfermait les autres élèves, il donnait peu de satisfaction au maître et ceux qui le composaient y regrettaient le sacrifice de leur récréation : c'était pendant la récréation de neuf heures, le dimanche et le jeudi, que se faisait la leçon. M. Lacout désignait ces disciples revêches par le nom de *rentiers* ou même par celui de *ména-*

chaque couplet, donnait lieu à une pensée spirituelle ou à un sentiment délicat.

Le lendemain il y eut deux promenades. Les promenades dans tous les collèges sont chères aux écoliers ; mais, à Richemont, elles empruntent de la beauté et de la variété des paysages un charme de plus. Qui ne se rappelle avec délices les grands arbres de La Billarderie, les bois touffus de La Commanderie, de Bourg-Neuf ou de Saint-André,

gerie. Quand, au milieu d'une belle mélodie, qu'il accompagnait de son violon en tirant la langue aux endroits passionnés, une note discordante se faisait entendre (et cela par malheur arrivait trop souvent), il bondissait comme un tigre blessé vers le malencontreux exécutant, et, relevant des deux mains, dont l'une tenait son violon et l'autre son archet, la ceinture de son large pantalon qui descendait malgré ses bretelles, il s'écriait d'une voix de tonnerre : « Où est cet amateur, que je lui passe mon archet à travers le ventre ? » Constatant un jour qu'un *rentier*, aussi grand qu'un tambour major, causait et riait avec un voisin au lieu d'être attentif aux explications, il vint se planter en face de lui, le toisa d'un air menaçant et finit par lui dire : « Mon ami, si vous aviez un pied de plus, je me mettrais à genoux devant vous ! » Des sorties semblables n'étaient pas de nature (on le comprend) à faire régner la discipline parmi *les rentiers;* et parfois, malgré les efforts du surveillant adjoint au professeur, il se produisait quelque désordre dans la classe.

M. Lacout quitta Richemont en 1863 ; il passa un certain temps à Angoulême, puis il alla retrouver sa femme à Périgueux : c'est là qu'il est mort, le 22 décembre 1881.

les jolies clairières de La Pommeraie et de Galienne ; l'Antenne aux ondes limpides, où croissent la sagittaire, le butome, le plantain d'eau, le samole des vieux druides, le nénuphar blanc ou jaune, etc. ; les prairies silencieuses et solitaires, enceintes d'une couronne de verdure, d'Angeliers, de Boisroche et de Monvallon ; les sentiers gracieux de Chez-Joguet, émaillés de clochettes bleues ou roses, de stellaires, de primevères, de pervenches, de véroniques, etc. ; le petit ruisseau du Ribelot, qu'un enfant franchirait d'un saut et qui n'en roule pas moins avec un orgueilleux fracas ses eaux rapides et chargées de calcaire (les écoliers ne l'appellent que le ruisseau de *la pétrification*) ; et les chaumes de Richemont, de Chanteloup, de Cherves ou de Saint-Sulpice, dont quelques chênes verts rabougris, quelques genévriers dissimulent mal la nudité ; et le moulin de Bricoine, avec sa chaussée en ruines et ses escaliers raboteux et inégaux, taillés dans le rocher ? Que de souvenirs et de doux souvenirs, pour quiconque a passé quelques années de son enfance ou de sa jeunesse dans ces lieux enchantés ! De combien de parties de balle au camp, de barres ou de vise, de combien d'innocentes et joyeuses causeries ou de poétiques lectures n'ont-ils pas été les témoins (1) !

(1) Ce qui ajoutait encore un agrément de plus aux pro-

Un plaisir qu'on goûtait aussi très vivement au petit séminaire, c'étaient les repas en plein air : ce fut, suivant l'usage, le couronnement naturel de la

menades de cette époque et de l'époque précédente, c'était la rencontre du père Réveillon : ici nous cédons la parole à notre ami, M. l'abbé Tricoire, qui a bien voulu, sur notre demande, nous tracer un fidèle portrait du vénérable marchand de bonbons.

« Le père Réveillon était un ancien maître d'hôtel de Châteauneuf, renommé dans la contrée comme traiteur et, ce qui valait mieux encore, universellement estimé comme honnête homme : c'était la probité personnifiée. On conte que les riches marchands de mules du Midi, de l'Espagne même, qui faisaient le commerce de ces animaux avec le Poitou, au lieu de suivre la route nationale par Angoulême et Mansle, passaient alors à Châteauneuf pour prendre l'ancien chemin par Mérignac et Rouillac : Châteauneuf était pour eux une halte préférée, et l'hôtel Réveillon, une maison de confiance où ils laissaient en dépôt sacs et valises, contenant souvent des sommes importantes ; c'était pour leur argent un asile assuré. Le maître d'hôtel, lui, ne s'enrichit point à son métier. Les gens *avisés* trouvèrent qu'il n'avait pas su *faire*, ce qui veut dire qu'il avait été trop honnête ; et nous devons ajouter aussi que sa facile bonté, connue de tous, fut indignement exploitée par des débiteurs sans conscience. Tombé dans un état voisin de la misère, il se retira à Cognac, où il passa les dernières années de sa vie.

« C'est à cette époque que nous l'avons connu, alors qu'il venait à Richemont chaque semaine, chargé de bonbons, de sucre d'orge, de pâte de guimauve et de jujube, tenter, pour gagner quelques sous, notre penchant à la fête de M. le supérieur. Le soir, à cinq heures, on dîna dans le bosquet. Les tables avaient été dressées à l'ombre des grands chênes ; celle des maîtres

lichonnerie (*). On ne lui permettait pas, non plus qu'aux autres marchands, d'entrer dans les cours, afin de protéger notre bourse contre notre étourderie ; mais nous nous rattrapions les jours de promenade.

« Nous voyons encore d'ici ce bon vieux, déjà courbé par l'âge, vêtu d'une blouse de coton avec ceinturon de même étoffe et coiffé d'un chapeau de feutre noir à larges bords. Il portait au bras un de ces grands paniers fermés, appelés dans le pays *boutillons*, dans lequel était une boîte en fer-blanc. Le panier contenait la pâtisserie, et la boîte les sucreries. Arrivé sur les chaumes de Chanteloup à l'heure ordinaire de notre promenade, il s'arrêtait, le nez au vent, pour savoir de quel côté on nous dirigerait. S'il nous voyait apparaître sur la chaussée du moulin, aussitôt il s'installait ; si, au contraire, nous allions vers Boussac ou Javrezac, alors nécessairement il nous perdait de vue, mais nos cris lointains lui indiquaient notre direction. Une ou deux heures après, nous le voyions apparaître subitement devant nous.

« C'était alors un spectacle inoubliable et digne de tenter un peintre. Le pauvre homme n'avait pas le temps de poser son monumental panier, d'ouvrir un des couvercles et d'étaler sur l'autre la fameuse boîte, que déjà il était envahi, pris d'assaut. Vingt, trente paires de mains se

---

(*) Nous demandons grâce pour ce mot qui, mieux que tout autre, rend notre pensée. Le *lichon*, en patois de Châteauneuf, est celui qui aime les friandises, les douceurs et tous les petits extras qui ne flattent que le goût *(Note de M. Tricoire)*.

au rond-point, en haut de l'allée, d'où l'œil embrasse la vallée de l'Antenne, les chaumes et les coteaux de Chanteloup et de Cherves. M. l'abbé de la Croix était au nombre des convives étrangers qui unis-

tendaient, par devant, par derrière, sur ses épaules, sous ses bras. « Père Réveillon, un suçon : voilà un sou !... Père Réveillon, une tartelette, deux tartelettes : voilà deux sous !... Moi, père Réveillon !... Moi, père Réveillon !... Moi !... Moi !... Moi !... tenez, quatre sous ! cinq sous ! dix sous ! — Eh ! mes bons messieurs, disait le brave homme abasourdi, doucement, doucement : vous en aurez tous !... Allons, allons, doucement, donc !... — Moi, père Réveillon !... Moi, père Réveillon !... » Et les sous tombaient dans ses mains, dans ses poches, dans son panier, sur le sol ; et les tartelettes, les suçons, les pâtes de ceci et de cela, étaient enlevés sans qu'il pût presque y toucher lui-même. C'était une danse à faire tourner la tête. En peu d'instants le panier ne contenait plus rien, la botte de fer-blanc reluisait vide au soleil. Le bon vieux n'y avait vu que du feu. Il s'en allait chiffonné, bousculé et... content, supputant les sous dans sa bourse de toile : son compte y était toujours, plutôt en plus qu'en moins. Il savait bien, le digne homme, que jamais nous n'aurions voulu le tromper, nous ! Si notre pétulance troublait un peu son arithmétique, la candide franchise de notre âge le rassurait. Aussi nous aimait-il ; et nous, nous lui étions attachés au point que jamais, de son vivant, aucun autre marchand n'eut faveur auprès de nous.

« Pauvre père Réveillon ! Il y a quelque trente ans qu'il est mort. Le bon Dieu, juste appréciateur de tout mérite, lui aura certainement tenu compte de cette droiture qui peut-être a été la cause de la gêne de sa vieillesse

saient leurs souhaits de bonne fête à l'égard de M. Dumas à ceux des maîtres et des élèves.

et de cette probité scrupuleuse dont tant de gens se targuent, mais qui n'est pas aussi commune qu'on le dit. »

Le père Réveillon nous rappelle M. Pimouguet, le dentiste, qui n'a été oublié, nous en sommes sûr, d'aucun des anciens élèves qui l'ont connu. Nous nous hâtons d'avertir que ce rapprochement procède d'une association d'idées par contraste ; car, autant on aimait à rencontrer le premier, autant on eût désiré éviter la visite du second, quoique cette visite ne fût qu'annuelle. Ce n'était pourtant pas un méchant homme que M. Pimouguet, et, malgré sa double bosse, qui fut quelquefois l'objet de plaisanteries assez déplacées, les écoliers l'eussent vu avec un certain plaisir, s'il n'avait eu la prétention d'inspecter leur bouche. Aussi plusieurs se faisaient-ils tirer l'oreille quand ils étaient appelés à son officine. Il faut avouer, du reste, qu'elle n'avait rien de séduisant. Sur une chaise, à côté d'un bassin sanguinolent, le chirurgien avait étalé toutes les pièces de sa trousse, dont la plupart attestaient une vénérable antiquité ; il y avait surtout un petit miroir, fendu en quatre ou cinq endroits, qui eût dignement figuré dans un musée du moyen âge. D'ordinaire, après avoir promené dans la bouche du patient le susdit miroir, M. Pimouguet disait avec un accent périgourdin très prononcé (il était de Bergerac) : « Vous avez une bonne dentition ; nous n'avons qu'à la nettoyer. » Et alors commençait une opération inutile à décrire, qui s'achevait par l'application d'un dentifrice mordant d'acidité. « Ajustez vos dents, » disait l'artiste, et, avec le pouce et l'index, il promenait sur les incisives et les canines et même sur les molaires *(horrendum !)* un morceau de coton imbibé de sa-

Aux vacances qui suivirent, eut lieu la construction du bâtiment situé au sud-ouest de la cour des petits, et l'exhaussement du pavillon de l'économat (alors l'office ou la dépense), qui y touche. On

drogue. De temps en temps, au cours de ses travaux, il s'arrêtait pour humer une prise de tabac !! Quand il y avait une extraction à faire, c'était son triomphe ; mais pourtant, il faut le reconnaître, il aimait mieux guérir qu'arracher.

Il énumérait complaisamment les cures merveilleuses accomplies par ses soins. Parlant d'un personnage à qui il avait conservé une dent, il s'exprimait ainsi, en un langage moitié français, moitié périgourdin : « Je *l'extraya*, je la *plomba*, je la *replaça* : il n'en *souffra* plus ! »

Il était modéré, paraît-il, dans ses exigences à l'égard de la caisse du petit séminaire ; mais il savait se compenser ailleurs. Il fut mandé un jour au château Chesnel pour Mme de B**, la fille du châtelain, qui envoya une voiture le prendre à Richemont. Elle voulut savoir ensuite ce qu'elle lui devait. Il fit de grandes cérémonies avant de s'expliquer, comme s'il n'eût travaillé que pour l'amour de son art ; mais, enfin, après s'être bien laissé presser : « Madame, dit-il, pour la dent *(prononcez* la deint), ce n'est rien ; mais pour le déplacement *(prononcez* déplacemeint), c'est quarante francs. »

Un professeur qui s'occupait de photographie s'avisa de le faire poser. Quand M. Pimouguet eut son portrait entre les mains, il le tourna et le retourna plusieurs fois, le regarda longuement et silencieusement, puis il finit par dire : « On m'a bien un peu *rappiloté*, oui : mais, c'est égal, c'est bien moi ! »

posait les charpentes au moment de la rentrée ; le reste des travaux s'exécuta lentement pendant le cours de l'année scolaire. Le rez-de-chaussée de ce bâtiment devint une salle de récréation pour les petits : aux deux extrémités on établit deux classes, la quatrième et la cinquième, qui n'avaient eu jusque-là d'autre local que les études. On employa pour cet effet des cloisons mobiles, qui se repliaient le long des murailles quand on voulait agrandir la salle dans une circonstance extraordinaire, comme une représentation théâtrale, par exemple. Le premier étage fut affecté au dortoir des moyens, appelé plus tard dortoir Saint-Joseph. L'ancien dortoir des moyens, situé du côté de l'Antenne, fut partagé, au moyen de briquetages, en trois pièces, la bibliothèque et deux chambres de professeurs. Du local primitif de la bibliothèque, entre le salon et l'appartement de Mgr l'évêque, on fit une salle à manger.

C'est alors que M. Dumas, grâce aux libéralités d'une bienfaitrice insigne du petit séminaire, Mme Toirac, renouvela le parquet et les tapisseries du salon et du vestibule, avec une partie de l'ameublement, plaça un appui de communion à la chapelle, éleva l'autel sur trois marches et fit construire un plafond au-dessus (1).

(1) Vers la même époque, furent faites, g âce aux res-

Peu après, on bâtit dans la cour d'entrée un fournil, au-dessus duquel fut transféré, du second étage du pavillon sud-ouest, le dortoir des domestiques ; et, dans le sous-sol du nouveau corps de logis, où avait été la boulangerie, on installa, grâce au concours de Monseigneur et de son frère, M. l'abbé Cousseau, grâce aussi au produit d'une collecte faite parmi les membres du corps professoral, un assez joli billard, pour les récréations des maîtres.

Signalons enfin une innovation bien utile, introduite à ce moment par l'économe, M. l'abbé Sarrazin, dans le mobilier des classes : on y mit des tables ! Les écoliers du temps passé n'avaient que des bancs et écrivaient sur leurs genoux. On eut à lutter pour obtenir cette réforme de Mgr Cousseau, qui était très attaché aux anciens usages, et qui s'opposait souvent à l'introduction de meubles devenus aujourd'hui d'un emploi fort commun, non pas tant par économie que par fidélité aux traditions. « Nous n'en avions point à Montmorillon, » disait-il ; c'était à ses yeux une raison décisive (2),

---

sources fournies principalement par le petit séminaire, d'importantes réparations au chemin qui va de Richemont à Boussac. Seule, la chaussée resta longtemps encore dans un triste état ; elle n'a été refaite comme elle est maintenant qu'en 1878.

(2) Il attaqua plus d'une fois les bréviaires à tranche

et c'est pour cette raison que les professeurs n'obtinrent d'avoir des chaises au réfectoire qu'en 1873.

Il approuva cependant la plupart des intelligentes améliorations dont nous avons parlé, quand il vint à Richemont, à la fin d'octobre 1864, la veille de

dorée, et un jeune prêtre, l'ayant prié, aussitôt après son ordination, de lui consacrer un beau calice de vermeil, il ne put s'empêcher de citer le mot célèbre d'un Père de l'Eglise : *Olim aurei sacerdotes in ligneis calicibus sacrificabant ; nunc autem in aureis calicibus lignei sacerdotes sacrificant.*

> Chez nous on voyait autrefois
> Prêtre d'or, calice de bois.
> De nos jours autre est le décor :
> Prêtre de bois, calice d'or.

Cet amour de la simplicité était d'autant plus admirable qu'il contrastait davantage avec les tendances d'un siècle dévoré par le luxe. En vertu du même principe, Mgr Cousseau n'aimait pas qu'un ecclésiastique portât de calotte, de canne ou de lunettes, sans en avoir un réel besoin. « Est-ce pour mieux voir, mon enfant, que vous avez des lunettes ? » dit-il un jour à un séminariste. Il proscrivait sévèrement le bonnet grec et les chaînes de montre en argent ou en or, étalées sur la soutane. Il voyait avec peine l'usage des douillettes devenir général et supplanter celui du manteau. Il tenait beaucoup, par contre, à ce qu'on n'abandonnât ni le rabat, ni la ceinture ; ayant rencontré dans un corridor du séminaire un jeune clerc qui avait oublié l'une ou l'autre de ces deux pièces de son costume : « Eh ! monsieur L***, s'écria-t-il, où allez-vous ainsi *tout nu* ? »

l'inauguration à Cognac de la statue de François Ier. Le jour même de la fête (30 octobre), il célébra la messe au petit séminaire et prononça devant ses chers enfants un discours dans lequel il leur expliqua pour quels motifs il allait, lui évêque, à une cérémonie toute profane : c'est que cette cérémonie était glorieuse à l'Angoumois et à la France entière. A cette occasion, il traça d'une façon brillante le portrait du roi chevalier, et, tout en faisant de discrètes réserves au sujet de faiblesses profondément regrettables, il le montra plus loyal, plus généreux, plus brave, plus moral même, que les princes de son époque et les surpassant encore par son amour des lettres, des sciences et des arts (1).

Dans une de ses visites précédentes, Mgr Cousseau avait promis d'amener à la distribution des prix de 1864 l'archevêque de Smyrne, qui parcourait l'Europe, recueillant des aumônes pour se construire une cathédrale. Mais Mgr Spaccapiétra, absorbé par le souci de sa quête, ne fut pas présent au jour dit. L'orateur de la solennité (2), qui avait choisi pour thème de son discours l'excellence des langues et des littératures anciennes, se fit, dans

---

(1) *Semaine religieuse*, 1re année, n° 36.
(2) C'était le professeur de cinquième.

une phrase un peu jeune et où ne manquaient pas les incidentes, l'interprète des regrets de tous et particulièrement des siens. « J'aurais été heureux, Monseigneur, disait-il en s'adressant à M*gr* Cousseau, de traiter un pareil sujet devant le saint archevêque, dont nous espérions la présence; de plaider ainsi la cause des anciens devant un illustre prélat, dont l'enfance a grandi à l'ombre du laurier toujours vert qui couvre le tombeau de Virgile, et dont la vie apostolique s'écoule maintenant sur les bords du poétique fleuve qui vit les premiers jeux du divin Homère et le martyre du glorieux Polycarpe. »

Le bon archevêque finit cependant par arriver dans la Charente vers la fin de janvier 1865. Il prêcha plusieurs fois à Angoulême, dans l'église Saint-Martial, dans la chapelle de l'hospice, dans celles du grand séminaire, du Sacré-Cœur et de Chavagnes.

Le samedi 4 février, ce fut le tour de Richemont. Les élèves virent, non sans quelque étonnement, ce corps long et grêle qu'on eût pris pour un squelette vêtu, cette tête osseuse, trop petite pour la mitre dont on prétendait la coiffer (les besicles du prélat l'empêchaient seules de descendre jusque sur ses yeux), cette figure décharnée, parcheminée, et pourtant si expressive, ces grands bras, toujours en mouvement comme ceux d'un télégraphe aérien.

Le contraste était frappant avec Mgr Cousseau : petite taille, embonpoint marqué, grosse tête, démarche et attitude lente et grave, geste presque nul. Mgr Cousseau n'oubliait point que la majesté n'a pas de bras.

Mgr Spaccapiétra célébra la messe, avec beaucoup de piété, mais avec tout l'entrain de sa nature italienne. M. Duffourc, qui l'assistait, ayant hésité quelques secondes pour rouvrir le missel à l'endroit de la *communion* (1), il le gronda *de lui avoir perdu son saint*.

Il va sans dire que le saint se retrouva. La messe finie, après l'action de grâces, l'archevêque, regardant les murailles nues, l'enceinte étroite, la pauvreté enfin de l'humble salle où il venait de célébrer, en sortit en disant plusieurs fois : « Il vous faut faire *oune* belle chapelle ! » On ne demandait pas mieux ; mais les ressources manquaient et, cette belle chapelle, on l'attendit longtemps encore.

C'est dans la salle de récréation des petits que Mgr Spaccapiétra fit son discours à la communauté, discours qui eut un grand succès. Il y parla de toutes sortes de choses, d'une façon tantôt piquante

---

(1) On appelle ainsi une antienne qu'on disait autrefois pendant la communion et qu'on dit maintenant aussitôt après.

et spirituelle, tantôt émue et touchante. Il n'était jamais embarrassé : s'il ne trouvait pas immédiatement le mot français qui lui eût été nécessaire, il en forgeait un, et son impétueuse faconde n'en était pas ralentie d'un instant. Avec sa voix nasillarde et sa prononciation italienne, il allait à tire d'ailes, faisant passer son auditoire du rire aux larmes ou des larmes au rire. On n'a pas conservé ce discours et c'est vraiment regrettable. Nous en citerons seulement quelques fragments.

« Mes enfants, je vais vous donner une leçon de grammaire... Vous savez tous ce que c'est que les verbes et les adverbes ; mais vous ne savez pas peut-être que le bon Dieu, il *(sic)* ne punit ni ne récompense les verbes, mais il punit et récompense les adverbes ! Ainsi prier, travailler, manger, le bon Dieu, il ne le punit ni ne le récompense ; mais il punit prier négligemment, travailler mollement, manger gloutonnement, et il récompense manger sobrement, travailler diligemment et prier fervemment... Donc, mes chers enfants, si vous voulez plaire à Dieu, il ne faut pas seulement vous occuper des verbes, il faut aussi vous occuper des adverbes, et en choisir d'excellents... »

Recommandant ensuite aux élèves de rester fidèles à l'éducation chrétienne qu'ils recevaient au petit séminaire, il leur disait qu'ils devaient être tous *de bons catholiques* ; puis il ajoutait :

« Quand l'empereur Napoléon Ier confia à une gouvernante son jeune fils, le roi de Rome (il l'avait appelé roi de Rome ! ce pauvre petit qui ne régna pas et mourut à vingt ans ! ah ! mes enfants, il ne faut pas toucher à Rome, ça porte malheur) ; donc, quand il le confia à madame de Montesquiou, il lui dit : « Madame, voilà mon fils, faites-en un bon catholique » ; et, comme les courtisans souriaient, il reprit : « Oui, faites-en un bon catho-
« lique, parce que, s'il n'est pas un bon catholique,
« il ne sera pas un bon Français ! »

L'archevêque fit alors l'éloge du caractère français ; mais il y mit pourtant une restriction. « Le Français est bon, aimable, généreux, dévoué, enthousiaste ; le Français est brave, très brave ; sur le champ de bataille, au milieu du grondement du canon, du... *siffle (sic)* des balles, il n'a pas peur ; mais le Français se laisse vaincre par le respect humain : devant une plaisanterie, devant un sourire, le Français a peur ! oh ! qu'il est lâche alors, le Français ! »

Comme conclusion de sa harangue, l'orateur accorda un congé ; aussitôt les élèves de crier : *Vive Monseigneur ! Vive Monseigneur !* Mais le bon prélat se mit à dire, avec l'air d'un homme qui sait le prix des vivats d'écoliers et la mesure de

leur reconnaissance : « Eh ! oui, *vive lé coungé !
vire lé coungé !* (1) »

Mgr Spaccapiétra était accompagné d'un prêtre
grec d'une haute taille et d'une belle physionomie:
c'était un homme intelligent et instruit, s'exprimant en français avec correction et élégance. Il
causa aimablement avec les professeurs, et M. Achille Hugon put l'interroger à loisir sur la prononciation moderne du grec et sur le moyen d'aspirer
convenablement le χ et le θ quand ils sont juxtaposés dans le même mot, comme dans $\lambda\varepsilon\chi\theta\acute{\eta}\sigma o\mu\alpha\iota$.

L'humble chapelle de Richemont, que Mgr Spaccapiétra avait regardée d'une façon si dédaigneuse,
fut témoin, quelques mois après, d'une belle cérémonie : le dimanche 25 juin 1865, Mgr Cousseau y conféra le diaconat à quatre jeunes maîtres (2).

(1) Mgr Spaccapiétra avait beaucoup de finesse et même
un grain de malice. Parlant au grand séminaire d'ambitions plus ou moins légitimes, il disait : « Ah ! oui, plus d'un
jeune séminariste a déjà dans sa malle la mitre de l'évêque,
la barrette du chanoine, ou, tout au moins, le gros bonnet
du curé de canton ! »

(2) C'étaient MM. Laurent Boé, maître d'étude des petits,
Paul Dumont, professeur de sixième ; Jean Lacoste, maître
d'étude des grands, et Jean Blanchet, professeur de quatrième. On a gardé le souvenir de quelques autres ordinations faites à Richemont : M. Issaly, alors professeur de
seconde, y reçut les ordres mineurs en 1858 ; le 1er mai 1864,
Mgr Cousseau y ordonna trois diacres, MM Guillard, Bara-

Cette fête religieuse fut suivie, à peu de distance, d'un congé avec dîner champêtre dans les grands prés de La Billarderie, non loin de la fontaine d'Angeliers : M. l'abbé de la Croix y assistait. Comme on était au dessert, arriva le futur économe, M. l'abbé Dufaure. M. Sarrazin, l'économe titulaire, avait obtenu la permission de se faire Dominicain et il devait, après avoir mis son successeur au courant des affaires et achevé l'année commencée, entrer au noviciat de Lyon : ce qui eut lieu en effet. Les élèves, en ce moment (il ne faut pas oublier que les enfants sont de petits hommes) s'empressèrent autour de M. Dufaure, comme s'ils eussent salué en sa personne l'aurore de repas plus plantureux ou plus délicats. Enthousiasmé par cet accueil, le digne homme ne se fit pas faute de leur annoncer mainte réforme et leur promit plus de beurre que de pain. La désillusion ne devait tarder, ni pour les autres, ni surtout pour lui. M. Alfred Besse, dans une de ses plus spirituelles improvisations, fit quelques jours après, devant la

taud et Pérucaud, et donna la confirmation aux enfants qui avaient fait, la veille, leur première communion, à la suite d'une retraite prêchée par le P. Guillo, missionnaire d'Obesine. Le 7 juillet 1878, Mgr Sebaux y a conféré la prêtrise à M. Paul Legrand ; le 16 mars 1889, il y a ordonné un minoré (M. Louis Guilbault), un diacre (M. Victor Gillet), un prêtre (M. Louis Brouillet).

communauté réunie au réfectoire, un tableau peu riant de la vie d'un économe. C'est M. Dufaure, du reste, qui lui avait proposé le sujet (1).

(1) Voici cette pièce, publiée par M. Alfred Bosse dans un choix de ses improvisations, in-12 de 108 pages. Paris, Tolra et Haton, 1865.

LES PLAINTES DE L'ÉCONOME.

« Ouf !... je suis prêt à plier :
J'en perds la soif et le somme.
Grand Dieu ! quel maudit métier
Que le métier d'économe !

« Si l'on a trouvé les plats
Indignes d'un gastronome,
A qui s'en prend-on ? Hélas !
C'est toujours à l'économe.

« Enfin, du matin au soir,
Comme une bête de somme,
La cuisine et le dortoir
Font enrager l'économe.

« Si quelqu'un pense autrement,
Je veux bien que l'on m'assomme.
Mieux vaudrait être serpent
A l'église qu'économe. »

Je sais un homme parfait,
Digne des beaux temps de Rome,
Et qui régit son budget
Sans être trop économe.

Il est gras et guilleret...
Mais je finis ; car, en somme,
Vous avez, dans ce portrait,
Reconnu votre économe.

Le jeune improvisateur vint à Richemont pour la première fois le 16 juillet 1865 (1).

Il avait alors toute l'aimable beauté de l'adolescence, et son talent d'improvisateur empruntait de la fraîcheur de ses seize ans un inexprimable charme (2). Nous l'avons revu depuis, dans plu-

---

(1) Le jeudi 13 juillet, M. Besse avait donné une séance au lycée. M. l'abbé Cousseau, vicaire général, y avait assisté avec grand plaisir, et, dans la pensée d'être agréable aux élèves du petit séminaire, il avait demandé au poète de se rendre à Richemont pour leur en donner une semblable.

(2) M. l'abbé Saivet, rendant compte de la séance donnée au lycée (il était alors, comme on sait, aumônier de cet établissement), écrivait dans le *Charentais* du 14 juillet 1865 : « Un jeune improvisateur, de seize ans à peine, vient d'arriver à Angoulême. C'est M. Alfred Besse, déjà connu à Lyon, à Lausanne, à Orléans, à Poitiers, et qui sera bientôt une des gloires littéraires de la France (*). C'est un admirable talent sous un voile de modestie charmante. Quand on le voit pour la première fois, sa physionomie intelligente et sympathique attire, mais son air d'adolescent inquiète, et on se trouble involontairement à la pensée

(*) Il faut, dans ce pronostic non justifié et dans quelques autres éloges exagérés du même article, faire la part de l'impression du moment. M. Besse a été un improvisateur charmant ; en avançant en âge il s'est rendu plus habile, mais moins naturel, et il est entré dans sa manière beaucoup de procédé. Il n'est point devenu un grand poète ; la grande poésie demande le silence, la solitude, le recueillement et le *labor limœ*. Des œuvres nées d'une inspiration si rapide et quelque peu factice ne sauraient durer des siècles.

« Le temps n'épargne pas ce que l'on fait sans lui. »

sieurs circonstances, et nous avons admiré sa merveilleuse facilité à se dégager des entraves auxquelles il lui plaît de se soumettre ; mais nous ne lui avons plus trouvé l'auréole qui entourait son jeune front alors qu'il nous disait de sa voix douce et pénétrante :

> Je suis le rêveur de la plaine,
> L'ami des fleurs et des oiseaux ;
> J'aime les bords de la fontaine ;
> J'aime les forêts où le chêne
> Arrondit ses bras en berceaux !

Il est inutile de dire qu'il enthousiasma, plus encore que son devancier Colin, les élèves et les maîtres, surtout quand, au compliment que lui avait adressé un rhétoricien, M. Ludovic Pérot, il

des difficultés étranges qu'il se propose d'affronter. Ce n'est qu'en tremblant qu'on lui adresse les premières questions. Cette impression pénible ne dure pas longtemps. Quand ce beau front, un peu incliné, se relève après *trois minutes* de recueillement, quand des vers d'une souplesse étonnante, quelquefois d'un éclat radieux, tombent comme un flot brûlant de ses lèvres émues, l'auditoire aussitôt respire, les cœurs se dilatent, et des applaudissements involontaires, frénétiques, donnent un libre cours à l'enthousiasme qui remplit les âmes. M. Besse n'a pas seulement la soudaineté du jet, il a aussi l'élégance de la pensée, la finesse du trait, l'éclat du coloris, et plusieurs de ses improvisations sont des morceaux achevés. »

répondit par un discours en vers dont l'esprit n'avait pas le temps d'apercevoir les faiblesses et où l'oreille constatait avec volupté la sonorité des mots et la richesse de la rime (1)...

Son exemple fut contagieux ; parmi ceux qui l'avaient entendu, il y en eut qui s'exercèrent à l'imiter ; pendant quelques semaines les improvisateurs abondèrent et les vers coulèrent à flots ; ce n'est pas à dire que la poésie y gagnât beaucoup ; mais assurément les intelligences mises en mouvement, l'imagination éveillée, la sensibilité excitée par ces exercices, n'y perdirent pas. Heureux les

---

(1) Entre les nombreuses pièces, bouts-rimés, quatrains, etc., qu'il improvisa dans cette première visite à Richemont, nous citerons encore ce joli sonnet sur notre Antenne :

> J'aime les flots bleus de l'Antenne,
> J'aime son rivage charmant,
> Où l'oiseau dans quelque vieux chêne
> Fait retentir son plus doux chant.
>
> Elle se roule dans la plaine
> Comme un lézard au dos changeant,
> Et son onde, calme et sereine,
> A des reflets d'or et d'argent.
>
> Mais surtout j'aime à voir sa grève,
> Alors que le joyeux élève
> Du vieux castel de Richemont,
>
> Laissant la plume et l'écritoire,
> Transforme son bras en nageoire
> Pour y plonger comme un poisson

collèges dont les habitants se passionnent pour les choses de l'esprit, y eût-il même parfois un peu d'excès dans leurs admirations !

Les séances littéraires où sont lus solennellement, devant un bienveillant auditoire, les meilleurs travaux des élèves, revus et retouchés par les maîtres, contribuent à développer cette noble passion ; aussi furent-elles toujours en honneur au petit séminaire ; mais, au printemps de 1865, au retour des vacances de Pâques, il y en eut une, qui emprunta un caractère particulier des sentiments qui l'inspirèrent à ses organisateurs. Ces sentiments étaient l'affection et la reconnaissance pour deux des principaux professeurs, M. l'abbé Hiou, professeur de rhétorique, et M. l'abbé Bufferne, professeur de seconde. M. Hiou venait d'être nommé chanoine honoraire et M. Bufferne avait rapporté d'un pèlerinage à Rome les palmes du doctorat en théologie. Les élèves voulurent célébrer ces deux événements à la gloire de leurs maîtres et, de concert avec M. le supérieur et quelques autres professeurs, ils préparèrent une petite fête qui fut charmante.

A la fin de l'année scolaire 1865-1866, MM. Hiou et Bufferne quittèrent le petit séminaire : le premier fut nommé curé-doyen de La Valette, et le second alla remplacer à Nanteuil M. Despallier, l'une des nombreuses victimes du terrible accident de chemin de fer de Saint-Maixent. Le départ simultané des professeurs de rhétorique et de seconde était fâcheux : ces messieurs furent vivement regrettés de leurs élèves et de leurs collègues. Il ne restait à Richemont que trois professeurs prêtres, M. le supérieur, M. Duffourc et M. Dufaure ; c'était trop peu pour le service religieux d'une communauté de plus de cent cinquante membres, si l'on songe surtout que M. Duffourc était le seul qui confessât. Aussi Mgr Cousseau ordonna-t-il, le 30 septembre 1866, dans la chapelle du Sacré-Cœur (c'était un reste de l'ancien cloître du Doyenné), quatre jeunes prêtres, MM. Augeraud, Labrousse, Blanchet et Blanc, et, après la cérémonie, il leur dit, avec sa bonne grâce ordinaire, que, en les envoyant à Richemont, il pensait y envoyer quatre évangélistes. Plaise à Dieu que, de son côté, le bon évêque ait été prophète !

L'année s'ouvrit, à l'ordinaire, par une retraite : ce fut le P. Nampon, de la Compagnie de Jésus, qui la prêcha. L'éloquence de ce saint religieux fit une profonde impression sur les élèves et sur les maîtres : on n'était pas habitué à entendre une parole si forte et si douce, si élevée et si simple, si familière et si élégante à la fois. La prononciation et le geste étaient à l'avenant et l'attitude majestueuse du prédicateur ajoutait encore à l'effet de ses instructions. Cependant M. Dumas et M. Duffourc, qui l'avaient entendu prêcher à Richemont une première retraite quelque quinze ans auparavant, trouvaient qu'il avait baissé : qu'était il donc à son apogée ?

Le samedi 30 mars 1867 fut un beau jour pour le petit séminaire : on y célébra une pieuse fête en l'honneur de M. Pierre Aumaître, ancien élève de la maison, mis à mort pour la foi, en Corée, le 30 mars précédent, qui était le vendredi saint et l'anniversaire où l'Eglise d'Angoulême célèbre la translation des reliques de saint Ausone, son premier évêque. La chapelle, où le martyr avait autrefois prié avec tant de ferveur, avait été parée de guirlandes de lierre et de mousse, et, à l'entrée du modeste sanctuaire, on lisait en caractères d'or se détachant sur une draperie rouge, ce passage de la Genèse : *Frater noster est* (1). Le soin de louer le martyr avait été confié au jeune professeur de rhétorique, qui, dans son inexpérience de la chaire (c'était la seconde fois qu'il prêchait), s'en acquitta avec plus de bonne volonté que d'assurance et de succès. Un *Te Deum* joyeux couronna la cérémonie religieuse, et, au réfectoire, après le dîner, trois élèves de rhétorique, MM. Ludomir Choime, Chéri Légonier

(1) *Genèse*, XXXVII, 27.

et Firmin Lépinard, exaltèrent à l'envi la gloire de M. Aumaître, dans des vers de leur composition.

Ces vers, ayant été publiés dans l'*Indicateur de Cognac* (1), donnèrent lieu à un article spirituel sur *les poètes-élèves de Richemont,* qui parut dans le numéro du 12 mai et que la *Semaine religieuse* d'Angoulême a reproduit dans son numéro du 19 mai 1867. Cet article était signé *Jamon,* mais M. le supérieur crut reconnaître sous ce pseudonyme un de ses anciens élèves, M. Marchadier. Citons-en quelques extraits :

... « Autant que Pons et que Montlieu, sinon davantage, le manoir de Richemont, avec l'Antenne qui coule si limpide à ses pieds, avec son front grave noyé dans l'azur céleste et ses murailles grises ayant le plus délicieux bois pour ceinture, Richemont porte naturellement ses hôtes à la contemplation, à la rêverie. L'ancien théâtre de sanglants assauts s'est changé en une tranquille arène, où l'on ne combat plus qu'au nom et dans l'intérêt des belles lettres.

« Depuis près de trente ans, on chante à Richemont l'yeuse toujours verte, la brise qui rit ou qui soupire au travers des branches d'arbres, le cristal et les sinuosités du ruisseau voisin, le rossignol au gosier sonore, l'hirondelle qui vient faire son nid dans les pavillons du château, la tourterelle qu'on y entend roucouler,

(1) Ils furent publiés aussi dans d'autres journaux du département, v. g. dans le *Journal de Confolens.*

l'abeille qui ne craint pas d'y faire son miel, etc., etc...
Il est peu d'élèves de rhétorique ou de seconde qui ne se soient senti inspirer par le spectacle étalé autour d'eux, au point de confier et de communiquer à leurs camarades les plus sympathiques quelques stances où ils essayaient de traduire leurs émotions naïves. Du reste, les professeurs du lieu, soit par leur exemple, comme MM. Magrangeas, Fontenaud, Palisse, Lacout ; soit comme M. Dumas, supérieur, et M. Duffoure, par leurs sourires et leurs fines critiques, encourageaient les tendances lyriques de la jeunesse confiée à leurs soins, à la condition, bien entendu, que les devoirs de classe n'en souffrissent point. Aussi Dieu sait les cantates, les cantiques, les compliments, les dithyrambes, éclos sous un tel patronage. Dieu sait les fleurs françaises et latines répandues sur la tête du « bon père » au jour de sa fête et au premier jour de l'an, sans préjudice des placets imprévus dont on l'accablait toute l'année et à tout propos, voire sans qu'il en murmurât jamais. Le mois d'août surtout était l'époque du débordement : certains calepins s'ouvraient ; il en sortait des odes, des idylles, des élégies, etc., que les parents, amis et connaissances des auteurs étaient invités à venir applaudir lors de la clôture solennelle de l'année scolaire.

Retenu par la fête qu'il avait organisée lui-même au grand séminaire en l'honneur de M. Aumaître, Mgr Cousseau n'avait pas présidé celle de Richemont. Pour dédommager ses chers enfants, il leur promit que, après l'achèvement de sa visite pastorale, il viendrait se reposer quelques jours au milieu d'eux.

Il vint en effet clore la retraite et donner la confirmation au mois de juin ; mais il ne resta que peu de temps : un pèlerinage au tombeau de saint Eutrope, à Saintes, abrégea la durée de son séjour. Cette circonstance inspira aux maîtres et aux élèves le désir d'accompagner Monseigneur dans ce pieux voyage : ils firent préparer un placet en couplets pour obtenir cette grâce. Elle ne leur fut pas accordée tout entière : il fut bien réglé qu'ils iraient vénérer le chef de saint Eutrope, mais quelques semaines seulement après leur pieux évêque. En effet, vers la fin du mois de juin, par une journée splendide, la ville de Cognac vit les élèves du petit séminaire traverser ses rues à une heure assez matinale et escalader les wagons de la ligne des Charentes (1). On assista d'abord à la messe dans l'église du saint Martyr, puis, après un substantiel déjeuner, qui fut pris dans le jardin de M. le curé de Saint-Eutrope, on parcourut Saintes en tout sens : on visita les arènes, l'arc de triomphe, la cathédrale de Saint-Pierre, Saint-Palais ; à cette dernière station on ne put s'empêcher de gémir

---

(1) La partie de la ligne comprise entre Cognac et Saintes venait d'être inaugurée le 30 mai.

sur l'impiété stupide de nos modernes gouvernants, qui a changé en caserne un monastère de chastes vierges et placé la mangeoire des bêtes de somme dans le temple du Roi des rois. On rentra le soir à Richemont, bien fatigué, bien altéré, couvert de sueur et de poussière, mais content et joyeux.

La joie, hélas ! fut de courte durée. Le 8 juillet, un élève de troisième, Hildevert Hugon, de Courcôme, mourait à l'infirmerie, sans que sa famille fût là pour recevoir son dernier soupir. Dans une promenade faite peu auparavant, ce pauvre jeune homme avait demandé au président de la promenade (c'était M. l'abbé Achille Hugon, son parent) la permission de boire à une fontaine. Comme il était tout en transpiration, la permission lui avait été refusée. Hildevert feignit de se soumettre, mais, usant de ruse, il parvint à tromper la surveillance du maître et but abondamment à un ruisseau qu'on rencontra. Cette imprudence, qu'il cacha, du reste, avec grand soin, même au médecin (elle ne fut connue qu'après sa mort et par le rapport de ses condisciples qui en avaient été témoins), détermina chez lui une affection pulmonaire, dont la gravité ne fut pas soupçonnée d'abord ; le mal empira très rapidement, malgré les soins assidus des bonnes Sœurs (1), et le malade fut emporté

(1) Presque dès l'origine du petit séminaire, des Sœurs

d'une façon soudaine, au moment où on y pensait le moins, sans qu'on eût pu même lui administrer

de la Sainte-Famille y furent chargées de la cuisine, de la lingerie et de l'infirmerie. Nous sommes heureux de rendre, en passant, un hommage de reconnaissance à ces dignes religieuses. Nous ne pouvons les citer toutes, mais nous voulons rappeler, au moins, parmi celles qui ne sont plus, le souvenir de la Mère Conception, plus connue sous le nom de Mme Richon, femme d'une grande intelligence et d'une grande vertu ; de la Sœur Sainte-Chantal, si jalouse de la propreté et de la beauté de son infirmerie ; de la Sœur Sainte-Philomène, qui avait eu toutes les misères dont souffraient ses clients, sauf l'*hellénisme* (*), genre nouveau de maladie dont elle n'apprit le nom et l'existence qu'en 1864-1865, de la bouche d'un élève de rhétorique ; de la Sœur Saint-Pierre, incomparable dans la préparation des tisanes pectorales ; de la Sœur Marie, qui passa trente ans à Pons et seize ans à Richemont, dans l'exercice de toutes les vertus religieuses. Qu'elle était bonne et dévouée, Sœur Marie ! que d'aumônes en faveur des séminaristes pauvres leur arrivèrent par ses mains ! Elle contribua grandement, à Pons, à la restauration de la jolie chapelle de *N.-D. de Recouvrance ;* à Richemont, elle trouva le moyen de faire de beaux tapis avec des coupons d'étoffes bariolées qu'elle obtenait *gratis* des marchands de nou-

---

(*) L'excellent M. Frédéric T*, un matin qu'on composait dans sa classe en version grecque et qu'il était peu disposé à prendre part au concours, se déclara malade et resta au lit. « Qu'avez-vous, monsieur ? » lui dit la bonne infirmière. — Ma Sœur, j'ai un hellénisme ! — Un hellénisme ! est-ce bien dangereux ? ça dure-t-il longtemps ? — Oh ! non, ma Sœur ; il suffit d'un peu de repos pour se débarrasser de ce mal : je serai certainement guéri à dix heures. » C'était l'heure où devait finir la composition.

les sacrements. Ce fut pour tous une immense douleur, qui s'accrut encore de celle des malheureux parents, surtout de la pauvre mère.

La distribution des prix du 1er août 1867 fut présidée par M. l'abbé Berchon, vicaire général ; Mgr Cousseau, invité aux fêtes de la canonisation de sainte Germaine Cousin, à Toulouse, n'avait pû venir ce jour-là visiter ses enfants. La rentrée eut lieu le mardi 8 octobre : c'est le mardi suivant que Mgr Cousseau bénit à Cognac, avec Mgr Thomas, évêque de La Rochelle, le chemin de fer des Charentes et prononça un de ses plus beaux discours.

veautés. Chargée de la vente, au petit magasin, elle en consacrait les modestes bénéfices à l'embellissement de la maison de Dieu. Les élèves l'aimaient beaucoup, quoique sa prononciation méridionale et de légères saillies de vivacité les fissent rire parfois. « Allez, petite marmaille ! allez à la récréatione ! » disait-elle, quand ils encombraient l'étroit local où étaient déposées ses marchandises. Un jour qu'elle avait prié l'un d'eux de lui faire une commission, le surveillant, avant de le laisser sortir de la cour, lui dit en riant de demander un *suçon* pour sa peine ; ce que celui-ci s'empressa de faire. La bonne Sœur fut piquée de cette exigence. « Allez, s'écria-t-elle, allez dire à M. F**, qu'il est une bernicle !... et j'y vais moi-même !... et vous n'aurez pas de suçon ! »

Sœur Marie est morte à Bordeaux, dans la maison de retraite de sa communauté, le 4 février 1887 : elle avait 73 ans d'âge et 48 ans de religion.

Il revint à Richemont, le 11 décembre 1867, avec le neveu et vicaire général de l'évêque de Limoges, M. l'abbé Denéchau, qui prêchait alors l'Avent à la cathédrale : il désirait lui montrer une maison que son oncle aimait et qu'il avait lui-même si souvent visitée.

Le prélat se rencontra avec l'inspecteur d'académie, M. Drot, dont il disait parfois : « M. Drot est un excellent catholique qui révère l'Eglise, car elle est sa mère; mais comment n'aimerait-il pas aussi d'un tendre amour l'Université, sa nourrice? » Il parcourut la plupart des classes avec cet estimable fonctionnaire. Le lendemain matin, avant de partir, il réunit les professeurs au salon, pour leur dire que la langue latine commençait à être négligée partout et leur recommander instamment de veiller à ce qu'elle ne le fût pas aussi à Richemont : non seulement il ne fallait pas abandonner l'exercice du thème et des vers latins, mais il fallait encore obliger les écoliers à se servir du latin dans les conversations, au moins dans les classes supérieures.

« Au grand séminaire, ajouta-t-il d'un air contristé, les élèves ne peuvent plus parler latin. L'autre jour, à une mercuriale que je présidais, le jeune G** et le jeune P**, très intelligents cependant l'un et l'autre, exprimaient avec peine leurs arguments. C'est déplorable! Ce n'est pourtant que par le clergé que le latin se sauvera ; mais je crains bien, messieurs, si vous ne ne faites de constants et énergiques efforts, qu'il ne se sauve pas dans le diocèse d'Angoulême. » Il déclara qu'il constaterait par lui-même le fruit de ses observations, en présidant les prochains examens semestriels. Ces paroles et cette déclaration excitèrent l'ardeur des maîtres et des élèves et imprimèrent aux études une vive et féconde impulsion.

Entre temps, un M. Zeppenfeld, inventeur d'une mnémotechnie pour retenir les dates, fut admis à exposer devant la communauté son système plus ou moins nouveau : ce système consistait à formuler chaque événement en un vers alexandrin dont les trois dernières articulations marquaient, d'après un tableau convenu, les trois derniers chiffres de la date à retenir. Il avait lui-même versifié ainsi les grands faits de l'histoire et il vendait son petit volume à qui le voulait payer.

Ce brave homme, bien hébergé au petit séminaire y multiplia ses doctes leçons et y passa quatre jours, du 21 au 24 janvier 1868 ; ce qui donna lieu à je ne sais quel élève de lui appliquer, non sans un grain de malice, le premier vers de son recueil mnémotechnique :

Le *Bourguignon* trouva bon rivage et bon vin.

Mgr Cousseau, fidèle à sa promesse, arriva le

9 mars 1868 afin de présider les examens. En descendant de voiture, il trouva un curé des environs, qui l'attendait pour le consulter sur différentes affaires : il répondit à ses questions et le congédia, en lui disant de rentrer dans sa paroisse. Comme il était déjà tard et que le bon curé habitait à deux ou trois lieues, M. Dumas intervint pour le retenir à souper et à coucher, en alléguant le danger d'un voyage nocturne. «Non, non, monsieur le supérieur, reprit l'évêque ; laissez partir monsieur le curé. Quand on a la conscience tranquille et la bourse vide, on peut voyager en tout temps et en tout lieu. » Et le curé s'en alla.

Mgr Cousseau se montra satisfait des examens et félicita les élèves et les professeurs. Il fut à l'égard de ces derniers plus expansif et plus aimable que jamais. Le soir, après le souper, on se réunit au salon autour de lui. Il est difficile de peindre ces réunions où le bon évêque prodiguait les plus brillants et les plus riches trésors de son esprit et de son cœur. Pédagogie, liturgie, théologie, histoire, voyages, il touchait à tout, avec une égale sûreté, avec la même abondance de détails, avec la même verve, tour à tour sérieux, gracieux, enjoué, piquant, mordant quelquefois. Il tenait habituellement (cela va de soi) la conversation, mais il ne la confisquait point à son profit : on pouvait l'interrompre, le contredire même, pourvu qu'on y mît des formes ; et cet homme qui savait si bien parler ne savait pas moins bien écouter. Il possédait le don, si nécessaire aux supérieurs, de relever et de faire valoir ce que disent les autres (1).

Dans la soirée qui nous occupe, il fut d'un entrain charmant. C'était bien le père au milieu de ses enfants, les laissant approcher tout près de lui parce qu'il est sûr de leur amour, et mettant sa

(1) Il savait aussi admirablement faire valoir ce qu'il disait lui-même, par la grâce avec laquelle il s'exprimait et l'art qu'il mettait dans ses récits. Une anecdote fort ordinaire devenait sur ses lèvres pleine d'intérêt et d'agrément ; il en agençait les parties de façon à ne jamais heurter la vraisemblance ; il animait les personnages, leur donnait un caractère nettement accusé et les faisait parler et agir en conséquence de ce caractère ; il peignait des plus vives couleurs le lieu de la scène ; enfin il embellissait le tout par ce style limpide, harmonieux, pittoresque, qui rendait les choses présentes. Un jour, au château Chesnel, M. de Boisset conta devant lui une historiette qui ne manquait point de sel, mais il eut fini en quatre mots. Trois mois après, le vénérable évêque était à Richemont ; M. de Boisset vint l'y visiter : au cours de la conversation, Mgr Cousseau reprit l'historiette de M. de Boisset (oubliant dans le moment qu'il la tenait de lui), mais il la compliqua de tant de circonstances heureusement inventées, de tant de traits spirituels que, à la fin, M. de Boisset lui dit : « Monseigneur, cette historiette est ma fille ; et pourtant vous l'avez si bien embellie et si brillamment habillée que j'ai eu peine à la reconnaître ! »

joie à les soutenir, à les encourager, voire à les égayer. Il leur conta, entre autres, « une plaisante histoire, arrivée, disait-il, assez récemment à Queaux, paroisse du Poitou, dans le canton de l'Isle-Jourdain. » Un certain Jean Chauvin (?), originaire de cette paroisse, s'était enrôlé dans la Légion d'Antibes parmi les fusiliers et servait dans l'armée d'occupation à Civita-Vecchia. Quand son puîné fut en âge de tirer au sort, il déclara, pour obtenir le bénéfice de l'exemption, qu'il avait un frère sous les drapeaux, et un certificat attestant la présence de Jean Chauvin dans l'armée fut demandé à l'autorité militaire. Le certificat ayant été expédié à la gendarmerie de l'Isle-Jourdain, un gendarme reçut ordre de le porter à Queaux. En arrivant dans le bourg, celui-ci, échauffé par la marche, entra dans un cabaret pour s'y rafraîchir ; il eut bientôt fait connaissance avec les habitués du lieu et leur laissa voir la pièce qu'il portait. « Tiens, dit alors l'un d'eux, voilà une triste affaire : Jean Chauvin qui a été fusillé à Civita-Vecchia ! — Ah bah ! ce n'est pas possible, s'exclama-t-on en chœur ! — Mais si ; voyez plutôt vous-mêmes, reprit le premier en présentant la feuille aux incrédules. — Ah ! mon Dieu, c'est vrai : comment cela a-t-il pu se faire ? c'était un si bon garçon ! — Oui, sans doute, un bon garçon, mais il était bien un peu mauvaise tête ! Vous allez tout de même, monsieur le gendarme, causer une fière peine à son frère et à sa mère. »

Le gendarme, qui n'avait pas cru être chargé d'une si fâcheuse commission, fut bien obligé, malgré tout, de l'exécuter. On peut se faire une idée de la scène qui s'ensuivit dans la maison de Jean Chauvin, des gémissements, des larmes, des protestations, que souleva la fatale dépêche.

Sur ces entrefaites, passe monsieur l'adjoint ; il s'enquiert de la cause de tout ce tapage, il lit à son tour et il s'écrie : « Ah ! maudite ignorance ! voilà bien de tes fruits ! Cessez donc de vous lamenter, imbéciles que vous êtes ! *Jean Chauvin fusilier !* Ne voyez-vous pas que le mot est à l'infinitif présent, comme *lancier, canonnier,* et non pas au participe passé ? Rassurez-vous, la mère Chauvin : votre fils est encore bien vivant, c'est moi qui vous le dis. »

Mgr Cousseau, riant de tout son cœur, partit de là pour railler finement les savants de village, et cita certain manant enrichi, qui se vantait d'avoir construit une grande maison où il y avait une belle *préface,* et où les appartements étaient *d'arrache-pied ;* par derrière coulait un ruisseau, où il avait mis un *archiduc* et, tout auprès, une *estatue,* sur un *piédestable.*

Mgr Cousseau et ses interlocuteurs devaient avoir, deux mois après, une autre preuve bien éclatante de la sottise humaine et du triste penchant des multitudes à croire les bruits les plus absurdes, surtout quand ils sont dirigés contre la religion et ses ministres. On sait que des émissaires des sociétés maçonniques parcoururent les campagnes en 1868, en disant partout que l'ancien régime allait renaître et que les dîmes et les agriers allaient être rétablis : comme symbole de ce rétablissement, tous les curés avaient reçu de leurs chefs *un tableau* où étaient représentés des épis et une branche de vigne, et ils devaient incessamment l'inaugurer dans les églises.

Or, il arriva que, le jeudi 28 mai 1868, trois professeurs du petit séminaire (1), amateurs de botanique, partirent de grand matin pour une tournée d'herborisation. Le but de la promenade était d'explorer les landes de Garde-Epée et de visiter, en même temps que le château de ce nom, la jolie église abbatiale de Chastres et le dolmen de Saint-Brice. Les explorateurs comptaient demander l'hospitalité à M. l'abbé Loir-Mongazon, curé de cette paroisse, leur ami; mais, comme ils devaient arriver chez lui sans l'avoir prévenu, ils jugèrent convenable

---

(1) MM. A. Augeraud, professeur de mathématiques, Courivault de la Villate, professeur de français, Blanchet, professeur de rhétorique.

d'emporter avec eux quelques provisions et passèrent par Cognac pour y acheter un gigot de mouton. Qu'on nous pardonne ces petits détails, ils ont leur importance dans l'affaire. Nous oubliions de dire que deux d'entre eux portaient en bandoulière des boîtes de fer blanc, destinées à conserver fraîches les plantes cueillies, et qu'ils étaient armés de bâtons ferrés pour en arracher quelques-unes avec leurs racines. Le gigot, en attendant la moisson de plantes (ils n'avaient trouvé jusque-là que le *convolvulus cantabricus*), le gigot fut placé dans la plus grande boîte, et nos voyageurs, passant par le Solençon et les ruines de Saint-Marmet, suivirent les hauteurs qui dominent la Charente et arrivèrent à bon port à Saint-Brice. Ils exécutèrent tout aussi heureusement le reste de leur programme ; et, quoique la journée eût été très chaude (le thermomètre à l'ombre était monté à 35°, on peut juger de la chaleur qu'il faisait dans le bois de pins qui avoisine le dolmen), ils la comptaient, en rentrant le soir au petit séminaire, au nombre de leurs plus agréables journées, *albo notanda lapillo.*

Ils s'étaient séparés du curé de Saint-Brice, un peu avant Boutiers, pour descendre dans la vallée de la Charente et revenir en longeant la rivière au lieu de suivre les crêtes comme le matin. Quant à M. Loir-Mongazon, il avait poussé jusqu'à Boutiers, annexe de sa paroisse, afin d'y présider l'exercice du mois de Marie. Le 29 mai, il écrivit à ses visiteurs la lettre suivante :

« Mes chers amis, il paraît qu'il manquait quelques fleurs dans votre *boîte :* mes paroissiens se sont chargés de la remplir et de vous empêcher d'oublier, si longtemps que vous deviez vivre, que la journée d'hier a été, en effet, une journée terriblement chaude et capable, comme le disait M. C..., de faire fondre jusqu'aux lunettes. Voici les fleurs dont il est question :

1º Supposition charitable que vous n'êtes, ni plus ni moins, que trois brigands déguisés.

Et d'une !

2º D'après d'autres, vous êtes des espions... et vous m'avez fait don d'un *tableau* représentant six épis d'un côté, six de l'autre et un treizième au milieu ; le tout comme emblème de la dîme à rétablir.

3º Enfin, messieurs, on porte contre vous une accusation bien nette d'assassinat par vous commis sur *un certain* homme, au Solençon ou vers Saint-Marmet ; et la preuve, c'est que la victime, presque morte, a été retrouvée et transportée sur la charrette d'un pauvre passant... Quel est cet homme ? qui l'a transporté ? où ? comment ? on n'en dit rien. Enfin, vous l'avez assassiné ;... peu importe le reste.

« Voilà, et ne vous plaignez pas de votre lot : une fleur pour chacun de vous, puisque vous tenez tant au nombre trois... Mais comme on dit et qu'on pense « Dis-moi qui tu reçois, je te dirai qui tu es », j'ai eu le plaisir, comme vous étant sans doute semblable (ce que j'envierais beaucoup), j'ai eu le plaisir de recevoir de mes paroissiens de Boutiers un gracieux bouquet. Hier soir, au mois de Marie, au lieu d'une trentaine de personnes suivant l'ordinaire, j'en avais trois cents : ce n'était qu'un zéro de plus au nombre.

« Depuis votre passage le matin, *vos grandes boîtes et vos piques de fer*, un costume *différent de l'ordinaire* (quelqu'un de vous marchait-il la soutane relevée ?), *un tableau* que vous portiez et qui était couvert du sang de votre victime (votre gigot avait-il ensanglanté votre boîte ?), tout cela avait surexcité d'une manière effrayante, à Boutiers, Saint-Trojan (comme aujourd'hui à Saint-Brice), tous ceux même qui ne vous avaient pas vus. Toute la journée, on se tint réuni par groupes assez nombreux, et, si l'on eût pu savoir l'heure de votre retour, peut-être y aurait-il eu quelque danger pour vous...

« Dans tous les cas, on nous attendait tous quatre pour la prière du soir et pour la pose du tableau dans l'église, et voilà pourquoi il y eut tant de monde. La prière fut très orageuse : trois fois je réclamai le silence et le respect dus au Saint Sacrement exposé ; mais si inutilement, qu'il fallut de toute nécessité, pour répondre à leurs murmures et à leurs allégations, entamer, séance tenante, la grave et brûlante question à l'ordre du jour ; et je défie tout autre, à ma place, d'avoir cherché à différer plus longtemps. Les paroles que je leur adressai pendant quinze à vingt minutes les calmèrent et les satisfirent. Ils s'écrièrent en grand nombre, en pleine église, qu'ils ne craignaient pas que je les trahisse, qu'ils n'avaient eu jusqu'ici que des louanges à faire de moi et que j'étais aimé de tout le monde dans Boutiers. Ces bonnes paroles valaient bien le rafraîchissement que nous avait offert mon paroissien de Saint-Brice pendant notre promenade sous le soleil de midi...

« Le salut donné, la foule commença à sortir, mais pas trop vite..., et elle restait toute à la porte de l'église. Je le devinai et, au lieu de rester enfermé dans la sacristie, je me hâtai de sortir pour leur faire voir que je ne craignais rien. Il ne s'agissait pas de cela ; on pensait que j'attendais le départ général pour exposer votre fameux tableau ; et même un député du peuple vint me prier honnêtement de sortir pour faire voir que les bonnes paroles que j'avais prononcées tout à l'heure n'allaient pas être suivies d'actions contraires. J'arrive vite à la porte, je monte sur une pierre et, sans dire ni bonjour ni bonsoir, je relève mon camail par dessus mes bras et je m'écrie : « Eh bien, mes amis, me voilà ! Où est le tableau ?... Y a-t-il encore quelqu'un parmi vous qui ne croie pas à la vérité des paroles de son curé ?... Voyons, approchez ; parlez tous, mais les uns après les autres, et vous me laisserez aussi tranquillement dire mon petit mot. » Alors commença sans trop de bruit un meeting à l'anglaise qui dura près de trois quarts d'heure.. Tous parlèrent assez raisonnablement, sauf deux qui lâchèrent quelques phrases incorrectes de politesse, que je relevai aussitôt, avec assez d'à-propos, Dieu merci. Ils me dirent qu'ils se fiaient tous

en moi ; mais aussi pourquoi leur avait-on dit tout cela ?
« Je vous fais une gageure, dis-je à plusieurs reprises,
« que vous ne trouverez nulle part dans les églises *ces*
« *tableaux* que vous dites que Monseigneur a com-
« mandé d'y mettre, etc. » Enfin tout le monde se retira
« assez content vers onze heures.

« Donc, comme conclusion, si vous voulez m'en croire, laissez de côté *vos boîtes et vos effroyables piques ;* prenez soin de votre costume ; ne cherchez pas de fleurs dans les blés, les vignes, etc., etc., et agréez, etc.

Marie-Théodule LOIR-MONGAZON,

curé de Saint-Brice. »

« P. S. — J'ai aussi été obligé de relever, à l'église et pendant le meeting, que vous n'étiez ni brigands ni assassins ; que dire chose semblable, c'était par trop faire honte à la raison que le bon Dieu nous a donnée ; que vous étiez trois professeurs, venus ce jour-là, jour de congé pour vos élèves et pour vous, travailler péniblement à la campagne et vous avancer dans vos sciences. »

Les correspondants de M. Loir-Mongazon furent très étonnés à la réception de cette lettre, mais de l'étonnement ils passèrent vite à la reconnaissance et remercièrent Dieu qui les avait protégés. M Cousseau vint, quelques jours après leur excursion, clore la retraite prêchée par un Lazariste, le P. Claveric de Paule, et donner la confirmation. La lettre de M. le curé de Saint-Brice lui fut communiquée : il dit qu'il avait entendu parler de choses analogues qui se seraient produites en d'autres endroits. En effet, la croyance au tableau souleva bientôt de graves désordres dans plusieurs localités de la Charente, particulièrement à Sigogne : mais il n'entre pas dans notre sujet de nous occuper davantage de cette absurde calomnie.

Le jour de la distribution des prix (4 août), Mgr Cousseau applaudit à une plaidoirie dont il avait lui-même, dans le cours de l'année, indiqué le sujet : il s'agissait de savoir lequel, du canon de Ruelle, de l'eau-de-vie de Cognac ou du papier d'Angoulême, pouvait légitimement revendiquer la plus grande puissance dans les affaires de ce monde. La sentence fut rendue en faveur du papier. Une narration sur la prise de Constantinople par Mahomet II donna lieu au bon évêque de conter la légende de ce prêtre qui disait la messe à Sainte-Sophie quand les Turcs y pénétrèrent : pour échapper à leurs coups et soustraire les saintes espèces à leurs profanations, il entra, avec la sainte hostie et le calice, dans un pilier qui s'ouvrit merveilleusement devant lui, puis se referma. « C'est une tradition chez les Grecs, ajouta-t-il, que, quand Sainte-Sophie sera rendue au culte catholique, ce prêtre sortira du pilier pour achever sa messe. »

La rentrée se fit le 6 octobre sous d'heureux auspices. Le 8, la messe du Saint-Esprit fut chantée par M. Saivet, archiprêtre de la cathédrale, qui adressa aux élèves une intéressante instruction sur le travail. Il avait choisi pour texte les paroles de la Genèse : *Posuit (Dominus hominem) in paradiso voluptatis ut operaretur et custodiret illum* (1). Après avoir fait l'application de ce texte à ses jeunes auditeurs et au doux paradis dans lequel s'écoulaient leurs plus belles années, il leur montra que sans le travail il n'y a ni grandeur morale, ni caractère, ni vraie piété.

Mgr Cousseau arriva vers midi, accompagné du vice-amiral Jaurès. Après dîner, il réunit les élèves autour de lui dans la cour des petits, et l'un d'eux (2) lui chanta des couplets composés pour la circonstance (3).

Au nombre des amis de la maison présents à cette fête, se trouvait M. Paul Mercier, juge au tribunal civil de Cognac. Il saisit cette occasion pour inviter le petit séminaire à faire une promenade

---

(1) *Genèse*, II, 15.

(2) M. Jean Gouguet, de Gardes, alors élève de rhétorique. C'était un charmant jeune homme, franc et loyal, intelligent, bon camarade et bon élève. Il est mort à l'hôpital militaire, dans cette terrible année 1870 qui décima si cruellement la jeunesse française.

(3) On trouvera ces couplets à l'*Appendice*.

dans son joli domaine de Font-Joyeuse, qui n'est éloigné de Richemont que de quelques kilomètres. L'invitation fut acceptée avec reconnaissance, et, à quelques jours de là, M. Mercier voulut bien la renouveler par une lettre adressée à M. Dumas, lettre dans laquelle il évoquait les souvenirs de l'hospitalité biblique et citait les paroles de Rébecca à Eliézer : « *Palearum quoque et fœni plurimum est apud nos.* » (1) Donc, le mardi 20 octobre, on partit pour Font-Joyeuse par un bel après-midi d'automne ; on marchait, en devisant joyeusement, dans des chemins étroits bordés de haies, d'arbustes, de grands arbres, et tout jonchés de feuilles qui formaient sous les pieds un moëlleux tapis ; quelques espiègles en sortaient parfois pour courir dans les vignes vendangées et y cueillir les grappes de raisins qu'avait çà et là épargnées la serpette. Arrivés au but de leur promenade, les élèves admirèrent les bois en amphithéâtre, les prairies verdoyantes où paissaient tranquillement des vaches laitières, et surtout la magnifique fontaine qui a donné son nom à ce site ravissant. Quand M. Mercier fut arrivé à son tour, ils s'empressèrent autour de lui, et un jeune élève de quatrième (2) exprima les sentiments de tous par un

(1) *Genèse,* xxiv, 25.
(2) M. André Noblet, aujourd'hui professeur à l'Ecole Saint-Paul.

chant dont la mélodie était l'œuvre de M. Lacout et les paroles celle du professeur de rhétorique (1).

(1)
« O fontaine de Bandusie,
Disait Horace pénitent,
« Ni le nectar ni l'ambroisie
« N'égalent ton flot transparent ! »
Cette louange trop pompeuse
Sent bien le retour du caveau :
S'il s'agit de boire de l'eau,
J'aime mieux l'eau de Font-Joyeuse.

On parle d'une source en France
Qui donne l'immortalité :
C'est la fontaine de Jouvence ;
On la met en Franche-Comté.
Géographes, troupe menteuse,
Par ici portez donc vos pas :
C'est ici qu'on ne vieillit pas,
Quand on boit l'eau de Font-Joyeuse.

Si jamais ma stérile veine
Doit célébrer quelque bienfait,
Ce n'est point l'eau de l'Hippocrène
Qui peut m'inspirer un couplet.
Pégase est d'humeur querelleuse ;
Phébus me lorgne de travers ;
Mais je trouve encor quelques vers
Aux bords riants de Font-Joyeuse.

Ici tout semble fait pour plaire ;
L'air est pur, le site enchanteur ;
Le ciel y prodigue à la terre
La fertilité, la splendeur.

Après ce chant, M. Dufaure, l'économe, fit distribuer du pain et une saucisse à chacun des élèves et des maîtres ; quelques litres de vin furent versés dans un seau rempli de l'excellente eau de Font-Joyeuse, et on fit une frugale collation, assaisonnée de bonne humeur et d'appétit. On n'y regretta que l'absence de M. le supérieur.

La retraite suivit de près la promenade de Font-Joyeuse : elle réussit à merveille et fit beaucoup de bien, quoique le prédicateur, un Oblat de Marie, fût peu éloquent et qu'il laissât trop voir à ce moment son goût prononcé pour le noble jeu de billard. La clôture en fut faite le jour de la Toussaint.

On avait à peine repris le train ordinaire des exercices qu'une nouvelle fête le suspendit encore. La chapelle de la Providence de Cognac venait

> Bon accueil, mine gracieuse,
> D'un hôte ami des jeunes ans :
> Quel lieu pour nous, heureux enfants,
> Sera plus cher que Font-Joyeuse ?
>
> Font-Joyeuse ! quel nom aimable
> Fait pour chasser les noirs soucis !
> A ce nom, autour de la table
> Accourent les Jeux et les Ris.
> Ah ! de ton urne généreuse,
> Pour ton gracieux possesseur,
> Répands la gaîté, le bonheur ;
> Verse à grands flots, ô Font-Joyeuse !

d'être achevée : à l'occasion de sa consécration, Mgr Cousseau invita l'évêque de La Rochelle et l'évêque de Limoges à visiter le petit séminaire. Mgr Thomas, au dernier moment, s'excusa et ne vint pas, mais Mgr Fruchaud répondit à l'appel. L'auteur du compliment chanté aux prélats en cette circonstance, lequel depuis plusieurs années ne manquait pas une occasion de demander la construction de la chapelle, en parla de nouveau dans un couplet où, s'adressant à saint Ausone, saint Eutrope et saint Martial, il leur disait au sujet de leurs successeurs :

> Que votre main dans cette enceinte
> Pour nous les ramène bientôt,
> Afin que leur parole sainte
> Y consacre un temple au Très-Haut.
> Il semble que la Providence
> Nous veuille donner le signal :
> Ne trompez pas notre espérance,
> Ausone, Eutrope, Martial !

Cette fois la requête fut entendue et, après quelques paroles de Mgr Fruchaud, qui donnaient déjà bon espoir, Mgr Cousseau promit formellement de bâtir enfin la chapelle depuis si longtemps désirée.

Le lendemain, mercredi, 11 novembre, il consacra celle de la Providence. M. l'abbé Dumas fut désigné pour y célébrer le premier la messe, et trois professeurs de Richemont, MM. Ducluzeau, Fontmartin et Blanchet, pour exécuter les chants si beaux et si variés de cette fonction sacrée.

Fidèle à sa promesse, Monseigneur arriva inopinément le 3 décembre au soir, accompagné de M. Alexandre Tessier, l'architecte de l'église d'Aigre. Le lendemain, il s'occupa de déterminer, de concert avec lui, l'emplacement et les dimensions du futur édifice et lui donna ordre d'en préparer les plans. Dès le 7, des ouvriers commencèrent à extraire des moëllons dans les rochers situés derrière la porterie et à percer en même temps le passage par où l'on va maintenant à la grotte de N.-D. de Lourdes, passage qui n'existait pas alors.

Le 5 février 1869, M. Tessier apporta ses plans à Richemont : Mgr Cousseau les fit admirer à M. le supérieur et aux maîtres (1). Il était tout heureux de se voir à la veille d'accomplir un projet formé depuis le début de son épiscopat et il parlait de poser la première pierre au mois d'avril. Par malheur les exigences inacceptables de l'entrepre-

---

(1) Il leur donna, comme toujours, dans cette visite, des conseils paternels et leur remit à chacun un exemplaire de son beau discours sur la cathédrale d'Angoulême. On remarqua avec peine qu'il avait beaucoup vieilli et que son tremblement nerveux avait augmenté. Il assista moins fidèlement que de coutume aux séances d'examen.

neur Laurent firent traîner l'affaire en longueur ; à un moment donné on la regarda même comme désespérée. C'est alors que M. Dumas proposa de confier la construction à un habile ouvrier de Cognac, nommé Gougnon. M. Tessier se mit en relation avec lui ; ils tombèrent facilement d'accord, et leurs conventions signées le 19 juin furent ratifiées par Mgr Cousseau : rien ne devait plus arrêter l'œuvre commencée.

Le 11 mai, il y eut une séance littéraire où fut jouée la pièce de *l'Enfant prodigue,* du P. du Cerceau.

Le 26 mai, s'ouvrit la retraite de première communion. Le prédicateur était un Père Jésuite, qui semblait croire que bien parler est synonyme de parler fort. Il blessa vivement les maîtres en s'excusant, malgré sa brillante santé, de partager la table commune au réfectoire et en demandant qu'on le servît au salon. Cette exigence absolument insolite (jamais elle ne s'était produite jusque-là de la part d'aucun religieux, Jésuite ou autre) fut mal interprétée : on y vit, à tort sans doute, de la défiance et du dédain. On avait peine à comprendre qu'un homme de Dieu voulût avoir une table à part et qu'il se séparât, dans une action qui d'ordinaire rapproche et unit, de ceux qu'il aurait dû édifier par sa mortification et sa charité. Malgré cette petite misère, la première communion fut très belle (1) : elle coïncida avec la solennité de la Fête-Dieu, qui tombait le 30.

La procession du Saint Sacrement, qui ne put avoir lieu ce jour-là à cause du mauvais temps, se fit le dimanche suivant avec une grande solennité ; on alla d'abord à la paroisse, de là on suivit le chemin bas entre les bois du Petit-Puyrémont et le pré du séminaire jusqu'au Poteau (où est maintenant une croix), et l'on revint par la route qui longe le bosquet.

Le lendemain, un ancien élève de la maison, M. Roger O'Tard, présenta le chiromancien Desbarolles à M. le supérieur, qui lui fit peut-être plus d'accueil que n'en méritait sa ridicule profession.

Cependant on poursuivait activement les travaux préparatoires de la construction de la chapelle. Le lundi 21 juin, on mit la pioche dans le mur nord-est de la cour des grands, qui devait être rebâti sur d'autres dimensions plus solides. Le 29, on releva, pour la retailler, l'ancienne première pierre, qui avait été placée en 1853 dans la cour des petits. M. l'abbé Chambaud, curé-doyen de Saint-Amant-de-Boixe, qui amenait un profes-

---

(1) C'est dans cette circonstance que l'abbé U. Hugon passa la nuit tout entière à décorer la chapelle (Cfr. page 317, note 1).

seur de musique, se trouva présent lorsqu'on leva cette pierre, comme il avait été présent, en qualité d'économe, quand on l'avait solennellement posée. On ne put se dispenser de rire en trouvant uniquement sous cette pierre, avec le tube de fer-blanc renfermant un parchemin racorni et illisible, une pièce de deux sous et un sou ! Il n'y avait pas de quoi enrichir un numismate.

Le 1er juillet, on creusa les fondations, très peu profondes du côté de la cour et vers l'entrée de la chapelle ; car le roc y était presque à fleur de terre. Enfin, le 6 juillet, Mgr Cousseau arriva vers 8 heures du matin ; M. l'abbé Laprie, professeur à la faculté de théologie de Bordeaux, qui était avec lui, prêcha sur le texte *Bonitatem et disciplinam et scientiam doce me, Domine*. Monseigneur donna la confirmation et prit ensuite un peu de repos. A 10 heures, on se réunit sur les chantiers pour la bénédiction de la première pierre de la chapelle ; une inscription latine coulée en plomb fut placée dans les fondements. C'était l'œuvre de Mgr Cousseau, très habile épigraphiste, comme chacun sait (1). Il prononça dans cette circonstance un de

---

(1) La plupart des belles inscriptions de Mgr Cousseau vont être publiées dans les *Œuvres choisies* du prélat, dont M. l'abbé Hiou, archiprêtre de Confolens, prépare l'édition. Il en est une qui, très probablement, n'y figurera pas : c'est celle de la *Colonne de Madame*. On sait que cette

ses plus gracieux discours et, avec une délicatesse toute paternelle, il y fit allusion au départ imminent de M. Ulysse Hugon pour les Missions étrangères.

Le compliment chanta la reconnaissance due à Dieu, à Monseigneur et aux bienfaiteurs du petit séminaire :

> Tes murs, aimable sanctuaire,
> Se parent de légers arceaux ;
> Le burin du sein de la pierre
> Tire tes élégants meneaux ;
> Dans les airs l'ogive s'élance,
> Et tout nous dit en ce saint lieu :
> « Enfants, venez offrir à Dieu
> « Votre ardente reconnaissance ! »

Par une coïncidence singulière, pendant que Monseigneur bénissait la première pierre de la

colonne, bâtie à l'occasion du passage et en l'honneur de la duchesse d'Angoulême, fut dédiée, après la chute des Bourbons, par les municipalités successives, aux idoles successives qu'encensa la France. Cependant, sous l'Empire, elle semblait rendue à sa première destination, quand, dans une réunion officielle, le maire d'Angoulême, M. de la Tranchade, dit à Mgr Cousseau : « Monseigneur, vous qui faites si bien les inscriptions, veuillez donc nous en faire une pour la colonne. — Oh ! elle est toute faite, monsieur le maire, répliqua prestement l'évêque ; la voici en quatre mots tirés du canon de la messe : *Præteritis, præsentibus et futuris !* »

chapelle de Richemont, Jules Favre plaidait à Cognac contre le testament que Mme Toirac avait fait en faveur de M. Jules Dupuy, testament par lequel elle constituait un legs de 10,000 francs pour ladite chapelle. Jules Favre perdit son procès, mais non pas son temps, ni sa peine ; outre les gros honoraires que durent lui payer ses clients infortunés, le parti avancé de Cognac lui donna un plantureux banquet : on y but à l'avènement de la république, que Jules Favre et ses complices devaient proclamer criminellement, quatorze mois plus tard, en présence de l'ennemi.

Les travaux de construction de la chapelle firent avancer d'une semaine la date de la distribution des prix : cette solennité eut lieu le 27 juillet et fut présidée par M. l'abbé Cousseau, vicaire général.

C'est pendant les vacances de 1869-1870 que Mgr Cousseau permit enfin à M. Ulysse Hugon de partir pour le séminaire des Missions étrangères. Comme cet excellent jeune homme est une des gloires de Richemont, on nous permettra de lui consacrer quelques pages.

« Ulysse Hugon, nous écrit un de ses condisciples, M. l'abbé Denise, est une de ces figures charmantes qui empruntent une grâce de plus de l'auréole de jeunesse au milieu de laquelle elles ont apparu d'abord, pour disparaître trop vite, hélas!

Quelle nature d'élite ! quelle belle âme s'épanouissant, pour ainsi dire, sur une franche et souriante physionomie ! Nous l'appelions *le bouillant Ulysse,* par opposition sans doute avec *le calme Achille,* son frère aîné, mais aussi à cause de son activité au travail et de son ardeur dans les jeux. Le saut, la course, les barres, le diable boiteux, etc., etc., le trouvaient toujours prêt : c'était le boute-entrain de la cour. Aussi quand la cloche sonnait la fin de la récréation, il rentrait à l'étude, rouge comme un coquelicot, et s'épongeant avec courage pour se livrer avec le même courage à la préparation de sa classe. Il était aimé de tous, comme son frère d'ailleurs. Ses maîtres estimaient en lui l'élève pieux, intelligent et travailleur ; ses condisciples, le camarade joyeux et tapageur, sans un brin de susceptibilité ou de malice, doux et fort en même temps, qui jouait, au besoin, des poings pour se faire respecter, mais même alors ménageait son adversaire et, le lâchant bien vite, se sauvait en riant.

« Ses premières années de Richemont (il y entra au mois d'octobre 1859 en quatrième) ne faisaient pas pressentir les secrets desseins de Dieu sur lui. Il avait puisé dans une famille des plus honorables des principes de foi bien ancrés, mais l'espièglerie de son caractère et la fougue de son tempérament ne lui avaient pas permis de penser sérieusement à son avenir. Il me semble encore entendre nos bons surveillants d'autrefois lui crier en pure perte, dans les moments où il donnait, en récréation, libre cours à sa pétulance : « M. Hugon, « arrêtez-vous !... M. Hugon, je vais vous punir !... « M. Hugon...! » Hélas ! il n'entendait plus, car déjà il était au fond de la cour. C'était donc un brave enfant et un aimable camarade ; mais nul n'avait deviné en lui le saint et l'apôtre.

« Pendant les vacances, il était plus posé, parce que le milieu était plus calme. Il trouvait dans Courcôme, son village natal, une des meilleures paroisses du pays ; dans son curé, M. l'abbé Chauveau, un prêtre d'une piété grave et douce et d'une majestueuse dignité à l'autel ; dans sa vénérable mère, une de ces fortes chrétiennes à la foi solide et éclairée, chez lesquelles une pratique exacte de la religion et un caractère sérieux se concilient cependant avec la vivacité des allures et un tour d'esprit original et piquant. Je me rappelle avoir passé quelques journées dans cette maison hospitalière : le soir, après une promenade ou divers jeux, on se rendait à l'extrémité du jardin, « dans l'ouche », et là, dans une profonde solitude, augmentée par le calme de la nuit, non loin de l'église de la paroisse, sous un beau ciel étoilé de septembre, nous faisions monter vers Dieu une des plus ferventes prières de notre jeune cœur. Le lendemain, dans le vieux sanctuaire de Courcôme, nous chantions la messe (la messe était chantée tous les jours), et il faisait bon voir comment Ulysse y allait du cœur et de la voix.

« Une escapade d'écolier, dans laquelle il s'était lancé étourdiment avec trois camarades (ils étaient sortis la nuit du petit séminaire pour aller se baigner dans l'Antenne), eut pour lui les plus heureuses conséquences.

« L'infraction à la discipline était grave et faillit d'abord entraîner leur renvoi ; mais le parti de la miséricorde prévalut ; les coupables furent sévèrement réprimandés et subirent une forte punition. Ce fut pour Ulysse le point de départ d'une autre vie. C'était à la fin de sa rhétorique, dans l'été de 1863. A partir de ce jour l'espiègle disparut, l'étourdi devint d'une gravité persévérante, et il fut par sa piété, sa douceur, sa charité, le modèle du grand séminaire. Quand, avec l'agrément de son directeur, il fut décidé à entrer aux Missions étrangères, il se livra avec une ardeur nouvelle à l'étude de la géographie, qu'il aimait beaucoup, et s'imposa quelques mortifications de nature à le préparer à la vie de sacrifices qui l'attendait. Il passa l'hiver de 1866-1867 sans s'approcher jamais du feu. Il était tout heureux aussi quand, le vendredi, on servait sur la table du riz, qu'il n'avait pu supporter jusque-là, et il en mangeait bravement, pour s'y habituer en vue d'un séjour possible en Chine. »

Après quatre ans d'études au grand séminaire, comme il n'avait pas l'âge d'être ordonné prêtre (il était né le 22 novembre 1846), Mgr Cousseau, qui voulait, du reste, éprouver encore sa vocation, le renvoya à Richemont en qualité de professeur de septième. Il y ravit tout le monde par sa piété angélique, son humilité profonde et son inexprimable bonté : on ne l'avait jamais vu si aimable. A la fin du mois de septembre 1869, il partit pour le séminaire des Missions étrangères. Le 10 juillet suivant, il fut envoyé dans l'Annam, pour y évangéliser les Bah-nars sous la direction du P. Dourisboure. Il y passa six ans, et voici comment il les passa d'après la relation de son vénérable supérieur :

« Dans sa conduite, il n'y avait pas de variation et sa piété ne connaissait pas de boutade. Naturellement sans enthousiasme (1), il était par vertu d'une constance, d'une exactitude et d'une ponctualité parfaites. Son oraison, la récitation de son bréviaire et la célébration des saints mystères, ces trois exercices surtout, il les environnait du plus grand esprit de religion et de piété. Que dirai-je de son courage et de sa soumission aveugle

---

(1) Nous ne croyons pas que cette observation soit exacte ; M. Hugon avait, au contraire, une nature enthousiaste, mais il avait appris à la dominer et à n'agir que sous l'impulsion de la grâce.

à la volonté de Dieu ? Pendant les six ans qu'il a passés chez les sauvages, il n'a pas eu une seule consolation : tous ses jours ont été des jours de croix, de tribulations, de crève-cœur, de toute espèce de peines enfin. Malgré cela, sa sérénité était invariable et imperturbable. »

Vers le commencement du carême, il avait été envoyé en Annam et à Saïgon, pour une affaire très urgente concernant la mission des Bah-nars. Dès ce moment, sa santé commençait à donner des craintes. Quand il revint à la mission, le 20 mai, elle était dans un état déplorable et elle ne fit qu'empirer. « La diarrhée devenait chaque jour plus tenace et la prostration plus complète. »

« La veille de sa mort, continue le P. Dourisboure, on accourut à la hâte chez moi pour m'annoncer qu'il était mourant. J'arrivai chez le bien-aimé Père, tout mouillé de pluie, à la nuit close. Il avait entendu l'eau qui tombait : son regard jeté sur moi me disait : « Pour me voir, vous vous « êtes mouillé ? » Moi je lui dis en sanglotant : « Vous voulez donc aussi nous quitter ? et ce sera « toujours le tour des autres et jamais le mien ! » Il me regarda avec un air de compassion mêlé de joie ; il fit ensuite un grand effort pour me dire ces paroles : « Je ne sais comment et pourquoi il « se fait que je n'ai aucune peur de la mort. » Et son visage s'illumina d'une sainte joie.

« Le serviteur fidèle, le prêtre modèle, il n'avait en effet rien à craindre de la mort ; il en avait tout à espérer. Le P. Vialleton, arrivé avant moi auprès du malade, lui avait déjà administré les sacrements. Cependant je lui dis : « Puisque le bon Dieu vous « fait la grâce de conserver toute votre connaissance, « je vous donnerai de loin en loin l'absolution, en « vous avertissant préalablement. » Et c'est ce que je fis, et, à chaque fois, les sentiments de contrition et d'amour se manifestaient d'une manière touchante sur les traits de son visage. Ses mains trop faibles laissaient tomber parfois le crucifix ; alors il le demandait et le baisait. Il pria le P. Vialleton d'envoyer ce crucifix à sa bonne mère. On lui récitait fréquemment quelques versets des psaumes ou quelques autres prières... Il semblait visiblement entrer dans les sentiments de ces prières. Je fus surpris une fois de la demande d'un miroir. Je pensai d'abord que je l'entendais mal. C'était pourtant cela. Il voulait voir l'état où l'approche de la mort l'avait réduit. Il toucha de l'index le creux de ses yeux et, de toute la main, ses joues hâves et tombées. Puis il me rendit le miroir, demanda le crucifix et le baisa pour la dernière fois. Vers les deux heures du matin, je récitai toutes les prières du bréviaire pour la recommandation de l'âme, à voix distincte, claire et lente. Comme il ne parlait ni ne regardait, je doutais qu'il m'entendît. Mais, quand j'eus achevé, il fit péniblement et lentement un dernier signe de croix.

« La mort si désirée par lui s'avançait à grands pas. Ce désir de la mort n'était pas chose nouvelle chez lui. Pendant qu'il était en parfaite santé, à la fin d'une journée, je l'ai souvent entendu dire : « Voilà encore une journée de moins à passer sur « cette malheureuse terre ! » Un jour que nous nous préparions à réciter le bréviaire ensemble, il prit en main l'*ordo*. Or, pour regarder la fête du lendemain, il fallait tourner le feuillet. Tout en le tournant, il me dit : « C'est toujours une chose solen- « nelle et pleine de satisfaction pour moi, quand il « faut tourner le feuillet de l'*ordo*.— Comment donc « cela ? lui dis-je, moi qui ne voyais en cela qu'une « chose bien indifférente. — C'est que, repartit-il, « tout le temps indiqué par les feuilles précédentes « est déjà retranché de celui que j'ai à vivre en ce « monde, et que je me sens d'autant plus près du « jour où je jouirai de la vue du bon Dieu au ciel. »

C'est le 21 juin 1877, fête de S. Louis de Gonzague, vers 4 heures 1/2 du matin, que M. Hugon rendit le dernier soupir (1).

---

(1) On peut lire sur M. Ulysse Hugon, dans la *Semaine religieuse*, outre la lettre du P. Dourisboure que nous avons citée, d'intéressantes correspondances de M. Hugon

Le P. Dourisboure termine en disant : « Le meilleur souhait que l'amour de notre congrégation puisse m'inspirer et me suggérer, c'est celui de voir entrer dans son sein beaucoup de sujets comme le P. Hugon. »

Nous nous unissons à ce souhait, en demandant à Dieu de donner à notre diocèse beaucoup de prêtres qui lui ressemblent dans « sa foi, son zèle, sa charité, son humilité, sa douceur, son courage, son abnégation, son détachement des choses de la terre, son abandon à la Providence », et toutes ses éminentes vertus, chrétiennes et sacerdotales. Digne émule de notre vénérable Aumaître, s'il n'a pas eu l'honneur de partager son martyre, il a du moins partagé largement son amour de Dieu et des âmes.

En rentrant, le 5 octobre, les élèves de la division des grands trouvèrent leur cour encombrée, presque en entier, de chaux, de sable, de moëllons et de pierres de taille : impossible d'organiser un jeu. Les maîtres demandèrent qu'il fût porté remède à cette situation fâcheuse, soit par le partage de la cour des petits entre les deux divisions, soit par l'attribution à l'une d'elles de la cour d'entrée.

lui-même, adressées à ses parents où à ses amis et publiées par leurs soins.

Leurs propositions furent rejetées ; mais, pour donner aux grands un peu d'exercice, on les conduisit en promenade chaque jour après dîner ; le mauvais temps, qui survint, empêcha bientôt ces sorties, non exemptes, du reste, de tout inconvénient, et la stagnation des élèves ne tarda pas à développer chez eux un mauvais esprit, qui n'était pas ordinaire à Richemont. M. le supérieur envoya deux professeurs, l'un à Saintes, l'autre à Poitiers, pour y chercher un prédicateur : il songeait à faire donner une retraite afin de rétablir le calme. En s'y prenant si tard, il était difficile de choisir : les plus habiles orateurs étaient retenus pour l'Avent. Un brave religieux, qui n'avait été demandé par personne, se dévoua ; mais, malgré son zèle, sa parole ne produisit pas l'effet qu'on s'en était promis. Il fallut prononcer plusieurs renvois.

Quelques-unes de ces bonnes âmes, comme il s'en trouve encore, toujours disposées à prendre parti contre nos œuvres diocésaines quand elles devraient être les premières à les soutenir, ne manquèrent pas une si favorable occasion d'exagérer le mal à plaisir ; leurs charitables dires parvinrent jusqu'à M. Cousseau, qui était alors, suivant son expression, *quasi évêque* (Monseigneur se trouvait à Rome pour le concile). M. Cousseau arriva donc, à l'improviste, le 25 janvier 1870, à 8 heures du soir, par une température sibérienne, tout emmitouflé dans une longue houppelande fourrée. Le lendemain, il constata *de visu* que la situation du petit séminaire était, malgré tout, moins grave qu'il ne l'avait supposé ; que les renvois, très justifiés, de quelques mauvaises têtes avaient produit une impression salutaire, et que le retour complet du bon esprit ne tarderait pas plus que le premier zéphyr du printemps. Il partit tout rassuré, en invitant à dîner à Angoulême, pour le lundi suivant, M. le supérieur et deux ou trois professeurs.

C'est à peu près à cette époque qu'un bibliothécaire bénévole, avec l'autorisation du bibliothécaire en titre, tout occupé, dans ses moments de loisir, à étudier le cor d'harmonie (c'était l'excellent M. Achille Hugon), tâcha de mettre quelque ordre dans la bibliothèque, négligée depuis longtemps, et obtint, pour l'enrichir, de nombreux volumes de MM. les chanoines Guigou, de la Croix et Descordes. Il organisa des souscriptions, fit des loteries, établit de nouvelles étagères avec le concours du bon père Gallier (1), et les livres cessèrent

(1) Le père Gallier est une intéressante figure. Pendant trente ans, la vie de cet excellent homme s'est confondue avec la vie du petit séminaire ; il s'est passé peu de journées où on ne l'y ait vu, occupé des mille et une réparations continuellement nécessaires dans une grande maison habitée par de nombreux enfants. Que de planchers

de traîner dans la poussière, entassés sur le plancher. Quand tout fut achevé, M. Hugon vint, en se

raccommodés ! que de portes consolidées ! que de serrures rajustées ! que de vitres remplacées ! sans compter les armoires, les porte-manteaux, les pétrins, les bibliothèques, les bateaux même, qu'il construisit. Il avait appris le métier de charpentier ; mais c'était un de ces ouvriers intelligents et adroits qui savent tout faire, et il était, suivant le besoin, menuisier, tonnelier, serrurier, vitrier, etc., etc.

Aimant son travail et s'y donnant de tout son cœur, ce digne homme ne savait ce que c'était de fréquenter le café ou le cabaret et n'avait aucun goût dispendieux. Sa seule joie était son intérieur : le bon Dieu lui avait donné pour compagne un ange de douceur, de simplicité et de piété. Contents de leur humble position et ne rêvant point, pour la changer, le bouleversement de la société, ils trouvèrent moyen, par une vie laborieuse, rangée et économe, d'élever honorablement quatre enfants, deux filles et deux garçons, dont l'un est devenu prêtre. M. Jean Gallier avait l'ouverture et la rondeur du Saintongeais (il était né à Marsais, près de Surgères, le 20 février 1808) ; si parfois son ouvrage n'allait pas tout à fait à sa guise, il en témoignait bien un peu d'impatience, mais ce n'était que l'affaire du moment et la bonne humeur reprenait tout de suite le dessus ; du reste, jamais de jurements ni de blasphèmes. Cet homme du peuple était d'une parfaite politesse, que lui inspiraient son bon cœur et sa foi chrétienne ; il n'est pas nécessaire de dire qu'il se serait fait scrupule de causer le plus léger dommage au prochain ; c'était la probité en personne. Il avait éprouvé des revers de fortune : en 1848, il avait fait un voyage en Suède et en Norvège et y avait acheté des bois

frottant joyeusement les mains, y donner le coup d'œil du maître et il déclara que c'était bien.

de sapin pour une somme considérable ; malheureusement le navire fut capturé et tout fut perdu. Il lui restait son métier : il le reprit avec courage. En 1854, il vint se fixer à Cognac, puis à Javrezac, où M. Dumas, alors curé de cette paroisse, le connut. Quand l'église de Richemont fut restaurée, le même M. Dumas l'en nomma sacristain (1856) et lui fournit un modeste logement dans l'ancienne cure. C'est là qu'est mort le bon père Gallier, le 19 octobre 1885, après de longues douleurs patiemment supportées : il a été inhumé dans le cimetière, non loin de la tombe du vénérable supérieur, à qui il avait voué une profonde reconnaissance. Chaque semaine, sa pieuse femme vient de Cognac prier sur sa tombe et y entretenir des fleurs. Pour rester fidèle à ce devoir, elle se prive des douceurs et des consolations qu'elle pourrait trouver dans le presbytère de son fils.

La présence incessante du père Gallier au séminaire en avait fait l'ami de tous les élèves et quand, ayant traversé la cour des grands, il montait dans celle des petits avec un panier de bois renfermant les outils qui lui étaient nécessaires, on fredonnait un joyeux refrain sur l'air *du conscrit au bivouac*:

> Vive le père Gallier,
> Quand il monte l'escalier
> Avec son petit panier,
> Renfermant plomb et levier,
> Ses tenailles, son marteau,
> Sa lime avec son ciseau,
> Du bois pour faire un tasseau !
> C'est le coq (*bis*) du hameau !

A force d'être répété, le refrain donna naissance à une

Depuis quelques années la santé de M. Dumas avait décliné : ses médecins lui conseillèrent une saison à Vichy. Il partit, en conséquence, le 31 mai

série de couplets, où l'on fit entrer les mots de patois saintongeais et les termes techniques les plus employés par le digne ouvrier, en même temps qu'on y rappelait plusieurs de ses travaux dans la maison. Il va de soi que cette boutade ne renfermait pas le moindre fiel : elle n'a jamais diminué en rien dans l'esprit de personne le respect dû aux qualités de celui qui en est le héros. Ceux qui l'ont chantée si gaiement à Richemont aimeront à la retrouver ici :

>   Messieurs, redisons l'éloge
>   D'un honnête charpentier.
>   Tel qui se pavane en toge
>   Vaut-il le père Gallier ?
>
>   Il sait changer une porte,
>   Il sait replacer carreau,
>   Serrure, crochet, *n'importe*,
>   Voire construire un bateau.
>
>   D'abord *il prend ses mesures*,
>   Ensuite *il tire son plan*,
>   Puis *pousse congés, moulures*,
>   Et geint de peine et d'ahan.
>
>   De Stockholm jusqu'à la Mecque,
>   Son pareil se cherche en vain
>   Pour faire une *bibliothèque*
>   Ou *simbloter* un pétrin.
>
>   Il rhabille cuve et tonne,
>   La vieille barque fait eau :
>   Le voilà qui la *goldronne*
>   Et lui donne un air nouveau.

et ne revint que le 30 juin. Il confia, en partant, le gouvernement de la maison à M. Duffourc, assisté de MM. ⸺anchot et Labrousse. M. Duffourc présida cette ⸺née la procession de la Fête-Dieu ; ce que, de mémoire d'homme, on ne se souvenait pas d'avoir vu, et, quoique le parcours, le même que celui de l'année précédente, fut assez long, il ne se plaignit pas d'être fatigué.

Le 21 juin, M. Achille Hugon fit le voyage de Paris : il allait embrasser pour la dernière fois son

> Mais tous ces menus ouvrages
> L'ont, dit-il, tout abruti :
> « Ce sont petits *boutiquages,*
> « Bons pour un jeune apprenti ! »
>
> Quand son travail ne va guère,
> Sa douceur est vite à bout :
> « *Dam'! ce n'est pas une affaire,*
> Dit-il, *je casserais tout !* »
>
> Contemplez-le quand sa hache
> Heurte un clou qu'il ne voit pas,
> Ou quand un huis qu'il rattache
> Fuit et lui tombe des bras !
>
> Si parfois on lui reproche
> Ses retards et sa lenteur,
> « *C'est pas comm' de fondre une cloche !* »
> Répond-il avec humeur.
>
> Cet ouvrier de mérite
> Fléchit sous le poids des ans ;
> Mais son vaillant fils *Polyte*
> Fait revivre son beau temps.

frère Ulysse, qui devait quitter la France le 10 juillet et aller évangéliser les Bah-nars (1).

Le 23 juin, Richemont reçut pour la seconde fois M. Alfred Besse. La séance d'improvisation qu'il donna, par une chaleur tropicale, fut très intéressante. On lui avait demandé de faire un rapprochement entre *sermon* et *chaudière* ; il répliqua par ce quatrain qui fut très applaudi ; car il louait avec justice la parole élégante et éloquente du professeur de seconde :

---

(1) C'est vers cette époque que ce bien-aimé Ulysse écrivit à M. l'abbé Labrousse, alors professeur de seconde, le billet suivant :

« Cher monsieur Labrousse, adieu aux rives de l'Antenne, aux coteaux de Richemont, adieu à la petite barque et aux délicieuses promenades au clair de la lune ! Bientôt nous saluerons et la Méditerrannée et la mer des Indes. Assis, le soir, après le coucher du soleil, sur l'arrière du navire, les yeux tournés vers cette Europe que je quitte, je prévois sans peine que mes pensées seront souvent avec vous tous, chers habitants de Richemont. Ma Cochinchine m'offrira bien aussi quelque Antenne, son C'la, par exemple, dont je pourrai vous parler un jour. Sur ses bords, on pourra chanter quelqu'un de nos joyeux cantiques et vivre ainsi quelque peu au milieu de vous.

Adieu, cher monsieur Labrousse, souvenez-vous *efficacement* de la Cochinchine et de son missionnaire.

U. HUGON,
Missionnaire apostolique en Cochinchine orientale.

L'abbé L*** unit l'esprit et la raison ;
Son cœur est tout rempli de la sainte lumière :
Aussi, quand parmi vous il prononce un *sermon*,
Le diable, tout penaud, rentre dans sa *chaudière*.

On applaudit aussi chaleureusement à l'éloge de M. Duffourc, quoique le trait final fût exagéré. Il faut remarquer que les rimes avaient été imposées, sauf les deux premières.

Je veux chanter ici le bon abbé Dufour *(sic)*,
L'aimable directeur de ce charmant séjour.
Chacun de vous en lui trouve le cœur d'un *père* ;
Il est l'ange gardien de ce séjour *prospère*,
On aime la franchise, on aime la *bonté*
Qui mettent à son front tant de *sérénité*.
Ici depuis trente ans, il sait, avec *sagesse*,
Suivant les lois du Christ, guider votre *jeunesse*.
Il serait digne, enfin, par son talent *parfait*,
De porter quelque jour un habit *violet*.

Du violet au vert la transition est facile. Disons donc que cette année, aux vacances de Pâques, l'économe avait tout peint en vert, sans en excepter les tables et les bancs du réfectoire. Il arriva même qu'un chat, hôte habituel de cette salle où il trouvait à vivre plus largement qu'au grenier ou à la cave, reçut d'un malin écolier son coup de pinceau, et, au lieu de patte blanche, montra désormais patte verte. Cette aventure fut cause qu'on demanda à M. Besse une fable dont on lui imposa le titre, *Le chat à la patte verte ;* la moralité, un proverbe du moyen-âge, *Le moine répond comme son abbé chante ;* et, enfin, toutes les rimes. Voici comment l'improvisateur se tira de ces difficultés accumulées :

> Certain chat, pour dormir ayant pris son *bougeoir*,
> Aperçut un vieux pot recouvert d'un *mouchoir*.
> Soupçonnant qu'une proie était là, sous la *bure*,
> Notre chat dans le pot plonge une patte *sûre*.
> Mais le pauvre minet fut puni de ce *tour*;
> Il vit sa patte verte à l'heure où vint le *jour*.
>
> O jeunes écoliers, gardez tous la *mémoire*
> De ce trait, qu'aujourd'hui je conte au *réfectoire*.
> Dans le monde, il suffit parfois d'un tableau *peint*
> Pour troubler l'innocence et flétrir son beau *teint*.
> Parmi les serviteurs du Christ et de la *Vierge*,
> Un souffle, c'est assez pour éteindre le *cierge ;*
> Et, parmi les soldats du roi du *Vatican*,
> Un seul plomb peut briser l'aile du *pélican*.
> Puis (fut-on aussi saint que l'est votre *économe*,
> Aussi fort dans le bien qu'il l'est sur le *binôme*,)
> Du mal, jusqu'au dernier on suivra les *anneaux :*
> Ès griffes de Satan pris comme en des *ciseaux*,
> On traînera son frère avec soi sur la *pente ;*
> Car *le moine répond comme son abbé chante.*

Le 6 juillet, M. l'abbé Choisnard, directeur de l'Ecole Saint-Pierre de Saintes, amena une escouade de ses élèves avec deux professeurs à Richemont, où l'on fut tout heureux de leur gracieuse visite. De leur côté, ils s'en retournèrent contents de l'accueil qu'ils avaient reçu et ravis du paysage que leurs yeux avaient contemplé.

Le 12 juillet, on fit une petite fête en l'honneur du retour de M. le supérieur. Un dîner champêtre eut lieu dans le pré et à côté de la fontaine que domine le tertre où s'élève l'église. On le termina par un grand punch en plein air. Tout rempli des souvenirs de M. Alfred Besse, le bon économe, à la vue de ce punch, se sentit pressé d'improviser lui aussi et il commença d'une façon heureuse: « Contemplez, disait-il aux enfants réunis autour de lui,

« Contemplez de ce punch les ardeurs bienfaisantes! »

Mais la difficulté de trouver une rime, tout en activant au moyen d'une longue cuiller de fer la fonte du sucre dans l'eau-de-vie, fut cause qu'il n'acheva pas le distique; en revanche, il acheva le punch, et, quand il en eut distribué quelques gorgées aux élèves, ceux-ci les burent à sa santé et plusieurs crièrent *Vive monsieur l'économe!* ce qui le transporta de joie; car il était moins défiant que Mgr Spaccapiétra à l'égard des ovations de la foule. Ce fut la dernière fête dont l'excellent homme eut à faire les préparatifs, si l'on excepte la distribution des prix. Il quitta le petit séminaire pendant les vacances et devint aumônier de Breuty ; plus tard, il se retira à Brive dans sa famille : il y est mort saintement, le 11 juillet 1875.

M. Jean-Pierre-Adrien Dufaure était né à Vouthezac (1), le 14 décembre 1805. Il avait embrassé d'abord, après ses études de droit, la profession d'avocat, puis il s'était occupé de commerce. Devenu veuf et touchant presque à la vieillesse, il voulut se faire prêtre et il entra, en effet, en 1863, au grand séminaire d'Angoulême, où il édifia tout le monde par sa piété, sa bonté et sa régularité ; on devine ce que cette régularité lui coûta d'efforts et de sacrifices. Enfin ses désirs furent accomplis : il reçut l'onction sacerdotale le 17 décembre 1864. Après avoir été employé quelque temps au secrétariat de l'évêché comme auxiliaire et au noviciat de Sainte-Marthe comme chapelain, il fut envoyé à Richemont, vers la fin de l'année scolaire 1864-1865, pour y remplir les fonctions d'économe. Il y mit tout son zèle, tout son dévouement, toute sa conscience, et c'est une justice de dire qu'il fut beaucoup plus ménager du bien du séminaire que du sien. Mais une charge où les détails sont innombrables était au-dessus des forces d'un vieillard qui débutait dans le métier et qui,

(1) Commune du canton de Juillac, arrondissement de Brive (Corrèze).

n'ayant pas vécu jusque-là dans une maison d'éducation, ne pouvait assez en connaître les rouages pour ne pas les faire crier parfois. Il résulta, de cette situation regrettable, qu'il se produisit, entre quelques-uns de ses confrères et lui, une opposition de vues et de sentiments dont les uns et les autres eurent à souffrir ; et, cependant, s'il eût suffi d'avoir de l'intelligence, du cœur, de la foi, de la charité, pour être un bon économe, Richemont n'en aurait jamais eu un meilleur que M. Dufaure.

La déclaration de guerre à la Prusse fut accueillie au petit séminaire, comme dans tout le pays, avec un fol enthousiasme et d'ardentes espérances. Un ancien professeur de la maison y envoya une chanson railleuse, dans laquelle Bismarck était traité de Cadet Rousselle ; et les couplets de cette pièce, où l'auteur se montrait homme d'esprit plus que prophète, ne cessèrent de retentir pendant une semaine dans les récréations des élèves. L'orateur de la distribution des prix fit vibrer, lui aussi, la corde patriotique et souleva, par ses pronostics heureux pour nos armes et l'avenir de la France, des tonnerres d'applaudissements. C'est dans la nouvelle chapelle, dont la toiture venait d'être posée, qu'eut lieu cette fête, trop joyeuse en vérité pour les événements qui allaient suivre. Ce fut pourtant le jour même de la fête (2 août) que nous eûmes le léger avantage de Saarbruck et que le prince impérial reçut *le baptême du feu*. Maîtres et élèves étaient dispersés quand arrivèrent les terribles nouvelles de Forbach, de Reischoffen et de Wissembourg. Quelle désillusion ! quel réveil!

Mgr Cousseau n'avait point partagé l'enthousiame général. Il était revenu de Rome le 24 juillet, et, le 25, M. le supérieur et trois des maîtres de Richemont avaient assisté à la réception solennelle qui lui fut faite à la cathédrale. Dans son salon, au milieu des ecclésiastiques qui l'entouraient, il ne cacha point ses craintes, qui ne furent que trop tôt justifiées.

On sait quel affolement produisirent nos revers. Le peuple des villes et surtout des campagnes était en proie aux soupçons les plus ridicules, et la francmaçonnerie, fidèle à son rôle, les dirigeait de préférence contre le clergé. On disait que les curés envoyaient de l'argent ou des munitions aux Prussiens, qu'ils recélaient des espions, etc. Cognac et ses environs ne pouvaient échapper à cette contagion de méchanceté et de sottise ; on s'en convaincra par la lecture du procès-verbal suivant, que nous copions sur l'original sans en changer une syllabe :

« L'an mil huit cent soixante-dix et le onze du mois d'octobre, nous, maire de la commune de Richemont, assisté de Escauthier Philippe, capitaine de la garde nationale, Poussard Jacques, conseiller municipal, Mesnard Jean, conseiller municipal, Savin François, lieutenant de la garde nationale, Savary Pierre, sous-lieutenant de la garde nationale, et de plusieurs autres gardes nationaux,

« Nous sommes présenté au petit séminaire, sur l'invitation réitérée de monsieur le supérieur, qui nous a requis de visiter scrupuleusement toutes les parties de sa maison, où seraient cachés, a-t-on dit, des Prussiens et des armes de guerre.

« Voulant donner un démenti éclatant à ces bruits insensés et ne laisser aux partisans de désordre aucun prétexte contre un établissement qui est l'honneur de notre contrée, nous avons exploré ledit établissement dans ses moindres détails, et nous affirmons hautement qu'il n'y existe ni fusils, ni mitrailleuses, ni canons, ni hommes cachés ; en un mot, rien de suspect.

« En foi de quoi nous avons signé le présent procès-verbal, les jour et an que dessus.

Signé : « Mesnard, maire ; capitaine Escautier ; Poussard, conseillier ; Mesnard, conseilé ; lieutenant Savin ; Savary Pierre ; Moderat (?) ; Rulleau ; Savin ; Lévêque ; Veillon ; Baudry ; Macoin. »

Ce procès-verbal, qui fait honneur à la droiture et au bon sens des gens de Richemont, fut publié dans les journaux et mit fin aux bruits stupides qui circulaient depuis quelque temps.

La rentrée, indiquée pour le 11 octobre, fut retardée jusqu'au 18, et, malgré ce délai, plus de la moitié des élèves ne rentrèrent pas : le nombre total dans toute l'année ne dépassa point soixante-dix. Quelques-uns remplissaient auprès de nos blessés les fonctions d'infirmiers ; d'autres, en présence des maux qui menaçaient l'Eglise, doutaient de leur vocation ; la plupart étaient retenus au foyer paternel par la volonté de leurs parents.

Le personnel des maîtres avait d'abord été fixé à quatorze, à l'ordinaire. Outre M. le supérieur et M. Labrousse, devenu économe en remplacement de M. Dufaure, il comprenait MM. Blanchet, professeur de rhétorique ; A. Hugon, de seconde ; Duffourc, de troisième ; Rousselot, de quatrième ; Dinet, de cinquième ; Labrosse, de sixième ; Délias, de septième ; Ch. Légonier, de huitième ; Artus, de français ; Boutinet, maître d'étude des grands ; Dercier, maître d'étude des petits.

Cette première organisation fut, dans la suite, profondément modifiée à diverses reprises. D'abord, M. Boutinet ne vint pas et, au bout de trois ou quatre jours, où la surveillance de l'étude des grands était répartie entre tous les maîtres, M. Délias en fut chargé ; M. Artus réunit la septième et la huitième, et M. Légonier devint professeur de musique et de français : il n'avait que deux élèves ! Aussi, le 15 novembre, Mgr Cousseau crut-il pouvoir enlever M. Artus du petit séminaire pour l'envoyer dans un préceptorat : M. Labrosse descendit alors en septième, emmenant avec lui ses plus faibles élèves de sixième ; les plus forts furent mis en cinquième ; M. Légonier réunit à ses élèves de français ceux de huitième et n'eut encore qu'une classe bien peu nombreuse.

À la fin de février, la mort de M. l'abbé Gachignard, vicaire de Saint-Léger, causa de nouveaux bouleversements. On le remplaça dans ce ministère par M. l'abbé Rousselot ; M. Hugon reprit la quatrième, et la seconde fut réunie à la rhétorique. Enfin, M. Duffourc étant tombé malade au mois d'avril, la troisième et la quatrième eurent M. Hugon pour professeur commun. Ce fut une triste année !

M. l'abbé Nanglard chanta la messe du Saint-Esprit le 20 octobre ; puis Mgr Cousseau fit deux visites coup sur coup au petit séminaire, le 5 et le 25 novembre. Dans cette dernière visite, il constata l'achèvement de la voûte supérieure de la chapelle et critiqua les peintures des clés de voûtes, qui furent refaites sur ses indications.

Quelques cas de variole se produisirent à la même époque, mais, grâce à Dieu, sans aucune gravité.

Des pluies abondantes marquèrent la fin du mois, l'Antenne déborda et couvrit toutes les prairies. Au commencement de décembre, le temps devint très sec et très froid, et bientôt une neige épaisse couvrit la terre. Comme on pensait douloureusement à nos pauvres soldats ! On avait répété avec ferveur, à la Toussaint, la strophe contre les hommes du Nord,

> Auferte gentem perfidam
> Credentium de finibus !

On chanta avec enthousiasme, à la fête de l'Immaculée-Conception, ce couplet, ajouté par un professeur au beau cantique *Rome a parlé* :

> O Vierge Immaculée, ô Reine de la France,
> L'impiété chez nous exerce ses fureurs :
> Entendez nos soupirs et nos cris de souffrance ;
> O Marie, arrêtez le cours de nos malheurs.
> Ah ! n'abandonnez pas un peuple qui vous aime ;
> Ce serait des méchants combler l'affreux désir.
> Nous vous en supplions, confondez leur blasphème.
> La France est tout à vous : pourrait-elle périr !

Malgré le froid et les angoisses patriotiques, on travaillait avec courage. Pour exciter l'ardeur des enfants, certains professeurs les faisaient concourir classe contre classe. Qu'on nous permette de citer sur ce sujet quelques lignes humoristiques d'un témoin (1) qui tenait registre des menus évé-

(1 M. l'abbé Ch. Courivault de la Villate, aujourd'hui

nements de chaque jour ; nous ne saurions dire aussi bien que lui.

« Depuis plusieurs jours, il y a une lutte terrible engagée entre les élèves de rhétorique et ceux de seconde... Il s'agit d'un thème fait par les deux classes. M. B'' et M. H'' corrigent les fautes, les recorrigent, les corrigent encore, le jour, la nuit, sans cesse. Jamais thème ne fut si bien corrigé. L'avantage sera, dit-on, pour les élèves de seconde, et M. H'' en jubile déjà ; il serait même tenté de retrancher quelques fautes à ses élèves, pour que leur succès fût plus brillant. C'est risible, c'est comique ! Quelques expressions de Cicéron ont été censurées et regardées comme des fautes ou, plutôt, comme mal employées. Nos correcteurs sont justes, mais rigides avant tout. M. R''' a éclairé la question de toutes ses lumières ; il paraît qu'on n'y a pas vu plus clair pour cela. Il a même voulu faire concourir ses quatrièmes avec les matadors : ceux-ci ont haussé les épaules et ont parlé de la grenouille qui veut se faire aussi grosse que le bœuf. »

La signature de l'armistice, les élections du

secrétaire général de l'évêché. Nous devons à son obligeante amitié nombre de détails qui fussent restés, sans le secours de ses notes, enfouis dans les profondeurs de notre souvenir : nous nous contentons, pour le plus grand nombre des cas, de cette mention générale, et nous lui offrons nos affectueux remerciements ; nous avons soin toutefois d'avertir quand nous le citons textuellement.

8 février, l'arrivée du printemps, apportèrent un peu de répit à la France humiliée et un rayon de joie aux habitants de Richemont. Cependant Mgr Cousseau pensa que, en présence du deuil de nos provinces dévastées et envahies et de la dure nécessité de payer à nos insolents vainqueurs l'écrasante contribution de guerre qu'ils exigeaient, les vacances de Pâques ne seraient pas sans inconvénients : il les supprima donc cette année. Par malheur, cette décision fut prise trop tardivement pour qu'on eût le temps de s'y habituer avant son exécution. Il en résulta que quelques élèves des hautes classes ne l'acceptèrent qu'à contre-cœur et se plaignirent de maladies, plus ou moins réelles, pour obtenir des congés particuliers. D'autres, plus raisonnables, se soumirent simplement et, pour se consoler de cette privation accidentelle, ils s'employèrent avec entrain, pendant les récréations, aux travaux d'embellissement que MM. Duffourc et Hugon avaient entrepris dans le bosquet. On y traça de nouvelles allées, on y dressa des bancs de gazon, on planta des arbustes, etc., et l'on ne trouva pas le temps de s'ennuyer jusqu'au retour de Pâques (1).

(1) Il y eut, le jeudi de Pâques, pour inaugurer les travaux, un dîner champêtre qui fut pris dans le haut du bosquet. Le temps, froid et pluvieux au commencement de la semaine, fut splendide ce jour-là.

Le 20 mars, un ex-sous-officier de mobiles, manquant de ressources pour retourner à Lyon, son lieu natal, eut recours à la muse. Il était poète et il vint débiter ses poésies devant les maîtres et les rares élèves de Richemont, qui, en lui donnant leur obole, le mirent en mesure de continuer sa route.

Le surlendemain, un ancien élève, de Cognac, qui avait été dans les francs-tireurs de Cathelineau, amena au petit séminaire un des aumôniers de ce corps d'élite, originaire, du diocèse de Laval, homme charmant, spirituel, aimable. Un peu plus tard, un second aumônier (il avait appartenu aux mobiles de la Gironde) arriva à son tour. Grâce à la paix, dont on discutait alors les conditions, ils pouvaient rentrer dans leurs foyers. On leur fit fête et on parla beaucoup de la terrible guerre d'où la France sortait meurtrie et mutilée.

La fin du mois d'avril fut marquée par un douloureux accident. Déjà, en 1869, trois ouvriers étaient tombés d'un échafaudage extérieur dans la cour ; mais ils en avaient été quittes, grâce à Dieu, pour quelques contusions.

Le 29 avril 1871, le contre-maître de M. Gougnon, nommé Bernier, qui avait dirigé toute la construction de la chapelle avec beaucoup d'habileté, était monté sur une échelle et ravalait le sommet d'une fenêtre, quand tout à coup il tomba de l'échelle sur un échafaudage, placé à la hauteur de la corniche qui fait le tour de l'édifice, et de là sur le pavé. On accourut au bruit ; on s'empressa autour du malheureux, mais il ne respirait plus. Le patron, frappé de cette circonstance, qu'il ne s'était pas accroché fortement à l'échafaudage placé au-dessous de lui (chose que devait lui inspirer, outre l'instinct de conservation, son expérience consommée), pensa qu'il avait été frappé, sur l'échelle même, d'une apoplexie et que l'apoplexie était la cause de la chute. Cette catastrophe jeta le deuil sur le petit séminaire, où le pauvre Bernier, qu'on y voyait chaque jour depuis près de deux ans, était connu et aimé de tous.

Une courte visite de Mgr Cousseau avait précédé la mort du contre-maître Bernier. Il avait annoncé d'abord qu'il serait accompagné par l'architecte, mais il vint seul, le mercredi saint. La communauté le vit à peine. Il allait s'affaiblissant de plus en plus. Pour une raison d'économie, il décida que six des fenêtres de la chapelle seraient provisoirement fermées par des briques ; cette décision fut exécutée, malgré les objections de l'architecte et de quelques maîtres. M. Dumas, par une souscription faite chez les amis du petit séminaire, recueillit près de 10,000 francs, qui servirent principalement à payer les quatre grisailles de la nef et les deux vitraux des pans coupés dans le sanctuaire. M. Dufaure donna 1,500 francs pour le vitrail du milieu, où la sainte Vierge, tenant l'Enfant Jésus sur ses bras, est placée entre S. Ausone et S. Hilaire. La commande de ces verrières amena une autre fois Mgr Cousseau à Richemont, le 20 mai : M. Lobin, de Tours, l'habile peintre-verrier, était avec lui.

A cette même date on sculptait les chapiteaux des colonnes.

Quelques jours auparavant (le 9 mai), M. Dumas avait été installé en qualité de chanoine titulaire, pour remplir la place laissée vacante par la mort de M. Trouette.

Les derniers mois de l'année furent attristés par de nombreuses maladies : c'étaient des bronchites ou des laryngites, accompagnées de fièvre, qui ôtaient aux enfants le goût et le pouvoir de travailler. Les uns retournèrent dans leur famille ; d'autres restèrent à traîner par la maison, sans grand profit pour l'ordre et la discipline. C'est dans ces conditions que s'ouvrit la retraite de première communion ; elle fut prêchée peu éloquemment, mais doctement et pieusement, par le P. Rabeau, prêtre poitevin, qui, après avoir été professeur de morale au grand séminaire d'Angoulême, s'était fait Jésuite.

Le 20 juin au soir, Mgr Cousseau arriva à Richemont, accompagné de son secrétaire, M. l'abbé

Alexandre (1), un des anciens élèves de M. Rabeau. Il y avait trois ans, depuis les sottes histoires du *tableau*, que Mgr Cousseau n'avait passé la nuit au petit séminaire. Comme il avait vieilli durant ces trois années ! Le lendemain, en la fête de saint Louis de Gonzague, eut lieu la première communion ; le prédicateur de la retraite célébra la messe, puis Monseigneur donna la confirmation. Il était si accablé qu'il n'adressa aux enfants que quelques paroles et ce fut même avec beaucoup de peine.

Après la retraite, les départs se multiplièrent. Au temps froid et pluvieux de la fin de juin succédèrent, vers le milieu de juillet, des chaleurs insupportables : le thermomètre monta jusqu'à 35°. C'était pitié de voir les quelques élèves restés au poste se coucher paresseusement sous les arbres pendant la récréation ou languir à l'étude sur leurs bureaux. Les examens furent très faibles, c'était nécessaire. Enfin, arriva la distribution des prix, appelée par les vœux de tous comme une délivrance. Elle eut lieu le 1er août, sans aucune solennité, dans la salle de récréation des petits, sous la présidence de M. le supérieur et en la seule présence des maîtres ; puis on se sépara en disant : « Mon Dieu, que cette année a été longue et triste ! »

(1) M. Alexandre était chanoine titulaire depuis le 30 octobre 1871 ; mais il ne fut remplacé comme secrétaire par M. Tortelli que vers le mois de juillet 1871.

La rentrée eut lieu le 3 octobre ; sans être très nombreuse, elle l'était plus que celle de l'année précédente. Au bout de quelques semaines, le maître des cérémonies proposa à M. le supérieur de transférer le culte dans la salle basse placée au-dessous de la chapelle en construction, salle destinée alors à devenir l'étude des grands. Comme cette salle était achevée, tandis que les travaux de la chapelle proprement dite n'avançaient que lentement, la proposition fut prise en considération et soumise à Monseigneur qui l'approuva. En conséquence, le 25 octobre (1), l'autel, les bancs, le confessionnal,

---

(1) Peu de temps après cette date, le 21 novembre, il se produisit un bien petit événement qui égaya la communauté. A la fin de la récréation qui suit la classe du soir, vers 5 heures, le surveillant des grands renferma, par mégarde, dans la salle des malles, un élève qui ne se pressait en aucune circonstance et qui, ce jour-là, malgré des appels réitérés, resta en contemplation devant son raisiné ou ses marrons. Bientôt, cependant, il voulut sortir : trouvant la porte close et personne ne l'entendant, il entr'ouvrit la fenêtre qui surplombe le chemin du côté du pré ; dix-huit ou vingt pieds à sauter l'effrayèrent. Par bonheur, un homme vint à passer : le prisonnier lui expliqua, tant bien que mal et plutôt mal que bien, son affaire ; néanmoins le passant alla transmettre ce qu'il venait d'entendre, non sans le travestir légèrement, au portier du séminaire, l'excellent M. Mirambeau. Celui-ci se transporta aussitôt chez M. le supérieur, et, après mille circonlocutions et explications, embrouillées à l'envi l'une de l'autre, il insinua

furent transportés dans le nouveau local mieux éclairé et plus décent que celui d'où on les enlevait (1), et ils y demeurèrent près de deux ans,

qu'il y avait sans doute quelque élève *au cachot* ; mais jamais le séquestre n'avait été employé à Richemont, on avait toujours laissé cet usage à l'Université. Après l'avoir nettement déclaré à M. Mirambeau, M. Dumas sortit de sa chambre pour tâcher de découvrir la cause de tout ce bruit et, si un élève était vraiment sous les verrous, le lieu de sa réclusion. Il s'adjoignit, pour porter la lampe, un jeune domestique, peureux comme une belette et qui s'imaginait courir aux plus grands dangers, puis deux professeurs qu'il rencontra. La recherche de ces messieurs durait depuis près d'un quart d'heure sans aucune chance de réussite, quand le sacristain, élève de rhétorique, qui reportait chez les bonnes Sœurs l'ostensoir et autres objets du culte (il y avait eu salut à 5 heures à raison de la fête de la Présentation) les rencontra. Il était trop à l'aise avec M. le supérieur et trop désireux de se rendre compte de toute chose, pour ne pas s'enquérir de ce que faisaient quatre personnages réunis à cette heure dans le cloître, du côté de la cour des grands. On ne lui eut pas plus tôt dit ce qu'on cherchait, qu'il devina l'accident et indiqua la salle des malles comme la prison où devait gémir le captif. Ce fut un trait de lumière. En quelques minutes, il eut trouvé la clé de ladite salle, et l'infortuné prisonnier en sortit, « honteux et confus, jurant, mais un peu tard, qu'on ne l'y prendrait plus ». L'aventure parut plaisante et devint le sujet d'un vaudeville-complainte (Voir à l'*Appendice*).

(1) L'oratoire actuel de la division des grands servait de sacristie.

jusqu'à la consécration de la chapelle haute le 10 juillet.

Cependant M#gr# Fruchaud, qui venait d'être promu à l'archevêché de Tours, désira recevoir le pallium des mains de M#gr# Cousseau : cette cérémonie s'accomplit, en effet, dans la cathédrale d'Angoulême, le dimanche 26 novembre 1871, et, le lundi 27, les deux prélats visitèrent Richemont. La rigueur extrême de la température ne les avait pas arrêtés, mais M#gr# Cousseau en souffrait grandement : il tremblait de tous ses membres, moins de froid pourtant que de faiblesse ; c'était un spectacle à fendre le cœur que celui de ce vénérable évêque se traînant à force d'énergie pour remplir ce qu'il croyait un devoir, alors qu'il n'était plus, comme il le disait lui-même, qu'une ruine vivante. Quoiqu'il lui fût impossible de causer avec son entrain accoutumé, il fit, d'une façon noble et gracieuse, les honneurs de son petit séminaire au prélat qui, jadis son vicaire général, était élevé désormais au-dessus de lui dans la hiérarchie ecclésiastique (1). M#gr# Fruchaud se montra, comme toujours, fort aimable : et il n'oublia point dans la circonstance qu'il avait été longtemps pour Riche-

---

(1) Il ne put s'empêcher de faire cette réflexion devant M. Dumas : « Qui eût dit, il y a vingt ans, que je remettrais un jour le pallium à M. Fruchaud ? »

mont, suivant sa propre expression, « le ministre de l'instruction publique ».

Après le dîner, où assistaient, outre les professeurs prêtres, quelques laïques et M. l'archiprêtre de Cognac, un groupe d'élèves complimenta le nouvel archevêque : un humaniste lut des vers latins et un rhétoricien chanta des couplets dans lesquels, faisant allusion à l'un des prénoms de Mgr Fruchaud (Félix), il l'appelait *un messager de bonheur*.

On nous permettra de reproduire ici ces couplets.

> En vain le deuil de la nature
> Voudrait attrister nos climats :
> La joie éclate vive et pure
> Partout où vous portez vos pas.
> De votre nom même, ô bon Père,
> Faisant un présage enchanteur,
> Le ciel vous envoie à la terre
> Comme un messager de bonheur.
>
> De nos aînés l'heureuse enfance
> Vous a vu jadis en ces lieux
> Par quelque grand jour de vacance
> Souvent encourager leurs jeux.
> Ainsi votre main généreuse
> Abrégeait le temps du labeur :
> La troupe s'envolait joyeuse,
> Grâce au messager du bonheur.

Vous nous découvriez naguère (1)
Dans un souriant avenir
La beauté de ce sanctuaire
Que bientôt nous verrons s'ouvrir,
Vous en prédites la naissance,
Vous en annoncez la splendeur :
Toujours ici votre présence
Est un messager de bonheur.

Déjà sur les bords de la Loire
J'entends d'harmonieux concerts,
Et les hymnes à votre gloire
Retentissent au haut des airs.
Oui, chantez peuple de Touraine,
Chantez votre nouveau pasteur :
C'est Dieu même qui vous l'amène ;
C'est le messager du bonheur !

Dans une auguste basilique (2),
Vous allez, par un grand dessein,
Ressusciter le culte antique
Du thaumaturge saint Martin.
A vos vœux le succès fidèle
Couronnera votre labeur.
Partout Dieu bénit votre zèle,
Vaillant messager de bonheur.

(1) Cfr. page 405.
(2) Mgr Fruchaud ne vécut pas assez longtemps pour justifier cette espérance. Depuis la mort de son successeur, Mgr Collet, le projet primitif de la grande basilique a été sacrifié à la malveillance des pouvoirs publics.

> Quand, comblé d'honneurs et d'années,
> Orné des plus riches vertus,
> De ces plages infortunées
> Vous volerez vers les élus,
> « Viens au ciel, délaisse la terre ;
> Vous dira l'Ange du Seigneur :
> « Je suis pour toi, bien-aimé frère,
> « Le doux messager du bonheur (1) ! »

La température, après cette fête, devint encore plus rigoureuse ; le thermomètre descendit jusqu'à 10°. — L'Antenne gela (ce qui arrive assez rarement), et quelques professeurs, amis du patinage,

---

(1) A l'occasion de ce compliment, M. Ch. C*** écrivit les réflexions suivantes qui ne manquent pas plus d'esprit que de malice :

« Les couplets sont devenus de mode. Ils sont depuis quelques années le complément obligé des réceptions : on commande des couplets comme on commande un plat à la cuisine... M. B** est le Vatel chargé d'accommoder ce plat de haut goût ; mais, depuis si longtemps qu'il prépare le même morceau, il ne sait plus, le malheureux, à quelle sauce le mettre pour flatter un peu les palais blasés. Aussi faut-il voir comme il s'ingénie ; comme il cuit sa préparation à petit feu ; comme il la goûte souvent, y ajoute un grain de sel par-ci, un peu de poivre par-là ; comme il s'applique à lier sa sauce et à réussir son consommé. Il se tourmente, il geint, il peine, il sue à grosses gouttes ; enfin, avec de la persévérance, il fait un tour de force, et... le plat est prêt à l'heure dite et digne d'être servi à la table des dieux. »

purent se promener à leur aise sur la glace de la rivière et des prés inondés.

C'est à ce moment que les vitraux de la chapelle arrivèrent de Tours et qu'un ouvrier de M. Lobin vint les poser ; pour quelques uns, malheureusement, les mesures avaient été mal prises et il fallut les renvoyer aux ateliers. On craignit aussi pour la solidité d'une travée de la voûte inférieure (de celle qui devait porter l'autel), et quelques travaux de consolidation furent nécessaires.

A ces petits ennuis s'ajouta le chagrin causé par le départ inattendu du maître d'étude des grands, M. Délias, rappelé au grand séminaire en cours d'année scolaire, parce que, depuis l'ordination de Noël, il n'y avait plus de diacre dans cet établissement.

M. Jacques Délias, né à Mouzon, le 23 mars 1844, était un ancien élève de Richemont, où il était entré en 1864, après avoir fait ses premières études chez son digne curé, M. Bachellerie. Pendant les quatre ans qu'il y passa, il se concilia au plus haut degré l'estime et l'affection de ses maîtres et de ses condisciples, par sa piété fervente, sa charité, son air ouvert, gracieux, aimable, par son humilité de bon aloi, par sa douceur enfin, qui était un effort de sa vertu ; car, par tempérament, il était vif et colère. Ses camarades le regardaient comme leur modèle et ils l'avaient choisi pour préfet de la congrégation de la sainte Vierge. Il eut aussi les charges d'infirmier et de sacristain. On ne peut exprimer avec quel esprit de foi, avec quel zèle et quel soin attentif, il remplissait toutes ses fonctions ; avec quelle ardeur il s'employait, la veille des fêtes, à la décoration de la chapelle ; et combien il s'appliquait à consoler et à soulager ceux de ses camarades que la souffrance conduisait à l'infirmerie.

Quand, en octobre 1870, il revint à Richemont comme maître d'étude, il n'y avait que deux ans qu'il y avait achevé sa rhétorique, et presque tous ceux à qui il devait commander l'avaient eu pour condisciple ; mais il inspirait une telle vénération que son autorité s'établit sans conteste : il eut très rarement besoin de recourir aux punitions, et maintint son étude dans la discipline et le travail par le seul ascendant de sa vertu. Ordonné prêtre le 30 mai 1872, il fut envoyé d'abord à Châteauneuf comme vicaire, puis, le 1er octobre 1874, à Saulgond comme curé. C'est là que, après quelques années seulement d'un fructueux ministère, il fut enlevé à l'affection de ses paroissiens par une mort prématurée, le 14 mai 1877. Il n'avait que 34 ans. On lisait dans la *Semaine religieuse* (1), au lendemain de ses funérailles :

---

(1) 14e année, no 14, 20 mai 1877.

« Le diocèse vient de faire une perte bien grande dans la personne de M. Délias, curé de Saulgond. Nul ne possédait plus que lui le désir du bien et l'art si précieux de le faire. La tristesse de ses paroissiens, les larmes des douze prêtres qui l'accompagnaient à sa dernière demeure, disaient éloquemment que l'on avait compris tout ce que ce jeune prêtre possédait de vertus sacerdotales. Pendant son agonie, il a donné des marques de la plus vive piété... M. le maire n'a pas voulu laisser fermer la fosse sans exprimer la vive reconnaissance de la paroisse pour tout le bien que le jeune curé avait déjà fait. »

Le 4 février 1872, on jouit à Richemont d'un spectacle bien peu fréquent dans nos contrées, celui d'une magnifique aurore boréale, qui dura environ de 6 heures à 10 heures du soir. Tous admirèrent ce phénomène, mais M. Achille Hugon surtout en fut très vivement impressionné : il en suivit attentivement toutes les phases et il voulut y voir un avertissement de Dieu à la France et à lui-même. Sa résolution fut immédiatement prise : dès le lendemain il se leva à quatre heures, fit une heure d'oraison, une longue visite au Saint Sacrement, récita tout son bréviaire à genoux, anima ses autres exercices de piété par une admirable ferveur, et, à partir de ce jour, suivit, sans y manquer, la même règle, jusqu'au 19 ou 20 août que la maladie le cloua sur son lit de mort (1). Pour que le lecteur puisse se rendre compte de ce qu'il y eut de miséricordieusement providentiel dans cette espèce de conversion, non pas assurément du mal au bien, mais du bien au mieux, nous essaierons d'esquisser le portrait de celui en qui elle s'accomplit.

Jean-Achille Hugon était né à Courcôme, le 16 (?) février 1845, d'une honnête famille de cultivateurs aisés. Il fut élevé très chrétiennement par sa mère et, après avoir reçu de son curé les premiers principes du latin, il entra au séminaire, au mois d'octobre 1855, dans la classe de sixième. Cette classe, nombreuse et forte, devint plus forte encore les années suivantes par l'arrivée d'élèves nouveaux. Sans y primer habituellement, Achille y occupa toujours un rang honorable. Après trois ans environ passés au grand séminaire, il fut envoyé à Richemont, à la Sainte-Catherine de l'année 1864, pour y professer la 5º ; il passa en 4º, en octobre 1866, puis en seconde, au début de l'année scolaire 1869-1870. D'une taille bien prise et au-

(1) Ayant entendu parler du tiers ordre de Saint-François, il écrivit au P. Léon de Clary, provincial, pour en obtenir la faculté de se faire agréger à cette pieuse association par un prêtre de son choix, et il reçut le saint habit le 22 juillet 1872.

dessus de la moyenne, M. Hugon avait le visage ovale, le front haut, le nez court, les lèvres épaisses, le teint pâle ; sa physionomie, assez régulière en somme, respirait l'intelligence et encore plus la bonté. Ses grands yeux bleus étaient d'une douceur inexprimable, surtout quand il souriait.

Nature calme et paisible, ennemie de la lutte et un peu de l'effort, quand l'effort était commandé, ayant gardé la candeur de l'enfance jusqu'au milieu de la jeunesse, M. Hugon semblait n'avoir point de passions..... Cependant il se passionna successivement pour l'histoire, pour les langues anciennes, pour la versification latine, pour la natation, et même... le dirons-nous ? pour la musique, quoiqu'il n'en eût pas le don. L'imagination et la sensibilité étaient chez lui peu développées ; mais il joignait à un jugement droit une mémoire phénoménale, qu'il avait appliquée particulièrement, tout d'abord, à l'histoire ancienne et moderne. Il n'y avait point de dynastie si obscure dont il ne comptât tous les membres ; et, chose étrange ! il était fort surpris qu'on pût en ignorer quelqu'un. Il avait poussé la manie jusqu'à apprendre la moitié des fastes consulaires et, peut-être même, les *Tablettes chronologiques* de Lenglet-Dufresnoy. Devenu professeur, il se jeta à corps perdu dans l'étude de la grammaire latine et de la grammaire grecque. Retenir des mots, des règles, des rapports, des étymologies, c'était un jeu pour lui, et, en peu de temps, il fit de merveilleux progrès. La lecture des auteurs devint alors son occupation préférée et, pendant deux ou trois hivers, il consacra toutes ses soirées à lire dans le texte ce qui nous est resté du théâtre grec. Il aborda ensuite Platon et Démosthène, sans autre secours que la version latine de l'édition Didot. Pendant un autre hiver, il s'adonna tout entier à la versification latine : comme il avait peu d'invention, il aimait surtout à traduire en latin des vers français.

L'été lui offrait d'autres distractions. Il voulut surpasser ses collègues dans l'art de la natation, comme il les surpassait dans la connaissance du grec et de l'histoire. Cependant ses premières tentatives ne furent pas heureuses et ses insuccès lui attirèrent quelques railleries. Mais il n'était pas homme à se décourager et, grâce à des efforts opiniâtres, il finit par égaler en vitesse les plus habiles nageurs, par plonger d'une façon remarquable (il réussissait à s'étendre à plat ventre au fond de la rivière) et par demeurer une heure et plus dans l'eau sans avoir besoin de reprendre pied. Il n'eût rien manqué à son bonheur, s'il eût pu opérer un sauvetage (c'était l'objectif de tant de travaux) ; et il n'aurait pas été fâché que quelqu'un de ses confrères commençât à se noyer pour avoir l'occasion de l'arracher au péril. Il échoua dans l'étude du cor d'harmonie : nous l'avons déjà dit, il n'était pas né musicien; mais il apprit fort bien l'anglais ; et il est vrai de dire que, avec sa volonté tenace, il serait venu à bout d'acquérir toutes les connaissances où il ne fallait que de la mémoire et du bon sens.

On a pu juger par ce qui précède que M. Hugon avait une petite pointe d'originalité dans le caractère et même, si l'on veut, quelques légers travers. Quoiqu'il ne fût point sensuel ni délicat le moins du monde dans le choix des aliments, il tenait beaucoup à boire frais dans les grandes chaleurs, et il faisait volontiers cinq ou six cents mètres pour aller chercher à une fontaine un seau d'eau, où il plongeait bouteille et carafe. Il croyait s'entendre aux opérations militaires : en 1866, lors de la campagne qui aboutit à Sadowa, mais surtout en 1870, on le voyait penché sur les cartes expliquer à des auditeurs bénévoles les plans des généraux et la marche des troupes. Il croyait naïvement aux innombrables prophéties que la funeste guerre des Prussiens avait fait éclore, et les commentait avec chaleur. Il était lui-même quelque peu prophète, au moins à la manière de Mathieu Laënsberg, pour prédire la pluie et le beau temps. Son désaccord sur ce sujet avec le bon M. Duffourc donna lieu souvent à de plaisantes scènes. Ce n'était pas seulement la pluie et le beau temps qui les divisaient:

tous deux se flattant de posséder le meilleur thermomètre et la meilleure montre de la maison, il résultait de ces prétentions rivales des discussions sans cesse renouvelées sur l'heure et sur le degré. M. Hugon aurait bien voulu vanter aussi sa cheminée : mais, malgré des frais assez considérables et toutes sortes d'inventions ingénieuses, il ne put jamais l'empêcher de fumer : son amour-propre en souffrit plus que ses yeux ou sa gorge. Il aimait, du reste, à se dire exempt de certaines misères dont se plaignaient ses collègues. Quand on allait aux bains, il ne lui entrait jamais d'eau dans les oreilles et encore moins dans l'estomac, les taons ne le piquaient point, etc., etc... Ajoutons que, comme il avait le tort, fréquent parmi les jeunes gens, de travailler fort avant dans la nuit, il se levait aussi fort tard le matin.

Ces petits travers lui attirèrent de la part de ses confrères d'innocentes taquineries ; on alla jusqu'à le mettre en chansons (1). Il ne s'en fâcha nullement et fut le premier à rire des traits lancés contre lui. C'étaient bien, il faut le dire, des blessures d'ami, qu'on lui aurait épargnées si elles avaient dû lui faire de la peine ; car le sentiment que M. Hugon inspirait à tout le monde était celui d'une vive affection. On découvrait, on sentait en

(1) Voir à l'*Appendice*.

lui tant de simplicité, de droiture, de bienveillance ; il était si doux, si patient, si gracieux, tranchons le mot, si aimable, qu'il fallait, bon gré mal gré, en souriant des faibles de l'homme ou du surveillant (car il n'était pas un surveillant modèle), l'aimer cordialement... et on l'aimait.

Ses élèves ont gardé de lui le meilleur souvenir. Ses élèves ! c'était sa joie et sa gloire (1). Il fallait l'entendre les vanter, surtout ses quatrièmes : ils traduisaient si bien Virgile ou César ! ils expliquaient si rondement à livre ouvert la Cyropédie de Xénophon ! ils savaient si exactement l'analyse des verbes grecs irréguliers ! ils possédaient si pleinement les deux premiers livres de l'*Antholo-*

(1) Il était pour eux d'une indulgence dont on jugera par le trait suivant. Quatre ou cinq d'entre eux trouvèrent moyen, un jour où il présidait la récréation, d'échapper à sa surveillance et de monter à sa chambre : ils ouvrirent son armoire et firent du café, qu'ils prirent ensuite tranquillement. S'ils avaient eu le temps de laver les tasses et de les remettre en place, le propriétaire n'eût rien su ; mais la cloche annonça tout à coup l'heure de la promenade, et ils descendirent précipitamment, laissant tout en désordre. De cette façon, M. Hugon connut la faute et découvrit promptement les coupables. Cette espièglerie aurait coûté cher à ses auteurs, si elle eût été dénoncée à M. Dumas : M. Hugon se contenta de les gronder, et poussa même la bonté jusqu'à leur faire servir lui-même le café en leur disant : « Vous pouvez prendre celui-là sans scrupule et sans crainte : c'est moi qui vous le donne. »

gie de M. Maunoury et les principes élémentaires de la dérivation grecque ! Il montrait avec orgueil à ses collègues les copies les mieux réussies, et, si M. Duffourc, ou quelque autre, insinuait que l'auteur de ce chef-d'œuvre s'était peut-être aidé d'un secours étranger, il prenait feu, lui l'homme placide par excellence, et argumentait pour prouver que ce n'était pas possible.

Pour exciter leur ardeur au travail, il leur proposait des récompenses dont il supportait personnellement les frais et recourait encore à divers autres moyens ; mais le plus efficace, c'était l'intérêt qu'il le voyaient prendre à leurs progrès et le charme qu'il répandait sur son enseignement par l'exactitude et la clarté, disons aussi par la conviction communicative avec laquelle il s'exprimait, sauf peut-être quelques cas, très rares, où la préparation prochaine avait manqué.

A toutes ces qualités de l'homme et du professeur, il plut à Dieu d'ajouter, à partir de l'aurore boréale du 4 février, la régularité d'un cénobite et la ferveur d'un saint. Les sept derniers mois de sa vie furent remplis d'œuvres et de pénitences quasi héroïques. Il ne perdait presque plus la présence de Dieu ; la prière continuelle, en dehors du temps consacré à ses devoirs professionnels, faisait ses délices. Il se plongea avec bonheur dans la lecture des ouvrages de sainte Térèse, et il fit tout exprès le voyage d'Angoulême afin d'aller consulter sur l'oraison la très révérende Mère Marie de la Croix, alors prieure du Carmel. Plus charitable et plus gracieux que jamais, il accueillait toujours avec son doux sourire les confrères qui le visitaient, mais il ne laissait pas la conversation rouler longtemps sur des objets profanes : il la ramenait adroitement aux choses de Dieu, qui possédaient son âme. C'est ainsi qu'il se prépara, consciemment ou inconsciemment, nous ne savons, à la mort prématurée qui le ravit à l'Eglise d'Angoulême, au petit séminaire, à sa vénérable mère et à tous ses amis. Il succomba, le 26 août 1872, aux accès d'une fièvre maligne dont rien ne put arrêter les progrès : il n'avait pas achevé sa vingt-huitième année. Nous avons eu la consolation d'assister à ses derniers moments. Nous l'avons vu, calme et résigné, bénir la main divine qui le frappait et accepter, à diverses reprises, la destruction momentanée de son être comme une expiation de ses fautes passées. Jusque dans son délire, il était rempli des pensées de la piété et préoccupé des cérémonies de la sainte messe; ses pauvres doigts, à demi glacés, traçaient à tout instant dans l'air le signe de la rédemption (1).

(1) *Semaine religieuse*, 9ᵉ année, n° 28, 1ᵉʳ septembre 1872.

460 LES ÉCOLES SECONDAIRES ECCLÉSIASTIQUES.

Nous avons anticipé sur les événements, pour ne pas interrompre ce que nous avions à dire de M. Achille Hugon. Du reste l'année 1872 ne nous offre plus rien de saillant à mentionner (1), si ce

(1) La veille de la fête de M. le supérieur, le 5 mai 1872, le professeur de rhétorique avait emmené dans les bois deux de ses élèves pour y cueillir des fleurs sauvages ; les fleurs de jardin étaient rares en ce moment à Richemont et on n'avait pas songé à en faire venir de Cognac. La cueillette, qui consistait surtout en muguet, fleur gracieuse et parfumée, avait été déposée sur une table de l'infirmerie, en attendant les bonnes Sœurs, qui, à l'exemple de la bouquetière Glycéra, excellaient à nuancer un bouquet; par malheur, M. Duffoure étant passé par là prit pour lui la moisson destinée à un autre. Que faire ? on n'avait pas le temps de retourner au bois.

Des épaves échappées au désastre un des élèves composa lui-même un petit bouquet, « qui n'était ni beau ni bien fait », et l'autre fut chargé de lire, après les compliments préparés de longue main, les stances suivantes, improvisées à la hâte :

> Pour vous faire un bouquet au jour de votre fête,
> Bon père, que de fleurs je voudrais réunir !
> Rose, œillet, réséda, tulipe, violette,
> Lis, jasmin, et surtout la fleur du souvenir !
>
> Mais sans succès mes vœux ont importuné Flore,
> Qui m'a fermé l'entrée en ses riants jardins ;
> J'ai dû cueillir la fleur que le bois voit éclore,
> Ou que notre œil admire au bord de nos chemins.
>
> Encore, il faut le dire, une triste aventure
> Est venue amoindrir ma petite moisson ;
> Elle est tombée aux mains d'un ami de Mercure,
> Auquel elle a payé la plus lourde rançon.

n'est l'excellente retraite prêchée par le P. Maurin, Jésuite de la maison de Bordeaux (elle précéda la première communion, qui eut lieu le 24 juin), et la distribution des prix, qui se fit dans la nouvelle chapelle (1), le 6 du mois d'août : Mgr Cousseau, de plus en plus accablé par ses infirmités, avait envoyé son vicaire général, M. Nanglard, pour le suppléer dans la présidence de cette fête.

La rentrée eut lieu le 8 octobre. Le surlendemain M. Bernard, supérieur du grand séminaire, chanta la messe du Saint-Esprit et adressa aux élèves une allocution émue et pleine de cœur : c'est ainsi qu'il parlait d'ordinaire.

Lors de son départ, alors qu'il avait à peine franchi la porte extérieure, la voiture où il était

> Alors troublé, confus, j'ai dit dans ma tristesse :
> « Pour un père après tout que sont de pauvres fleurs ?
> « Il n'est qu'un seul bouquet pour plaire à sa tendresse ».
> Bon père, acceptez-le : ce sont nos jeunes cœurs !

On rit beaucoup de cette petite affaire et surtout de l'air désappointé et presque courroucé de M. Duffoure, qui disait à son voisin ; « Mon fils, mon fils, je crois qu'ils me traitent de voleur ! »

(1) Nous mentionnons seulement pour mémoire la séance de bas comique donnée le 1er août par un nommé Pagnon, qui se qualifiait *l'homme aux cent figures* ; et, à dire vrai, c'était un grimacier émérite. Appartenant à une bonne famille, intelligent, instruit, comment en était-il venu à prendre un si triste métier ?

monté se brisa en deux ; le cheval s'élança emportant l'avant-train, tandis que la caisse restée sur les roues de derrière s'inclinait brusquement vers le sol. Cet accident causa une vive émotion à tous ceux qui en furent témoins ; mais la sainte Vierge protégea son dévot serviteur, qui en fut quitte pour quelques égratignures.

Le 17 octobre, un service solennel fut célébré pour M. Hugon ; les élèves y communièrent. Sa bonne mère y assistait et elle aussi s'approcha de la sainte table en cette douloureuse circonstance : tout le monde fut édifié de sa foi, de sa piété, de sa résignation et de son courage.

Deux mois après, M. Duffourc, dont la santé était depuis longtemps chancelante, fut pris par de violentes douleurs qui le clouèrent sur son lit : une maladie de la vessie en était cause. Pour lui procurer plus facilement les soins du médecin, qui lui étaient nécessaires plusieurs fois par jour, son neveu, M. le curé de Saint-Martin, jugea bon de l'emmener à Cognac : ce qui fut exécuté, en effet, le 15 décembre, pendant le souper de la communauté. Ce départ qui semblait définitif (car l'état du malade était désespéré) jeta la tristesse dans toutes les âmes ; nous trouvons l'écho de ce sentiment dans les lignes suivantes :

« Voilà donc comme on part d'une maison où

l'on a consumé dans le professorat plus de trente ans de sa vie ! Par une froide soirée de décembre, par un brouillard épais, porté entre les bras de deux élèves et deux domestiques, l'on descend les escaliers dont on a presque usé les marches ; on sort par une porte dérobée pour atteindre à grand peine la voiture qui attend ; on y est déposé plutôt qu'on n'y monte ; et fouette, cocher,.. vers le cimetière peut-être ! (1) »

Heureusement que ce présage ne s'accomplit pas : après quelques semaines d'angoisses, M. Duffourc, qui avait reçu avant Noël les derniers sacrements, commença à se trouver mieux et, vers la fin de janvier, il était hors de danger. Cependant le mal ne guérit point pleinement et ne tarda pas à se faire sentir de nouveau ; les trois ou quatre années que vécut encore le bon père furent des années de douleurs presque continuelles.

Son départ subit et inattendu causa un grand embarras dans la maison : la classe de troisième n'avait plus de professeur, M. le supérieur y nomma, le 17 décembre, M. Vergnaud, et demanda pour remplacer celui-ci en cinquième un élève du grand séminaire. Cette requête était on ne peut plus juste ; il y avait manifestement urgence à y

---

(1) M. l'abbé Ch. C***.

faire droit. Nous avons le regret de dire qu'il fallut attendre trois mois le professeur demandé : ce fut M. l'abbé Videau, qui n'arriva que le 11 mars 1873, après l'ordination du samedi des Quatre-Temps. Pendant cet intervalle, la classe de cinquième fut confiée successivement aux deux maîtres d'étude, MM. Choime et Brocard, puis à M. l'abbé Cousin (1),

(1) M. Eugène Cousin, né à Salles-d'Angles, le 10 août 1836, était entré tardivement à Richemont, en 6º, après de bonnes études primaires, qu'il avait complétées par d'immenses lectures, un peu mêlées. Il avait une excellente mémoire, une imagination fougueuse, un aplomb imperturbable et une grande puissance de travail ; il était moins doué du côté du jugement. Il s'enthousiasmait vite et faisait quelquefois sourire ses auditeurs par la naïveté de son admiration pour sa personne ou pour ses œuvres. Il disait un jour à ses anciens collègues, restés après lui dans le professorat : « Que faites vous ici ? Vous vous occupez de bagatelles ; vous n'avez pas d'horizon !... tandis que moi, je suis curé de trois paroisses (Angeac, Saint-Amant et Graves) ! Je m'occupe de choses sérieuses ! J'ai composé des sermons haut comme cela (et il élevait la main à un mètre au-dessus d'une table)... Bossuet n'avait qu'ébauché tel sujet ; je l'ai traité à fond. J'ai surtout mon grand sermon polémique... J'y ai un beau passage ; je dis : « Allez, « pauvres curés de France, puisque l'on ne veut plus pro-« fiter de votre ministère, passez les mers, *emportez vos* « *confessionnaux, etc...* » Dans une discussion, M. Cousin se grisait de sa parole et n'écoutait guère ses contradicteurs : il était pour eux âpre, railleur, mordant. Il eut le malheur, vers la fin de sa vie, d'engager des polémiques

curé de Nercillac, qui se partagea entre le petit séminaire et sa paroisse. Ces arrangements n'étaient pas de nature à favoriser beaucoup le travail et la discipline.

Au retour du printemps, quelques enfants tombèrent malades ; d'autres, en plus grand nombre, feignirent de l'être, surtout à l'approche des examens. Ces examens furent peu satisfaisants ; mais, sur la recommandation de M. le supérieur, qui voulait *que tous les élèves fussent contents,* les examinateurs durent adoucir les notes méritées.

Cependant Mᵍʳ Cousseau, qui avait envoyé sa démission au Pape dès le 12 août 1872, apprit officiellement la préconisation de son successeur

---

violentes contre des paroissiens qu'il n'aimait pas, de soutenir des opinions ultra-libérales, notamment dans son *Histoire de Cognac,* et de contrister son évêque. Hâtons-nous d'ajouter qu'il sut reconnaître ses torts, les regretter et en faire une noble réparation. Il était bon confrère, obligeant, zélé, désintéressé. Il aimait passionnément l'étude. Il prépara plusieurs élèves pour le séminaire et il fut toujours dévoué à Richemont, quoiqu'il ne se gênât pas pour proclamer bien haut que tout y aurait été mieux s'il s'en fût mêlé. Il est mort curé de Daignac (Gironde), le 13 novembre 1884, dans des sentiments très consolants, dignes d'un excellent prêtre, dignes des années de sa jeunesse cléricale, où nous l'avions beaucoup connu et aimé, et où, malgré ses travers, il nous avait édifié, ainsi que tous nos condisciples, par sa régularité et sa ferveur.

(elle eut lieu le 21 mars 1873), et aussitôt il invita le chapitre à procéder, suivant les canons, à la désignation du vicaire capitulaire. M. le supérieur, en sa qualité de chanoine, se rendit à la convocation du doyen, et, le 28 mars, MM. Chevrou et Nanglard furent nommés.

Le 5 avril, le vénérable prélat partit pour Poitiers, au milieu des larmes des prêtres et des fidèles qui l'avaient accompagné jusqu'à la gare. C'était la veille des Rameaux, par une température froide et pluvieuse. Quel flot de pensées se pressèrent alors dans l'âme du vieil évêque, qui avait tant aimé son diocèse, sa ville d'Angoulême, son antique cathédrale !... Nous sommes sûr que, en cette circonstance si douloureusement solennelle, Richemont, son petit séminaire bien-aimé, eut une place d'honneur dans son souvenir et ses regrets.

Le 2 mai, M. le supérieur partit pour Laval, où il fut témoin, le 4, du sacre de Mgr Sebaux : il en revint enthousiasmé. Le 14, il emmena avec lui deux des professeurs du petit séminaire à Angoulême, pour assister à la magnifique ovation, faite au nouvel évêque à l'occasion de son entrée dans la cité de saint Ausone. Cette ovation se reproduisit dans toutes les villes du diocèse, à Cognac en particulier ; et, le mardi 10 juin, le petit séminaire eut à son tour la joie de s'unir, modestement mais sincèrement, aux manifestations que la foi et le respect organisaient de toutes parts.

La cour des petits était pavoisée de guirlandes et d'oriflammes. Les élèves attendaient, rangés sur deux lignes : quand, vers 5 heures du soir, Monseigneur arriva, ils se mirent à genoux pour recevoir une paternelle bénédiction ; puis, la procession se dirigea vers la salle qui servait de chapelle. A la porte intérieure, M. le supérieur harangua le prélat, qui, après lui avoir répondu d'une façon gracieuse, donna le salut du Saint Sacrement. La cérémonie religieuse terminée, on se rendit dans la salle de récréation des petits : c'est là que Monseigneur reçut avec une bienveillance marquée les premiers hommages de ses jeunes enfants. Une ode française, des distiques latins, une cantate où le lis, la rose, la violette et le myosotis faisaient leur personnage (1), suffirent à peine aux poètes du lieu pour exprimer les sentiments dont tous les cœurs étaient remplis. Une longue récréation et, quand la nuit fut venue, une illumination brillante terminèrent la journée. Le lendemain Sa Grandeur célébra la messe, visita toute la maison, passa dans chacune des classes, et partit en promettant de revenir un mois plus tard pour la première communion et pour la consécration de la chapelle.

(1) Voir à l'*Appendice* quelques-unes de ces pièces.

Cette année, la retraite préparatoire fut prêchée par quatre des professeurs : elle commença le 5 juillet et se termina le 8 ; Monseigneur, suivant sa promesse, présida la première communion et donna la confirmation le matin, puis chanta les vêpres dans l'après-midi. Il passa la journée du mercredi à Cognac, et revint le soir, la consécration de la chapelle devant commencer le lendemain dès 6 heures 1/2.

Les travaux de cette chapelle tant désirée avaient traîné en longueur depuis la fin de l'année scolaire 1870, où déjà tout le gros œuvre était achevé. Le ravalement, les sculptures et la construction des voûtes avaient pris toute l'année 1871 ; en janvier ou février 1872, on avait posé les vitraux. Le 5 mars, une belle croix de pierre avait couronné le pignon. L'autel, arrivé dès le 20 mars, n'avait été mis en place qu'en juillet. Puis le pavage avait tardé jusqu'aux derniers jours de janvier 1873. Le marchepied de l'autel, fait par un menuisier de Cognac, n'avait été prêt que le 5 juin. Vers la Saint-Jean, on s'était décidé à faire sculpter les croix de consécration et, au commencement de juillet, M. Duffourc les avait peintes. Enfin, tout était prêt et le gracieux édifice se trouvait en état de recevoir l'hôte divin pour lequel il avait été construit. Les rites sacrés du Pontifical s'accomplirent avec une régularité parfaite : chacun des ministres savait exactement son office et on n'eut à regretter, dans cette longue fonction, ni un désordre ni une perte de temps. La grand'messe fut célébrée par M. le supérieur. Monseigneur tint chapelle ; puis, après l'évangile, il exprima, dans une courte et délicate allocution, sa joie de ce que ce beau sanctuaire offrirait désormais au Fils éternel de Dieu une résidence moins indigne de lui et de ce que les enfants y viendraient avec plus de plaisir et de piété lui porter leurs adorations. Il remercia ensuite avec effusion tous ceux qui, par leur zèle et par leurs dons généreux, en avaient hâté l'achèvement. Faisant allusion à ceux que la mort avait moissonnés (1), il ajouta ces paroles : « Il en est qui ne sont plus ! Combien, dans les conditions de cette vie de la terre si incertaine et si fragile, commencent une œuvre et ne la voient pas finir ! En paraissant devant Dieu ne leur a-t-il pas été bon de pouvoir dire avec le Roi Prophète : « *Seigneur, j'ai aimé la beauté de votre maison ! ne perdez pas mon âme !* (2) »

La messe achevée, un banquet réunit au réfec-

---

(1) Nommons parmi ceux-là M. l'abbé Adrien Déroulède (Cfr. page 246), qui avait légué en mourant une somme importante pour la chapelle de Richemont.

(2) *Semaine religieuse*, 10ᵉ année, n° 23, 27 juillet 1873.

toire, magnifiquement décoré (1), les principaux bienfaiteurs de la maison. Les élèves, les maîtres

(1) Aux décorations du réfectoire avaient grandement travaillé ceux qu'on appelait *les artistes* : c'étaient quelques élèves, de seconde principalement, honorés de toute la confiance de M. le supérieur, au point d'être autorisés à sortir ensemble sans surveillant, durant les récréations et les promenades, soit dans les jardins du séminaire, soit dans les bois qui l'environnent. Le motif de ces sorties était de cueillir des fleurs et d'amasser de la mousse, du lierre ou du chêne, pour orner la chapelle. Ils étaient fiers à bon droit d'un pareil privilège, qui leur procurait, par surcroît de l'honneur, quelques innocents plaisirs, par exemple, des baignades extra-réglementaires dans l'Antenne et de plantureuses collations sur ses bords. Dans la nuit qui précéda la consécration de la chapelle, quelques-uns d'entre eux avaient été envoyés à Cognac afin d'en rapporter divers objets nécessaires pour la fête, entre autres, les vins de dessert du banquet : ils conduisaient une petite charrette attelée d'un âne. Au retour, sur les chaumes, la pauvre bête, excédée des courses qu'elle avait faites la veille, ne voulut plus avancer. Grand était l'embarras de nos gens, qui n'avaient pas songé à se munir d'avoine pour leur roussin, quand tout à coup l'un d'eux eut une inspiration de génie : « Il faut, dit-il, que nous lui fassions boire un peu de bordeaux ou de bourgogne. » La proposition est acclamée ; on débouche deux ou trois bouteilles et on offre à l'âne un cordial. Accepta-t-il, refusa-t-il ? la chose a été discutée et les témoignages ne concordent pas. *Adhuc sub judice lis est.* Ce qui est sûr, c'est que le digne animal finit par arriver au séminaire avec son chargement,... allégé des bouteilles de vin qu'il n'avait

et de nombreux ecclésiastiques dînèrent joyeusement et cordialement dans la salle de récréation des petits, sous la présidence de M. Duffoure. Ainsi se termina cette fête, toute remplie de douces émotions et d'un céleste parfum de piété, l'une des plus belles assurément qu'ait célébrées le petit séminaire.

La distribution des prix suivit à trois semaines de distance : elle eut lieu le 5 août, dans la grande salle au-dessous de la chapelle. On n'y entendit pas le discours d'usage, aucun maître n'ayant été désigné pour le prononcer ; mais, à la fin de la séance, Mgr l'évêque, qui présidait, recommanda, dans une courte allocution, aux jeunes écoliers l'application à l'étude et la poursuite de la science, comme des conditions absolument indispensables, avec la piété, pour les préparer à la sublime dignité du sacerdoce. Ce fut la dernière fois que les élèves des hautes classes parurent sur l'estrade pour y débiter, avant de recevoir leurs couronnes, leurs élucubrations ou celles de leurs professeurs(1).

peut-être pas bues. L'économe, l'excellent M. Labrousse, était alors trop occupé pour s'apercevoir de ce détail important, qui eût été à jamais ignoré de la postérité si les acteurs de la pièce n'en avaient fait la confidence à des indiscrets.

(1) M. l'abbé Chaumet, trouvant que ces pièces allon-

Pendant une trentaine d'années, les échos de Richemont avaient retenti, en pareille circonstance, de pièces littéraires de tout genre : vers latins, vers français, narrations, discours, parallèles, dialogues, plaidoyers, etc.

Les dialogues fleurirent notamment de 1858 à 1863. Les écoliers de ce temps n'ont pas sans doute oublié ceux qui avaient pour titre *La littérature française et la littérature anglaise, Le missionnaire et le soldat, La rhétorique et l'éloquence, etc.*, compositions pleines d'entrain et d'humour, dues à la plume alerte, spirituelle et éminemment originale, d'un maître que les élèves, pénétrés pour lui de la plus vive affection, malgré sa sévérité bien connue à l'égard des fortes têtes, appelaient *le régent* (1) par excellence ; pour lui, sauf les rares

geaient trop la séance, les supprima en 1874. Elles ne furent regrettées ni de la plupart des auditeurs, ni des professeurs qui devaient les composer et en préparer la lecture. M. Dumas présidait toujours une dernière répétition, la veille de la distribution des prix, et il y déployait un véritable talent de prononciation et de déclamation ; mais c'était une séance bien fatigante pour lui et pour les pauvres déclamateurs, nous allions dire pour les pauvres patients, condamnés à reprendre vingt fois un même passage mal débité.

(1) C'est lui qui disait naguère, dans une douloureuse circonstance (Cfr. *Semaine religieuse*, 27e année, n° 17), en parlant d'un de ses anciens élèves enlevé de ce monde par

occurrences où il était de mauvaise humeur, il les appelait *mes bons fils,* et ses distractions, fréquentes et d'aucunes fois colossales, n'allaient jamais jusqu'à lui faire oublier ce qui pouvait tourner au profit matériel, spirituel ou intellectuel de ses chers disciples.

A la distribution des prix de 1858, la rivalité de deux provinces avait été le sujet d'un procès, plaidé avec force et esprit *pro et contra* par le docte régent.

Mgr Cousseau applaudissait à ces tournois oratoires, quoiqu'ils ressemblassent un peu aux déclamations de Sénèque le père. Un jour (c'était en 1868), il rappela, dans la réunion des professeurs, que Zorobabel, le libérateur des juifs à la fin de la captivité de Babylone, avait mérité la faveur du roi des Perses, Darius, par son triomphe dans une lutte de ce genre (1), et, se tournant vers le

---

une mort prématurée : « Il m'a toujours remercié de mes leçons, un peu sévères peut-être et vigoureusement données, mais assaisonnées de ce parfum du cœur qui adoucit tout. » Pendant quatorze ans, ce maître vénéré a été l'un des plus fermes soutiens du petit séminaire par sa vertu, son talent et son zèle : très respectueux de l'autorité et dévoué à M. Dumas, qui l'aimait et l'estimait beaucoup, il a été un des rares hommes qui ont eu le courage de lui dire la vérité en face et la puissance de le faire changer d'avis sur des points où il se trompait.

(1) III *Esdr.*, ch. 3 et 4.

professeur de rhétorique, il le chargea de faire paraître à la barre, lors de la séance solennelle de fin d'année, le canon de Ruelle, l'eau-de-vie de Cognac et le papier d'Angoulême, pour se disputer le prix de la force. La victoire fut décernée au papier, dont la cause avait été habilement défendue par le professeur de seconde (1). En 1872, une vieille chanson, où le vin et l'eau se querellent assez rudement, inspira deux autres plaidoyers qui furent accueillis avec faveur. Il se produisit, au milieu de la plaidoirie, de petits incidents qui ajoutèrent beaucoup à la gaîté de l'auditoire. Un ouvrier maçon, qui avait travaillé à la construction de la chapelle et qui était présent à la fête, ne se possédait pas de joie pendant que parlait l'avocat du vin : il applaudissait chaleureusement, il se levait pour approuver de la voix et du geste. Mais, quand l'avocat de l'eau eut pris la parole, il changea complètement d'attitude : sa figure se rembrunit, il se mit à grommeler et, si on ne l'en eût empêché, il eût protesté tout haut. La sentence, favorable à l'eau, acheva de le mécontenter. Hélas ! le phylloxéra devait faire bien pis. Disons pour finir que, l'année suivante, la grammaire, la rhétorique et la logique se querellèrent à leur tour ; mais elles n'eurent pas le don de plaire, et plus

(1) Cfr. page 400.

d'un auditeur ne manqua pas de dire avec M. Jourdain : « Qu'est-ce qu'elle chante cette logique ? »

Quelques semaines avant la distribution des prix d'août 1873, M. Dumas offrit à Monseigneur sa démission, qui fut acceptée. Depuis longtemps déjà on parlait de cette démission, et Mgr Cousseau avait songé à la provoquer dès 1871, lorsqu'il nomma chanoine le supérieur du petit séminaire. Une cruelle maladie ayant ôté à M. Dumas, avec la force physique de s'occuper comme autrefois des multiples détails de sa charge, cette énergie morale qu'il possédait à un si haut degré, la discipline et le travail parmi les élèves, l'entente des maîtres entre eux et avec lui-même, en avaient grandement souffert. Aussi les dernières années de son administration furent-elles des années douloureuses pour lui et pour ses collaborateurs. Son départ, on le comprend, lui fut aussi très douloureux : Richemont est si aimable ! et M. Dumas l'avait aimé et continua, jusqu'à son dernier souffle, de l'aimer plus que personne. N'était-ce pas l'œuvre de sa vie ? N'avait-il pas coulé trente-deux années dans ce séjour, où il commandait en roi puissant et redouté, comme l'a si bien dit M. l'abbé Guilbault (3) ? Et cette belle

(3) *Les Noces d'or de Richemont*, page 41.

chapelle, à peine consacrée, n'en avait-il pas préparé de loin et amené enfin la construction ? Aussi, qu'il y passa d'heures dans les quelques semaines qui séparèrent la dédicace et son départ ! Mais c'est à Dieu seul, il faut le dire, qu'il confia sa peine : il garda aux yeux de tous un calme plein de dignité et souffrit silencieusement.

Rien ne saurait faire oublier les longs et fructueux travaux de M. Dumas et le quart de siècle de prospérité que Richemont dut à son habile direction et à son zèle désintéressé. Quoiqu'il ne compte chronologiquement que comme le troisième supérieur du petit séminaire, il en a été (on a pu le voir dans cette notice) l'organisateur, disons mieux, le véritable créateur : c'est là un titre de gloire que nul ne lui contestera et que ne sauraient ternir quelques imperfections inhérentes à l'humanité.

M. Dumas, nous l'avons déjà dit (1), possédait à un haut degré les dons extérieurs qui concilient le respect et même l'admiration. Il y joignait une intelligence ouverte et pénétrante et une grande connaissance des hommes; s'il se trompa quelquefois en ce point, c'est que l'infaillibilité absolue n'appartient qu'à Dieu. On peut regretter qu'il n'eût pas cultivé suffisamment par l'étude ses

(1) Cfr. page 274.

belles facultés (1) ; il en résulta quelquefois pour lui, au milieu de ses professeurs, un embarras qu'il ne réussissait pas toujours à dissimuler.

Il est juste de convenir que les occupations extérieures lui prenaient une partie de son temps. Outre le gouvernement de sa maison, il avait une paroisse à régir et il remplissait les devoirs du saint ministère avec une exactitude et un dévouement qui lui conciliaient l'estime et l'affection de ses paroissiens : les paysans de Richemont et de Javrezac ont pleuré sa mort, et encore aujourd'hui ceux qui l'ont connu ne parlent de lui qu'avec attendrissement.

M. Dumas avait une piété solide, quoique peu expansive. Il célébrait régulièrement, à moins qu'il ne fût malade, la messe de communauté : il accomplissait ce grand acte ou présidait les saints offices sans lenteur ni précipitation, avec une dignité qui édifiait les assistants, prononçant distinctement toutes les paroles et n'omettant aucune cérémonie. Il avait de la justesse et de la douceur dans la voix ; par malheur la science du chant lui faisait défaut ; ce qui ne l'empêchait pas d'exécuter

---

(1) Il en convenait lui-même dans une lettre que cite M. l'abbé Labrousse, page 18 de son intéressante *Notice biographique* : « Je ne suis point un savant, les affaires ne m'ont pas permis de me livrer à l'étude comme je l'aurais désiré. »

d'une manière très convenable la préface et le *Pater*, dont il savait la mélodie par cœur. Afin d'être plus recueilli dans la récitation de son bréviaire, il le disait dans sa chambre ou à la chapelle, ne se permettant jamais (ce que se permettaient journellement les maîtres durant la belle saison) de le dire au bosquet ou dans les jardins.

D'une générosité bien au-dessus de ses moyens, il donnait largement aux pauvres, surtout aux pauvres honteux, et son nom était toujours en tête des listes de souscriptions pour les différentes œuvres. Il aimait en toutes choses le beau et le grand ; cependant il ne s'accordait presque aucune dépense de luxe, et sa chambre était meublée aussi simplement que dignement.

La haute société de Cognac le recherchait, était fière de le posséder dans ses salons et venait le visiter au petit séminaire. C'est surtout dans ses relations avec le monde qu'il justifiait le mot heureux, prononcé par M. Cavrois à la fête des noces d'or de Richemont, et qu'il poussait « la distinction jusqu'à ses extrêmes limites ». Nous croyons qu'il les dépassa même quelquefois et ne sut pas se défendre entièrement de quelque affectation et de quelque pose.

Sa correspondance présentait les mêmes caractères de dignité, de noblesse et de bonne grâce que sa conversation. M. Dumas écrivait une lettre avec une merveilleuse facilité : sa main courait rapidement sur le papier sans s'arrêter et sans faire presque de ratures. Il trouvait à point nommé les mots choisis pour n'exprimer de sa pensée que ce qu'il voulait en laisser voir ; car il avait beaucoup de finesse, et on eût pu dire de lui, comme on l'a dit des membres d'une célèbre compagnie, qu'il était *un peu diplomate*. Ce défaut ou cette qualité (nous ne savons) lui nuisit parfois, mais le servit bien plus souvent encore, au milieu des difficultés de tout genre qu'il rencontra dans le cours de sa longue carrière. Il était très exact à tenir à jour sa correspondance : c'était à ses yeux un devoir, sinon de justice, au moins de politesse. Il enseignait qu'il faut répondre à toutes les lettres, excepté aux lettres d'injures. Il expliquait aux élèves les petits détails techniques sur la façon de commencer et de terminer les lettres, suivant le rang, l'âge ou la dignité des correspondants, sur la manière de mettre l'adresse, etc., etc. Il montra même un jour à un jeune professeur comment il fallait plier une lettre quand on ne se servait pas d'enveloppe : l'usage des enveloppes était alors infiniment moins répandu qu'aujourd'hui.

Il recommandait avec instance aux jeunes gens d'avoir une attitude digne, exempte de mollesse ou de laisser-aller, et proscrivait le tutoiement et l'argot.

Il exigeait qu'ils fissent usage en le saluant, lui ou les personnes au-dessus d'eux, d'une formule moins cavalière que *Bonjour* ou *Bonsoir* ; c'était d'ordinaire celle-ci : « *Monsieur le supérieur, je vous présente mon respect* ».

Ces exigences n'avaient rien que de très légitime; mais il se montra parfois trop sévère pour la timidité ou la maladresse. Un écolier s'embarrassait-il dans une requête ou la formulait-il en ânonnant: « Retournez à la porte, monsieur, lui disait-il; vous reviendrez quand vous aurez préparé votre phrase. » Aussi *aller chez M. le supérieur*, ne fût-ce que dans le but de demander une permission, c'était pour la plupart des élèves une corvée pénible. M. Dumas, en effet, ne mettait pas les gens à l'aise : d'un mot, d'un geste, d'un regard, il glaçait le pauvre solliciteur. L'autorité resplendissait en lui d'un éclat qui allait jusqu'à terrifier. Quand il passait à travers une cour de récréation, les jeux s'arrêtaient et les enfants, la casquette à la main, attendaient, pour les reprendre, qu'il eût disparu à leurs yeux. A quelle distance de lui se sentaient les élèves et les maîtres quand il se retranchait dans sa puissante majesté ! Aussi était-il redouté comme la foudre : on tremblait en sa présence, même quand on avait conscience de n'avoir commis aucun méfait.

Nous avons souvent pensé que chez M. Dumas

la sévérité était plus affaire de calcul que de tempérament. Il semble qu'il se défiât de son cœur et craignît de devenir faible à force d'être bon ; c'est pourquoi il se rejetait dans l'excès contraire, comme le personnage dont Horace disait :

> *Et est qui vinci possit, eoque*
> *Primos difficiles aditus habet* (1).

Quoi qu'il en soit, on peut regretter que M. Dumas ait trop caché, dans une foule de circonstances, les réels trésors de bonté renfermés au fond de son âme. Il lui eût été si facile de se faire aimer (2) !

---

(1) *Satires*, liv. I, 10.
(2) Dans un remarquable article, publié par M. l'abbé Chaumet sous la signature d'*un ancien élève (Bulletin de l'Apostolat diocésain*, 4º année, nº 18), nous lisons ces lignes : « Cette force, j'allais dire cette splendeur de l'autorité, ne supprimait pas toujours en lui la simplicité et la bonté qui conviennent à un père au milieu de ses enfants... Sans se prodiguer, il descendait parfois jusqu'à nous et alors il était séduisant pour les plus prévenus. On se rappellera toujours ces histoires charmantes, l'Anguille de Pons, le Moine métamorphosé, etc., qu'il disait avec une intarissable gaîté et un art infini. »
Un soir d'hiver, un jeune élève de seconde, à qui il avait permis d'aller à Cognac visiter le dentiste, venant se présenter à lui, au retour de son voyage accompli sous la pluie et dans la boue, il lui dit : « Allez changer de vêtements et prendre une bouchée au réfectoire, *mon pauvre fils !* » Ces simples paroles pénétrèrent le cœur du jeune

On le vit bien quand, retiré dans sa pauvre cellule à Angoulême, n'ayant plus la préoccupation d'inspirer la terreur pour obtenir l'obéissance, il se montra ce qu'il était véritablement.

Sa façon de reprendre une faute, de donner une leçon, était souvent fort dure ; on n'y sentait pas assez l'affection du médecin qui ne blesse que pour guérir. Ce n'était pas qu'il se laissât aller à la colère ; il restait au contraire entièrement maître de lui-même ; mais la victime eût mieux aimé de l'emportement que cette ironie, pénétrante comme un stylet, que ces phrases hachées, dont chaque lambeau tombait comme un coup de massue (1).

Comme on le voit, M. Dumas avait fait de la crainte le principe de son gouvernement ; on peut concevoir un autre idéal, mais il y aurait injustice à ne pas reconnaître que la crainte fût habituelle-

---

homme et l'émurent de reconnaissance : tant c'était chose rare et extraordinaire qu'un terme affectueux sur les lèvres du rigide supérieur !

(1) Voici comment dans l'article déjà cité du *Bulletin de l'Apostolat diocésain*, M. l'abbé Chaumet décrit les réprimandes de M. Dumas : « D'une voix claire, contenue, qui savait trouver toutes les notes de l'ironie, et en des termes choisis, il stigmatisait la paresse, l'insolence, la dissipation, la gourmandise ou la malpropreté. Chaque mot partait de ses lèvres pincées, comme une flèche aiguë qui frappait au plus sensible, pénétrait profondément, désolait et anéantissait le patient malheureux.

ment à Richemont la gardienne du respect, sinon l'inspiratrice de l'amour. « Tandis que, en d'autres maisons renommées, écrit M. Chaumet, les élèves organisaient déjà des résistances et des émeutes, chez nous l'autorité était placée à une telle hauteur, elle nous paraissait si majestueuse et si redoutable qu'il était impossible de penser à ne point obéir. Nous étions soumis comme de vrais novices, sans jamais raisonner. »

Nous ne pouvons qu'applaudir à ces réflexions, d'une justesse et d'une vérité incontestables. Qu'il nous soit permis cependant, sans manquer au respect dû à une noble vie, mais aussi en sauvegardant les droits de la vérité, de formuler quelques légers reproches contre l'administration de M. Dumas. Il négligeait souvent de notifier en temps utile à la communauté les modifications que devaient introduire dans le règlement ordinaire certaines fêtes, les examens, les retraites, etc. Élèves et maîtres se regardaient et se demandaient : « Que faut-il faire ? où faut-il aller ? » et on n'était pas toujours assez sage pour comprimer tout murmure.

M. Dumas aimait trop aussi à laisser dans le vague les attributions de certaines charges, celles du préfet de discipline, par exemple. Un des titu-

(1) *Bulletin de l'Apostolat diocésain,* loco citato.

laires, insistant pour connaître ses droits et ses devoirs, ne put rien obtenir. Plus tard M. Dumas, racontant ce fait à son successeur qui lui demandait des conseils, l'engagea fortement à ne jamais s'exprimer avec précision dans des cas analogues, afin de se réserver plus de liberté à l'égard de ses collaborateurs, soit pour approuver, soit pour blâmer. Cette attitude provenait d'une certaine défiance ombrageuse qui redoutait outre mesure les empiètements d'autorité ; elle eut le fâcheux effet de blesser ceux qui en étaient l'objet et d'amoindrir leur influence pour le bien : on a besoin, pour agir efficacement, de se sentir soutenu. Disons enfin que M. Dumas avait pour système de changer très fréquemment les professeurs de sa maison, sauf quatre ou cinq dans les hautes classes ; il recommanda, dans la circonstance précitée, à son successeur de ne pas faire autrement. Ce principe, dicté par le même sentiment que le premier, ne valait pas mieux : l'expérience étant une des qualités les plus précieuses dans les maîtres, les mutations doivent être aussi rares que les circonstances peuvent le permettre.

Sous le bénéfice de ces réserves, nous sommes heureux de souscrire au jugement de M. l'abbé Chaumet sur son vénérable prédécesseur ; nous citons textuellement pour ne pas nous exposer à mal dire ce qu'il a si bien dit :

« M. Dumas conduisait son œuvre sans prendre garde aux mécontentements, aux plaintes, aux injustices, qu'il rencontrait devant lui. Certes, il eut à subir des contradictions et des peines de toute nature ; nous en savons qui étaient déchirantes. Il se possédait toujours, il conduisait les négociations les plus épineuses avec une habileté consommée ; et, quand une difficulté était écartée, il paraissait l'avoir totalement oubliée. Il eut quelquefois tant de miséricorde pour certains coupables qu'on aurait pu l'accuser de faiblesse ; mais c'était, nous le savons, parce qu'il n'avait que lui-même à venger. La justice faite, la peine portée parce que le bien de la maison le réclamait, c'était fini : il ne s'occupait plus de ses détracteurs.

« A ce grand caractère, il joignit un désintéressement et un dévouement qui furent sans bornes pour son œuvre ; si bien que, quand vinrent la maladie, la vieillesse et l'impuissance, il n'avait pas un sou pour subvenir à ses besoins. A l'heure voulue, il se retira à Angoulême. La Providence vint quelque peu à son secours ; mais elle lui imposa des conditions si étroites qu'elles eussent étouffé tout de suite une autre âme.

« Je le vois encore confiné dans ses deux petites chambres de l'hôtel de Galard, presque deux galetas sombres et en ruine. Trois ou quatre fauteuils et un canapé, qui touchait à sa fin, meublaient la première, qui lui servait de salon. Je ne pus voir l'autre. Tout était pauvre, étroit... J'eus le bonheur de lui faire visite dans cette misère. Lui seul était resté grand, il avait encore la majesté, la grâce, le prestige des anciens jours. Il fut aimable comme un saint. C'est ainsi qu'il a passé huit ans dans une sérénité parfaite. Il ne se plaignait jamais ni du présent ni du passé ; il applaudissait avec bonheur au bien qu'il apprenait encore de de Richemont ; puis, il parlait aussi, discrètement, mais sans inquiétude ni chagrin, de sa vieillesse et des ruines qui l'envahissaient chaque jour. Autrement il s'oubliait tout à fait lui-même. Que ne l'ont-ils vu, tous ceux qui se sont irrités naguère contre son autorité parfois rigoureuse ! ils eussent été subjugués. Quelques-uns ont eu cette faveur. « C'est un des grands bonheurs de ma vie, nous disait l'un d'entre eux, d'être revenu près de lui « et d'y avoir retrouvé ma paix. »

Un des professeurs de Richemont qui, durant les dernières années, s'était trouvé avec lui en opposition de pensées et de sentiments sur divers points, lui ayant exprimé, à l'occasion de la fête du 6 mai, un vif regret de l'avoir contristé, en obtint cette réponse où l'on ne sait ce qu'il faut le plus admirer de la charité ou de l'humilité : « Mon cher ami, ce n'est pas sans une certaine émotion que je reçois ce matin vos souhaits de bonne fête. Je n'oublie point que vous étiez autrefois l'âme des fêtes intimes de Richemont et que le pauvre supérieur trouvait souvent dans les inspirations de votre esprit et de votre cœur d'aimables et précieux encouragements. Aujourd'hui ce souvenir est le seul que je tienne à conserver ; car j'ai tant besoin, pour mon propre compte, d'indulgence et de miséricorde que les amertumes du passé me semblent maintenant une trop faible expiation de mes fautes. »

Quelques années après, encore à l'occasion de la fête de M. Dumas, le même professeur lui envoya un rosier avec un apologue en vers latins (1).

Le vénérable supérieur fut profondément touché de ce double envoi, et il écrivit à un de ses plus fidèles amis : « S'il restait quelque chose des blessures d'autrefois, ce n'était après tout que des traces de vaccine : aujourd'hui ce procédé a tout complètement effacé ! » Il témoigna, en effet, tou-

---

(1) Voici cet apologue :

ROSA.

Rosa hortulani læserat spinis manum.
Mox ægra flevit, inscrens hæc fletibus :
« Quem vulneravi, gratiam in me contulit,
« Fovit decorem nutriitque parvulam.
« Heu ! me nimis miseram ! inquit... Eia, quam mihi est
« Cordi, fragrante ut illum odore mulceam ! »
Sint hortulano grata dicta et odor rosæ.

jours depuis à son ancien élève une bienveillance paternelle.

Nous conclurons avec l'auteur de l'article déjà plusieurs fois cité : « Oui, c'était un beau spectacle que ce vieux prêtre blanchi dans l'exercice d'une charge féconde, habitué au commandement comme un général d'armée, longtemps mêlé aux affaires les plus graves, et entré tout à coup dans le silence et la retraite qui le préparaient à l'éternité. Certes, il avait droit à être honoré pour l'intégrité de sa vie, son dévouement et ses vertus ; il avait droit à la reconnaissance, celui qui forma toute une génération d'hommes ; il avait droit d'être aimé, celui qui nous donna les premiers éléments de la vie intellectuelle et religieuse. Respect, reconnaissance, amour, suprêmes consolations bien dues à cette âme, et il en fut presque entièrement privé. Des étrangers vinrent remplacer les vrais enfants. C'étaient de nobles cœurs, il est vrai, mais nous n'y étions pas. Lui, vraiment père et vraiment saint, ne se plaignit pas, remercia Dieu d'avoir formé de bons prêtres et de bons chrétiens, ne parla que de nous parce qu'il nous aimait uniquement. Il priait, il souffrait pour nous, et il espérait pour lui la miséricorde de son Dieu. Ce fut tout et cela ne changea point. Quand vint la fin, il s'enveloppa encore dans la dignité de son caractère sacerdotal et, plein d'une amoureuse confiance, il arriva devant

Dieu. » Il laissait en œuvres pies le peu qui lui restait : il avait dédaigné toute sa vie la fortune et il fut heureux de mourir dans la pauvreté.

Mais revenons au mois d'août 1873 : dans les premiers jours de ce mois, Mgr l'évêque donna pour successeur à M. Dumas M. l'abbé Chaumet, curé de La Rochefoucauld ; cette nomination, promptement connue, fut notifiée officiellement au clergé pendant la retraite pastorale. M. Chaumet ne garda de l'ancien personnel du petit séminaire que MM. Duffourc, Blanchet, Labrousse et Videau. M. Blanchet et M. Videau restaient, l'un en rhétorique, l'autre en cinquième ; M. Labrousse abandonnait l'économat à M. Ducluzeau, curé de Mornac, rappelé à Richemont, et reprenait sa classe de seconde. M. Duffourc, dont la santé n'était qu'imparfaitement rétablie, était admis enfin à jouir d'un repos légitimement gagné par trente-six années de services. Pour compléter le corps enseignant, le nouveau supérieur fit revenir à Richemont M. Rousselot, vicaire de Cognac et curé de Javrezac, et lui confia la troisième ; il mit en quatrième M. l'abbé Pouillat, précédemment son vicaire à La Rochefoucauld. M. Goumet, curé de Saint-Angeau, fut nommé professeur de mathématiques ; enfin, cinq élèves du grand séminaire, MM. Hèche, Dissan, Henri, Blanquet et Fradin, furent chargés des classes de sixième, de septième, de français et de la surveillance des deux études.

La rentrée eut lieu le 7 octobre. Le lendemain, Monseigneur l'évêque, qui avait célébré la messe du Saint-Esprit, réunit toute la communauté dans la salle des exercices. Là, M. l'abbé Chaumet prit la parole et, après avoir remercié Monseigneur de l'honneur qu'il lui avait fait, en l'appelant à gouverner le petit séminaire, après avoir rendu hommage aux vertus de M. Dumas, il laissa déborder les sentiments d'amour dont son cœur était rempli pour les enfants désormais remis à sa garde. Monseigneur répondit en accordant un juste tribut d'éloges à l'ancien supérieur et au nouveau, et demanda pour celui-ci et pour ses collaborateurs la confiance et l'obéissance de tous. Il exprima « ce qu'il désirait du petit séminaire, les espérances qu'il concevait et la joie que lui causait l'accroissement des élèves. » Enfin il remercia le bon « M. Duffourc du dévouement de sa longue carrière dans l'enseignement » et le nomma, séance tenante, chanoine honoraire (1). Des applaudissements enthousiastes accueillirent cette nomination appelée depuis longtemps par l'opinion publique.

M. Duffourc, en effet, était universellement

(1) *Semaine religieuse*, 10e année, no 34.

aimé, à cause de sa candeur, de sa simplicité et de sa bonhomie. Sans ambition et sans prétention, fuyant le monde, au milieu duquel il se sentait mal à l'aise et où il se montrait gauche et emprunté, il n'offusquait ni ne gênait personne : on savait qu'on n'avait rien à redouter de lui. Ouvert et expansif dans l'intimité, toujours le sourire sur les lèvres, il allait en chantonnant par la maison ou même, dans les grandes occasions, en poussant de petits cris joyeux, qui excitaient l'enthousiasme des plus jeunes élèves. Il fallait les voir accourir autour de lui, en récréation, s'accrocher à sa soutane, à sa ceinture et, en hiver, au grand manteau dans lequel il s'enveloppait frileusement, et l'appeler des noms de *Père*, de *Pater* ou de *Vieux*. Cette dernière dénomination, quoique peu révérencieuse, n'impliquait nullement un manque de respect, de la part de ceux qui l'employaient, et M. Duffourc, loin de s'en offenser, se l'appliquait lui-même, quand, pour se dégager de la foule qui le pressait, il disait avec son accent méridional et d'un ton bourru qui ne s'accordait guère avec son air riant : « Otez-vous de là, petits *barbouillons;* laissez passer *le Vieux.* » Il était (nous l'avons déjà dit) fort comme un lion et, d'ordinaire, aussi doux qu'un agneau ; quelquefois, cependant, si un de ses troisièmes s'avisait de résister à un ordre légitime, ou se permettait un mauvais sourire, quand on rencontrait dans Salluste une de ces expressions énergiques qui peignent le vice tout en le stigmatisant, *son midi lui montait à la tête,* et sa colère était terrible : ceux qui l'ont vu alors serrer les poings et grincer des dents n'ont pas dû l'oublier. La chasteté et l'obéissance, c'étaient deux choses sur lesquelles il ne fallait pas badiner avec lui. Il passait pour très sévère en confession, et, s'il se rencontrait au petit séminaire quelques polissons désireux de sauver les apparences plutôt que de se corriger, ce n'est pas lui qu'ils choisissaient pour directeur.

M. Duffourc avait été un professeur de sixième accompli et, s'il n'avait eu à enseigner que les petits enfants, il eût mérité sans restriction aucune la couronne du bon Lhomond. Il réussit moins en troisième. Nommé à ce poste en 1847, il s'appliqua pendant quelques années à préparer ses classes. Fort intelligent, du reste, doué d'une excellente mémoire, il n'y rencontra pas de grandes difficultés. Par malheur, il cessa trop tôt un travail toujours nécessaire et il en vint assez rapidement à une routine fâcheuse. Tous les ans, à la même époque, on étudiait les mêmes leçons, on faisait les mêmes devoirs (et les corrigés s'en transmettaient de génération en génération) ; tous les ans aussi, avec la même régularité, M. Duffourc lisait les mêmes historiettes amusantes, *le capitaine Casta-*

gnette, les *Aventures de Cogne-Fétu*, les *Aventures de Robert-Robert et de Toussaint Lavenette,* etc., et quelques vers de l'*Enéide travestie* de Scarron, dans le genre de ceux-ci :

> Priam, qui ne voit pas plus loin
> Que son grand nez de marsouin,
> Quoiqu'il eût de belles lunettes,
> Fit apporter quatre roulettes
> Pour rouler ce grand animal (1).
> Il ne pouvait faire plus mal, etc.

Ce qu'il y avait de piquant, c'est que, à la vingtième répétition, le bon Père trouvait à ses passages favoris toute la saveur de l'imprévu et riait aux larmes de plaisanteries qu'il savait par cœur.

Il était reconnu que l'on ne travaillait guère en troisième ; on y avait d'amples loisirs pour des lectures de choix ; mais il fallait bien savoir ses leçons et les réciter avec le plus de volubilité possible. Les leçons comptaient à peu près seules pour la détermination de la diligence. *L'Histoire du Moyen Age* et *l'Histoire naturelle,* de Belèze, devaient être apprises mot à mot ; à la composition générale on tirait un chapitre au sort ; l'élève qui l'avait reproduit le plus littéralement avait le prix ;

---

(1) Le cheval de bois qui renfermait les principaux guerriers des Grecs.

une année il fallut, pour décider entre plusieurs copies *ex-æquo*, tenir compte de la ponctuation !

Pendant quinze ou vingt ans, M. Duffourc prit largement sa part, à une exception près, des travaux de toute sorte qui incombent aux professeurs d'un petit séminaire. Il enseigna presque constamment le dessin (1), quelquefois l'espagnol, il fut employé aux diverses surveillances, il dirigea le chant à la chapelle en qualité de maître de chœur, et joua de l'ophicléïde dans les symphonies; il fut le décorateur ordinaire des fêtes officielles et prêta aux organisateurs, non sans gronder légèrement quelquefois, le concours de son crayon, de son pinceau ou de ses ciseaux ; mais il ne put jamais vaincre sa timidité naturelle à l'égard de la prédi-

---

(1) M. Duffourc dessinait fort bien et s'était même essayé à la peinture à l'huile ; mais son pinceau ne valait pas son crayon. Comme il peignait pour un de ses jeunes confrères, son voisin de chambre, un paysage de Richemont, il l'appelait souvent afin de le faire juger des progrès de l'œuvre entreprise ; souvent aussi il la transportait à une extrémité du dortoir des petits et braquant, de l'autre extrémité, sa grande lunette d'approche : « Ah ! la jolie vache ! s'écriait-il ; comme elle est mollement couchée sur l'herbe ! Je vais en faire une autre qui sera debout ! Voyez-vous, mon fils, ajoutait-il, je vais mettre un arbre ici ; c'est trop nu ; et ici, une petite cascade ; ça fera bien ! » L'objet de l'art n'est-il pas d'embellir la nature ?

cation : il faisait le catéchisme dans sa classe, mais il ne parla jamais à la chapelle. Il n'aimait pas non plus à écrire, et pourtant quelques lettres, arrachées à sa plume paresseuse, prouvent qu'il était capable d'écrire fort bien et qu'il connaissait parfaitement la langue française. En latin, il ne voulait rien savoir au-delà de Lhomond, et, en grec, il préférait de beaucoup à la grammaire touffue de Burnouf, qu'il était obligé de faire suivre, l'abrégé rudimentaire de Chabert. Il avait une pratique assez étrange quand il donnait une version grecque, c'était d'en lire à ses élèves la traduction littérale, qu'il appelait d'un nom bien mérité, *le baragouin* ; seulement, il faisait cette lecture avec une telle rapidité qu'il était difficile d'en rien retenir, d'autant mieux qu'il avait recommandé au préalable « de *fermer* les plumes et les crayons ».

Jusqu'en 1872, où il faillit mourir, M. Duffourc coucha dans le dortoir des petits et n'eut d'auxiliaire pour la garde de ce dortoir que peu d'années avant cette date. Sa chambre s'ouvrait sur le dortoir et elle était si étroite qu'il y eût difficilement logé son lit. Ce n'est pas qu'il possédât un grand nombre de meubles : une petite bibliothèque en occcupait le fond ; un prie-Dieu, deux fauteuils, deux petites tables, deux ou trois chaises, garnissaient le reste. Les murailles disparaissaient sous une multitude de dessins, de vues, d'images, qu'il avait lui-même encadrées ou, plus exactement, mises sous verre. Il avait imaginé aussi, pour se garantir du soleil levant, de remplacer les rideaux de sa fenêtre par des vitraux de papier de diverses couleurs, dont il avait trouvé les motifs dans le kaléidoscope. M. Duffourc était d'une merveilleuse adresse pour tous les ouvrages des mains ; ajoutons et d'une infatigable obligeance pour ses confrères moins doués sous ce rapport. Il réussissait aussi à certains jeux de combinaisons, et le casse-tête chinois faisait ses délices. Il aimait à jouer aux échecs et aux dames à condition de gagner, et, comme il n'y était pas très fort, lorsqu'il perdait, il malmenait d'une façon assez bourrue son partenaire, qui ne faisait qu'en rire. Le triomphe de M. Duffourc, c'était le rébus. Abonné à plusieurs revues illustrées, il attendait avec impatience le numéro de chaque semaine pour *voir les images*, sans doute, mais surtout pour *deviner le rébus*. Et il le devinait promptement et il voulait le faire deviner à tout le monde. Un jour que la phrase à trouver était celle-ci : *J'ai mal à différentes parties du corps,* il nous montra, avec enthousiasme, un geai coiffé d'un bonnet de coton et appuyé sur une canne. « Devinez-vous ce que cela veut dire, mes enfants ? C'est beau cela ; c'est superbe, il faut avoir du génie pour inventer cela ! » Et, comme nous ne devinions pas, il nous l'expliqua : *Geai maladif errant, J'ai mal à différent-es,* etc. Nous ne nous rappelons pas le reste.

C'était aussi un vif plaisir pour M. Duffourc de lire à tout venant un entrefilet de son journal, quelque historiette amusante tirée de *la Mosaïque* (1), ou... n'importe quoi. « Asseyez-vous, mon fils, que je vous lise... » Un jour M. T*** accourut tout effaré : « Je viens, nous dit-il, de voir M. Duffourc : il a voulu me lire... de la grammaire grecque !! » Faute de grives on mange des merles. Dans une autre circonstance, le professeur de quatrième, allant chez lui pour y passer quelques moments de la soirée, trouva la porte tout ouverte : le bon père était assis dans un fauteuil, son journal à la main ; dans le fauteuil en face était le surveillant du dortoir ; tous deux dormaient d'un paisible sommeil, dans lequel les avait plongés le charme de la lecture.

Nous avons déjà dit que M. Duffourc disputait à M. Achille Hugon la connaissance exacte et précise de l'heure et du degré ; mais il y avait un privilège auquel il tenait encore davantage : c'était celui de signaler au printemps la première hirondelle (2).

---

(1) *La Mosaïque* est un recueil varié d'historiettes, de bons mots, etc., dont l'excellent *Pater* faisait ses délices.

(2) « Il fait beau, écrivait vers le milieu de mars le chroniqueur déjà maintes fois cité, il fait beau et M. Duffourc

498 LES ÉCOLES SECONDAIRES ECCLÉSIASTIQUES.

M. Duffourc était en possession de présider de temps immémorial l'office des Ténèbres dans la

commence à penser aux hirondelles. Gentille hirondelle, quand reviendras-tu ? Elles sont attendues pour le 20. Si, par malheur, elles viennent avant, elles auront grand tort et il faudra en conclure qu'il y a désordre partout, même chez les hirondelles, qui se permettent d'arriver avant que M. Duffourc leur en donne l'autorisation. Et surtout, qu'elles aient soin, en paraissant au pays, de se montrer à lui avant tout autre ; car vous, pauvres mortels, vous en verriez dix, cent, mille, avant lui, que vous en auriez menti de par M. Duffourc, qui doit voir la première par privilège. Une année, M. Hugon voulut lui soutenir qu'il avait vu les premières (et, de fait, ces gracieux oiseaux voltigeaient depuis au moins huit jours autour du clocher de la paroisse que M. Duffourc les croyait encore au Sénégal) ; il fut traité de hâbleur, de vantard, d'*hyperbolique*. Dans une circonstance analogue, M. D*** ne fut pas beaucoup mieux traité. « Père, je viens de voir trois hirondelles. — Ce n'est pas possible, Monsieur, lui répliqua sèchement M. Duffourc : *ce sont des cossardes.* »

Et encore à la fin de mars 1868 : « Depuis quelques jours M. Duffourc sèche sur pied, perd le manger et le somme et ne sait à quel saint se vouer. Il n'a pas encore vu d'hirondelles ! Il attend ces voyageuses depuis le 21 et elles ne viennent pas. Sauf le temps de ses classes, il est aux croisées, il se tourne vers le nord, vers le sud, vers l'est, vers l'ouest, mais c'est en vain ; chaque soir il se couche comme un homme qui a perdu sa journée, et se promet, en soupirant, meilleure réussite pour le lendemain. La nuit, comme l'amateur de La Bruyère, il rêve d'hirondelles : il en voit une en particulier qu'il croit avoir déjà

semaine sainte, de dire à Noël la messe de l'aurore, de préparer les livres de prix et de dresser le palmarès. De quel mystère il s'entourait pour cette dernière besogne ! les élèves avaient beau le solliciter, l'accabler de questions ; ils n'en tiraient guère autre chose que ces mots : « Vous le saurez, monsieur, à la distribution ! » Il recopiait de sa plus belle écriture, en vue de l'impression, les listes particulières que lui remettaient les professeurs, et il y passait un temps considérable, attendu qu'il s'interrompait souvent. Il déposait sa plume, aspirait une prise de tabac, s'épongeait, faisait un petit tour dans sa chambre et disait, d'un ton moitié sérieux moitié badin : « Oh ! quel travail ! ah ! que c'est long ! je n'en finirai pas. Et ce monsieur R***, qui ne m'a pas encore remis sa liste ! Il ne cesse de *procrastiner*. Il ferait mieux de laisser

vue l'an passé ; il la reconnaît à une plume sur la tête, à son aile, à son vol, à je ne sais quoi enfin, mais il la reconnaît. Hélas ! ce n'est qu'un rêve ; demain il se lèvera pour recommencer ses laborieuses observations de la veille et ne sera peut-être pas plus heureux. Pourquoi est-ce donc qu'il tient autant à voir des hirondelles ? pour pouvoir dire à tout venant qu'il a vu les premières de cette année tel jour, et pour avoir la satisfaction d'inscrire cette date fameuse dans l'embrasure de sa fenêtre à côté de celles de l'année dernière. Chacun prend son plaisir où il le trouve. »

la grammaire comparée (1) et de donner sa liste comme les autres. »

M. Hugon ayant dit qu'il se chargerait bien, lui, d'écrire le palmarès en quelques heures, le *Pater* se fâcha tout rouge et conclut par ce trait qui lui était ordinaire avec son malencontreux contradicteur : « Toujours hyperbolique, M. Hugon ! vous cultivez l'hyperbole, M. Hugon ! »

Enfin le jour de la solennité venu, il disposait savamment les livres de prix sur la table de l'estrade et les remettait sans hésiter aux lauréats à l'appel de leurs noms : il était inouï qu'il eût jamais commis une erreur. « Père, lui disait quelque jeune professeur, vous devriez avoir un manteau de cérémonie pour distribuer les prix : voyez MM. un tel et un tel, qui sont moins anciens que vous et qui en ont un. — Mon fils, mon fils, moi, j'ai ma ceinture ! cela suffit. » Et, en parlant ainsi, il étalait sur sa poitrine et faisait remonter jusque sous son menton une ceinture de mérinos large au moins de quarante centimètres.

(1) La grammaire comparée ! c'était le principal grief de M. Duffourc contre notre ami, M. l'abbé R***, aujourd'hui professeur à l'*Institut catholique* de Paris. Nous avons parlé ailleurs de la querelle qui s'émut un jour entre eux, au sujet des mots *equus* et ἵππος, et que M. Duffourc voulut faire juger par un paysan de Richemont (Cfr. le palmarès de l'Ecole Saint-Paul pour l'année 1890, pages 10-11.)

Cette ceinture était aussi la pièce la plus brillante de sa toilette, dans les occasions où il était invité à dîner avec Monseigneur l'évêque à la salle à manger (Mgr Cousseau, dans ses dernières années, était trop fatigué par les conversations bruyantes des enfants pour pouvoir venir au réfectoire). Le bon M. Duffourc tenait beaucoup à ces invitations. Quand elles tardaient, il errait comme une âme en peine dans les corridors et disait aux professeurs qu'il rencontrait : « En suis-je, mon pauvre fils ? » Quoique le bon père ne fût point gourmand, il s'exprimait parfois en riant, comme s'il l'eût été (1). Buvant un jour du vin fort ordinaire dans un verre à bordeaux : « Ça le rend meilleur, mes enfants ; ça le rend meilleur ! » Puis il ajouta : « Je m'achèterais bien un verre à champagne ; mais ça me griserait ! »

L'appartement de M. Duffourc était le rendez-vous général de tous ceux qui avaient un moment

(1) Grand et fort comme il était, M. Duffourc avait besoin d'une nourriture abondante ; mais il n'était pas exigeant sur la qualité des mets : du gras de bœuf bouilli avec des haricots, c'était son régal. Il lui manquait, du reste, un sens absolument nécessaire aux gourmets : il n'avait pas d'odorat et ignorait ce que c'était qu'une odeur bonne ou mauvaise. Il résumait tout ce qu'il savait par expérience sur ce chapitre, en disant que, quand il éteignait une chandelle de suif, *cela avait le goût* (non pas *l'odeur*) *du gigot de mouton.*

libre et voulaient se récréer un peu. On était toujours aimablement accueilli, pourvu que ce ne fût point pour lui l'heure de réciter son bréviaire ; car, dans l'accomplissement de ce grand devoir, il n'admettait pas le moindre retard, et on eût été bien adroit si on l'eût empêché en carême de dire ses vêpres avant le dîner. Chez lui on causait, on chantait, on riait, on regardait les images, on lisait le journal, etc. Quelquefois le bon père offrait *une cerise,* d'autant meilleure qu'il l'avait confite lui-même à la saison.

A la vie régulière et parfaitement honnête de M. Duffourc, il manquait pourtant ce caractère d'austérité qui convient à la vie du prêtre, et on aurait pu y trouver un peu d'égoïsme inconscient. Jusqu'à l'âge de 50 ans, il avait joui d'une santé de fer et n'avait pas connu la maladie ; il en redoutait même le nom et n'aimait à entendre parler ni de maladies ni de malades : c'était là évidemment une disposition imparfaite. Aussi Dieu, à qui était chère cette âme droite et pure, voulut la marquer du signe des prédestinés en la perfectionnant par la souffrance. La souffrance morale précéda la souffrance physique : M. Duffourc perdit un frère bien-aimé, prêtre comme lui, curé de Viger au diocèse de Tarbes, et ne se consola pas de cette perte. Puis des maux de dents effroyables vinrent le tourmenter ; enfin il ressentit les premières atteintes de la pierre, qui alla toujours redoublant ses coups jusqu'à ce qu'elle eût broyé sa victime. Il est impossible de décrire les tortures auxquelles il fut en proie pendant trois années, non seulement le jour, mais aussi la nuit, où il goûtait si rarement le sommeil. Il n'est pas moins impossible d'exprimer combien, durant ce long supplice, il fut admirable de patience, de résignation, de piété et de soumission à Dieu : pas un murmure ne s'échappa de ses lèvres. Dans ses douleurs les plus cuisantes, il s'écriait : « Mon Dieu, je vous offre ma vie ; mais, hélas ! je ne vous l'offre pas d'assez bon cœur et je crains trop la souffrance ! Cependant que votre volonté se fasse et non la mienne ! » Et, « lorsque la crise était passée, il prenait son rosaire, le seul genre de prière que lui permissent ses douleurs, et s'en allait, en le récitant, promener ce pauvre corps qu'il ne pouvait plus tenir ni assis ni couché » (1).

Il s'était flatté de l'espoir de mourir à Richemont : il n'en fut rien. Une épidémie d'érysipèles s'étant déclarée dans le séminaire, l'excellent M. Gay (2), le vigilant et inflexible docteur, exigea,

(1) Cfr. l'intéressante notice consacrée à la mémoire de M. l'abbé Simon-Gabriel Duffoure, par M. l'abbé L. Labrousse, professeur au petit séminaire (aujourd'hui curé de Saint-Ausone).

(2) M. Félix Gay de la Chartrie, né à Cognac vers 1813,

par prudence, l'éloignement immédiat de tous ceux que la contagion avait frappés. Le bon père se trouva compris dans le nombre, quoiqu'il fût bien légèrement atteint.

En quittant sa chambre de Richemont, témoin de toutes ses douleurs, il en baisa la porte à plusieurs reprises et la mouilla de ses larmes : c'était la dernière fois qu'il en franchissait le seuil. Il fut transporté chez son neveu, au presbytère de Saint-Martin de Cognac, et c'est là qu'il rendit le dernier soupir, le 20 juillet 1876.

M. Duffourc, pas plus que M. Dumas, n'aimait l'argent. Il avait laissé sa part d'héritage à son frère aîné, suivant la coutume des Pyrénées, et,

décédé dans la même ville le 28 mai 1890. Dans le *Bulletin de l'Apostolat diocésain* (11e année, n° 59), M. l'abbé Chaumet a rendu un hommage bien mérité au savant modeste, au médecin esclave du devoir professionnel, au chrétien sans défaillance. Pendant près de vingt années, M. Gay avait prodigué ses soins généreux et intelligents au personnel de Richemont. Il avait eu pour prédécesseurs, d'abord M. Pellisson et, antérieurement, M. Boulay. Nous n'avons vu M. Boulay que quand de cruelles infirmités l'avaient depuis longtemps cloué sur un lit de douleur ; mais nous avons connu personnellement M. Pellisson et nous avons gardé le meilleur souvenir de sa bonté, de son habileté et de son dévouement. Très au courant des choses de son état, il y joignait un goût littéraire marqué, et aimait à causer des vieux écrivains de Rome, de Virgile et d'Horace surtout, avec les professeurs du petit séminaire.

du fruit d'un travail de quarante ans, il avait épargné, en prévision d'un besoin éventuel, tout juste 5,000 francs ! C'était 125 francs pour chaque année. Il est vrai qu'on pouvait dire de lui comme de l'oncle Ausone :

> Un louis dans sa main novice
> Ne sut jamais suer un sou.

Il ne savait pas autrement qu'en théorie, ce que c'était que de *placer* de l'argent, il n'avait pas dans son portefeuille de *titres nominatifs* ou *au porteur*, et ne *détachait* pas tous les trois mois ses *coupons*. Il dépensait à peu près son revenu et, quant à sa petite réserve, il la gardait *dans un pied de bas !* J'entends d'ici la jeunesse, autrement instruite, de notre époque lui appliquer, avec un ensemble charmant, le refrain de la chanson précitée :

> C'était un fou ! c'était un fou !

Cette réserve, qu'il avait léguée au curé de Saint-Martin, fut employée par celui-ci en œuvres pies. M. Laurent Duffourc, réparant deux oublis que l'excès de la souffrance rendait excusables dans son oncle, apporta mille francs à l'économe du petit séminaire et, de plus, il donna comme souvenir à M. l'abbé Chaumet, le modeste ornement de drap d'or avec lequel le bon père célébrait aux fêtes solennelles. Il ne nous appartient pas de dire de quels soins dévoués et délicats M. Chaumet entoura jusqu'à la fin son vieux professeur de troisième : il n'y a pas de fils capable de faire plus pour son père.

C'est ici que nous croyons devoir clore notre récit : la période qui suit est trop rapprochée, pour qu'il nous soit permis de juger, avec convenance et impartialité, les choses et les personnes ; ce sera l'œuvre de celui qui prendra la plume après nous. Nous nous bornerons à rappeler sommairement les principaux faits relatifs au petit séminaire, de la fin de 1873 jusqu'à nos jours.

1873.

Octobre. — Le nouveau supérieur, M. l'abbé Chaumet, prêche la première retraite de l'année.

La chapelle de la congrégation des grands est peinte bleu azur. On l'orne plus tard de statues polychromées et on la meuble de bancs et d'agenouilloirs de chêne.

Octobre-décembre. — Les professeurs tiennent, sous la présidence de M. le supérieur, de nombreuses réunions, où on élabore, d'après les idées de Mgr Dupanloup, un nouveau plan d'études et de nouveaux règlements. On introduit aussi dans l'enseignement les classiques chrétiens. Une grande émulation règne parmi les élèves.

8 décembre. — La fête de l'Immaculée-Conception, favorisée par un temps splendide, est célébrée avec une grande solennité. Deux statues de la sainte Vierge sont placées, l'une à la chapelle derrière l'autel, l'autre dans la cour des petits, sous l'arcade centrale du cloître du midi : M. le supérieur en fait la bénédiction. Le soir, belle illumination et rondes pleines d'entrain dans la cour des petits. La joie va jusqu'à l'enthousiasme.

Vers ce temps, M. le supérieur fait placer dans la nouvelle chapelle la table de communion érigée dans l'ancienne par M. Dumas en 1864 (Cfr. p. 365).

1874.

Janvier. — Un théâtre a été dressé dans la salle située au-dessous de la nouvelle chapelle : le bon M. Duffourc en a peint les décors. A la séance littéraire donnée par les rhétoriciens, premier essai de représentations en langue latine (1): les scènes choisies sont tirées

---

(1) A la fête de M. le supérieur (3 mai 1874), les élèves de troisième enchérirent sur cet essai, en représentant une espèce de drame *du Cyclope*, arrangé en grec, d'après l'*Odyssée*, par leur professeur, M. l'abbé Rousselot. Les spectateurs de cette scène réaliste n'ont point oublié le Κύκλωψ, πίε οἶνον μελιηδέα d'Ulysse et le Δός μοι ἔτι πρόφρων répété de Polyphème. En 1875-1876, les élèves de troisième encore représentèrent la *Mostellaria*, de Plaute, notablement abrégée ; les élèves de seconde, une tragédie latine de *Judas Machabée*. Les rhétoriciens, cette même année, jouèrent l'*Avocat Patelin* d'après le texte, un peu amendé, de Brueys et Palaprat, et une traduction latine de la pièce. On n'a jamais osé à Richemont imiter le petit séminaire d'Orléans et aller jusqu'à jouer une tragédie grecque.

de l'*Amphitryon* de Plaute. On joue aussi les scènes correspondantes de Molière.

9 janvier. — Mort de M. l'abbé Merceron, vicaire de Jarnac, bienfaiteur insigne du petit séminaire.

23-25 février. — Examens semestriels. M. le supérieur y a invité plusieurs ecclésiastiques du dehors.

Mai. — Dans les premiers jours de ce mois, pèlerinage à Saintes. On traverse la ville en procession, bannière déployée, fanfare en tête. Messe à Saint-Eutrope. Dîner dans les Arènes. Dans l'après-midi, sermon de M. Lemoal, curé de Saint-Savinien, qui prêche l'octave de Saint-Eutrope. Journée magnifique.

17-21 juin. — Retraite prêchée par Mgr Pelletier, chanoine d'Orléans. Le 21, première communion.

3 novembre. — Retraite prêchée par M. Laprie, professeur à la Faculté de théologie de Bordeaux. Cette retraite produit une vive impression : à la suite, plusieurs élèves demandent et obtiennent l'habit ecclésiastique.

1875.

A l'approche du printemps, la division des grands fait une intéressante excursion à Garde-Épée et à Chastres. On dîne en plein air autour d'un feu de javelles.

Mai. — Voyage à Bassac. On dîne dans la cour de M. Rambaud de Laroque, sous des ombrages magnifiques. L'accueil est on ne peut plus cordial de la part de tout le monde. Les bonnes gens demandent des nouvelles de M. Duffourc et expriment un vif regret qu'il soit absent de cette fête.

17-21 juin. — La retraite préparatoire à la première communion est prêchée par les professeurs du petit séminaire.

2 juillet. — Office pontifical célébré par le T. R. P. dom Léon Bastide, abbé de Ligugé.

27 septembre. — Retraite prêchée aux professeurs de Richemont par Mgr Pelletier. Après la rentrée, il en prêche une autre pour les élèves.

13 octobre. — Mort de Mgr Antoine-Charles Cousseau. M. le supérieur se rend aux funérailles, à Poitiers.

17 novembre. — M. le supérieur et plusieurs profes-

seurs assistent au service solennel célébré à la cathédrale pour le repos de l'âme de Mgr Cousseau. S. E. le cardinal Donnet préside et M. le chanoine Alexandre prononce l'oraison funèbre du vénéré défunt.

1876.

25 mars. — Une belle statue de la sainte Vierge, avec son socle de pierre, a remplacé, dans la cour des petits, la modeste statuette du 8 décembre 1873. M. le supérieur du grand séminaire en fait la bénédiction.

11-15 juin. — La retraite préparatoire à la première communion est prêchée par les professeurs du petit séminaire.

Fin juin. — Epidémie d'érysipèles (Cfr. page 503).

20 juillet. — Mort de M. l'abbé Simon-Gabriel Duffaure. Une souscription s'organise pour lui ériger un monument funèbre.

Octobre ou novembre. — On installe la belle collection d'oiseaux empaillés, léguée par le vénérable M. Gassend, ancien curé de Mérignac.

7-12 novembre 1876. — Seconde retraite prêchée par M. l'abbé Laprie.

1877.

7 février. — Translation solennelle des reliques de S. Fauste, enfant martyr *(proprio nomine)*, tirées de la catacombe de Saint-Calliste en 1770, et reconnues par le cardinal Patrizi, vicaire de Sa Sainteté Pie IX, le 7 juillet 1876. Fête magnifique, pleine d'enthousiasme, favorisée par un temps d'une douceur exceptionnelle et par le soleil dans l'après-midi (1).

---

(1) La belle statue de cire du jeune martyr, servant de châsse aux reliques, fut placée sous l'autel. Pour la rendre visible aux regards, on dut évider les deux arcades latérales et les cinq arcades de la façade de l'autel. Ces cinq arcades étaient auparavant ornées de statuettes en plein relief : savoir, au milieu, Notre-Seigneur portant sa croix et couronné d'épines ; de chaque côté, des justes symbolisant les vertus nécessaires au prêtre dans le sacrifice : Abel, *pietas*; Abraham, *fides*; Melchisédech, *dignitas*;

5 mai. — M. le supérieur annonce, après la lecture des notes hebdomadaires à la salle des exercices, que Mgr l'évêque a nommé la veille, jour anniversaire de son sacre, M. l'abbé Blanchet chanoine honoraire.

Peu après, grande promenade à Bassac.

31 mai. — Inauguration du nouveau chemin qui monte de la grotte de Lourdes à la grande allée et bénédiction d'une statue plus belle offerte par le donateur de la première (1).

17-21 juin. — Retraite prêchée par M. l'abbé Augegereau, archiprêtre de Barbezieux.

18 juillet. — Tirage, sous la présidence de Monseigneur, d'une loterie pour l'ameublement de la chapelle (2).

20 juillet. — Bénédiction du monument funèbre de M. l'abbé Duffoure dans le cimetière de Richemont.

23-27 octobre. — Retraite prêchée par le R. P. Cros, S. J. (3).

Aaron, *humilitas*. Les anges qui surmontent les arcades tiennent une banderole sur laquelle on lit : *Hostiam immaculatam ; Panem sanctum vitæ æternæ ; Calicem salutis perpetuæ ; Sanctum sacrificium ; Frumentum electorum ; Vinum germinans virgines.* Le plan de cet autel est dû à Mgr Cousseau.

(1) Dès 1874, une petite statue de la sainte Vierge, donnée par M. l'économe, fut placée dans une anfractuosité du rocher, et on commença à élargir un peu le terrain devant la grotte. En 1876, maîtres et élèves travaillèrent à y construire une esplanade ; mais, comme en 1880 elle menaçait de s'écrouler, on fit bâtir par les maçons une solide demi-lune en pierre pour la soutenir ; le tout s'acheva en 1883.

(2) L'ameublement de la nouvelle chapelle a demandé plusieurs années. Dès 1874, M. le supérieur fit faire pour les élèves de beaux et solides bancs de chêne, puis, bientôt après, la grande armoire de la sacristie ; en 1880 et 1881, il y ajouta, de chaque côté du chœur, deux rangées de stalles, et, en février 1883, une chaire à prêcher (Monseigneur y parla le premier), le tout en chêne. Un orgue à tuyaux, inauguré en 1886, a complété l'œuvre commencée depuis douze ans.

(3) Pour abréger, nous réunirons, dans cette note, les prédicateurs des retraites suivantes, dont l'une placée d'ordinaire au début, et l'autre à la fin de l'année scolaire.

1878.

Mai. — Pèlerinage à Saintes, contrarié par le mauvais temps : il pleut presque toute la journée; mais le soleil reparaît dans toute sa splendeur quand on arrive, au retour, sur le pont de Cognac. On s'est réfugié, pour le dîner, chez les bonnes Sœurs de Saint-Vincent-de-Paul, qui ont cédé complaisamment leur réfectoire et leurs classes.

1877-1878. Le P. Cros ; le P. Thouin, miss. d'Obesine. — 1878-1879. Le P. Alet, S. J. ; M. Wénès, sup. du grand sém. — 1879-1880. M. Motte, lazariste ; M. Le Vicomte, ch. de Quimper. — 1880-1881. Le P. Juteau, dominicain ; le P. Marie-Léon, id. — 6-10 nov. 1881 M. Nanglard, vic. gén.; 25-29 juin 1882. Le P. Renaud, miss. de l'Imm. Concept, de Nantes. — 1882-1883. M. l'abbé Lafont, miss. ; la 2e retraite fut supprimée à cause de l'anticip. des vacances. — 7-11 oct. 1883 et 1884. M. Augereau, arch. de Barbezieux ; le P. de Sainte-Vallière, S. J. — 11-14 nov. 1884. Le P. Candeloup, S. J.; 29 juillet-2 août 1885. Le P. Clauzel, S. J. — 1884. Le P. Alfred (Mermillod), capucin ; 5-9 juillet 1886. Le P. Ravaud, miss. apost. — 22-26 oct. 1886. Le P. Renaud, 2o ; juillet 1887. Le P. Alfred, 2o. — 16-20 oct. 1887. Le P. Stanislas Peigné, miss. de l'Imm. Conc. ; 17-21 juin 1888. Le P. Rogot, S. J. — 1888-1889. Le P. Mauvoisin, dom. ; le P. Exupère, cap. — 1889. Le P. Guillaumin, dom. ; 17-21 juin 1890. Le P. Laurent, augustin de l'Assomption. — Nov. 1890. Le P. Lazare, id.

Nous avons retrouvé aussi les noms de quelques-uns des prédicateurs antérieurs à 1873. Les voici : 4-8 déc. 1855. Le P. Bonnin. miss. d'Obesine. — 1856-1857. Le P. Bouchet, id. — Juin 1859. Le P. Pouplard, S. J. — 11-15 juin 1860. M. l'abbé Berchon. — 1860-1861. Les PP. Mathieu et Marie-Augustin, dom. — Fin juin 1862. Un lazariste de Saintes. — 1862-1863. M. de Liniers, ancien miss. d'Obesine, devenu lazariste. — Oct. 1863 (?). Le P. Masse, S. J. — 27 avril-1er mai 1864. Le P. Guillo, miss. d'Obesine. — 1864-1865 (?). Le P. Delpeuch, oblat de Marie. — Oct. 1866. Le P. Nampon, S. J. — 5-9 juin 1867. Le P. Nicolas, oblat de Marie. — 31 mai-4 juin 1868. M. Claverie de Paule, lazariste. — 28 oct.-1 nov. 1868. Le P. Duclaud, oblat de Marie. — 26-30 mai 1869. Le P. Lalanne, S. J. — 4-8 déc. 1869. Le P. Fulgence Boué, S. J. — 17-21 juin 1871. Le P. Rabeau, S. J. — 20-24 juin 1872. Le P. Maurin, S. J. — 21-25 déc. 1872. Le P. Thouin, miss. d'Obesine, 2o. — 5-8 juillet 1873. Les professeurs de la maison.

7 juillet. — M. l'abbé Paul Legrand est ordonné prêtre dans la chapelle du petit séminaire.

5 août. — Circulaire de Mgr l'évêque qui supprime les vacances de Pâques au petit séminaire.

16 août. — Mgr l'évêque, décidé à fonder à Angoulême un collège catholique, désigne M. Blanchet, professeur de rhétorique au petit séminaire, pour en être le supérieur.

14 octobre. — Mgr l'évêque, qui a célébré le matin la messe du Saint-Esprit, nomme, à la salle des exercices, M. l'abbé Labrousse, le nouveau professeur de rhétorique, chanoine honoraire.

1879.

Septembre. — Une longue et cruelle maladie (la fièvre typhoïde) met en danger la vie de M. le supérieur.

20 février 1879. — Une violente tempête renverse le mur méridional de la cour des grands et découvre les pavillons.

25 février. — Etablissement de *l'Apostolat diocésain*; fondation du *Bulletin de l'Apostolat*.

1880.

20 mars. — Bénédiction du tabernacle de l'autel nouveau, établi dans la chapelle restaurée de la congrégation des petits.

13 septembre. — Le P. Taupin, S. J., prêche, au grand séminaire, une retraite pour les professeurs de Richemont et de l'Ecole Saint-Paul réunis.

1881.

19 avril. — Mort à Angoulême de M. le chanoine Dumas, ancien supérieur du petit séminaire.

21 avril. — Son corps transporté à Richemont est inhumé dans le cimetière paroissial. Le même jour, meurt au petit séminaire le jeune Jacques Burbaud, élève de philosophie en congé.

Mai. — Voyage de toute la communauté à Gensac.

1882.

Janvier. — La mère de M. l'abbé Louis Merceron fournit à la dépense des verrières de deux fenêtres de la chapelle, jusque-là fermées par des briques. Ces verrières représentent S. Joseph, S. Pierre, S. Paul, S. Louis.

29 mai. — Erection de la confrérie du saint Rosaire.

24 juin. — L'Ecole Saint-Paul à Richemont. Les deux communautés fraternisent: On dîne dans la grande allée.

On commence, cette année, à agrandir la cour des grands du côté du midi ; le travail s'achève en 1883.

1883.

8 janvier 1883. — Erection d'un gracieux chemin de croix : les tableaux sont distribués avec goût dans les arcades de la colonnade qui décore la chapelle. La bénédiction en est faite par M. Wénès, supérieur du grand séminaire.

19 avril. — Bénédiction du beau monument élevé à la mémoire de M. le chanoine Dumas dans le cimetière de Richemont par les anciens élèves.

22 avril. — Erection dans la chapelle du petit séminaire d'un grand Crucifix, en réparation des outrages faits à la croix dans les écoles prétendues neutres.

15 juin. — Une épidémie de fièvre muqueuse oblige à anticiper les vacances.

20 août. — Rentrée des vacances : on achève les cours commencés.

1er octobre. — Distribution des prix.

2 octobre. — Entrée des nouveaux élèves ; les anciens passent respectivement dans la classe supérieure à celle qu'ils viennent d'achever.

1884.

13-21 février. — Vacances extraordinaires accordées à raison de la rentrée anticipée de l'année précédente.

21 mars. — M. Labrosse, économe de Richemont, est nommé chanoine honoraire.

4 août. — La belle fête des Adieux à la sainte Vierge est célébrée, pour la première fois, la veille de la distribution des prix : M. le supérieur prêche.

1885.

Mai. — Second voyage à Gensac.

6 septembre. — Inauguration des retraites d'hommes à Richemont. Elles ont lieu chaque année depuis cette époque.

1886.

15 mai. — Décès à Richemont du jeune Jean-Alfred Forillière, de Saint-Romain, élève de quatrième, âgé de 17 ans.

26 octobre. —. Consécration solennelle du petit séminaire au Sacré-Cœur de Jésus, à la clôture de la retraite prêchée par le P. Renaud, missionnaire de l'Immaculée-Conception de Nantes. Tous les ans, depuis cette époque, la consécration se renouvelle, à la clôture de la première retraite. A l'occasion de cette consécration, un autel est érigé au Sacré-Cœur, dans la chapelle, du côté de l'épître, en avant de la table de communion.

1887.

4 février. — Mort à Bordeaux, dans la maison de retraite des Sœurs de la Sainte-Famille, de Sœur Marie, supérieure des Sœurs de Richemont pendant seize ans (Cfr. pages 386-387).

19 avril. — Fêtes des noces d'argent de M. l'abbé Chaumet, supérieur du petit séminaire.

1888.

Février. — M. Marsious fait vénérer à Richemont le *Christ de Charles-Quint.*

25 avril. — Pèlerinage au tombeau de Saint-Eutrope de plusieurs élèves du petit séminaire qui se préparent au baccalauréat.

1889.

16 mars. — Ordination d'un minoré, d'un diacre et d'un prêtre dans la chapelle de Richemont (Cfr. page 374).

1890.

25 mars. — Création par Mgr l'évêque d'une *Œuvre des séminaires*, qui est l'extension de l'Apostolat diocésain.

28 mai. — Décès de M. le docteur Gay de la Chartrie, médecin du petit séminaire depuis vingt ans (Cfr. page

503). Élèves et maîtres vont à Cognac assister à ses funérailles.

5 août. — Célébration des noces d'or de Richemont. Temps splendide. Fête magnifique. Les anciens élèves, au nombre de 250, offrent une horloge au petit séminaire en témoignage de leur amour et de leur reconnaissance. M. l'abbé Camélat, économe de la maison, est nommé le même jour chanoine honoraire.

8 décembre. — Dès la fête des noces d'or, une longue marquise avait été placée au sud-ouest de la cour des petits, pour former un passage couvert de l'une à l'autre aile du cloître. « C'est une joyeuse galerie de trèfles et une suite de festons gracieux qui encadrent l'*Ave Maria* tout entier, buriné et percé à jour en belles lettres gothiques. Une rose dorée sépare chacun des mots et les détache à l'œil. » A l'occasion de la fête de l'Immaculée-Conception, M. le supérieur bénit cette galerie, le cèdre planté à côté de la statue de la sainte Vierge en souvenir des *Noces d'or*, et l'horloge offerte par les anciens élèves.

CHAPITRE VII.

Le Petit Séminaire de Ruffec.

Dans une circulaire à son clergé, datée du 20 août 1876, Mgr Sebaux a expliqué lui-même les circonstances dans lesquelles fut créée l'école ecclésiastique de Ruffec.

Mgr Cousseau « avait établi dans cette ville une maison de Frères de Saint-Gabriel et acquis un local pour les recevoir. » Après avoir passé dix années à Ruffec et y avoir fait beaucoup de bien, les Frères, découragés par quelques embarras, abandonnèrent subitement leur œuvre, en 1875, à la grande surprise de tout le monde et de notre vénérable évêque en particulier. N'ayant pu ni les décider à la reprendre, ni trouver de Frères d'une autre congrégation pour les remplacer, Mgr Sebaux, au bout d'une année d'attente (1875-1876), durant laquelle la maison demeura inoccupée, résolut d'établir dans cette maison une école cléricale, ne renfermant que les classes élémentaires et organisée de façon à hâter les premières études de certains enfants déjà avancés en âge ; « chose très difficile, pour ne pas dire impossible, dans une maison comme un petit séminaire, un collège, où les classes sont soumises à une règle invariable. »

Monseigneur choisit pour diriger la nouvelle école M. l'abbé Clémentin Grimaud, qui avait fait de son modeste presbytère de Courbillac une pépinière d'élèves ecclésiastiques et en avait envoyé déjà un grand nombre à Richemont. En y arrivant, les enfants n'avaient aucune peine à s'y habituer ; car ils en avaient déjà suivi le règlement à Courbillac : messe quotidienne, prières à l'église, lecture pendant les repas, classes, études, tout était disposé à la cure en conformité avec les usages du petit séminaire. Quoiqu'ils ne fussent pas nombreux (quatre ou cinq seulement), ils ne laissaient pas d'exercer une heureuse influence dans la paroisse; la piété avec laquelle ils servaient à l'autel ou exécutaient les chants liturgiques était d'une grande édification pour les bons habitants de Courbillac. Ceux-ci reportaient sur les élèves l'affection qu'ils avaient pour le maître : quand il s'agissait de leur procurer le plaisir d'une promenade un peu lointaine, M. G**, du Bourg-des-

Dames, était toujours disposé à prêter son cheval et son grand break, et, pour avancer leurs progrès et seconder M. le curé, l'instituteur communal, M. G**, ne craignait pas de leur donner des leçons d'arithmétique. Parmi les enfants qui commencèrent ainsi leurs études à Courbillac, cinq sont devenus prêtres.

L'école de Ruffec s'ouvrit dans les premiers jours de novembre 1876, sous le patronage de Saint-Joseph, dont Monseigneur lui donna le nom. Il n'y eut d'abord que dix élèves, dont deux, MM. Elie Longet et Léandre Rousseau, venaient de Courbillac. M. le directeur eut divers auxiliaires : en 1876-1877, M. l'abbé Texier ; en 1877-1878, M. Mercier et M. Renoux, remplacé à Pâques par M. Lagrange ; en 1878-1879, MM. Lagrange et Couvenhes ; en 1879-1880, M. Raymond et M. Morin, remplacé, vers la fin de 1879, par M. Lacaze.

Le nombre des élèves s'éleva d'abord de 10 à 21, puis à 27, pour redescendre ensuite à 23.

Il y avait trois classes dans la maison : la cinquième, dont M. le directeur était le titulaire, la sixième et la septième, confiées à ses collaborateurs. Ces messieurs étaient, de plus, chargés des surveillances, et M. Grimaud cumulait, avec ses fonctions de directeur et de professeur, celles d'économe, d'aumônier de la maison (il était seul prêtre) et de curé de Condac. On peut juger si la besogne manquait ; mais le courage et le zèle ne manquaient pas davantage.

Outre la joie de servir Dieu et l'Eglise, le directeur et ses auxiliaires avaient la satisfaction de trouver dans leurs élèves docilité, bon esprit et piété. Au-dessus du réfectoire, on avait installé une petite chapelle où l'on gardait le Saint Sacrement. C'est là que se faisaient tous les exercices religieux des jours ordinaires et que se célébrait la messe du dimanche ; le dimanche soir, la communauté assistait aux vêpres de la paroisse. Les jours de fête, elle accompagnait le directeur à son église, peu distante de Ruffec. La veille de Noël, on s'y rendait en chantant des cantiques, tous les élèves portant des lanternes vénitiennes à la main.

En 1878, M. Grimaud admit à la première communion, à Condac, les enfants de son école et ceux de sa paroisse, qui confondirent leurs rangs. Ce fut une belle fête : grand'messe, vêpres solennelles, cantiques à l'unisson ou en parties, rien n'y manqua. Le soir, à 8 heures, on fit la procession aux flambeaux ; puis, on tira un feu d'artifice, qui se termina par l'apparition étincelante d'une gigantesque *M*, initiale du nom béni de Marie Immaculée. Une foule de personnes étaient venues de Ruffec pour jouir de ce spectacle.

A quelque temps de là, l'église de Condac fut témoin d'une scène bien différente : c'était le 23 juin, dimanche de la Fête-Dieu. Nous empruntons le récit de la *Semaine religieuse* (1) :

Deux cents personnes à peu près étaient réunies, silencieuses et recueillies, pour assister à la procession. Les grondements du tonnerre avaient accompagné tout le chant des vêpres; et même, de temps en temps, les décharges avaient été si violentes, que, dans un involontaire effroi, on avait coupé court le chant de certains versets.

Une pluie torrentielle étant survenue, il fallut renoncer à la procession et se contenter du salut ordinaire du Saint Sacrement. Déjà on avait chanté le *Tantum ergo*, le prêtre célébrant allait bénir le peuple avec l'ostensoir, et les chantres avaient entonné le *Cor Jesu sacratissimum*, lorsque, à ces mots *miserere nobis*, une effroyable détonation, accompagnée d'une immense flamme inondant toute l'église, se fait entendre ; la foudre venait d'éclater au-dessus des têtes. Une grêle de grosses pierres, de sable, de mortier, est lancée avec violence d'une extrémité à l'autre de l'église. Ces projectiles atteignent bien les fidèles, mais ne leur font pas de mal. Un désordre indescriptible s'opère aussitôt; ce sont des cris, des vociférations, des exclamations étourdissantes ; chacun veut fuir et ne le peut ; on se précipite dans les bras de ceux qu'on connaît ; on se

(1) 15e année, n° 20, 30 juin 1878.

jette à genoux ; les enfants élèvent en pleurant leurs petites mains suppliantes et leurs yeux vers le bon Dieu sur l'autel. On veut s'élancer vers la porte, mais, ô stupeur ! à la porte, on ramasse des victimes. De ma vie, je n'oublierai cette confusion, cette terreur... Deux femmes sont foudroyées et gisent sur le pavé ; un homme a ses souliers brûlés ; un autre a le bras noirci; un enfant de sept ans est soulevé de terre avec sa chaise et s'écrie à sa mère. Une pâleur mortelle est sur tous les visages, et une épaisse fumée, avec une insupportable odeur de soufre et de poudre, remplit l'édifice. Dans leur fuite précipitée, les enfants de Marie déchirent leurs beaux vêtements blancs et, durant tout ce temps-là, les cris ne cessent pas une minute. Moi-même, je ne sais plus où je suis et je crie au prêtre de serrer le Saint Sacrement, car on ignore comment tout cela finira. On redoute la chute de la voûte peu solide. On vole à la charpente pour s'assurer que le feu ne s'y est pas communiqué. Enfin, et seulement au bout d'une demi-heure, on a évacué à peu près l'église...

« Toutes les pierres et le gravier lancés avec force par la foudre sont venus s'arrêter aux pieds d'une statue de la Vierge, placée sur un brancard au milieu de l'église et que les enfants de Marie se disposaient à porter en procession ; plus loin, pas une pierre, pas un projectile ; or, quelques mètres encore et le Saint Sacrement était atteint, ainsi que tous nos petits enfants de l'école de Ruffec... De l'avis commun, nous devions tous périr ; car la foudre, éclatant avec tant de violence dans une enceinte fermée comme celle-ci, pouvait faire les plus affreux ravages. Dieu soit béni : il ne l'a pas voulu. »

A la fin de l'année scolaire, il y eut à l'école Saint-Joseph une distribution de prix que Monseigneur présida. Elle se fit dans la grande classe élégamment décorée.

Les enfants charmèrent toute l'assistance par leur bonne tenue, par leurs chants habilement exécutés et par la récitation intelligente et animée du poème de *Tobie*, de Florian.

A côté des consolations et des joies, Dieu place les épreuves et les tristesses : à la suite de difficultés dans le détail desquelles nous n'avons point à entrer, M. Grimaud, à Pâques de 1880, demanda d'être relevé de ses fonctions de directeur. Mgr Sebaux, malgré la peine qu'il éprouvait de cette demande, y accéda cependant, surtout parce qu'il avait appris d'une expérience de trois années que l'école Saint-Joseph, vu les circonstances, faisait double emploi avec les classes élémentaires de Richemont. Un motif secondaire put influer aussi sur cette détermination de notre vénérable évêque : les dépenses, relativement considérables, de l'école cléricale pesaient uniquement sur lui, et, d'autre part, la récente fondation d'un collège à Angoulême lui imposait un nouveau et plus lourd fardeau : c'était une chose difficile de soutenir à la fois deux maisons naissantes. M. l'abbé Grimaud voulant se retirer, Monseigneur prit le parti de fermer l'école cléricale. Dieu permit, si nous pouvons ainsi dire, que Saint-Paul héritât de Saint-Joseph. Ce mot a même un sens plus étendu qu'il ne semblerait au premier abord ; car cette pieuse école, malgré sa courte durée, a donné onze prêtres ou diacres (1) à l'Eglise, et trois d'entre eux, MM. Petit, Roux et Journiac, ont été ou sont encore nos collaborateurs. Nous ne parlerons pas du regretté M. Mercier, qui avait fait à l'école Saint-Joseph, sous son pieux et zélé directeur, l'apprentissage du dévouement qu'il a montré, pendant près de onze années, à l'école Saint-Paul.

(1) MM. Raymond, curé de Tusson ; Petit, curé de Saint-Saturnin ; Longet, curé de Sonneville ; Lurat, curé de Torsac ; Corneau, curé de Bioussac ; Morichaud, vicaire de Benest ; Angély, vicaire de Saint-Martial ; Richou, vicaire de N.-D. de La Rochelle ; Roux et Journiac, professeurs à l'Ecole Saint-Paul ; Lotte, professeur à Paris.

Nous comprenons dans ce nombre les élèves de M. l'abbé Grimaud à Courbillac.

APPENDICE

LISTES DES MAITRES [1]

Petit Séminaire d'Angoulême.

ABRÉVIATIONS.

aum.	aumônier.	ét.	étude.
c.	curé.	j. v.	jusque vers.
c. d.	curé-doyen.	l.	laïque.
c. m.	clerc minoré.	m.	mort.
c. t.	clerc tonsuré.	mt.	maître.
ch. h.	chanoine honoraire.	math.	mathématiques.
ch. tit.	chanoine titulaire.	mus.	musique.
cl. d'ép.	classes d'épreuve.	p.	prêtre ou page.
dém.	démissionnaire.	phil.	philosophie.
dess.	dessin.	prof.	professeur.
dir.	directeur.	rh.	rhétorique.
d°.	diocèse.	s.	supérieur.
ds.	dans.	sém.	séminaire.
é.	économe.	vic.	vicaire.
écrit.	écriture.	vic. gén.	vicaire général.

1821-1822.

MM. Brunelière, s. (Cfr. 17-112). — Antoine Greffier, du d° Bordeaux, né 1797, p. 1822, c. Curac, parti 1836,

[1] Nous devons plusieurs des renseignements chronologiques renfermés dans ces listes, et aussi dans quelques notes de ce volume, à M. l'abbé Nanglard, vicaire général : nous le prions d'agréer l'hommage de notre respectueuse reconnaissance, et nous exprimons le vœu qu'il publie bientôt son grand travail sur notre diocèse.

4e. — Georges Bezeaud, né Rempnat (Hte-Vienne), 1792, p. 1822, c. Péreuil, m. 1868, *5e et 6e*. — Jean-Étienne Josse, né Vesoul, 1767, p. 1822, ch. tit., m. 1850, 7e. — Joseph Duclou, né Massignac, 1799, p. 1823, c. Montembœuf, m. 1875, *8e*.

1822-1823.

Nous ne pouvons citer des maîtres de cette année que M. Duclou et M. Antoine Brassard, d'Angers, dont un fils fut professeur à Richemont en 1848-1849.

1823-1824.

MM. Brunelière, *s.* — N... Manière, *é.* — François Chevrier du Theil, né La Chapelle (Dordogne), 1801, p. 1825, c. Aigre, m. 1857, *2e et 3e*. — N... Chadeau, *4e*. — Jean-Baptiste Mongin, c. t., *5e*. — Duclou, *6e*. — François Laroque, né La Rochefoucauld, 1806, m. 1878, *7e*. — Pierre Laroche, né Limoges, 1799, p. 1825, c. Aubeterre, m. 1850, *cl. d'épr*. — Louis Rousseau, né Angoulême, 1804, p. 1820, ch. tit., m. 1875, *écrit*. (Cfr. p. 22). — N... Candeau, l., *math*. — François-Abraham Joliet, né Angoulême, 1776, l., m. 1863, *dess*. — Jean Victor Graire, l., m. 1858, *mus*.

1824-1825.

MM. Brunelière, *s.* — Manière, *é.* — ARNAUD, *rh. et 2e* (Cfr. p. 30-47). — Louis Pascal Blanc, clerc de Marseille, *3e*. — Chadeau, *4e*. — Pierre-Silvain-Elzéar Céas, né Tournon, 1800, c. m., parti en 1827, *5e*. — Louis-Aimé-Venceslas Duval, né Saint-Claud, 1803, p. 1826, c. Bunzac, m. 1826, *6e*. — N... Bitaudeau, né Saint-Même, *7e*. — Bernard Soulié, né Vabres (Aveyron), 1796, p. 1826, c. Ecuras, m. 1851, *8e*. — Jean Jury, né ..., 1798, p. 1825, c. Saint-Même, parti en 1827, *étude*.

1825-1826.

MM. Arnaud, *s.* — Blanc, *dir. et 3e*. — Manière, *é.* — Jean-Baptiste Lefauconnier, né Niort, 1800, l., *2e* (Cfr. p. 36-37). — André-Jacques Chaffard, né Auriol, (Bes-du-Rhône), 1808, neveu de Mgr Guigou, c. Montbron, rentré à Marseille 1848, ch. tit., m. 1879, *4e*. — Céas, *5e*. — A.-J.-X. GUIGOU (Cfr. 56-59), ch. hon. 1831,

ch. tit. 1832, vic. gén. hon. 1836, m. 18 déc. 1875, 6e.
— Soulié, 7e. — Pierre Gresseau, né en Oléron, 1800, 8e. — François-Adolphe Tardat, l., m. 1849, écrit. — Joliet, dess. — Graire, mus.

1826-1827.

MM. Arnaud, s. — Guigou, dir. — Saint-Marc, rh. (Cfr. p. 41-44). — Chaffard, 2e. — Basile Dussol, né Treignac (Corrèze), 1801, p. 1828, ch. tit., m. 1880, 3e (Cfr. p. 63-65). — Jean Cazenave, né Langon (Gironde), 1802, p. 1828, c. Saint-Romain, m. 1880 (Cfr. p. 65-66), 4e. — Claude Fouilhoux, né Brousse (Puy-de-Dôme), 1799, p. 1828, c. Genouilhac, m. 1871, 5e. — Hippolyte-Barthélemy Blaizy, né Barbezieux, 1800, c. t., 6e. — François Blanchard, né Saint-Germain-s-Vienne, 1805, p. 1829, m. Confolens, 1880, 7e. — Charles-Antoine Leneveu, de Gatteville (Manche), 1799, p. 1828, c. Puymoyen, rentré à Coutances, 1848, 8e. — François Laborie-Faugière, né La Rochefoucauld, 1799, p. 1828, c. Ambernac, m. 1852, étude.

1827-1828.

MM. de la Ferté, s. (Cfr. p. 47-53). — Guigou, dir. — François Arnaud, né Aix, puiné de M. Arnaud, l'ancien supérieur, l., é. — Jean Mauret, né ds le Cantal, 1803, puis Jean-Jacques-Auguste Robert, né Saint-Henri (Bes-du-Rhône), 1804, fut maître de pension à Tusson et à Aigre, rh. —N... Gérard, du dse de Versailles (?), surnommé par les élèves le pieux laïque, 2e. — Dussol, 3e. — Cazenave, 4e. — Fouilhoux, 5e. — Jean-Baptiste Bournel, né Meymac (Corrèze), 1801, p. 1828, c. Chassenon, m. 1854, 6e. — Pierre-Bernard Hugoni, né Manosque (Bses-Alpes), 1804, c. m., 7e. — André Grenaud, né Limoges, 1801, p. 1828, aumônier du Carmel, diacre d'office à la cathédrale, m. 1870, 8e. — N... Dubois, 8e, après M. Grenaud.

1828-1829.

MM. Guigou, s. — de la Croix, ch. hon. 1831, prof. au grand sém. 1831-1853, m. 7 janvier 1876, dir. (Cfr. p. 59-63).— Cazenave, rh. et 2e.— Dussol, 3e.— Fouilhoux, 4e. — Durand Bertier, né Saint-Flour, 1807, c. m., fut prof.

de phil. au grand sém. en 1830-1831, 5e. — Jean-Marie Buzard, né Angoulême, 1810, c. m., fut maître de pension, puis banquier, m. 1874, 6e. — Guillaume Noëllet, né Aubière (Puy-de-Dôme), 1805, p. 1830, c. Roullet, parti en 1855, 7e. — Dubois, 8e (?). — Jean-Baptiste Roger, né Treignac, 1795, c. t., étude. Les espiègles du petit séminaire lui faisaient, paraît-il, d'assez vilains tours, dont il ne se fâchait pas trop.

1829-1830.

MM. Guigou, s. — de la Croix, dir. — Cazenave, rh. et 2e. — Dussol, 3e. — Fouilhoux, 4e. — Bertier, 5e. — Buzard, 6e. — Noëllet, 7e. — François-Joseph Tavernier, né Eymoutiers (Hte-Vienne), 1805, p. 1830, c. Nieuil, m. 1885, 8e. — Roger, étude.

1830-1831.

MM. Guigou, s. — de la Croix, dir. — Dussol, é. et 3e. — J.-H. Michon, rh. et 2e (Cfr. p. 90, 95, 114-241, passim). — Paul-Alexandre Cognet, né Angoulême, 1807, p. 1831, ch. tit., m. 1880 (Cfr. 67-68), 4e et 5e. — Jean Rivet, né Rochechouart, 1809, c. t., 6e (Cfr. p. 67). — Jean-Baptiste-Félix Durandeau, né Montboyer, 1808, p. 1833, c. La Rochefoucauld, m. 1871 (Cfr. p. 67). — Jean-Baptiste Raymond, né Eymoutiers (Hte-Vienne), 1799, p. 1832, c. Chavenat, m. 1860 (Cfr. p. 67-71). ét.

Petit Séminaire de La Rochefoucauld.

1825-1826.

MM. Brunelière, s. — Saint-Marc, rh. — Jean-Chrysostôme-François-Casimir Carles, né Aix, 1805. p. 1827, c. Chasseneuil, puis Torsac, rentre à Aix en 1854, 2e. — N... Bitaudeau, 3e. — François Laroque, 4e. — L.-A.-V. Duval, 5e. — Jean-Pierre Giraud, né Tarascon, 1793, p. 1825, c. Rouillac, m. 1879, 6e (Cfr. p. 85-86). — Michel Ancelin, né Soyaux, 1803, p. 1828, c.-d. de Chabanais, m. 1868, 7e. — François Lurat, né Angoulême, 1803, p. 1829, c. Blanzac, m. 1850, 8e. — Jean Mallet (Cfr. p. 90-91), novice à la Trappe de Melleray, 6 août 1843, profès 15 août 1844, math.

1826-1827.

MM. Brunelière, *s.* — Giraud, *phil.* — Jean-Baptiste-François Cheminal-Delor, né Saint-Flour, 1800, p. 1826, c. Montmoreau, m. 1867, *rh.* — Carles, 2e. — Laroque, 3e. — Jean-Baptiste Barraud, né Angoulême, 1806, s'est noyé par accident dans la Charente, 1877, 4e. — Camille Dunoyer, né Doué (Mne-et-Lre), 1803, c. Bassac, 1828-1850, m. 1857, 5e. — Ancelin, 6e. — Lurat, 7e. — Mallet, *math.*

1827-1828.

MM. Brunelière, *s.* — Crétineau-Joly, *rh.* (Cfr. 87-88). — Mallet, 2e. — Laroque, 3e. — Barraud, 4e. — N... Corneille, 5e. — Ancelin, 6e. — Lurat, 7. — Durand, 8e. — Louis Valette, né Bors-de-Bar (Aveyron), 1788, p. 1829, c. Bellon, m. 1873, *étude.*

Il arriva une fois à M. Valette de s'égarer dans la Braconne avec les internes du petit séminaire, qu'il y avait conduits pour visiter *la grande fosse.* Inquiet de ne pas voir rentrer ses élèves à l'heure accoutumée, M. Brunelière fit explorer la forêt par des personnes qui en connaissaient tous les détours, et, enfin, à 11 heures du soir, les pauvres enfants arrivèrent à La Rochefoucauld, accablés de fatigue et mourants de faim.

1828-1829.

MM. Brunelière, *s.* — DE SAINT-MICHEL, *aumônier* (Cfr. p. 93-112). — Philippe Brunelière, né Vervant, 1800, l., frère du supérieur, m. 1873, *é.* — Michon, *rh.* — Mallet, 2e. — Jean-Baptiste-Hippolyte-Alphonse Godeau, né Niort, 1807, c. St-Ausone, m. 1882, 3e. — BERCHON, 4e (Cfr. 265-270). — Cognet, 5e. — Rousseau, 6e. — Lurat, 7e. — N... Durand, 8e. — Valette, *étude.*

1829-1830.

MM. Brunelière, puis de Saint-Michel, *s.* — *Professeurs* jusqu'à la 6e *ut supra.* — Michel Chalet, né Angoulême 1806, p. 1832, c. Ruffec, m. 1870, 7e. — N... jusqu'en février 1830; puis Henri Léridon, né Ruffec, a été longtemps maître de pension à Verteuil, 8e. — Gustave Castets, plus tard notaire à Tourriers, *français.* — Raymond, *étude* (Cfr. p. 67, 71 et 527).

Les Thibaudières et La Valette.

Nota. — Les renseignements nous font défaut pour dresser des listes complètes ; nous ne pouvons que citer quelques noms de professeurs, sans fixer bien rigoureusement la nature de leurs fonctions et la date de leur présence.

Jean-Hippolyte Michon (Cfr. p. 90, 95, 114-241, *passim*).— Jean-Jacques Michon, né La Roche-sur-Feyt (Corrèze), 1814, p. 1842, c. Lesterps, m. 1883.— Barthélemy Michon, né La Roche-sur-Feyt, 1816 ; élève puis prof. aux Thibaudières ; a exercé la médecine à Baignes, m. 1877. — Jean-Marie-Aristide Dumas, né Champagne-Mouton, 29 septembre 1809, p. mai 1839, vic. Cognac (1839-1841), c. Javrezac (1839-1861), sup. Richemont (1841-1873, c. Richemont (1861-1871), ch. hon. 28 février 1845, ch. tit. 1er mai 1871 ; m. 19 avril 1881 (Cfr. p. 475-489). — François-Dominique Fontenaud, né Bassac, 1814, p. 18 déc. 1841, ch. hon. 30 août 1850 ; c. Ruffec, m. 1885. (Cfr. p. 334-337.) — Jean-Baptiste, dit Florestan, Marchadier, né Châteauneuf, 1806, é. des Thibaudières, p. 1841, c. Bassac, 1842, dém., 1863 ; m. 1866. — Basile Dussol (Cfr. p. 63-65). — Jean Romanet, né Treignac (Corrèze), c. Saint-Médard de Barbezieux, *simul* prof. au collège de cette ville ; m. à Barbezieux, 30 septembre 1836 (Cfr. p. 123). — Julien Flandrin (Cfr. p. 148-149).— Louis, *alias* Emile, Girard, né Yviers, 1814, élève des Thibaudières, 1833-1835, y devient prof. de 6º en 1836-1837 et en 1837-1838 ; remplit la même fonction à La Valette en 1838-1839 ; p. 21 mai 1842, ch. hon. 1867, aum. Chavagnes, m. 1890. — Paul-Joseph Bernard, né La Rochelle, 21 mai 1813, prof. aux Thibaudières en 1836-1837 et 1837-1838 (Cfr. p. 178.) — N...., Carbonel, fut prof. de littérature du temps de M. Bernard. — Jean-Michel Rigal, né Montirol (Tarn), 1813, anc. élève des Thibaudières, p. 1838, c. Sireuil, m. 1855.

Philippe-Isaac-Armand de Fleury, né Asnais (Vienne), 16 juin 1808, servit dans la garde royale jusqu'en 1830 et brisa son épée quand la dynastie légitime fut renversée du trône ; professeur de littérature aux Thibaudières vers 1835-1836 ; décédé au Vieux-Ruffec, 24 décembre 1867. — N... de Lignac; c'était un parent de Mme Arnaud de Viville, de Bouex. — N.... Marsais; c'est M. Marsais qui avait succédé à M. l'abbé Simon-Pierre Simon, curé de Jarnac, dans la direction de l'école fondée par celui-ci dans sa paroisse. — N...., Camard, prof. de 6e en 1836-1837, auj. curé St-Pardoux-de-Dronne (Dordogne).— N.... Courtin, anc. officier de marine, anc. prof. de math. à l'école de marine d'Angoulême et ensuite d'un cours public de géométrie et de mécanique appliquées aux arts j. v. 1833 ou 1834, prof. aux Thibaudières plusieurs années (Cfr. p. 159). — N.... Menu de Latonne, succéda à M. Courtin comme prof. de math.; il a été juge au tribunal civil de Ruffec. — Charles de James, né Vitrac, anc. élève des Thibaudières, prof. à La Valette. — Pierre Ledoux, né Juillé, 1818, anc. élève des Thibaudières, prof. à La Valette, p. 1843, c. de Mansle, m. 1850. — Pierre Masson, né Brossac, 1806, mt. d'étude à La Valette; entra en 1843 dans le d{se} de Périgueux. — Charles-Marie Lambert, né La Valette, 1817, prof. à La Valette en 1839-1840, à Richemont en 1840-1841, p. 1842, c. Ronsenac, 1883. — Maurice-Simon Charles de Barland (Cfr. p. 225). — Jean-Louis Habatjous, dit Casaubon, né Gez (H{tes}-Pyrénées), 1816, prof. de 8e et matt. d'étude à La Valette de fév. 1841 à août 1842, p. 6 août 1843, c. Feuillade 1857. — N... Duchambon de Mésilliac, prof. de math. à La Valette (Cfr. p. 221 et 226.) — N... Rollinet, du d{se} Besançon, prof. de 8e à La Valette en 1840-1841. A été (au moins de 1856 à 1870) prof. d'allemand, puis d'anglais au lycée d'Angoulême. — N... Lepêtre, c. m., prof. de 6e à La Valette en 1840-1841. — N... Collin, plus tard chantre à la cath., prof. de mus. *ibid.* — N... Guichard, prof. de mus. *ibid.* — N.... Claude, prof. d'escrime. *ibid.*

École de Bassac.

1836-1837.

M. Jean-Louis TARRÈRE, né Angoulême, 28 juin 1812, p. 19 septembre 1835, c. Châteauneuf, s. (Cfr. p. 242-264, *passim*).

Nature délicate, esprit fin, M. Tarrère a exercé à Châteauneuf, où ses paroissiens l'admiraient autant qu'ils l'aimaient, une sérieuse influence. Il a formé bien des âmes à la vie chrétienne ; mais sa grande œuvre a été la restauration de sa belle église. Il y a fait travailler constamment, le plus souvent par un seul ouvrier à la fois, à mesure que les ressources arrivaient, et il l'a, pour ainsi dire, rebâtie pierre par pierre. « Je ne me suis jamais retourné dans mon église, nous disait il un jour, pour dire *Dominus vobiscum*, sans voir devant moi un échafaudage. » Après 39 ans de vaillants services, il donna sa démission le 9 juin 1879 et fut nommé chanoine honoraire le 5 juillet suivant. Il est mort, à Châteauneuf, le 21 novembre 1887, « après une longue et pénible agonie que rendait édifiante sa résignation », lisons-nous dans la *Semaine religieuse*, 24e année, n° 48.

MM. Marie-Martial Magrangeas, né Montbron, 2 mai 1814, p. 31 mars 1838 (Cfr. p. 244-250, *passim*, 291-293, 299, 321, 326-334), c. Lafaye 1er octobre 1856, il devint, octobre 1864, le 1er dir. du collège St-Joseph de La Rochefoucauld ; il y resta deux ans ; fut nommé c. St-Projet 1er janv. 1866, aum. du Carmel 14 sept. 1871, du Bon-Pasteur, 16 mars 1873 ; se retira à Montbron, chez son frère ; m. 24 mai 1876. — Antoine Baron, né Angoulême, 1815, p. 1840, c. Cognac et ch. hon., 1866.

1837-1838.

MM. Tarrère, *s*. — Magrangeas, *5e*. — Baron, *6e* et *7e*. — Joseph-Adrien Déroulède, né Edon, 1815, p. 1841, aum. lycée 1852, ch. hon. 1854, dém. 1857, m. 1861, *français* (Cfr. p. 246, 271). — Simon-Gabriel Duffourc, né Bun (Htes-Pyr.), 6 juil. 1811 ; p. 19 mars 1841 ; curé fictif de div. paroisses, en partic. de Richemont en 1871, ch. hon. 8 octobre 1873 ; m. 20 juillet 1876 (Cfr. 251-252 et 490-502), *étude et 8e*.

1838-1839.

MM. Tarrère, *s*. — Jules-Jean-Baptiste Blandeau, né Puymoyen, 1820, p. 1843, aum. de la Providence à Angoulême, 1869, *4e*. — Magrangeas, *5e*. — Baron, *6e*.

— Duffoure, *7e*. — Jean Lalanne, né Pierrefitte (Htes. Pyr.), 1812, p. 1839, c. Jurignac, m. 1881, *8e*.

Petit Séminaire de Richemont.

1839-1840.

MM. Tarrère, *s.* — Magrangeas, *3e*. — Déroulède, *4e*. — Fontenaud, *5e*. — Pierre-Marie Decour, né Sonneville, 1809, p. 1840, maître de pension à Angoulême, ch. hon. 1859, m. 1873, *6e*. — Duffoure, *7e et dess.* — Guillaume Hameau, né Angoulême, 1818, p. 1843, ch. tit. 1879, *8e*.

1840-1841.

MM. Berchon, *s.* — Jean-Baptiste-Théodore Duret, né Brie-sous-Archiac (Chte-Infre), 20 mai 1805, p. 19 sept. 1829, vic. Aulnay, vic. de la cath. de La Rochelle 10 juin 1831 ; c. Saint-Jean *dictœ urbis*, 1er janv. 1833 ; aum. hospice St-Charles de Rochefort, 25 avril 1835 ; *é.* Richemont, 1840-1841 ; c. St-Vivien près La Jarrie, déc. 1841-août 1842 ; aum. l'hôp. milit. à La Rochelle, 19 nov. 1842 ; ch. hon. de La Rochelle, 9 janv. 1867, m. 7 janv. 1878, *dir. et é.* (Cfr. p. 266). — Déroulède, *2e*. — Magrangeas, *3e*. — Fontenaud, *4e*. — Decour, *5e*. — Dominique-Mesmin Hourie, né Salles-Argelès (Htes. Pyr.), 1812, p. 1843, c. Grassac, 1877-1886, auj. c. des Graulges (Dordogne), *6e*. — Lambert, *7e*. — Hameau, *8e*. — Jean-Baptiste-Louis Gardette, né Laps (Puy-de-Dôme), 1820, p. 1843, c. Magnac-s-Touvre, m. 1852, *cl. prépar.* — François-Jean-Charles Jobit, né Angoulême, 1816, c. t. 1844, *angl.* — Jean-Baptiste Pachó, né Grayan-l'Hôpital (Gironde), 1804, sous-diacre, *math. Dimissus anno 1843, rediit anno 1848 et iterum dimissus est anno 1850.* — Duffoure, *ét. et dess.* — Charles Csernowitz, l., *mus.*

N.-B. — M. Déroulède étant entré au grand séminaire en avril, pour revenir à Richemont en octobre, son départ détermina un mouvement ascensionnel dans le corps professoral de la 2e à la 6e ; M. Hameau passa de la 8e à la 6e et M. Gardette réunit peut-être la 8e à la cl. prép.

1841-1842.

MM. Dumas, *s*. — Déroulède, *sous-supérieur et préfet des études*. — Marchadier, un mois, puis Jobit, *é*.; Jobit, *anglais*. — Azens (Cfr. 311-315) 3 semaines, puis Magrangeas, *rh*. — Fontenaud, 2e. — Magrangeas, 3 sem., puis Reynier (Cfr. p. 274-275), 3e. — Hourie, 4e. — Hameau, 5e. — Gardette, 6e. — N..., j. 9 déc. 1841, puis Antoine Roland, né La Trinitat (Cantal), 1818, p. 1842, c. St-Germain-s-Vienne, m. 1881, 7e. — Joseph Desmiers, né Haute-Faye (Dordogne), 1824, l., décédé receveur principal des douanes à Nantes, 25 mars 1890 (Cfr. p. 282), 8e. — Charles de James (Cfr. p. 154), 3 sem., puis Azens, *math*. — Duffourc, *ét. et dess*. — Fr. St-Vincent-de-Paul, *dir. des petits enfants*. — Ch. Csernowitz, *mus*.

1842-1843.

MM. Dumas, *s*. — Jobit, *é. et angl*. — Magrangeas, *rhét*. — Déroulède, 2e j. 1er examen; après, ses élèves passent en rhét. et il part. — Ledoux, 3e. — Hameau, 4e. — Blandeau, 5e. — Dominique Cuilhé, né Montgaillard (Htes-Pyr.), p. 1845, c. des Adjots depuis 1851, 6e. — Jules Moreau, né Barbezieux, 1816, p. 1843., ch. tit. 1880, 7e. — Palisse, né Gez, 24 janv. 1821 (Cfr. p. 285-287), 8e. — Fontenaud, *cl. prép*. M. Fontenaud avait laissé la 2e pour la cl. prép. afin de s'appliquer à l'étude de l'anglais qu'il devait enseigner plus tard. — Duffourc, *ét. et dessin*. — Azens, *math*. — Ch. Csernowitz, *mus*.

1843-1844.

MM. Dumas, *s*. — Moreau, *é*. — Magrangeas, *rh. et 2e*. — Fontenaud, 3e. — Ledoux, 4e. — Hameau, 5e. — Cuilhé, 6e. — Duffourc, 7e, *espagnol, italien et dess*. — Palisse, 8e. — Azens, *math*. — Coates, *angl*. C'était un laïque, peut-être même protestant, en résidence à Cognac. Certains annuaires de la Charente l'appellent *l'abbé* Coates! — Arnoux, l., *mus*. M. A. était un anc. soldat, que M. Dumas logeait dans sa cure de Javrezac.

1844-1845.

MM. Dumas, *s*. — Moreau, *é*. — Magrangeas, 2e. Il

n'y eut pas de rhét. cette année-là. — Fontenaud, 3e.
— Alexis Bion, né Lurais (Indre), 1810, p. 1846, c. Verteuil, 1849, 4e. — Palisse, 5e. — Guilhé, 6e. — Duffourc, 7e et dessin. — Jobit, puis N... Caillolo, puis v. Pâques, Charles de Mallevault, né Saint-Claud, 1824, p. 1849, ch. lit., m. 1888, 8e et 9e. — Azens, *math.* — Jobit, *angl.* — Arnoux, *mus.*

1845-1846.

MM. Dumas, *s.* — Moreau, *é.* — Magrangeas, *rh.* — Fontenaud, 2e. — Bion, 3e. — Adrien Duval, né Chabanais, 1824, p. 1847, c. Chasseneuil, m. 1888, 4e. — Marius Abbal, né Lacaune (Gers), 1824, p. 1847, vic. Cognac et c. Bourg, parti 1850, 5e. — François Gaudichaud, né St-Hilaire-du-Bois (Mne-et-Lre), 1823, p. 1848, vic. Mansle, parti 1853, jésuite, 6e. — Duffourc, 7e et dess. — Louis-Julien Foussier, né Chabanais, 1824, p. 1847, c. du Bouchage, m. 1873, 8e. — Delphin Magnaval, né Treignac (Corrèze), 1825, c. m., parti 1847, *cl. prép.* — Stanislas Condratewich, l., un mois, puis Azens, *math.* — Bauga (1), l., *hist. nat.* — Arnoux, *mus.*

1846-1847.

MM. Dumas, *s.* — Moreau, *é.* — Magrangeas, *rh.* — Fontenaud, 2e. — Bion, 3e. — Duval, 4e. — Abbal, 5e. — G. Duffourc, 6e et dess. — Foussier, j. v. la Trinité, puis César Dubuissonnet, né Mauprevoir (Vienne) 1801, condisciple de Mgr Cousseau au collège de Bressuire (2), tonsuré en 1825, p. 1855, c. Loubert, m. 1874,

---

(1) M. Pierre-François Bauga était un médecin que nous trouvons établi à Cognac au plus tard en 1812. Ayant perdu un fils qu'il aimait beaucoup, il reporta son affection sur les jeunes gens, qui lui rappelaient ce fils chéri, et demanda, comme une faveur, à M. Dumas d'être le professeur d'histoire naturelle de ses plus grands élèves. Il les conduisait à travers la campagne et leur donnait bénévolement des leçons de zoologie et de botanique. M. Bauga est mort à Cognac le 6 mars 1853, à l'âge de 74 ans.

(2) On conte à ce sujet que, la première fois où M. Dubuissonnet revit, après trente ans de séparation, son ancien condisciple devenu évêque, auquel il demandait les ordres,

7e. — Magnaval, puis, 1er mai 1847, Jean-Omer Mesnard, né Chollet (Mne-et-Lre), 1827, p. 1850, c. L'Houmeau, 1873, ch. hon., 1875, 8e. — Jean-Raymond Prat, né Tarbes, 1821, p. 1844, c. Montignac-Chte, parti en 1850, *franç.* — Azens, *math.* — Claude-Marie Rampon, né à Mobile (Etats-Unis), 11 nov. 1798, c. St-Laurent de Cognac, 1er sept. 1846, retourné à Mobile fin déc. 1847, *angl.* — N... Fabvre, l., *peinture.* — Bauga, *his. nat.* — Arnoux, *mus.*

1847-1848.

MM. Dumas, *s.* — Moreau, *é.* — Magrangeas, *rh.* — Fontenaud, 2e. — G. Duffoure, 3e *et dess.* — Antoine Lanoix, né La Rochefoucauld, 1825, p. 1851, c. Bouex, 1851, 4e. — Mesnard, 5e. — Martial-Olivier Piquand, né Champagne-Mouton, 1824, p. 1851, c. de l'Isle-d'Espagnac, parti 1867, auj. prêtre auxil. à N.-D. de Versailles, 6e (Cfr. p. 284). — Dubuissonnet, 7e. — Ausone Dumergue, né Angoulême, 1826, p. 1852, c. Saint-Christophe de Ch., 1885, 8e. — Prat, *franç.* — Bauga, *hist. nat.* — Coates, *angl.* — Arnoux, *mus.* — Michel Boutinaud, né Massignac, 1822, p. 1849, c. Brillac, dém. 1885, — puis Pierre-Antoine Brassard, né Excideuil (Dordogne), 1826, l., *ét. grands.*

M. Fontenaud appelait son élève Brassard *l'Apollon aux crins d'ébène*, à cause de sa chevelure noire et de son amour pour les vers.

Laurent Duffoure, né Nestalas (Htes-Pyr.), 1822, p. 1851, c. St-Martin de Cognac, m. 1889, *ét. petits.* (Cfr. la notice consacrée dans la *Semaine*, 26e année, n° 16, à cet excellent prêtre.)

1848-1849.

MM. Dumas, *s.* — Moreau, *é.* — Magrangeas, *rh.* —

il lui adressa naïvement cette question : « Vous souvenez-vous, Monseigneur, de cette petite jaquette bleue que vous aviez à Bressuire? » C'était l'occasion d'une joyeuse réponse ; Mgr Cousseau, d'ordinaire si aimable, la manqua: « Laissons cela, M. Dubuissonnet. Cela ne convient pas », lui dit-il sèchement. Assurément, il n'est point honteux d'avoir échangé une jaquette bleue pour une soutane violette.

Fontenaud, 2e. — G. Duffourc, 3e et dess. — Lanoix, 4e. — Mesnard, 5e. — Piquand, 6e. — Dubuissonnet, 7e. — Paché, 8e. — Azens, puis Paché, math. — Coates, angl. — Arnoux, mus. — Brassard et L. Duffourc, ét.

N.-B. — Il n'y eut qu'un élève de français et M. Brassard s'en occupa.

1849-1850.

MM. Dumas, s. — Moreau, puis, à la mi-nov. 1849, G. Duffourc, é. et dess. — Magrangeas, rh. — Fontenaud, 2e. — G. Duffourc, puis, à la mi-nov., Pierre Augereau, né Barret, 1829, p. 1853, c. Barbezieux, 1874, ch. hon. 1875, 3e. — Lanoix, 4e. — Piquand, 5e. — Augereau, puis, à la mi-nov., Alexandre-Geoffroy Béraud, né Saintes, 1828, c. m., 6e. — Joseph Peiger (1), né Châteauneuf, 1828, p. 1852, vic. à la cath., 1853, vic. régent Montbron, 1860, m. 1860, 7e. — Béraud, puis, v. fin nov. Jean-Pierre Battouc, né Arrens (Htes-Pyr.), 1826, p. 1851, c. La Couronne, dém. 1886, m. à Saint-Pé de Bigorre 1888 (Cfr. la notice que M. l'abbé Chaumet a consacrée à ce saint prêtre dans le *Bull. de l'Apost.*, 10e année, nos 47 et 48), 8e. — Paché, puis, en mai 1850, Modesto Dominguez, réfugié espagnol, math. — Bauga, hist. nat. — Coates, angl. — Arnoux, puis, le 4 février 1850, Pierre-Michel Rideau, né La Rochelle 12 mai 1812, p. 18 février 1837, dir.

---

(1) M. Peiger resta quatre années à Richemont et y fut chargé successivement de la 7e, de l'économat, des mathématiques, de la 5e. Devenu en 1853 l'auxiliaire du vénérable M. Brunelière à la cathédrale, il se dévoua avec un zèle, peut être au-dessus de ses forces, à tous les offices du ministère pastoral et particulièrement à l'œuvre des catéchismes. C'était un prêtre d'une grande piété, dont la parole sympathique agissait puissamment sur les âmes en chaire et au saint tribunal. Il distribuait en généreuses aumônes les ressources que la Providence lui avait mises en main. De prétendues visionnaires, dont il avait accueilli trop naïvement les folles imaginations, abusèrent de sa bonté et lui causèrent des ennuis qui abrégèrent sa vie. Cet excellent prêtre, qui avait fait tant de bien et pouvait en faire tant encore, mourut à la fleur de l'âge, à Montbron, entouré des soins d'une noble famille.

psallette, vic. Aigrefeuille 27 octobre 1837, vic. Jonzac 31 août 1838, c. St-Eugène 24 juin 1840, prof. mus. Richemont 4 février 1850, maître de chap. à la cath. de La Rochelle, 1er oct. 1851, m. 26 déc. 1862, *mus*. — Dubuissonnet et L. Duffourc, *études*.

1850-1851.

MM. Dumas, *s*. — Peiger, *é*. — Magrangeas, *rh*. — Fontenaud, *2e et angl*. — G. Duffourc, *3e et dess*. — Augereau, *4e*. — Lanoix, *5e*. — Piquand, *6e*. — Béraud, *7e*. — Battoue, *8e*. — Louis-Paul Gasté, né Mozé (Mne-et-Lre), 1826, c. m., parti en 1851, *9e*. — Dominguez, *math*. — Bauga, *hist. nat*. — Rideau, *mus*. — Dubuissonnet et L. Duffourc, *études*.

1851-1852.

MM. Dumas, *s*. — André Chambaud, né Alloue, 1819, p. 1847, c. Saint-Amant-de-Boixe, 1860, ch. hon. 1883, *é*. (Cfr. 299-300, 408-409). — Magrangeas, *rh*. — Fontenaud, *2e et angl*. — G. Duffourc, *3e et dess*. — Augereau, *4e*. — Peiger, *5e*. — Piquand, j. v. fin avril 1852, puis Béraud, *6e*. — Béraud, j. v. fin avril, puis Jean-Louis-François Caillier, né Champagne-Mouton, 1829, p. 1853, c. Roumazières, 1868, *7e*. — Battoue, *8e*. — Jean-Dominique-Henri Matkoski, né Blanzac, 1829, p. 1854, c. Sireuil, 1856, *franç*. — Dominguez, *math*. — Guillaume Lacout, né Bordeaux, 1797 ; après avoir renoncé à l'état ecclés., prof. de mus., comme son père et ses deux frères puînés; en résidence pendant quelque temps à St-Jean-d'Angély, où il donnait des leçons au petit sém., puis à Cognac ; *mus*. (Cfr. p. 355-358). — Dubuissonnet et L. Duffourc, *études*.

1852-1853.

MM. Dumas, *s*. — Chambaud, *é*. — Magrangeas, *rh*. — Fontenaud, *2e et angl*. — G. Duffourc, *3e et dess*. — Augereau, *4e*. — Ernest-François Mesnard, né Aubeterre, 1829, p. 1854, ch. tit. 1876, *5e*. — Caillier, *6e*. — L. Duffourc, *7e*. — Battoue, *8e*. — Matkoski, *franç*. — Bauga, *hist. nat*. — Lacout, *mus*. — Eutrope Lemaitre, né Saintes, 1824, p. 1853, c. Magnac-s-Touvre, parti en 1875, c. d'Annesse (Dordogne), m. 10 août 1888, *ét. grands*. —

Jean Nanglard, né St-Angeau, 1830, p. 1853, vic. gén. et ch. hon., 1869, *ét. petits*.

1853-1854.

MM. Dumas, *s*. — Chambaud, *é*. — Magrangeas, *rh*. — Fontenaud, 2e *et angl*. — G. Duffourc, *3e et dess*. — Augereau, *4e*. — E. Mesnard, *5e*. — Léon-Guillaume Coulon-Dubeau, né Aubeterre, 1827, p. 1854, c. Berneuil, 1870, *6e*. — François (dit Zulmé) Briand, né Marcillac, 1831, p. 1855, c. Paizay, parti en 1867, *7e*. — Battoue, *8e*. — Matkoski, *franç*. — Pierre-Adolphe Issaly, né Rodez, p. 1860, éc. de Richemont, jésuite en 1863, *math*. — Lacout, *mus*. — Joseph-Jean Paquereau, né Beaupréau, 1830, p. 1854, c. Montjean, m. 1878, *ét. grands*. — Etienne-Charles Arnaud, né Confolens, 1832, p. 1856, c. Bonneuil, 1873, *ét. petits*.

1854-1855.

MM. Dumas, *s*. — Chambaud, *é*. — Magrangeas, *préf. ét*. — Fontenaud, *rh. et angl*. — Augereau, 2e. — G. Duffourc, *3e et dess*. — E. Mesnard, *4e*. — Battoue, *5e*. — Charles Alexandre, né Angoulême, 1831, p. 1855, ch. tit. 1870, *6e*. — Briand, *7e*. — Auguste-Emmerand Marot, né Lafaye, 1832, p. 1857, c. La Valette, dém. en 1888, *8e*. — Matkoski, *franç*. — Issaly, *math*. — Lacout, *mus*. — Victor Hay de Margirandière, né Nueil-sous-Châtillon (Vienne), 1829, p. 1856, c. Barbezières, parti en 1887, *ét. grands*. — Arnaud, *ét. petits*.

1855-1856.

MM. Dumas, *s*. — Chambaud, *é*. — Magrangeas, *préf. ét*. — Fontenaud, *rh.*, *angl. et allem*. — Augereau, 2e. — G. Duffourc, *3e et dess*. — E. Mesnard, *4e*. — Martin-Guillaume Goursat, né Angoulême, 1832, p. 1856, c. Puymoyen, parti en 1870, *5e*. — Laurent Bufferne, né St-Julien (H^{te}-L^{re}), 1833, p. 1857, c. Nanteuil, parti en 1874, *6e*. — Pierre Gayraud, né Brousse-de-Roquerezières (Aveyron), 1829, p. 1857, c. St-Christophe de Conf. 1883, *7e*. — Marot, j. v. fin déc., *8e*. — Vincent-Auguste Arnal, né Laval (Cantal), 1834, p. 1857, c. St-Laurent-des-Combes, parti en 1863, m. à la

APPENDICE. 539

Trappe en 1890, — j. v. fin déc., puis Marot, *franç.* — N... Puymoyen, l., seul d'abord j. v. fin déc., puis avec Issaly, *math.* — Lacout, *mus.* — Margirandière, *ét. grands.* — Arnaud, j. v. fin déc., puis Arnal, *ét. petits.*

N.-B. — A partir fin déc., MM. Issaly et Puymoyen, outre leurs cours de mathématiques, se partagèrent les heures de classe pour les élèves de 8e.

1856-1857.

MM. Dumas, *s.* — Chambaud, *é.* — Fontenaud, *rh.* — Augereau, *2e.* — G. Duffourc, *3e et dess.* — Goursat, puis Issaly, *4e.* — Bufferne, *5e.* — Gayraud, *6e.* — Jean Riffaud, né Ruelle, 1833, p. 1857, c. St-Martial et ch. hon., 1886, *7e.* — Jean-Antoine Ducher, né St-Germain-en-l'Herm (Puy-de-Dôme), 1833, p. 1859, c. St-Martial, dém. en 1885, m. 1885, *8e* (1). — Marot, *franç.* — Pierre-Léandre Desages, né La Roche-Chalais, p. 1856, parti en 1858, *math.* — Lacout, *mus.* — Jean-Pierre Boé, né Nestier (Htes-Pyr.), 1832, p. 1858, c. Dirac, m. 1889, *ét. grands.* — Martin Bonnet, du dse d'Albi, diacre en 1857, excorporé en 1860, *ét. petits.*

(1) M. Ducher était un prêtre intelligent, instruit, zélé, pieux et mortifié, mais original, indépendant de caractère, pensant et parlant hardiment. Il travailla avec grand courage dans les paroisses qui lui furent confiées, notamment à Pranzac et à Hiersac, où il fit beaucoup de bien. Il réussit moins à Saint-Martial : d'aucuns se plaignirent de la vulgarité de ses manières et d'une certaine négligence dans sa tenue. Dès le temps où il était à Richemont, ses confrères lui adressaient en riant ce dernier reproche; l'un d'eux même, joyeux et excellent Poitevin, au teint rosé et à la taille élancée, lui enleva un bonnet grec qu'il portait obstinément depuis de longues années, et le lui renvoya par Moreau, le concierge et tailleur du séminaire, après en avoir enfermé les lambeaux au fond d'une bouteille de curaçao... disons mieux, où il y avait eu du curaçao. Cette aventure inspira à M. Ducher la complainte suivante :

>Ouvriers et marchands, nobles et parvenus,
>Et vous tous qui plaignez le sort des détenus,
>Oyez, en déplorant les malheurs d'ici-bas,
>L'histoire d'un bonnet qui fut captif, hélas !
>Sur l'air du tra, la la la, etc.

1857-1858.

MM. Dumas, *s.* — Chambaud, *é.* — Augereau, *rh.* — Issaly, *2e.* — G. Duffoure, *3e et dess.* — Jules Baron, né Angoulême, 1835, p. 1859, c. Jarnac, 1875, ch. hon., 1890, *4e.* — Bufferne, *5e.* — J. Riffaud, *j. v.* fin mars, puis Louis-Eugène Ménadeau, né Bassac, 1833, p. 1858, c. Pérignac, 1859, *6e.* — François David, né Croutelle (Vienne), 1836, p. 1860, c. Mérignac, 1882, *7e.* — Jean-Marcel Guitard, né Yviers, 1835, p. 1858, c. Aubeterre, 1880, *8e* — Ducher, *franç.* — Desages, *math.* — Lacout, *mus.* — J.-P. Boé, *él. grands.* — Eugène Huet, né Loudun, 1831, p. 1859, c. Esse, 1881, *él. petits.*

1858-1859.

MM. Dumas, *s.* — Chambaud, *é.* — Augereau, *rh.* — Issaly, *2e et math.* — G. Duffoure, *3e et dess.* —

Qu'il est d'ambitieux sans rime ni raison !
Pierrot lorgne ton champ, Jean voudrait ta maison.
Un renard poitevin, un franc mauvais sujet,
L'autre jour pour sa part convoita mon bonnet.

Mon pauvre couvre-chef me fut donc enlevé,
O toi que l'infortune a jadis éprouvé,
Juge de ma douleur !... De colère enflammé,
Je pleurais, mais en vain, de me voir enrhumé.

Gémissant et courbé sous le poids de mes maux,
Dans un livre poudreux je cherchais le repos,
Quand soudain à ma porte on a frappé trois fois...
Mon Dieu ! si c'était lui !... mais vraiment je le crois !...

C'était notre clôt-porte et vieux tailleur d'habits.
Il s'avance vers moi, le nez point de rubis :
« C'est un très grand enfant qui vous offre cela !
« C'est du doux, j'en suis sûr ;... tenez, monsieur, voilà ! »

L'odeur du curaçao captivant tous mes sens,
Je tirai de mon sac mes plus beaux compliments.
De ce friand cadeau j'étais si satisfait,
Que je fus sur le point d'oublier mon bonnet.

Hélas ! dans la bouteille où mon œil curieux
A plongé, qu'ai-je vu ?... je n'en crois pas mes yeux !
C'est lui... c'est mon bonnet !... Mais quel noir attentat
Cher objet, t'a réduit en un si triste état ?

Oh ! qu'il était déchu de sa vieille beauté !
C'était de Chapelain le *caloton* crotté.
Il était chiffonné, meurtri, tout biscornu ;
Tout autre qu'un ami ne l'eût pas reconnu !

Baron, *4e*. — Bufferne, *5e*. — Pierre-Camille Poitevin, né Chabanais, 1835, p. 1859, c. St-Maurice, 1876, *6e*. — F. David, *7e*. — Francisque Delcros, né Craponne (Hte-Lre), 1836, p. 1859, c. Brie de La Rochef., 1888, *8e*. — Ducher, *franç. et math.* — Lacout, *mus.* — Antoine-Camille Dauvis, né de Tulle, 1826, p. 1859, c. Bonneuil, parti en 1873, *ét. grands.* — Huet, *ét. petits et angl.*

1859-1860.

MM. Dumas, *s.* — Chambaud, *é.* — Augereau, *rh.* — Athanase-Gabriel Hiou, né La Tessoualle (Mne-et-Lre), 1836, p. 1860, ch. hon. 1865, c. a. Confolens, 1876, *2e*. — G. Duffoure, *3e et dess.* — Bufferne, *4e*. — Antoine Betoulle, né St-Christophe de Conf., 1837, p. 1860, c. Juignac, 1872, *5e*. — Jean-Alexis Angély, né Ruffec, 1838, p. 1861, c. Champniers, 1876, *6e*. — F. David, *7e*. — Étienne Dessus, né Barbezieux, 1842, c. t., auj. médecin audit lieu, *8e*. — Alexandre CHAUMET, né Hiersac, 19 avril 1838, p. le 21 déc. 1861, vic. St-Martial 1er janv. 1862, vic. catéchiste de la cath. 15 mai 1866, aum. auxil. lycée 15 nov. 1866, dir. de la *Sem. relig.* 1er janv. 1869, aum. mobiles 3 nov. 1870, vic. rég. La Rochefoucauld, 26 fév. 1871, c. dudit lieu 14 sep. 1871, sup. Richemont 15 août 1873, ch. hon. 25 sept. 1878, *franç.* — Huet, *math. et angl.* — Lacout, *mus.* — Vincent Fumeron, né Montmorillon (Vienne), 1838, p. 1861, c. St-Jacques de Cognac, 1873, *ét. grands.* — N... Ravaud, l., du dse de Moulins, anc. zouave pont., *ét. petits.* (A partir de Pâques, quatre élèves de rhétorique, MM. François Brunet, Germain Delile, Honoré Durepaire et Jean Blanchet, furent placés dans la division des petits et donnés comme auxiliaires à M. Ravaud).

1860-1861.

MM. Dumas, *s.* — Issaly, *é., math.* — Augereau, *rh.* — Hiou, *2e*. — G. Duffoure, *3e et dess.* — Bufferne, *4e*. — Pierre Riffaud, né au Grand-Madieu, 1837, p. 1861, c. Petit-Lessac, m. 1885, *5e*. — Damase Delile, né Charmé, 1840, p. 1864, c. de Champagne-Mouton, 1870, *6e*. — Eugène-Michel David, né Gardes, 1836, p. 1861, c. Garat, dém. en 1888, retiré à la Providence de la

Flèche, m. 20 déc. 1890, 7e (1). — Théodule-Zacharie Loir-Mongazon, né aux Rosiers (M^{ne}-et-L^{re}), 1838, p. 1861, c. St-Palais 1880, 8°. — Chaumet, *franç.* — Huet, *math. et angl.* — Lacout, *mus.* — Alexandre Fleury, né d^{se} Vannes, 1834, p. 1861, c. Lonnes, parti en 1867, *ét. grands.* — Fumeron, *ét. petits.*

1861-1862.

MM. Dumas, *s.* — Issaly, *é., math.* — Augereau, *rh.* — Hiou, *2e.* — G. Duffourc, *3° et dess.* — Bufferne, *4e.* — Delile, *5e.* — René Beaumard, né Joué (M^{ne}-et-L^{re}), 1840, p. 1863, ch. hon., 1883, c. Villognon, 1890, — quelques jours, puis Antoine Sochal, né Nersac, 1839, p. 1863, c. St-André d'Angoulême, 1887, 6e. — Bernard Cazayous, né Marsous (H^{tes}-Pyr.), 1838, p. 1861, aum. hospice de Cognac, 1863, — quelques semaines, puis Jean-Eugène Tutard, né Guimps, 1836, p. 1863, c. Lonnes, 1872, — 7e. — Sténo Boudoin, né Angoulême, 1841, c. t., journaliste à Paris, 8e. — Tutard, — puis Léandre Poitou, né Bardenac, 1840, p. 1863, c. La Rochefoucauld, 1873, — puis Beaumard, jusqu'à Pâques, — puis Isaac Brocard, né St-Augustin (Corrèze), 1839, p. 1862, c. Gensac, 1878, — *franç.* — Huet, *math. et angl.* — Lacout, *mus.* — Sochal, quelques jours, puis Beaumard, puis Pierre Servant, né Lavoûte-Chilhac (H^{te}-L^{re}), 1839, p. 1862, c. Ecuras, 1875, — *ét. grands.* — Isidore-Etienne Estabel, né Bassignac-le-Haut (Corrèze), 1839, p. 1862, c. Lesterps, 1883, *ét. petits.*

1862-1863.

MM. Dumas, *s.* — Issaly, — puis, v. janv. 1863, Clément Sarrazin, né Yviers, 1832, p. 1868, dominicain, fin 1875 (Cfr. p. 374), *é.* — Augereau, *rh.* — Hiou, *2e.* — G. Duffourc, *3° et dess.* — Bufferne, *4e.* — Delile, *5e.* —

---

(1) M. David, qu'on appelait communément *le petit David* pour le distinguer de M. le curé de Mérignac, son homonyme, a publié en 1885 une brochure, sous le titre *La Vérité sociale et politique, appel à tous les honnêtes gens, par Eugène Michel.* Cette brochure, bien pensée et bien écrite, témoigne de beaucoup de lecture et de réflexion.

Sochal, 6º. — Tutard, 7º. — Jean-Pierre-Gabriel Blanchet, né Barbezieux, 1843, p. 1866, ch. hon., 1877, sup. de l'Ecole S*t*-Paul, 1878, — puis après Pâques, Arthur-Léonard Huguenot, né l'Isle-Jourdain (Vienne), 1845, c. m. 10 juin 1865, a renoncé à l'état ecclés., m. à Paris, — 8º. — Eugène Cousin, né Salles-d'Angles, 1836, p. 1864 (Cfr. p. 464-465), — jusqu'à Pâques, puis Blanchet, — *franç.* — Huot, puis, après Pâques, Cousin, *math.* — Lacout, *mus.* — Augustin-François Landreau (1), né Montbron, 1840, p. 1863, c. Vars, m. 1885, *ét. grands.* — Junien Chesne, né La Péruse, 1836, p. 186", c. Saint-Claud, 1880, *ét. petits.*

(1) M. Landreau a été, de sa naissance à sa mort, le modèle des plus aimables vertus. Tout petit enfant, son bonheur était de passer de longues heures dans la chapelle de l'hospice de Montbron, séparée seulement par la rue de la maison de ses parents, d'aider les Sœurs Perret et Dumont à la nettoyer, à orner les autels, et surtout de servir la sainte messe. Élève à Richemont pendant sept années, il avait gagné le cœur de ses camarades et de ses maîtres par son angélique piété, sa fidélité à la règle, son obéissance, son humeur souriante et sa douce bonté, qui le faisait appeler *le bon Landreau.* Il fut l'intime de Pierre Aumaître et de l'historien d'Aumaître. Il jouissait même en commun avec ce dernier d'un des jardinets de la cour des grands, que M. Dumas distribuait entre les meilleurs élèves ; et le seul dissentiment qui les ait jamais divisés fut relatif au choix des plantes à cultiver dans ce jardinet : le tort assurément n'était pas du côté d'Augustin ! M. Landreau aimait tendrement la sainte Vierge : parer ses autels, chanter ses louanges, prêcher ses grandeurs, c'était sa joie. Sa modestie et son humilité allaient trop loin, car elles l'empêchaient de s'apprécier à sa juste valeur. Il parlait avec correction, avec élégance, souvent même avec une véritable éloquence : ce qui ne l'empêchait pas d'être convaincu *qu'il ne savait pas dire deux mots de suite, qu'il était un ignorant, incapable de rien faire de bon.* Il avait hérité cette excessive défiance de lui-même du vénérable abbé Magrangeas, dont il était le proche parent. Pendant l'année où il fut maître d'étude, s'il donna quelques punitions, il n'en fit peut-être pas exécuter une seule : il pardonnait habituellement en l'honneur du saint du jour. Les élèves n'abusèrent pas trop de cette trop grande indulgence : ils en furent touchés. Curé de

1863-1864.

MM. Dumas, *s*. — Sarrazin, *é*. — Hiou, *rh*. — Bufferne, *2e*. — Duffourc, *3e et dess*. — Delile, *4e*. — Blanchet, *5e*. — Paul Dumont, né Angoulême, 1843, p. 1866, c. St-Laurent-de-Céris, a quitté le diocèse en 1884, *6e*. — Marie-François Brunet, né Mazerolles, 1844, p. 1867, c. Mansle, 1891, *7e*. — Silvain-Paul-Joseph Barataud, né Lesterps, 1841, p. 1864, c. de Beaulieu, a quitté le diocèse en 1886, *8e*. — Louis Labrousse, né Manot, 1841, p. 1866, ch. hon. 1878, c. Saint-Ausone, 1882, *franç*. — Cousin, *math*. — Henri Coates, *angl*. — Risse, *mus*. — Jean-Bernardin Pérucaud, né Excideuil, 1838, p. 1864, c. Brigueil, 1879, *ét. grands*. — Jean-Germain Guillard, né Bouex, 1841, p. 1864, c. Gardes, 1866, *ét. petits*.

1864-1865.

MM. Dumas, *s*. — Sarrazin, *é*. — Hiou, *rh*. — Bufferne, 2e. — Duffourc, puis, v. fin nov., Delile, 3e. — Delile, puis, v. fin nov., Blanchet, *4e*. — Blanchet, puis, v. fin

Vindelle et de Vars, il se donna tout entier à ses paroissiens : il organisa des fêtes, prépara de beaux chants, de belles cérémonies, prêcha, confessa, catéchisa, avec un zèle infatigable ; se montra toujours affable, gracieux, empressé, Hélas ! il trouva peu d'écho et, comme Jean le Précurseur, il parla souvent dans le désert. A Vindelle parfois il n'avait pas dix personnes à la messe dominicale ! Son âme souffrait douloureusement de voir Notre-Seigneur aussi abandonné : c'était sa plus lourde croix. Et, cependant, il était si dévoué pour tous ses paroissiens, il avait tant de pieuses et aimables industries pour les attirer à Dieu, il s'occupait avec tant d'intelligence et de patiente mansuétude des petits enfants, qu'il eût dû récolter une moisson abondante ; mais ce peuple a la tête dure et le cœur incirconcis ; il porte la peine de grands scandales et il résiste à l'Esprit-Saint comme ses pères, les Calvinistes du XVIe siècle. C'est un peuple bien obstiné, que celui que les plus saints prêtres ne peuvent convertir ! M. Landreau est mort à la tâche, tâche ingrate s'il en fut jamais : il n'avait pas encore quarante-cinq ans (Cfr. les notices publiées dans la *Semaine religieuse* et dans le *Bulletin de l'Apostolat*).

nov., Jean-François (dit Achille) Hugon, né Courcôme, 1845, p. 1869, m. 1872 (Cfr. p. 451-459), 5º. — P. Dumont, 6º. — Brunet, 7º. — François (dit Aimé) Augeraud, né Angoulême, 1842, p. 1866, aum. lycée, 1873, ch. hon., 1877, 8º. — Labrousse, *franç.* — Cousin, *math.* — N... Carpentier-Lejeune, *angl.* — Risse, *mus.* — Jean Lacoste, né Barlest (H^{tes}-Pyr.), 1839, p. 1865, c. Laprade, 1872, *él. grands.* — Laurent-Marie Boé, né Nestier (H^{tes}-Pyr.), 1842, p. 1865, c. de Sers, lazariste en 1869, *él. petits.*

1865-1866.

MM. Dumas, *s.* — Jean-Pierre-Adrien Dufaure, *é.* (Cfr. p. 430-431). — Hiou, *rh.* — Bufferne, 2º. — Duffoure, 3º *et dess.* — Blanchet, 4º. — A. Hugon, 5º. — F. Augeraud, puis, v. Pâques, Pierre-Théophile Matard, né Chabanais, 1844, p. 1869, c. Ambérac, 1871, 6º. — Brunet, 7º. — Gabriel Tricoire, né St-Simon, 1844, p. 1868, c. Moulidars, 1877, 8º. — L. Labrousse, *franç.* — Cousin, puis, v. Pâques, Augeraud, *math.* — Carpentier, *angl.* — Risse, *mus.* — Charles Courivault de La Villate, né Beaumont (Vienne), 1844, p. 1868, sec. gén. de l'évêché et ch. hon., 1887, *él. grands.* — Abel-Antoine Gros, né Confolens, 1844, p. 1867, c. Fléac, 1883, *ét. petits.*

1866-1867.

MM. Dumas, *s.* — Dufaure, *é.* — Blanchet, *rh.* — L. Labrousse, 2º. — Duffoure, 3º *et dess.* — A. Hugon, 4º. — Célestin Blanc, né Sauvignac, 1843, p. 1866, c. Chatignac, 1873, 5º. — Matard, 6º. — Brunet, 7º. — Tricoire, 8º. — Courivault, *franç.* — Augeraud, *math.* — Carpentier, *angl.* — Léon Mérignac, l., né Mansle, 1847, *mus.* — Charles Ducluzeau, né Angoulême, 1846, p. 1869, c. Montbron, 1885, *ét. grands.* — Gros, *él. petits.*

1867-1868.

MM. Dumas, *s.* — Dufaure, *é.* — Blanchet, *rh.* — Labrousse, 2º. — Duffoure, 3º *et dess.* — A. Hugon, 4º. — Tricoire, 5º. — Ducluzeau, 6º — Jean-François (dit Ulysse) Hugon, né Courcôme, 22 nov. 1846, p., à Paris,

11 juin 1870, m. chez les Bahnars, 21 juin 1877 (Cfr. p. 411-419), 7º. — Louis Noailles, né Treignac (Corrèze), 1846, p. 1869, c. Souvigné, 1888, 8º. — Courivault, *franç.* — F. Augeraud, *math.* — Carpentier, *angl.* — N... Fougerat-Saint-Quentin, l., *mus.* — Emile Tutte, né Montrollet, 1847, p. 1870, c. Echallat, 1880, *ét. grands*. — Auguste Trapes, né Arrens, 1845 (H^{tes}-Pyr.), p. 1868, aum. Breuty, m. 1870, *ét. petits*.

1868-1869.

MM. Dumas, s. — Dufaure, é. — Blanchet, *rh*. — Labrousse, 2e. — Duffoure, 3e *et dess*. — A. Hugon, 4e *et angl.* — Tricoire, 5e. — Ducluzeau, 6e. — U. Hugon, 7e. — L. Noailles, 8e. — Pierre-Jules Perret, né Barbezières, 1846, p. 1869, c. Tourriers, 1874, *franç.* — Courivault, *math.* — N... Pommier de Beaupré, l., puis N... Mignot, l., *mus.* — Tutte, *ét. grands*. — Antoine Fontmartin, né Chalais, 1846, p. 1869, c. Passirac, 1871, *ét. petits*.

1869-1870.

MM. Dumas, s. — Dufaure, é. — Blanchet, *rh*. — Labrousse, 2e. — Duffoure, 3e *et dess*. — A. Hugon, 4e *et angl.* — Pierre Rousselot, né St-Claud, 1846, p. 1870, auj. prof. à l'*Institut catholique* à Paris, 5e. — Louis-Eugène-Jean Dinet, né Nanteuil, 1847, p. 1871, vic. rég. Rouillac, lazariste en 1878, 6e. — Jean Vergnaud, né Charmé, 1849, p. 1873, c. Baignes, 1884, — j. nov., puis Tutte, 7e. — Tutte, j. nov., 8e, puis la 8e est réunie au cours de franç. — Ludovic Pérot, né Nanteuil, 1847, p. 1871, vic. St-Martial, parti pour Paris en 1875, auj. vic. Montmartre, *franç.* — Courivault, *math.* — Mignot, *mus.* — Auguste-Waldémir Labrosse, né au Blanc (Indre), 1848, p. 1871, c. La Valette, 1888, *ét. grands*. — Marcel Durand, né St-Christophe (Ch^{te}-Inf^{re}), 1847, p. 1870, aum. hospice d'Angoulême, 1890, *ét. petits*.

1870-1871.

MM. Dumas, s. — Labrousse, é. — Blanchet, *rhét*.; au comm. de fév., il y réunit la 2e. — A. Hugon, j. fév., puis il passe en 4e; *anglais.* — Duffoure, j. v. mi-avril, *3e*; puis la *3e* est réunie à la *4e*. — Rousselot, j. fév., puis A. Hugon, *4e*. — Dinet, *5e*; v. mi-nov., il y réunit les plus forts élèves de *6e*. — Labrosse, *6e*; v. mi-nov., il ne garde que ses plus faibles élèves et y réunit la *7e*. — Pierre Artus, né Lusignan, 1848, p. 1871, c. Genouillac, 1889, *7e*, j. v. mi-nov. — Louis (dit Chéri) Légonier, né à Angoulême (?), 1847, p. 1873, c. Mainfonds, parti en 1884, *8e*, *franc. et mus.* — Courivault, *math.* — Jacques Délias (Cfr. p. 449-451), *él. grands* — Pierre-Joseph Dercier, né Saint-Adjutory, 1848, p. 1872, c. Louzac, parti en 1885, *él. petits*. — Charles-Ernest Choime, né Salles-d'Angles, 1849, p. 1873, c. Cherves-de-Cognac, 1883, *surveillant auxiliaire*, de janv. à mai 1871.

1871-1872.

MM. Dumas. *s.* — Labrousse, *é.*; *math.* — Blanchet, *rh.* — A. Hugon, *2e et angl.* — Duffoure, *3e et dess.* — Courivault, *4e*. — Vergnaud, *5e*. — Dercier, *6e*. — Légonier, *franç. et mus.* — Délias, j. fin déc., puis Choime, *él. grands*, — Jean Lafaye, né Yviers, 1849, p. 1873, c. Nonac, 1880, *él. petits.*

1872-1873.

MM Dumas, *s.* — Labrousse, *é.*; *math.* — Blanchet, *rh.* — Légonier, *2e*; *mus.* — Duffoure, j. v. mi-déc., puis Vergnaud, *3e*. — Courivault, *4e*. — Vergnaud, puis v. mi-déc., Cousin (Cfr. p. 464-465), puis, au comm. mars, Paul Videau, né St-Germain-sur-Vienne, 1852, p. 1875, prof. philos. à l'École Saint-Paul, 1887, *5e*. — Choime, *6e*. — Lafaye, *7e*. — Alexandre Chambre, né Confolens, 1850, p. 1873, c. Jauldes, 1886, *franç. et angl.* — Adolphe Emounet, né Verteuil, 1850, p. 1873, c. Mons, 1875, *él. grands*. — Étienne Brocard, né St-Augustin (Corrèze), 1848, p. 1873, c. St-Laurent-de-Belz., 1875, *él. petits*.

1873-1874.

MM. Chaumet (Cfr. page 544), *s.* — Duffoure, *dir.*; *dess.* — Ducluzeau, *é.*; *mus.* — Blanchet, *rh.* — Labrousse, *2e*. — Rousselot, *3e*; *angl.* — Honoré Pouillat, né St-Angeau, 1848, p. 1871, c. Richemont,

1885, 4º. — Videau, 5º. — François Hèche, né Arrens (H^tes-Pyr.) 1848, p. 1874, c. Chirac, parti 1884, 6º. — Jean Dissan, né Carcans (Gironde), 1847, p. 1874, c. Roullet, m. 1886, 7º. — Vincent-Désiré Fradin, né St-Genest (Vienne), 1849, p. 1874, ch. hon., 1886, aum. Chavagnes, 1890, j. v. fin oct., puis Pierre Henri, né Villeneuve (Lot), 1850, p. 1874, c. Jurignac, 1881, *franc*. — Antoine-Léo Goumet, né Champniers, 1845, p. 1869, prof. math. à l'Ecole St-Paul, 1880, ch. hon., 1884, *math*. — Henri-Léon Blanquet, né Trévien (Tarn), 1851, p. 1874, vic. St-Martial, parti 1877, *ét. grands*. — Henri, j. v. fin octobre, puis Fradin, *ét. petits*.

1874-1875.

MM. Chaumet, *s*. — Duffourc, *dir. et dess*. — Ducluzeau, *é*. ; *mus*. — Blanchet, *rh*. — Labrousse, 2º. — Rousselot, 3º. — Pouillat, 4º. — Fradin, 5º. — Pierre Camélat, né Arrens (H^tes-Pyr.), 1853, p. 1876, éc. Richemont, ch. hon., 1890, 6º. — Pierre Gonthier, né Blesle, (H^te-Loire), 1852, p. 1875, c. Montchaude, 1883, 7º. — Goumet, *math*. — Videau, *ét. grands*. — Placide Bouffénie, né Pillac, 1849, p. 1875, c. Oradour-Fanais, 1876, *ét. petits*.

1875-1876.

MM. Chaumet, *s*. — Duffourc, *dir*. ; *dess*. — Ducluzeau, *é*. ; *mus*. — Blanchet, *rh*. — Labrousse, 2º. — Rousselot, 3º, *angl*. — Fradin, 4º. — Camélat, 5º. — Jean-Saturnin (dit André) Noblet, né Angoulême, 1854, p. 1877, prof. rhét. à l'Ecole St-Paul, a obtenu en oct. 1890 un congé de 2 ans pour enseigner au *Julianum* de Würzburg, 6º. — Marc Mignot, né Marcillac, 1853, p. 1876, c. St-Laurent de Cognac, 1878, m. 1885, 7º. — Goumet, *math*. — François Fouillet, né Villefagnan, 1854, p. 1899, aum. Puypéroux, 1890, *maître répétiteur*. — Adolphe Mondon, né Champniers, 1854, p. 1877, c. Chazelles, 1883, *ét. grands*. — Justinien-Marcellin Mesnard, né Barret, 1853, p. 1876, ch. hon., 1887, *dir. d'œuv. diocés*., — puis. v. fin déc., Pierre Mesnard, né St-Avit près Chalais, 1854, p. 1877, c. Aignes, 1877, *ét. petits*.

1876-1877.

MM. Chaumet, s. — Labrosse, é. — Blanchet, rh. — Labrousse, 2º. — Rousselot, 3º ; angl. — Fradin, 4º. — Camélat, 5º. — Noblet, j. v. fin mars, puis Feuillet, 6º. — Ducluzeau, 7º ; mus. — Goumet, math. — Mignot et Feuillet, j. fin fév., puis Marie-Joseph Gondouin, né Tours, 1855, p. 1878, prof. d'allemand à l'Ecole St-Paul, et Paul-Laurent Legrand, né Angoulême, 1855, p. 1878, c. Bouteville, 1884 (arrivé à Richemont 20 mars 1877), maît. rép. — Mondon, él. grands. — P. Mesnard, j. v. fin fév., puis Mignot (parti peu après), puis Feuillet (devenu prof. 6º en quittant l'étude), puis Gondouin, puis Noblet, él. petits.

1877-1878.

MM. Chaumet, s. — Labrosse, é. — Blanchet, rh. — Labrousse, 2º. — Rousselot, 3º et angl. — Fradin, 4º. — Noblet, 5º. — Louis Texier, né Ruffec, 1856, p. 1879, c. Bassac, 1887, 6º. — Ducluzeau, hist. ; mus. — Goumet, math. — Gondouin, Legrand, Adrien-Gabriel Duprez, né Marle (Aisne), 1850, p. 1878, parti avril 1879, maît. répét. — Mondon, él. grands. — Camélat, él. petits.

1878-1879.

MM. Chaumet, s. — Labrosse, é. — Labrousse, rh. — Rousselot, 2º ; angl. — Camélat, j. v. fin mars, puis Gondouin, 3º. — Noblet, 4º. — Mondon, 5º. — Duprez, j. v. fin mars, puis Georges Garnier, né Jarnac, 1857, p. 1879, c. Epenède, 1881, — puis v. fin avril, Jean-Louis-Silvère Valette, né Montignac-le-Coq, 1858, p. 1881, 6º. — Ducluzeau, hist ; mus. — Goumet, math. — Gondouin, j. v. mars, puis Duprez, j. fin mars ; item Valette j. fin avril, maît. répét. — Garnier j. v. fin mars, puis Camélat, él. grands. — Legrand, él. petits.

1879-1880.

MM. Chaumet, s. — Labrosse, é. — Labrousse, rh. — Rousselot, j. v. fin oct., puis Joseph Mongard, du dse Tours, 2º. — Videau, 3º. — Pierre-Félix Guilbault, né St-Hilaire-du-Bois (Mne-et-Lre), 1857, p. 1880, 4º. — Valette, 5º. — Duprez, 6º. — Ducluzeau, hist. ; mus. —

Mondon, *math.* — Mongard, j. v. fin nov., Jean-François-Angel Nadaud, né Aussac, 1860, p. 1883, vic. Cognac, et à partir de fév. 1880, Armand-Lazare Abélard, né aux Aubiers (Vienne), 1856, p. 1883, parti 1883, *maît. répét.* — Joseph-Edgard (dit Henri) Brangier, né Montmoreau, 1858, p. 1881, prof. à l'École St-Paul, 1885, *ét. grands.* — Camélat, *ét. petits.*

1880-1881.

MM. Chaumet, *s.* — Labrosse, *é.* — Labrousse, *rh.* — Videau, 2º. — Camélat, 3º. — P. Guilbault, 4º. — Brangier, 5º. — Abélard, 6º. — Victor Moine, né Paizay, 1858, p. 1881, c. Villegats, 1883, 7º. — Mondon, *math.* — Nadaud, *hist.* — François-Marie Briand, né St-Barnabé (Côtes-du-Nord), 1855, p. 1881, c. Aussac, 1883, *maît. répét.* — Aimé Lacaze, né Arvieu (Aveyron), 1847, p. 1880, c. Auge, 1885, *ét. grands.* — Valette, *ét. petits; mus.*

1881-1882.

MM. Chaumet, *s.* — Labrosse, *é.* — Labrousse, *rh.* — Videau, 2º. — Camélat, 3º. — P. Guilbault, 4º. — Brangier, 5º. — Victor-Henri-François Guérin, né Evreux, 1857, p. 1882, lazariste, 1890, 6º. — Jean-Auguste Monrousseau, né Bioussac, 1858, p. 1883, c. Parzac, 1885, 7º. — Mondon, *math.* — Valette, *hist.; mus.* — Jean-Baptiste (dit Armand) Mazières, né Salles-La Valette, 1859, p. 1882, c. Angeac-Champ., 1890, *m. répét.* — Lacaze, *ét. grands.* — Gustave Bonnaud, né Châteauneuf, 1857, p. 1882, c. Salles-de-Villefagnan, 1887, *ét. petits.*

1882-1883.

MM. Chaumet, *s.* — Labrosse, *é.* — Videau, *rh.* — P. Guilbault, 2º. — Camélat, 3º. — Brangier, 4º. — Camille-Emmanuel Hacault, né Martigné-Briant (Mne-et-Lre), 1855, p. 1881, c. Pillac, 1888, 5º; *mus.* — Auguste Duvieux, né Oradour-Fan., 1854, p. 1876, c. Yvrac, 1889, 6º. — Lacaze, 7º. — Monrousseau, *math.* — Valette, *hist.* — Pouillat et Pierre-Angel Albot, né Ruelle, 1862, p. 1885, vic. St-Martial, *m. répét.* — And Mazières, *ét. grands.* — G. Bonnaud, *ét. petits.*

1883-1884.

MM. Chaumet, *s.* — Labrosse, *é.* — Videau, *rh.* — P. Guilbault, 2º. — Camélat, 3º. — Valette, 4º. — Hacault, 5º ; *mus.* — Duvieux, 6º. — Lacaze, 7º. — Monrousseau, *math.* — Bonnaud, *hist.* — James Proctor, né Rochdale (Lancashire), le 25 déc. 1841, 1., *angl.* — And Mazières, j. v. fin février, puis Louis-Jean Collignon, né Angoulême, 1863, p. 1886, c. Curac, 1890, *ét. grands.* — Louis Dubois, né St-Sulpice de Ruffec, 1859, p. 1883, *ét. petits.*

1884-1885.

MM. Chaumet, *s.* — Labrosse, *é.* — Fradin, *rh.* — P. Guilbault, 2º. — Brangier, 3º. — Valette, 4º. — Hacault, j. v. fin déc., puis Albot, 5º. — Dubois, 6º. — Lacaze, j. v. mi-mars, puis Jean-Antoine-Maximin Lauriou, né Champagne-Bl., 1862, p. 1885, c. Courgeac, 1890, 7º. — Pouillat, j. v. juin, puis Pierre-Augustin Réveillaud, né Barbezières, 1863, p. 1886, aum. de la Providence de Cognac, 1888, 8º. — Monrousseau, *math.* — Albot, j. v. fin déc., puis Edmond-Louis Gire, né Trois-Palis, 1862, p. 1885, c. Dirac, 1889, *m. répét.* — Proctor, *angl.* — Gire, j. v. fin déc., puis Hacault, *ét. grands* ; le même, *mus.* — Camélat, *ét. petits.*

1885-1886.

MM. Chaumet, *s.* — Labrosse, *é.* — Videau, *rh.* — P. Guilbault, 2º. — Valette, 3º. — Lauriou, 4º. — Joachim-Joseph Tessier, né St-Georges-le-Gaultier (Sarthe), 1859, p. 1883, vic. Barbezieux, entré chez les PP. de St-Laurent-s-Sèvre, 1888, 5º. — Dubois, 6º. — Pierre-Arthur Soumagne, né Agris, 1864, p. 1886, c. Louzac, 1888, 7º. — François (dit Albert) Quéraud, né Pranzac, 1865, p. 1888, c. Eymouthiers, 1890, 8º. — Jean (dit Emile) Mazurit, né Deviat, 1861, p. 1885, *math.* — Gire, j. v. la mi-juin, puis Marie-Laurent-Henri Rouquette, né St-Salvadou (Aveyron), 1860, p. 1886, c. Hiesse, 1887, parti 1889. — Proctor, *angl.* — Hacault, *ét. grands et mus.* — Camélat, *ét. petits.*

1886-1887.

MM. Chaumet, *s.* — Labrosse, *é.* — Videau, *rh.* —

P. Guilbault, 2º. — Camélat, 3º. — Valette, 4º. — Pierre-Ernest Roux, né Gensac, 1862, p. 1885, prof. à l'École St-Paul, 1888, 5º. — Dubois, 6º. — Quéraud, 7º et 8º. — Jean-Baptiste Coissac, né au Lonzac (Corrèze), 1866, p. 1889, *angl.* — Jean-François-Régis Eyraud, né aux Estables (Hte-Lre), 1859, p. 1886, c. Longré, 1889, — j. v. fin janvier, puis Henri-Constant Gilbert, né Châtillon-s-Sèvre (Deux-Sèvres), 1865, p. 1888, c. Hiesse, 1889, *m. répét.* — Hacault, *ét. grands et mus.* — Bonnaud (Cfr. p. 550) j. v. fin déc., puis André-Jules Brun, né La Rochefoucauld, 1866, p. 1889, *ét. petits.*

1887-1888.

MM. Chaumet, *s.* — Labrosse, *é.* — P. Guilbaut, *rh.* — Camélat, 2º. — Valette, 3º. — Louis Brouillet, né Villars, 1866, p. 1889, 4º. — Roux, j. 19 mars, puis Dubois, 6º. — Dubois, j. 19 mars, puis Abel-René-François Mignot, né Hiersac, 1861, p. 1884, c. Saint-Fort, 1890, 6º. — Quéraud, 7º et 8º. — Mazurit, *math.* — Coissac, *angl.* — Hacault, *mt. rép. et mus.* — R. Mignot, j. 19 mars, puis Pierre Laborie, né Courgeac, 1866, p. 1889, prof. à l'École St-Paul, 1888, *ét. grands.* — Brun, *ét. petits.*

1888-1889.

MM. Chaumet, *s.* — Camélat, *é.* — P. Guilbault, *rh.* — Brouillet, 2º. — Valette, 3º; *mus.* — Guérin (Cfr. page 550), 4º. — Dubois, 5º. — Mignot, 6º. — Quéraud, 7º et 8º. — Mazurit, *math.* — Coissac, *angl.* — Louis-Frédéric Vignaud, né Nanteuil, 1867, p. 1889, vic. de la cath., 1890, *mt. rép.* — Brun, *ét. grands.* — Louis Guilbault, né St-Hilaire-du-Bois (Mne-et-Lre), 1868, diacre, 1890, *ét. petits.*

1889-1890.

MM. Chaumet, *s.* — Camélat, *é.* — P. Guilbault, *rh.* — Brouillet, 2º. — Valette, 3º *et mus.* — Guérin, 4º. — Dubois, 5º. — Quéraud, 6º. — Gabriel-Clément Bate, né St-Fort-s-le-Né, 1868, diacre, 1890, 7º et 8º. — Mazurit, *math.* — Coissac, *angl.* — Vignaud, j. v. fin déc. 1889, puis Léon Marcombe, né Pillac, 1867, p. 1890, vic.

des Adjots, 1890, *mt. répét.* — Brun, *ét. grands.* — L. Guilbault, *ét. petits.*

1890-1891.

MM. Chaumet, *s.* — Camélat, *é.* — P. Guilbault, *rh.* — Brouillet, 2e. — Valette, 3e. — Pierre (dit Edouard) Augeraud, né Angoulême, 1865, p. 1888, 4e. — Dubois, 5e. — Brun, 6e. — Bale, 7° et 8°. — Mazurit, *math.* — Coissac, *angl.* — Jules Labrousse, né Loubert, 1868, diacre, 1890, *mt. répét.* — L. Guilbault, *ét. grands.* — François-Alexis Rivet, né La Rochefoucauld, 1867, p. 1890, *ét. petits.*

Petit Séminaire de Ruffec.

MM. Clémentin Grimaud, né Fontenille, 1843, p. 1866, c. Saint-Pierre Chabanais, 1880, *dir.* — Louis Texier (Cfr. page 549). — Jean (dit Henri) Mercier, né Chalais, 1855, prof. à l'École Saint-Paul, 1879, m. 1890 (Cfr. *Sem. rel.*, 27e année, n° 17). — Henri Renoux, né Saulgond, 1854, p. 1878, c. Nersac, 1891. — Jean-Louis-Jules Lagrange, né St-Beauzire (H^{te}-L^{re}), 1856, p. 1878, c. Rougnac, 1882. — Joseph Couvenhes, né Naucelles (Aveyron), 1851, p. 1879, c. Chabrac, 1884. — François-Michel (dit Auguste) Raymond, né Cognac, 1858, p. 1883, c. Tusson, 1890. — Pierre-Louis Morin, du d^{se} de Laval. — Aimé Lacaze (Cfr. p. 550).

PIÈCES DIVERSES.

CANTIQUE.

Tout n'est que vanité.

Je suis un enfant du ciel ;
Ici n'est point ma patrie :
Fils de la Vierge Marie,
J'ai pour père l'Éternel.

Mon cœur aimait les plaisirs ;
Mais leur image frivole,
Qui comme l'ombre s'envole,
Laissait vides mes désirs.

Je m'égarais sur les fleurs
Aux jours de l'adolescence ;
Je perdis mon innocence !
C'est le plus grand des malheurs.

Insensé ! je ne vis pas
Le serpent caché sous l'herbe.
Je marchais d'un pas superbe
Vers un horrible trépas.

« Viens, » me criait le mondain,
« Pour savourer l'allégresse.
« Jouissons de la jeunesse :
« Nous ne serons plus demain ! »

Je crus qu'on était heureux
De vivre loin de son père ;
Mais, ô trompeuse chimère,
Combien mon sort fut affreux !

« Reviens, » m'a dit le Seigneur,
« Pauvre brebis égarée,
« De mon troupeau séparée :
« Viens, je suis le bon Pasteur ! »

Puisque tout est vanité
Dans les biens qu'aime le monde,
Je n'irai plus sur son onde
Braver le flot irrité.

A Dieu seul mon Créateur,
Qui m'a fait à son image,
A Dieu seul, si je suis sage,
Je donnerai tout mon cœur ;

Et quand viendra le moment
De dépouiller ma misère,
Je dirai, quittant la terre
Pour voler au firmament :

Je suis un enfant du ciel ;
Ici n'est point ma patrie :
Fils de la Vierge Marie,
J'ai pour père l'Éternel.

M. MAGRANGEAS.

Il y a trente ans, on chantait à Richemont, sur un air particulier, un peu monotone, le cantique bien connu *De tes enfants reçois l'hommage*, et on remplaçait le refrain ordinaire par ces quatre vers, dont l'auteur est peut-être M. Magrangeas :

Protégez Richemont, ô notre tendre Mère ;
Protégez vos enfants qui jurent de vous plaire ;
Veillez sur eux à l'heure du trépas :
Daignez alors les sauver dans vos bras.

Cantate pour la distribution des prix.

Richemont, doux coteau, sans une peine amère
Nul n'abandonnerait ton gracieux manoir,
S'il n'emportait sur le sein de sa mère
L'espérance de te revoir.

Nous ne te laissons point, asile tutélaire,
Précieuse oasis où règne le bonheur,
   Sans faire entendre à ton toit solitaire
     Tous les soupirs de notre cœur.

Au moment du départ, quand l'hirondelle agile
Vole au grand rendez-vous sur la gothique tour,
Elle dit dans ses chants à ce modeste asile
     Un adieu, gage du retour.

Nous reviendrons ainsi sur ta sainte colline
Chercher avec amour ces mystiques senteurs,
Ces parfums de vertu qu'ici l'âme butine,
     Comme le papillon tes fleurs.

Nous nous rappellerons, dans les jours de l'absence,
Tous les charmes goûtés, et ce doux souvenir,
Ange de notre exil, gardera l'innocence
     De notre cœur près de faillir.

L'abeille se souvient de la riche vallée
Qui lui fournit des sucs abondants pour son miel ;
Vous revenez toujours à la source isolée,
     Pauvres petits oiseaux du ciel.

Lianes sans appui, dans ces riants bocages,
N'avez-vous pas trouvé des rameaux protecteurs ?
Et vous, faibles agneaux, dans ces gras pâturages,
     N'avez-vous pas de bons pasteurs ?

Mais nous avons encore, au terme du voyage,
Des bras pour nous presser, des cœurs pour nous chérir ;
Laissons donc sans regret ce fortuné rivage ;
     Gardons l'espoir d'y revenir.

Richemont, doux coteau, sans des larmes amères
Nous abandonnerons ton gracieux manoir :
   Nous emportons sur le sein de nos mères
     L'espérance de te revoir !

D. Fontenaud.

Cantate en l'honneur de Richemont

(Cfr. pages 286-287)

O Richemont, ô fortuné séjour,
   Séjour de paix et d'allégresse,
Riant coteau, combien de jour en jour
    Pour toi s'accroît notre tendresse !

O Richemont,
Aimable mont,
Toujours, toujours nos chants te rediront ;
Charmant asile,
Séjour tranquille,
Pour te chanter *(bis)* nos concerts s'uniront.

J'aime tes bois et ton antique tour,
Tes rocs et ta fraîche vallée,
Les tendres lis qui croissent dans ta cour
Près de la Vierge Immaculée.
Enfants chéris, *(bis)*
Comme ces lis, *(bis)*
Croissez, croissez, par la Vierge bénis ;
Que sur la terre
La Vierge Mère
De Richemont *(bis)* favorise les fils.

Entendez-vous mugir dans le lointain
Le vent précurseur des orages ?
Voyez, voyez le ciel, tantôt serein,
Est déjà couvert de nuages.
Rassurez-vous, *(bis)*
Le ciel pour nous *(bis)*
Est toujours pur, les vents calmes et doux.
Dans ces retraites,
Vos jeunes têtes
Sont à l'abri *(bis)* des vagues en courroux.

Chantons ce jour si cher à notre cœur,
Jour de triomphe et de victoire.
De Richemont soyons toujours l'honneur,
De nos parents soyons la gloire.
Il faut partir : *(bis)*
Ton souvenir *(bis)*
En tes enfants jamais ne peut périr ;
Sur ces rivages,
Heureux et sages,
Avec amour *(bis)* nous voudrons revenir.

P. PALISSE.

Vers d'autres bords nous qui portons nos pas,
Nous te disons, pleins de tristesse,
Un long adieu.. Nous ne reviendrons pas
Dans ces lieux chers à la jeunesse.
Bois que j'aimais, *(bis)*
Vallons si frais, *(bis)*

Charmant ruisseau, qui toujours me charmais,
Blanche chapelle,
Pieuse et belle,
Dans notre cœur (bis) vous vivrez pour jamais !

(Ce dernier couplet a été ajouté à la cantate primitive par M. l'abbé Ducluzeau).

La lune rousse (Cfr. pages 357-358.)

Tout reverdit dans la nature ;
Avril nous avait promis mai.
Les champs ont repris leur parure ;
L'oiseau chante son virelai.
Pourtant une crainte repousse
L'espoir du pauvre laboureur ;
Malgré les beaux jours, il a peur...
Il a peur de la lune rousse.

Cette lune que je signale,
L'effroi des bons cultivateurs,
Par son influence fatale
A souvent gelé bien des cœurs.
Mais le sentiment qui s'émousse
En été même a ses frimas ;
On dirait que pour les ingrats
Chaque lune est la lune rousse.

Mais ici la reconnaissance,
Le respect, le cœur et l'esprit
Bravent la maligne influence
Du pâle flambeau de la nuit.
Ici chaque enfant se trémousse
Au seul nom d'un père chéri ;
Son cœur, jardin toujours fleuri,
N'a pas peur de la lune rousse.

Le printemps sourit à la fête
Que nous célébrons en ces lieux ;
Au ciel il n'est pas de planète
Qui puisse refroidir nos vœux.
Lune de mai, pour nous si douce,
Ramène longtemps ce beau jour.
Nous changeons en lune d'amour
Ton vilain nom de lune rousse.

Pour vaincre un astre abominable,
Bon Père, nous avons songé
Que rien n'était plus favorable
Que de nous accorder congé.
Dans les champs on court, on se pousse ;
Chacun y dilate son cœur:
Il en sort assez de chaleur
Pour réchauffer la lune rousse.

*A M. l'abbé de la Croix
qui avait prêché l'ouverture du mois
de Marie.*

O toi dont la parole sainte
Est venue, au seuil de ce mois,
A Marie ouvrir cette enceinte,
A notre amour montrer ses droits,
Ta présence, pour nous si douce,
Ami de l'Ami des enfants,
En ces lieux serait tous les ans
Un bienfait de la lune rousse.

G. LACOUT.

Cantate pour la visite de l'amiral Jaurès. (Cfr. p. 401)

On a dit mille fois, bon Père,
Que tout est instable ici-bas ;
Tout sur notre fragile terre
Marche, marche et fuit à grands pas.
Marcher, voilà notre partage.
Pour se terminer au tombeau,
La course commence au berceau.
La vie humaine est un voyage !

Naguère ta main paternelle
A couronné nos fronts vainqueurs ;
Aujourd'hui ta voix nous appelle
A recommencer nos labeurs.
Ta sage bonté nous ménage
Et le travail et le loisir ;
Tu te plais toi-même à bénir
Tout le cours de notre voyage.

Quel est, bon Père, l'hôte aimable
Que j'aperçois à tes côtés ?
L'éclat de son front vénérable
Surpasse seul ses dignités.

Capitaine vaillant et sage,
Intrépide et noble chrétien,
Il passe et partout fait le bien ;
C'est toujours son but de voyage.

Dans cette région lointaine
Qui boit le sang de tes enfants,
Il a pu comprimer la haine
Des Chinois, féroces tyrans.
Les martyrs sauvés des outrages,
Trois temples construits au vrai Dieu,
La France honorée en tout lieu,
Voilà le fruit de ses voyages.

Sur cette colline chérie,
Pour notre illustre visiteur,
Amis, demandons à Marie
La félicité, la grandeur.
Qu'il n'éprouve jamais l'orage ;
Qu'il ait toujours un ciel serein ;
Que les flots s'apaisent soudain
Dès le début de son voyage.

Et toi (1), dont la prière sainte
Invoquait sur nous, ce matin,
L'Esprit de sagesse, de crainte,
De piété, d'amour divin,
Tu nous as remplis de courage ;
Du *travail* tu fais un plaisir ;
Daigne donc souvent revenir
Pour activer notre voyage.

J. B.

Complainte sur la triste aventure de Léon B****

(Cfr. pages 443-444.)

Scène première. — M. B**, agitant ses clés à la porte de la salle des malles, sans voir Léon accroupi derrière sa malle.

Sur l'air : *Ami, d'où venait ce grand bruit*, n° 58 (2).

Arthur Gobaud, dépêchez-vous ;
Sortez vite, Aimé Libouroux ;
Et vous donc, Silvère Valette !
La cloche va bientôt sonner.
Dehors il faut que je vous mette :
Il n'est plus temps *(bis)* de lanterner. *(bis)*

---

(1) M. l'abbé Salvet, archiprêtre de la cathédrale, qui avait dit le matin la messe du Saint-Esprit et fait l'instruction de circonstance.
(2) Les numéros indiqués ici renvoient aux airs de notre *Choix de Noëls*, 2ᵉ édition.

Il ferme la porte à clé et s'en va.

SCÈNE II. — Léon se lève alors lentement et arrive devant la porte fermée.

Sur l'air de la complainte de Suzanne.

Arrêtez donc, ne fermez pas encore :
Je n'ai pas pris, moi, mes provisions.
Partout des clés ; ici l'on veut tout clore !
Qu'est-il besoin de ces précautions ?
Ça, ne plaisantons pas : ouvrez-moi cette porte.
Monsieur, dépêchez-vous, ou... je m'emporte !

Il est parti !... ma plainte, hélas ! est vaine ;
Que vais-je faire, en ce trou confiné ?..
J'ai bien encor de noix une douzaine,
Quelques marrons avec du raisiné.
Mangeons, quoique la vie en prison soit amère,
Mangeons pour adoucir notre misère.

Voyons pourtant, ouvrons cette fenêtre...
Ah ! quel malheur que le sol soit si bas !...
Si quelques gens, du moins, pouvaient paraître !
Mais juste... un homme ici porte ses pas...
Je m'en vais lui jeter mon chapeau sur la tête :
Je serai bien surpris s'il ne s'arrête.

SCÈNE III. — Léon interpelle le passant :

Ayez pitié de ma triste aventure ;
Vous qui passez, oyez un malheureux.
Un professeur m'a fait l'affreuse injure
De m'enfermer sous clé dans ces hauts lieux.
Allez et demandez pour moi prompte justice :
Qu'on vienne m'arracher à mon supplice.

LE PASSANT. — Mon cher monsieur, votre malheur m'inspire
Un intérêt que vous méritez bien.
Votre bon air me séduit et m'attire
Et je vous crois un très digne chrétien.
Tenez votre chapeau, dont, moi, je n'ai que faire.
Je m'en vais dévoiler ce noir mystère !

Il s'en va conter l'affaire au portier, M. Mirambeau.

SCÈNE IV. — M. Mirambeau paraît devant M. le supérieur.

Air de la complainte de *Joseph*, n° 45.

M. MIRAMBEAU.

Devant vous je me transporte
   De la porte
Où me retient attaché
Le vif désir de vous plaire
   Et de faire
Mon devoir... et sans péché !

Un *passager tout barbare*
   Me déclare
Qu'un malheureux prisonnier,

Est ici la face blême,
   Avec même
Un vieux chapeau de meunier.

M. LE SUPÉRIEUR.

Sur l'air de *Joconde*, n° 14.

Mais quel prisonnier, Mirambeau ?
   Que voulez-vous me dire ?
Passager barbare et chapeau...
   Avez-vous le délire ?...
Est-il sous ce mot de *prison*
   Quelque embûche secrète ?

Veut-on contre notre maison
 Exciter la tempête?
Que monsieur Dumas m'excuse!
 Je m'accuse;
J'ai peut-être mal parlé.
Mais bien sûr, c'était un zèle
 Très fidèle
Qui seul m'avait estallé!

Eh bien soit; mais expliquez-vous;
 Je sens que je me lasse.
Ce prisonnier sous les verrous,
 Qui donc est-il, de grâce?
Allons, sans plus de compliment
Et sans phrase inutile,
Parlez clair et brièvement...
 Ou laissez-moi tranquille.

Excusez mon ignorance,
 Mon offense...
Et si je vous ai manqué,
C'est que mon maître d'école,
 Ma parole,
Ne m'a pas mieux induqué.

Votre regard intrépide
 Intimide
Votre digne serviteur;
Mais je fais sans *artifice*
 Mon service,
Tout à vous et de tout cœur!

Le prisonnier en *déroute*,
 Je me doute,
N'est point un homme suspect.
Ce pourrait être sans *trêve*,
 Quelque élève,
Monsieur, *sauf votre respect*.

Un élève ici renfermé!
 La chose serait forte...
Et vous êtes-vous informé,
Beau gardien de la porte,
De l'endroit où le malheureux,
 Derrière une serrure,
En appelle de tous ses vœux
 Le bris ou l'ouverture?

Je n'en sais pas davantage:
 A mon âge
On n'est guère curieux.
Je crois que c'est dans la salle,
 Noire et sale,
Où l'on met les paresseux.

Apprenez qu'ici, Mirambeau,
 Nous n'avons point de geôle.
D'où vient dans votre étroit cerveau
 Une idée aussi folle?...
Mais c'est assez pour le moment;
 Le reste me regarde.
Allez: votre parler traînant
 M'assomme et me retarde.

SCÈNE V. — M. le supérieur, deux professeurs et le domestique Théodule sous le cloître, du côté de la seconde.

M. LE SUPÉRIEUR.

Toujours ce nigaud de portier
 Me trouble et me dérange...
Un enfant ici prisonnier!
 Bah! ce serait étrange...
Monsieur l'abbé, voulez-vous voir
Si le maître d'étude
A tous ses élèves ce soir
 Ainsi qu'à l'habitude?

THÉODULE, entendant du bruit.

Sur l'air: *Un jour le berger Tyrcis* ou de la complainte de l'*Enfant prodigue*.

Ecoutez, m'sieu l' supérieur!
A moé, mon Yeu!... qu'j'ai grand'peur!
Entendez-vous tieu tapage,
Tieués ébraill'ments là-bas?
Vous qu'avez tant de courage,
Cheurchez tout seul; j'n'en seus pas!

M. LE SUPÉRIEUR.

N'allez-vous pas faire l'enfant,
 Mon pauvre Théodule?
De jour en jour la peur vous rend
 Un peu plus ridicule.
Vous courez un affreux danger...
 C'est chose bien certaine:
Vous allez vous faire manger
 Par un croquemitaine.

THÉODULE.

M'sieu, j'sais qu'vous vous moquez d' moé!...
Ah! Seigneur, qu'é-t-ou qu'j'voué?

APPENDICE.

D'ssous la porte de tiell' quiasse
O y a tieuqu'chouse qu'a sauté !!...
M'sieu l'abbé qui zou ramasse !...
Tai, o n'é qu'in marron p'té.

Oh ! vous ét's ben enneuyoux
De m'fair' trimer avec vous !..
Mais pusqu'vous v'lez que j'zou fasse,
J'n'irai ni darrièr' ni d'vant:
J'ai ben l'dret d'choisir ma place
Et j'veux marcher au mitan.

UN DES PROFESSEURS, revenant de l'étude.

Air : *Joseph sommeillait encore,*
n° 43.

Monsieur, contre l'habitude,
Et notre commun espoir,
Nul n'est absent de l'étude,
Tous sont au poste ce soir.

Ils font leur œuvre ordinaire,
   Les bandits,
Laquelle est de ne rien faire,
   Sinon pis.

LE SECOND PROFESSEUR

Air: *Allons, les gas, ébougez-vous !*

Pour moi, de la cave au grenier
  J'ai cherché le beau sire :
Ah ! ça, ce gentil prisonnier
  De nous voudrait-il rire ?
Après tout, je m'en moque bien,
Vraiment, oui, je m'en moque !

Si son mérite est aussi grand
  Que l'ennui qu'il nous donne,
Ce doit être certainement
  Haute et noble personne !
Après tout, je m'en moque bien,
Vraiment, oui, je m'en moque !

SCÈNE VI. — Survient M. Mondon, élève de rhétorique, qui devine l'affaire.

M. MONDON.

Sur l'air du *petit Chaperon rouge.*

Messieurs, vous vous échauffez
Fort mal à propos la bile.
Quoi ! si longtemps vous cherchez,
Quand trouver est si facile ?
S'il est quelque élève ici renfermé,
C'est évidemment un pauvre affamé
Qui près de sa malle est resté tranquille,
Devant ses trésors heureux et pâmé,
  Quand monsieur B**,

Lui-même distrait,
Fermait à deux tours et puis s'en allait.

M. LE SUPÉRIEUR.

Bravo ! bien trouvé, cher Mondon :
  Toujours même finesse !
Allez quérir tout d'un randon
  La clé ; car cela presse.
Quant à nous, allons dérider
  Le pauvret en souffrance.
Annonçons-lui sans plus tarder
  Sa prompte délivrance.

SCÈNE VII. — Les précédents à la porte de la salle des malles.

M. LE SUPÉRIEUR.

Air propre.

Nous voici, mon ami, du courage !
Dites-moi, qui donc êtes-vous ?
Vous étiez sans doute bien peu sage
Qu'on vous ait mis sous les verrous !

LÉON B****, du dedans.

Si vous voulez savoir mon nom,
Je suis B**** Léon.

M. LE SUPÉRIEUR, ouvrant la porte.

Ça, venez hors de votre cachette,
  Mon enfant, venez m'expliquer
Quel dessein vous aviez dans la tête
  De vous être laissé bloquer.

LÉON B****

M. B** n'était plus là
Quand j'ai crié : « Holà ! holà ! »

M. LE SUPÉRIEUR.

Vous étiez là depuis près d'une heure,
  Peut-être depuis plus longtemps :
Dans cette ténébreuse demeure
  Qu'avez-vous fait de vos instants ?

LÉON B****.

Monsieur, j'ai fait collation ;
Puis crié par distraction.

M. LE SUPÉRIEUR.

Vous avez troublé ma quiétude.
  Une autre fois soyez plus prompt.
Maintenant retournez à l'étude
  Et profitez de la leçon.

LÉON B****.

Oui, monsieur, je m'en souviendrai
Aussi longtemps que je vivrai.

J. B.

M. Achille Hugon et les chansons de ses amis.

(Cfr. page 456.)

On avait souvent fait allusion devant M. Achille Hugon à la parole de ce chanoine de Poitiers, qui, obligé par l'absence de la plupart de ses confrères de préentonner une antienne pour la seconde fois durant le cours du même office, avait dit en se rasseyant : « *Après tout, on n'est pas de fer !* » Un jour que M. T*** le menaçait de le chansonner, « J'y consens, répartit M. Hugon, mais à la condition que vous fassiez de la réflexion de M. le chanoine de L** le refrain de vos couplets satiriques. » La condition fut acceptée et voici quelques-uns desdits couplets.

En vain, je torture la rime
Pour satisfaire à ton désir
Et, malgré l'ardeur qui m'anime,
Je crains de n'y pas réussir ;
Car ce n'est pas petite affaire
Que de rimer toujours en *er*,
Et Pégase fuit en arrière,
Me disant qu'il n'est point de fer.

Toutefois, puisqu'à la licence
Tu me permets de recourir,
Profitant de ton indulgence,
Je tâcherai de réussir.
Mais ne t'irrite pas d'avance,
Je vais parler à mot couvert,
Pour le cas où ta patience
Pourrait bien n'être pas de fer.

. . . .

Après la grasse matinée,
En poussant un profond soupir,
La tête encore échevelée,
A la classe il te faut courir.
« Ma foi ! dis-tu pour ta revanche,
« En grec, en latin, je suis fier !
« N'ai-je pas du pain sur la planche ?
« Eh ! quel besoin d'être de fer ? »

Bientôt trouvant en ta présence
César, Ovide *et cetera*,
Ta bouche parle d'abondance....
Et patati... et patata.

Ta parole, facile et claire,
Réchauffe comme un vent d'hiver
Et fait comprendre, sans mystère,
Que... l'orateur n'est pas de fer !

Voilà ton portrait véridique,
Quoiqu'il soit à peine esquissé ;
Je n'ai pas porté ma critique
Plus loin que le terme tracé ;
Mais, dis-moi, de Lille à Bayonne
Et de Nice jusqu'à Quimper,
Cher ami, connais-tu personne
Plus indolent et moins de fer ?

G. TRICOIRE.

Les privilèges de Philémon (lisez de M. Achille Hugon) furent chantés par un autre de ses collègues, qui se désigna lui-même sous le nom d'*Albin*. Ledit Albin, ayant fait un soir une longue visite à M. Hugon sans pouvoir lui tirer une parole (c'était ce soir-là chez lui un parti pris de se taire), célébra aussi *le mutisme de Philémon*.

Les privilèges de Philémon.

Il est des mortels fortunés
Sur notre malheureuse terre ;
Le ciel pour eux, quand ils sont nés,
S'est montré vraiment débonnaire.
En été, frais comme un gardon,
Chauds comme un matou, quand il neige,
En toute chose ils ont un privilège :
Témoin notre ami Philémon !

Quand juin ramène les beaux jours
Et réchauffe l'humide plaine,
Maint professeur, après son cours,
Va se rafraîchir dans l'Antenne.
Quelqu'un boit-il l'onde à longs traits,
Philémon, que le ciel protège,
Annonce vite un heureux privilège :
« Moi, messieurs, je ne bois jamais ! »

Si, par hasard, un saint Thomas
Ose refuser de le croire :
« Non, messieurs, non, je ne bois pas.
« Et tout d'abord, qu'est-ce que boire ?

« Pour entrer dans mon estomac,
« C'est en vain que l'onde l'assiège :
« Il n'est ouvert (aimable privilège !)
« Que pour le vin et le cognac ! »

Cela dit, notre homme s'étend
Et fait des brasses sans pareilles,
Quand tout à coup Albin prétend
Avoir de l'eau dans les oreilles.
« Hé quoi ! » s'exclame Philémon,
« Tous les maux vous font donc cortège !
« Mon oreille a l'utile privilège
« De ne recevoir que le son. »

Voilà qu'un insecte maudit
Sur les baigneurs fond avec rage :
Le taon (c'est de lui qu'il s'agit)
Transperce cou, bras et visage.
Chacun déjà se sent marqué ;
Seul, grâce à quelque sortilège,
Philémon dit : « Messieurs, quel privilège !
« Un taon ne m'a jamais piqué ! »

Un jour, montant sur le bateau,
Notre cousin le gentilhomme,
De peur qu'on ne le jette à l'eau,
Saisit la perche et nous assomme.
A droite ! à gauche ! et tout de bon...
Il nous aplatit comme liège...
Mais Philémon : « Bah ! j'ai mon privilège ;
« Moi, je ne sens pas le bâton ! »

Quand le froid novembre revient,
Souvent d'une voix enrhumée,
Un maître tristement se plaint
D'être étouffé par la fumée :
« Messieurs », dit alors Philémon,
Qui brûle du pin de Norvège,
« De la fumée (insigne privilège !)
« Moi, je ne connais que le nom ! »

J. B.

Le mutisme de Philémon.

Sur l'air : *La bonne aventure, ô gué !*

Amis, quel affreux malheur
Sur nous vient de fondre !
Philémon, notre docteur,

Lui qu'admira Londre,
Par un cas inopiné
Au mutisme condamné,
　Ne peut plus répondre,
　　Ô gué,
　Ne peut plus répondre.

On dit qu'un sorcier, jaloux
　De son éloquence,
Par un breuvage bien doux
　L'a mis au silence.
Hier soir il n'a pas soufflé :
Ah ! le voilà donc scellé,
　Ce puits de science, etc.

Qui prédira désormais
　Chaleur et froidure ?
Pour nous un brouillard épais
　Voile la nature.
Quand l'aquilon soufflera,
Qui de nous le tournera ?
　Notre perte est sûre, etc.

Qui de nos braves soldats
　Dira la victoire ?
Qui les suivra pas à pas
　Aux champs de la gloire ?
Des chefs ayant le secret,
Philémon nous l'expliquait.
　Maintenant qui croire ? etc.

Vous savez tous qu'il avoit
　(Précieuse emplette !)
Et thermomètre parfait,
　Et montre parfaite.
Jà nul n'est plus assuré
D'avoir l'heure ou le degré.
　Chacun s'inquiète, etc.

Oui, tout le monde en ces lieux
　Geint et se désole.
O sorcier malencontreux,
　Gare à ta stole !
A notre ami Philémon
Apporte un contre-poison.
　Rends-lui la parole,
　　Ô gué,
　Rends-lui la parole !

　　　　　　J. B.

La voix de Dieu à son élu.

(Cfr. page 467.)

« Je suis le Dieu de l'innocence
Qui redoute et fuit les grandeurs.
Pour faire éclater ma puissance,
Je lui prodigue mes faveurs :
Par ma sagesse, je l'inspire ;
J'aime à lui donner un empire
Qui tourne au profit de mes lois ;
Je l'élève aux honneurs du trône ;
Sur son front je mets la couronne
Ou des pontifes ou des rois.

« Toi qui vis au bord de la Loire,
Au sein d'un studieux séjour,
Jeune enfant, sais-tu quelle gloire
Je te réserve en mon amour ?
Dans les élans de sa prière,
Quelquefois ton heureuse mère
Semble déjà la pressentir ;
Déjà tes compagnons d'enfance,
Emerveillés de ta science,
Ont dit : « Il a de l'avenir ! »

« Ne crains pas : ma tendresse extrême
Te gardera contre l'écueil ;
Toujours oublieux de toi-même,
Tu vaincras un frivole orgueil.
Partout, sur des routes diverses,
Malgré de pénibles traverses,
Tu seras l'homme du devoir ;
Et, dans les jours de ton automne,
Sur le siège de saint Ausone,
Ma main saura te faire asseoir.

« Là, tu retrouveras la trace
D'évêques bien chers à mon cœur,
Et d'un peuple sourd à la grâce
Je t'établirai le Pasteur.
Mais bientôt ce peuple infidèle,
Cédant aux efforts de ton zèle,
Comprendra ton noble travail :
Les pécheurs te rendront les armes
Et, purifiés dans les larmes,
Accourront enfin au bercail.

« Une légion de saints prêtres
    Marchera sous ton étendard :
    Tu n'y compteras point de traitres,
    Mais des hommes droits et sans fard.
    Dans leur fatigant ministère,
    Tu les soutiendras comme un frère ;
    Tu leur apprendras à souffrir.
    Embrasés d'une ardente flamme,
    Tous n'auront qu'un cœur et qu'une âme
    Pour t'imiter et te chérir.

« Les Saints dont l'Angoumois s'honore
    Tressailliront en leurs tombeaux :
    Avec toi brillera l'aurore
    Pour eux de triomphes nouveaux.
    Rien ne fuira ta vigilance ;
    Tu feras fleurir la science
    Et régner l'antique ferveur ;
    Et les fils du martyr Ausone,
    Dans le guide que je leur donne,
    Salûront un Législateur.

« Sur les bords riants de l'Antenne
    Un chœur de jeunes Samuels,
    Qu'à mon culte l'amour enchaîne,
    Environnera mes autels.
    Ils t'aimeront avec ivresse.
    De la vertu, de la sagesse
    Tu leur montreras le chemin.
    Et, sous ta prudente conduite,
    Leur troupe, encor faible et petite,
    Croîtra comme un nombreux essaim.

« Pendant que l'avenir s'apprête
    A manifester mes décrets,
    Grandis dans ton humble retraite,
    Sois le modèle des parfaits.
    Marchant sans cesse à ma lumière,
    Sois aussi tendre qu'une mère,
    Aussi fort que le diamant ;
    Et que tes brebis fortunées
    Bénissent de longues années
    Le jour de ton avènement ! »

   Il brille, ce jour d'allégresse
   Depuis si longtemps attendu ;
   Le Seigneur remplit sa promesse :
   Un bon Pasteur nous est rendu.

> Par ses fatigues, par ses veilles,
> Bientôt mille augustes merveilles
> Marqueront son épiscopat.
> Tressaille, Eglise d'Angoulême :
> L'Esprit-Saint te conduit lui-même
> Et vit toujours en ton Prélat !
>
> J. B.

Ces strophes étaient sous presse, quand la mort est venue tout à coup nous enlever le saint évêque dont elles prédisaient en quelque sorte, il y a dix-huit ans, les nobles et féconds travaux. Le 10 juin 1873, elles lui avaient été lues, à Richemont, au milieu de l'allégresse générale ; aujourd'hui, à l'heure où nous en corrigeons les épreuves, la ville et le diocèse d'Angoulême sont dans les larmes, et les multitudes, affligées et recueillies, ne cessent de défiler devant les restes vénérés du père qui n'est plus. Nous ne nous sentons pas la force de rendre à sa glorieuse mémoire les hommages auxquels elle aurait droit ; mais nous voulons, en terminant cet ouvrage, consacré principalement à notre cher Richemont, rappeler que, dimanche, peu d'instants avant de quitter la terre « sans regret et sans crainte », Mgr Alexandre-Léopold Sebaux a envoyé une bénédiction suprême à son bien-aimé petit séminaire. Supérieur, maîtres et élèves attachent avec raison trop de prix à cette dernière faveur, pour que nous négligions d'en consigner ici le souvenir.

Samedi, 23 mai 1891.

TABLE DES MATIÈRES

	Pages.
Avant-propos	I
Introduction	1
Chapitre I. — Le Petit Séminaire d'Angoulême	21
Chapitre II. — Le Petit Séminaire de La Rochefoucauld	75
Chapitre III. — L'École des Thibaudières	113
Chapitre IV. — L'École de La Valette	202
Chapitre V. — L'École de Bassac	242
Chapitre VI. — Le Petit Séminaire de Richemont	256
Chapitre VII. — Le Petit Séminaire de Ruffec	516
Appendice.	
a) Listes des professeurs	524
b) Pièces diverses	554
Errata	572

ERRATA

Page 15, ligne 24 :
Lisez Moutonneau, *au lieu de* Montmoreau.

Page 22, ligne 7 :
Ajoutez en note : L'ancien presbytère de Saint-Martial était situé dans la rue Traversière du même nom et occupait une partie de l'emplacement sur lequel a été bâtie l'aile du grand séminaire où est la salle des exercices.

Page 68, ligne 12 :
Lisez dut, *au lieu de* dût.

Page 123, ligne 19 :
Lisez Brive, *au lieu de* Brives.

Page 158, ligne 25 :
Lisez Pêcher, *au lieu de* Pêcheur.

Page 183, ligne 12 :
Lisez passages, *au lieu de* psssages.

Page 297, ligne 25, note :
Après ces mots De très bonne heure, *ajoutez* au commencement de 1842-1843.

Page 370, ligne 3 :
Lisez démarche lente, attitude grave, *au lieu de* démarche et attitude lente et grave.

Page 444, ligne 30, note :
Lisez l'oratoire de la congrégation *au lieu de* l'oratoire de la division.

Page 448, ligne 11 :
Lisez — 10º, *au lieu de* 10º —.

Page 458, ligne 13 :
Lisez ils, *au lieu de* il.

Page 483, ligne 8 :
Lisez novices, *au lieu de* nvoices.

Page 486, lignes 10 et 11 :
Supprimez une fois le mot de *répété fautivement devant* Richemont.

PUBLICATIONS DU MÊME AUTEUR

Histoire de l'abbaye royale de N.-D. de La Couronne, en Angoumois, 2 vol. in-8°, Angoulême, Coquemard, 1888 et 1889, 8 francs.

La dernière matinée du cardinal Pie, évêque de Poitiers, in-8° de 16 pages, Angoulême, Vve Baillarger, 1880, 0,50 cent.

Notice historique sur l'ancien Carmel d'Angoulême, in-8° de 116 pages, Angoulême, Roussaud, 1888, tiré à 100 exemplaires. *(Épuisé.)*

Choix de Noëls, nouvelle édition, in-16 de xii-204 pages, avec les airs autographiés, 70 pages, Angoulême, Roussaud, 1886, 2 francs.

La Naissance de Notre-Seigneur et l'École Saint-Paul d'Angoulême, noël nouveau, plaquette in-32 de 12 pages, Angoulême, Roussaud. *(Épuisé.)*

Maximes et Conseils pratiques sur la direction et l'éducation des enfants, à l'usage des maîtres chrétiens, Angoulême, Roussaud, 1883. *(Épuisé.)*

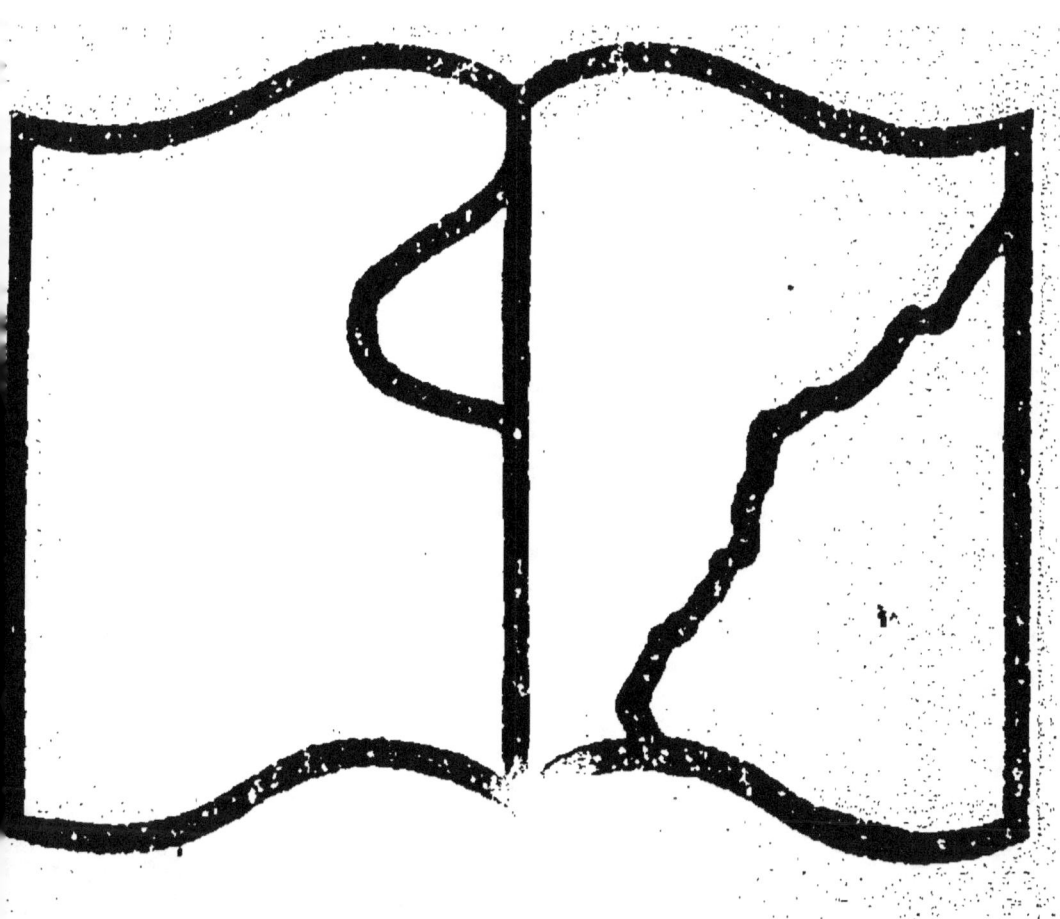

Texte détér. — reliure défectueuse
NF Z 43-120-11

www.ingramcontent.com/pod-product-compliance
Lightning Source LLC
Chambersburg PA
CBHW070327240426
43665CB00045B/1208